高等职业教育系列教材——动车组检修技术

高速铁路动车组操纵与安全

主　编　洪从鲁　董黎生

主　审　张中央　鲍维千

西南交通大学出版社
·成　都·

本书在编写中得到郑州铁路职业技术学院华平等领导和老师的支持与帮助，郑州铁路局机务处岳建国、崔小喜、张孝东、石现波、程胜利、楚伟炎、陈士全等为本书编写提供了重要参考资料，同时郑州铁路局动车段对本书的编写提出了宝贵建议，在此一并表示衷心的感谢。

限于编写人员水平，加之掌握和收集的资料有限，书中难免会有疏漏和不妥之处，衷心希望广大读者和同仁批评指正。

编 者

2017 年 8 月

前　言

我国铁路从 1997 年以来已进行了 6 次大提速，特别是 2007 年 4 月 18 日的提速，使我国铁路机车车辆运输装备技术水平上升到了一个新的高度，使我国铁路行车进入了高速时代，拉开了我国牵引动力与运载工具更新换代的序幕。通过实施"引进先进技术、联合设计生产、打造中国品牌"的发展战略，我国成功研发生产并一次投入运用"和谐号"CRH1、CRH2、CRH3、CRH5 型 4 种高速动车组。动车组的成功运行，标志着我国铁路技术达到了当今世界先进水平，同时也为铁路职业教育和新技术培训带来了机遇和挑战。为了适应我国铁路发展的需要，一些铁路高职院校及时开设了高速动车组技术专业并开始招生。这套教材就是为了满足高速动车组技术专业方向的教学需要，由西南交通大学出版社和全国铁路机车专业教学指导委员会组织开发的。

"动车组操纵与安全"是高速动车组技术专业的一门专业课。教材是根据专业培养目标，结合现阶段我国动车组运用实际情况和需要来编写的。教材从打好基础出发，注意理论联系实际，注重学生能力培养，集中反映新技术、新方法、新工艺、新材料的应用。

全书共分 12 章。第一章和第二章是动车组操纵的基础部分；第三章至第六章是动车组司机和随车机械师应该掌握的基本知识和技能；第七章至第九章是动车组在故障情况下的有关规定与处理方法；第十章至第十一章是动车组的行车安全设备知识与司机、随车机械师的操作技能；第十二章是动车组牵引与制动基础知识。为方便读者阅读、理解和巩固课程内容，每章后面有小结和复习思考题。

本书由郑州铁路职业技术学院洪从鲁、董黎生主编，郑州铁路职业技术学院张中央、西南交通大学鲍维千教授主审。编写分工为：绪论、第八章、第十二章由张中央编写；第三章、第六章由郑州铁路职业技术学院董黎生编写；附录、第四章、第五章由郑州铁路职业技术学院洪从鲁编写；第十章、第十一章由吉林铁道职业学院段金辉编写；第二章、第七章由郑州铁路职业技术学院牛小伟编写、第一章、第九章由郑州铁路职业技术学院可心萌编写。

内 容 提 要

本书根据我国 CRH 系列动车组的基本技术资料和运用情况，以 CRH380 型动车组为主型车，系统地介绍了动车组司机作业程序、动车组运行与驾驶操纵、司机室设备及操作、MON 信息显示及操作、旅客广播信息服务系统、客室内设备及操作、动车组的连挂与解编、动车组故障应急处理及非正常情况行车预案、动车组救援及回送作业、动车组运行安全设备及操作、铁路行车安全理论及安全规章、动车组牵引与制动基础等内容。

本书主要对象是高职高专学生，也可作为中专、技校、职工培训、函授教育教材，并可供铁路机务、车辆运用相关技术人员和高等院校师生参考。

图书在版编目（CIP）数据

高速铁路动车组操纵与安全 / 洪从鲁，董黎生主编.
—成都：西南交通大学出版社，2017.8（2024.1 重印）
ISBN 978-7-5643-5693-4

Ⅰ.①高… Ⅱ.①洪… ②董… Ⅲ.①高速动车–驾驶术②高速动车–安全技术 Ⅳ.①U268.48

中国版本图书馆 CIP 数据核字（2017）第 208548 号

高速铁路动车组操纵与安全

主　　编／洪从鲁　董黎生　　　责任编辑／孟苏成
　　　　　　　　　　　　　　　封面设计／何东琳设计工作室

西南交通大学出版社出版发行
（四川省成都市金牛区二环路北一段 111 号西南交通大学创新大厦 21 楼　610031）
营销部电话：028-87600564
网址：http://www.xnjdcbs.com
印刷：成都中永印务有限责任公司

成品尺寸　185 mm×260 mm
印张　19.75　　字数　493 千
版次　2017 年 8 月第 1 版
印次　2024 年 1 月第 4 次

书号　ISBN 978-7-5643-5693-4
定价　46.00 元

课件咨询电话：028-81435775
图书如有印装质量问题　本社负责退换
版权所有　盗版必究　举报电话：028-87600562

目 录

绪 论 1

第一章 动车组司机作业程序 5
 第一节 动车组司机标准化作业流程 5
 第二节 库内接发车作业过程 6
 第三节 动车组途中运行作业 13
 第四节 终到站、入库及退勤作业 18
 第五节 工作联系用语及其他作业要求 19
 小 结 26
 复习思考题 26

第二章 动车组运行与驾驶操纵 27
 第一节 动车组出库检查程序与入库停放操作过程 27
 第二节 动车组牵引手柄及起动操作 29
 第三节 动车组途中运行作业过程 29
 小 结 31
 复习思考题 31

第三章 司机室设备及操作 32
 第一节 概 述 32
 第二节 司机室布置及操作 35
 第三节 司机室显示灯及其含义 48
 第四节 司机室照明及阅读灯 49
 小 结 51
 复习思考题 51

第四章 MON 信息显示及操作 52
 第一节 概 述 52
 第二节 车载信息系统的组成与功能 55
 第三节 页面显示与操作 60
 小 结 83
 复习思考题 83

第五章　旅客广播信息服务系统 …… 84
第一节　概　述 …… 84
第二节　旅客广播信息服务系统的构成、布置与操作 …… 87
第三节　车内引导显示器及其操作 …… 101
第四节　乘务员间联络方式及操作 …… 106
小　结 …… 111
复习思考题 …… 111

第六章　客室内设备及其操作 …… 113
第一节　概　述 …… 113
第二节　各车厢配电盘设备布置 …… 117
第三节　客室内设备操作 …… 129
第四节　其他设备及操作 …… 132
小　结 …… 135
复习思考题 …… 135

第七章　动车组的连挂与解编 …… 136
第一节　概　述 …… 136
第二节　动车组连挂与解编装置构成 …… 136
第三节　连挂与解编操作 …… 137
第四节　有关故障处理 …… 141
小　结 …… 142
复习思考题 …… 142

第八章　动车组故障应急处理及非正常情况行车预案 …… 143
第一节　动车组故障应急处理办法 …… 143
第二节　动车组非正常情况行车预案 …… 152
第三节　动车组特定情况下的作业顺序 …… 156
小　结 …… 157
复习思考题 …… 157

第九章　动车组救援及回送作业 …… 158
第一节　动车组 2 h 及以上的无火回送作业 …… 158
第二节　动车组 2 h 内的无火回送或机车救援（无需外部电源供给） …… 166
第三节　动车组无火回送时电路断路器闭合情况 …… 167
第四节　回送途中需要确认的事项及常见故障处理 …… 180
小　结 …… 181
复习思考题 …… 181

第十章 动车组运行安全设备及其操作 ... 182
- 第一节 列控 ATP 系统构成及功能 ... 182
- 第二节 CTCS2 列控系统构成及功能 ... 185
- 第三节 ATP 车载设备的组成及工作模式 ... 194
- 第四节 动车组 ATP 车载设备人机交互界面及操作 ... 200
- 第五节 LKJ-2000 型列车运行监控装置的构成及操作 ... 220
- 小　结 ... 240
- 复习思考题 ... 241

第十一章 铁路行车安全理论及安全规章 ... 242
- 第一节 高速铁路的行车安全 ... 242
- 第二节 中国铁路行车安全体系 ... 247
- 第三节 铁路行车事故与救援 ... 250
- 小　结 ... 256
- 复习思考题 ... 256

第十二章 动车组牵引与制动基础 ... 257
- 第一节 动车组运用条件及主要技术参数 ... 257
- 第二节 动车组牵引力及牵引特性 ... 259
- 第三节 动车组运行阻力 ... 269
- 第四节 动车组制动力与制动减速度 ... 272
- 第五节 动车组的制动距离计算与监控模式设计 ... 278
- 第六节 动车组的牵引功率 ... 286
- 第七节 动车组故障运行能力计算 ... 287
- 小　结 ... 289
- 复习思考题 ... 290

附录：电气缩略语中英对照表 ... 291

参考文献 ... 308

绪 论

一、我国动车组的发展

20世纪中后期以来，许多国家在客运繁忙的铁路干线上开行了大量的动车组，在高速铁路上全部采用电动车组的运输方式。20世纪末，我国从瑞典引进的X2000型摆式电动车组在广深线运用成功，这是我国运载工具发展的一个里程碑。

中国铁路面对激烈的客运竞争，也不失时机地对动车组进行研发。2000—2004年是我国自行研发动车组的高潮，已有NZJ型全双层内燃动车组、NYJ_1型液力传动内燃动车组（九江号和北亚号）、NZJ_1型双层内燃动车组（新曙光号）、NZJ_2型内燃动车组（神州号）、金轮号内燃动车组、普天号摆式内燃动车组和春城号电动车组、DDJ_1电动车组（大白鲨号）、DJJ_1电动车组（蓝箭号）、DJF_2电动车组（先锋号）、DJF_1电动车组（中原之星号）、DJJ_2电动车组（中华之星号）等先后问世，并投入运营。从运营的情况来看，这些动车组表现尚不尽如人意，存在不少技术问题，无法快速形成我国动车组主型产品。这说明我国在动车组关键技术和工艺的掌握方面，就目前来说还存在着不可逾越的难关。另外，我国经济到21世纪已进入了一个快速稳定的发展时期，高速增长的国民经济对铁路运输提出了更高的要求。现有铁路客货运输尽管已进行了6次大提速，但仍然满足不了我国经济快速发展的需求，铁路运输已成为我国经济发展的瓶颈。提速与重载依然是未来铁路发展的主旋律，是铁路适应国民经济快速发展对铁路运能需求的根本出路。

未来10~20年，铁路牵引动力和运载工具将要发生巨大变化，以高速动车组和大功率交流传动客货运电力机车为标志的铁路运输装备的升级换代，将引发电力牵引技术的巨大进步和飞跃；以单司机值乘、长交路轮乘制为标志的乘务制度的实施，将引发机车运用与管理制度的变革。这样，单靠我们自己的力量，自主摸索研发生产动车组和先进的交流传动机车已远远不能满足铁路运输的发展。必须借助外部力量，引进国外先进技术和成熟运用经验，快速扩充我国铁路路网规模、提高路网档次与质量，快速完成机车车辆运载工具技术的升级换代。在这样的背景下，我国提出了"引进先进技术，联合设计生产，打造中国品牌"的发展思路，积极采用"先进、成熟、经济、适用、可靠"的技术和标准。2005年以来，我国与日本、加拿大、德国、法国等国合作，引进了世界一流动车组技术，同时进行一些国产化改造工作，进展比较顺利。第一批动车组命名为"和谐号CRH系列"动车组，每列8辆编组，并可实现两列车连挂运行。在2007年4月18日铁路第六次大提速之际，和谐CRH1（加拿大）、CRH2（中日合资）、CRH3（中德合资）、CRH5（中法合资）4种100多列动车组上线运行，2017年6月25日，中国高铁又有了新的成员，由中国铁路总公司牵头组织研制、具有完全自主知识产权的中国标准动车组被命名为"复兴号"，已经在京沪高铁正式双向运行，成为国人瞩目的焦点。

中国铁路总公司工作会议2017年1月3~4日在北京召开。铁路总公司党组书记、总经理陆东福在会上总结：2016年建设任务圆满完成，全国铁路行业固定资产投资完成8 015亿元，投产新线3 281 km，新开工项目46个，新增投资规模5 500亿元，到2016年底，全国铁路营业里程达12.4万km，其中高速铁路2.2万km以上，占世界高铁65%左右。按我国铁路规划："十三五"末动车组应用占客车保有量的80%。届时将建成以高速铁路为骨架的快速铁路网。动车组的增量需求达15 000辆，因此，需要的地勤机械师、随车机械师须增加8 000~12 000人。作为铁路职业教育动车组专业的学生和相关从业人员，必须掌握高速动车组的必备知识与技能，以适应新时期铁路发展的需要

二、动车组人员配置与岗位职责

动车组是现代化的铁路运输装备，其乘务制度与普通机车有着明显区别。动车组司机、随车机械师、客运乘务员等各自担当的任务侧重不同，其操作对象、程序也各不相同，所以有必要了解动车组专业管理和安全管理的各项要求，熟悉动车组各专业人员及岗位职责界定的划分规定。

1．人员配备与隶属

列车乘务组是指包括客运、机械师、乘警和司机在内的所有列车乘务人员。保洁、餐饮公司派员随车服务时，需接受列车长统一领导。

动车组本务司机的人员配备有专门规定，隶属机务段管理。

随车机械师和地勤司机隶属车辆段管理。

客运乘务人员的配备有专门规定，隶属客运段管理。

2．主要岗位职责

1）本务司机

（1）认真执行规章制度，服从命令听指挥，切实履行规定职责。

（2）动车组在区间被迫停车时，负责指挥随车机械师、列车长处理有关行车、列车防护和事故救援等工作。

（3）出所后负责CRH1、CRH3、CRH5型动车组的车门集控开关，负责通知CRH380A型动车组随车机械师集控开关车门。

（4）动车组发生故障时，按照规定程序独立处理或指挥随车机械师共同处理。

（5）负责在运用所内（动车组操纵端司机室）与地勤司机办理动车组驾驶、列控、LKJ-2000、CIR设备及制动系统技术状态、主控钥匙交接。

2）随车机械师

（1）认真执行规章制度，服从命令听从指挥，切实履行规定职责。

（2）负责在运行途中监控动车组的技术状态，发现故障及时将有关信息通知司机，并采取措施，妥善处理。

（3）动车组出入所时，负责与动车所办理技术交接。

（4）在司机指挥下，处理有关行车、列车防护和事故救援等工作。

（5）发生危及行车安全的故障或其他紧急情况时，及时通知司机采取停车措施或使用紧急制动阀停车。

（6）根据司机通知，负责 CRH380A 型动车组车门的开关。

3）客运乘务员

（1）在车站，确认旅客乘降情况并通知司机关闭车门。

（2）列车运行中，负责车内清洁卫生并为旅客提供质量良好的服务。

（3）发生危及行车或旅客安全的紧急情况时，及时通知司机采取停车措施或使用紧急制动阀停车。

（4）列车在区间非正常停车时，维持车内秩序，保护旅客安全。需要组织旅客撤离列车时，通知司机并转告调度或前方站。需要防护时，服从司机统一指挥。

4）地勤司机

（1）认真执行规章制度，服从命令听从指挥，切实履行规定职责。

（2）动车组出入动车所时，负责与本务司机办理动车组驾驶、列控、LKJ-2000、CIR 设备及制动系统技术状态及主控钥匙交接。

（3）动车组出所时，负责与相关行车安全设备检修单位办理行车安全设备出所合格证交接。

（4）负责动车组的调车作业。

三、本课程的任务与内容

本课程是在完成动车组构造、动车组辅助设备、动车组电机电器等课程学习后，在熟悉动车组的基本组成与结构、设备布置、电气线路的基础上进一步学习的课程。通过本课程学习，掌握动车组司机、随车技师必需的专业基础知识和安全知识，掌握动车组驾驶操纵与主要设备操作方法、程序、规定等，具备一定的应急故障处理能力，完成动车组知识与技能培养任务，为动车组运用一线培养合格的高素质技能型人才。

本课程的主要内容有以下几个方面：

（1）动车组乘务员行车驾驶相关操作程序与方法。

（2）动车组随车机械师相关操作程序与方法。

（3）动车组的连挂与解编。

（4）动车组救援及回送作业。

（5）动车组非正常情况行车预案及应急故障处理。

（6）列车运行安全知识与动车组行车安全设备操作。

（7）动车组牵引与制动基础知识。

四、学习本课程的作用与意义

我国的基本国情，决定了铁路运输在国民经济发展中的地位和作用，大力发展我国轨道交通运输已经成为全国人民的共识和迫切愿望。所以，在国家《中长期铁路网规划》发展目标中已明确指出：到 2020 年，全国铁路营业里程将达到 10 万 km，运输能力满足国民经济和社会发展需要，主要技术装备达到或接近国际先进水平，实现客货分线、完善路网布局、提升既有能力、推进技术创新，以客运高速和货运重载为重点，坚持引进先进技术与自主创新相结合，快速提升铁路装备水平。这样，进入"十一五"以来，我国铁路建设进入了一个前所未有的快速发展时期，铁路建设的投资规模达到每年2 000多亿元，使我国铁道交通运输业处于持续繁荣的黄金时期。

铁路运输需求增长空间巨大，特别是大运量、中长途跨区域旅客运输需求大幅增长，城际客运市场需求潜力巨大，能源、原材料等大宗货物运输需求保持快速增长。新型运载工具陆续投入运行，按照我国动车组投入计划，第六次大提速已有140多列动车组成功开行，2010年有1 000列动车组上线运行，到2020年将有2 000列动车组投入运营。此外，全国还要建设4个动车组检修基地，22个动车组运用所。动车组的开行需要大量高水平的机车司机，会造成机车乘务员的较大缺口，对动车组运用、检修人员的需求也会大大增加。大批新增的交流传动机车、动车组的投入运用，会使机车、动车组司机、检修技工等成为铁路行业紧缺人才。为了适应铁路行业的这种发展和动车组的开行需要，我们必须着手培养动车组运用与检修技术工人，使他们尽快掌握动车组基本知识与操纵技能，成为动车组运用与检修作业的骨干力量。因此，学习动车组操纵与安全课程具有重要的意义：

（1）掌握动车组司机牵引、运行、制动等操纵知识与方法，保证行车安全和正常行车秩序。

（2）掌握动车组随车机械师操作基本知识与程序，与动车组司机密切配合，共同完成出乘任务，确保动车组正常运行。

（3）尽快提高动车组相关工作人员的职业综合素质与技能，能够处理动车组途中运行突发故障，提高运行质量，确保铁路运输效益。

（4）为我国动车组运用与检修提供实践依据和资料，积累经验；为改进和提高我国动车组设计、制造工艺水平提供可靠翔实的依据，使动车组的技术达到更高的水平。

第一章 动车组司机作业程序

本章主要介绍动车组司机从待乘出勤到接车、出库、发车、运行直至退勤的作业过程及有关规定。司机出乘前的准备工作非常重要，是完成全程作业的前提，必须按照相关规定认真执行。列车操纵示意图是操纵列车运行的重要参考，动车组司机应参照操纵示意图（揭示卡）操纵列车，严格遵守各项限制速度，严格执行车机联控制度和安全装备操作使用规定及呼唤应答制度，保证列车安全正点平稳运行。

动车组是我国铁路第六次大提速时投入运行的新型运载工具，也必将成为我国未来主要的客运运载工具。动车组司机担负着动车组驾驶运行的主要任务，是铁路运输的主要行车工种。动车组运行质量的好坏与动车组司机技术水平的高低、心理素质的好坏、乘务作业过程规范化与否有着直接关系。所以，在运行中应严格执行动车组司机一次作业标准，正确无误操作，掌握动车组各种先进技术应用与操纵方法，合理运用各种限速标准，安全正点地完成运送旅客和其他相关运输任务。

动车组司机标准化作业程序是确保动车组运行安全正点、优质服务的一项重要措施。在运行中司机应一丝不苟地执行标准化作业程序，确保工作中的人身、设备安全，保证安全、正点、优质、高效。为使动车组乘务员操纵规范化、标准化，铁路部门制订了《CRH 系列动车组操作规程》，该规程是动车组乘务员作业的规范和标准，是司机正确驾驶、操纵列车平稳运行的主要依据。因此，动车组乘务员和各级运用管理干部必须认真学习和严格执行本规程，树立良好的职业道德，做到遵章守纪、爱护动车、平稳操纵、安全正点。

本章主要内容是根据《CRH 系列动车组操作规程》编写的。其适用条件是：在既有线运行，行车安全设备采用 ATP 系统，LKJ-2000 型监控装置，GSM-R 列车无线调度电话。

第一节 动车组司机标准化作业流程

一、动车组司机标准化作业程序

动车组司机作业程序与机车乘务员作业程序大体相同，主要由出勤、接车、出库、发车、运行、终到、入库、退勤、出勤等环节组成，各个环节的相互关系与流程如图 1.1 所示。

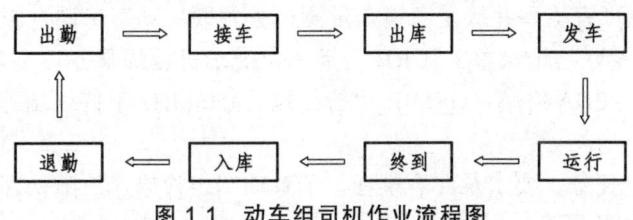

图 1.1 动车组司机作业流程图

二、动车组技术作业时分要求

（1）出勤（出勤时间距开车点不少于 1 h 30 min）及接车作业 20 min。

（2）整备作业时间（距开车点前不少于 1 h 10 min）30 min。

（3）出库时间距开车点前不少于 40 min。

（4）中间站换乘交接班（接班司机距开车点前不少于 1 h 到调度室出勤，距开车点前不少于 30 min 到达换班地点）。

（5）折返站换乘（接班司机距开车点前不少于 1 h 到调度室出勤、距开车点前不少于 30 min 到达换班地点）。

（6）入库作业及退勤时间 60 min。

第二节 库内接发车作业过程

一、待乘和出勤作业程序

乘务员待乘与出勤时应遵守以下规定：

（1）出乘前充分休息。做到"二必须一严禁"：本段夜间出乘前，必须按规定待班时间到段待乘室休息，外段出乘前必须在公寓休息 4 h 以上；班前严禁饮酒，保持良好的精神状态。

（2）准时出勤。出勤时按规定着装，携带动车组司机驾驶证、工作证、电气化铁路操作合格证、列车操纵示意卡、《铁路技术管理规程》（以下简称《技规》）、《铁路行车组织规则》（以下简称《行规》）、《铁路 200 km/h 既有线技术管理办法（暂行）》等有关资料。

（3）出勤时做到：准时到达机调室，接受酒精含量测试，领取司机手册、添乘指导簿、司机报单和运行揭示；阅读安全通报，逐条核对运行揭示，对与本趟列车相关的运行揭示逐条打钩；根据天、时、人、车等情况做好预想，做到不错、不漏、全员清楚；制订安全正点、操纵保养、节约等方面的有关措施，记录于司机手册。

（4）将司机手册和确认打钩的运行揭示交出勤调度员审核、签章，并领取 IC 卡、列车时刻表和行车安全装备合格证；严肃、认真地向机车调度员汇报安全预想内容，听取机车调度员传达安全要求及领导指示，并学习有关规章。

（5）主动向调度员汇报身体情况及精神状态，并做好相应的准备工作。出勤调度员在办理动车组司机出勤时注意了解其休息和身体状况，严格检查。当发现出勤人员精神状态不好或身体不适时，应劝阻其出乘，并报告有关领导，安排预备人员接替。

1. 本地出乘作业

（1）出乘时随车机械师按规定着装，佩戴胸卡并携带相应证件及随身工具，于动车组出库前 2 h 到动车所值班室签到并接受酒精含量测试，领取《动车组固定服务设施状态检查记录》《动车组出所质量联检记录单》《CRH 型动车组随车机械师乘务日志》《动车组故障交接记录单》、随车钥匙、PDA 终端、GSM-R 手持终端、450 MHz 手持终端等，对各物品进行确认并拍照。

（2）听取命令、任务、要求及注意事项，了解动车组检修、故障处理及最近一次运行情况，如图 1.2 所示。

（a）按规定着装

（b）刷卡出乘

（c）听取命令

（d）检查工具

图 1.2 本地出乘作业

2．异地出乘作业

（1）随车机械师认真检查《动车组固定服务设施状态检查记录》《动车组出所质量联检记录单》《CRH 型动车组随车机械师乘务日志》《动车组故障交接记录单》、随车钥匙、PDA 手持终端、GSM-R 手持终端、450 MHz 手持终端等备品，对各物品进行确认并拍照。

（2）出乘时随车机械师按规定着装，佩戴胸卡并携带相应证件及随身工具，于动车组出库前 2 h 到存放点值班室签到并接受酒精含量测试。

3．继乘随车机械师出乘作业

（1）继乘随车机械师出乘时按规定着装，佩戴胸卡并携带相应证件及随身工具，于接车时间点前 2 h 到动车所值班室（或驻站派班室）签到并接受酒精含量测试，随车机械师在驻站派班室签到时应主动向本属所值班室电话签到。

（2）随车机械师向本属动车所值班室询问动车组运行情况，了解动车组检修、故障处理及最近一次运行情况，并联系值乘机械师确认交接时间。

二、接车作业

（1）司机必须到地勤检查组接收经检查合格的动车组并办理接车手续，了解运用、检修情况，办理耗电交接，领取工具、备品、钥匙等。

（2）在防寒期内向有关人员办理好防寒接车手续，做好有关防寒事宜。

（3）带齐所有个人备品，前往指定位置接车。确认动车组停放线路、型号、编组正确、车辆受电弓降下、门上锁、止轮器防溜状态良好。

（4）于动车组非操纵端接车，打开司机室门锁，进入非操纵端司机室。确认各防护用品、设备及灭火器齐全、良好。按《CRH380型动车组司机操作手册》第四章运行与驾驶中的规定进行出库检查。

（5）确认行车安全装备出库合格证，并将运行揭示读入列车运行监控记录装置（简称监控装置，后同）并复核。

（6）全部整备完毕后，确认防护信号撤除、线路无障碍。随车机械师上车，例行呼唤后，按规定出库时间鸣笛（限鸣区除外）动车，以不超过本线路的限制速度将动车组移至本股道警冲标内侧约10 m处，要道准备出库。

1．作业要求

（1）随车机械师在出库方向端开始进行接车作业，按规定插设、撤除安全防护号志（重联时由主控车随车机械师来设置）。

（2）车下作业。

① 单编动车组：随车机械师到达动车组出库端，面对司机室左侧沿下部绕行，作业后自出库端司机室上车检查。

② 重联动车组：两名随车机械师分别到达动车组出库端及重联端，面对司机室左侧沿下部绕行作业动车组后，自出库端及重联端一侧司机室上车检查。车内检查完毕后，主控车随车机械师到达主控端司机室等待司机上车，非主控车随车机械师在监控室监控动车组状态，等待联控，如图1.3所示。

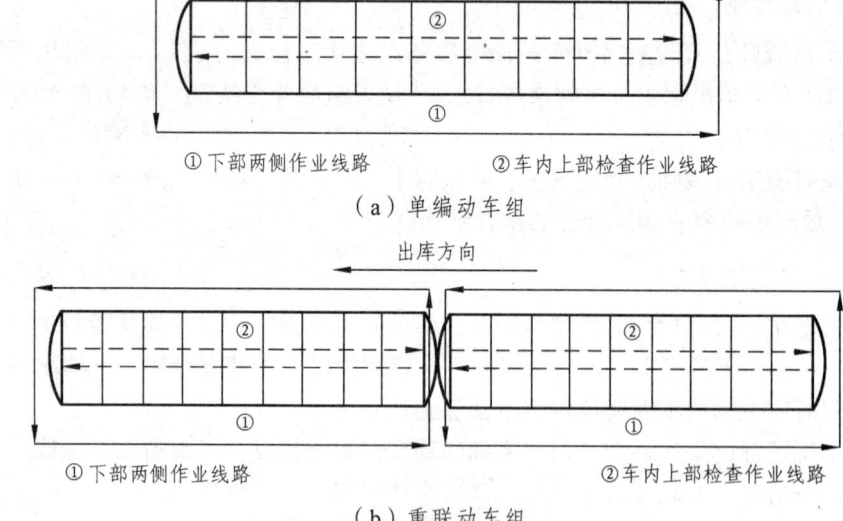

图1.3 检查作业路线

对动车组进行出库技术作业。发现问题时，及时向动车所值班室进行汇报。出库前 1.5 h 对动车组进行出库技术状态确认作业。核对《动车组故障交接记录单》上登记故障的处理填写情况，检查发现影响出库质量问题时，及时向动车所值班室进行汇报。口述接车车次、股道，并对车组号进行确认并拍照，如图 1.4 所示。

车头部检查（1、0 车），头车外观及前罩安装状态良好，锁闭到位。刮雨器组件外观良好，司机室窗玻璃齐全完整，安装牢固。确认车体排障器底部、辅助排障器外观及安装状态良好。对车头外观进行拍照 2 张（出库端与非出库端），重联动车组每位随车机械师出库端和非出库端分别拍照 1 张，同时在车下作业时对重联端车钩状态认真确认，车钩摄像视频不少于 3 s，如图 1.5 所示。

图 1.4　拍照确认

（a）头车外观及前检查　　　　　（b）排障器检查

图 1.5　车头部检查

车体检查（全列），要求每车进行检查拍摄时首先要对车号进行拍摄。检查确认各导流罩（裙板）安装状态良好，安装螺栓无松动。检查确认设备通风装置格栅无变形、破损，活动格栅门锁闭装置锁闭良好，如图 1.6 所示。

（a）裙板　　　　　　　　　（b）格栅

图 1.6　车体检查

走行部检查（全列），制动夹钳可视部分外观良好，管路无漏风声音。轴箱油压减振器无漏油，外观状态良好，轴端接地装置良好。轴箱弹簧可视部位无异常。轴箱外观状态良好，无漏油。轴箱定位装置外观状态良好，传感器安装牢固。停放制动缓解拉手位置正确（1、3、7、8车）。注水口、排污口固定金属件无损伤。门总活门、注水口、排污口活门等外观状态良好，锁闭到位。供风系统各管路无漏风声音，可视部位阀门状态正常。空气弹簧可视部位外观状态良好，无漏风声音。抗蛇行油压减振器无漏油，外观状态良好。转向架排障器外观及安装状态良好，如图1.7所示。

 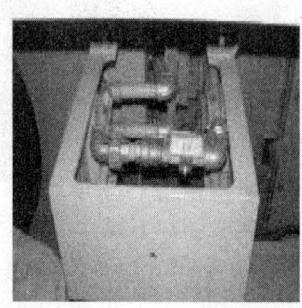 

（a）轴箱　　　　　　　（b）供风系统　　　　　　（c）抗蛇行油压减振器

图1.7　走行部检查

车端设备检查（全列），车端连接管线可视部位无脱落，外观无异状，外风挡外观状态良好。车间减振器外观状态良好，无漏油，如图1.8所示。

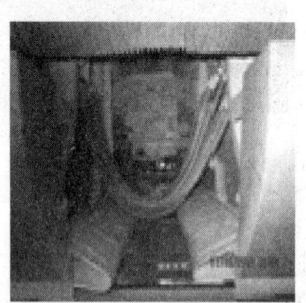 

（a）车端连接管线　　　　　　（b）外风挡及车间减振器

图1.8　车端设备检查

动车组在火车站靠站台停放时，接车作业前需与司机沟通，申请临线限速、下车检查命令，得到允许后开始下车对非站台侧进行下部检查，检查完毕上车后及时通知司机。动车组双侧均有站台时，随车机械师接车作业时只需在站台进行两侧检查巡视。下站台对车下检查时按规定做好安全防护措施，注意人身安全。如有异常时及时告知司机及调度部门，按规定处理。

动车组在单侧靠站台停放时，按规定巡视路线进行检查，因站台侧走行部检查困难，随车机械师只需在站台上巡视检查可视部分有无异常，认真听取有无异音。动车组双侧均有站台时，随车机械师在站台上按规定路线进行检查巡视，对车侧、车下可视部位进行检查并摄像。

车下检查完毕后撤除安全防护号志，从主控端上车（重联动车组时由主控车随车机械师撤除，从控车随车机械师从重联端上车）。动车组靠站台停放时，车下两侧检查完毕后与司机联控。

（3）车内设备检查：从一端司机室开始，到达另一端司机室检查完毕后返回，途中沿走行方向认真检查右侧车门、车窗、卫生间、盥洗室等各设备状态。

2．车内检查流程

（1）随车机械师上车后，随车机械师从主控端司机室向非主控端方向开始进行检查，检查完毕后返回主控端；从控车（重联时）随车机械师从重联端上车，并开始向尾部司机室方向进行检查，检查完毕后返回监控室。在车内巡视时，在开始端、结束端分别对车厢号进行确认并拍照，如图1.9所示。

（a）从主控室开始检查　　　　（b）车厢号确认并拍照

图1.9　车内检查

检查司机室设备舱和司机座椅下工具箱内工具备品，检查过渡车钩、连接软管、铁鞋等随车备品状态良好、数量齐全，如图1.10所示。

图1.10　随车备品检查

巡视途中认真检查巡视方向右侧卫生间门、洗手池、电茶炉、车窗玻璃、安全锤、灭火器、车内目的地显示器、影视屏等客室设施。

检查车上备用工具（信号旗、止轮器、响墩、火炬等）外观及状态良好，铅封状态正常。检查各车灭火器安装良好、铅封正常、压力正常，不过期。安全锤配置齐全，安装良好。进入吧台内部检查餐车设备（冰箱、展示柜、插座、电茶炉、水龙头、灯具等设备）状态。检查随车工具、备品、材料齐全，定检不过期，并按定置图整齐摆放（对3、5、7车备品柜各拍照1张）。按压电茶炉出水按钮查看出水情况，手动按压洗手台水龙头检查出水正常，检查卫生间内各设备正常。目视车窗玻璃状态正常,墙壁安全锤安装正常。核对每车的车内显示器显示状态,打开影视系统,并确认每车的视频显示正常,确认空调、照明、旅客信息系统正常。

随车机械师巡视完毕后回主控端司机室盯控司机试验过程,从控车(重联时)随车机械师巡视完毕后回监控室密切监控 MON 屏显示状态。

检查动车组所有监控屏(MON 屏、弓网监控屏等设备)各页面的状态。校对弓网监控屏摄像方位,确保监控画面良好(校对后本次运行不应再自行调整),并对弓网监控屏受电弓升检测情况进行拍照。对遗留故障处理情况进行再次确认,发生故障时应及时向调度室进行汇报。

对司机室配电柜空开、旋钮进行检查确认。检查司机台各显示器显示正常,各仪表显示正常、各旋钮位置正确、各手柄位置正确。确认司机警惕按钮及相关旋钮、空开状态正常,如图 1.11 所示。

 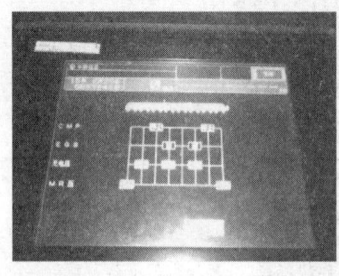 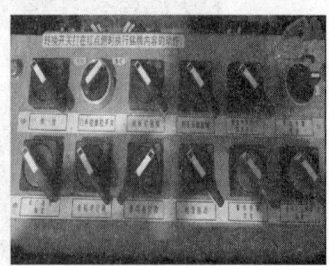

(a)司机室　　　　　　　(b)MON 显示屏　　　　　　(c)配电柜

图 1.11　司机室检查

(4)检查监控屏"司机"模式下所有状态页面,并对"车辆信息"(两个页面)、"切除状态""制动信息"(制动)、"空转滑行""电源电压"(第 1 页面)、"光传输状态""供电分类"页面进行拍照。

(5)在司机室操纵车门集控开关将两侧的侧门打开、关闭,通过 MON 屏查看各侧门开、闭良好,对车门关闭状态进行拍照留存。

(6)检查轴温实时监控页面,并拍照。

(7)检查"列车员"模式下所有状态页面,确认空调、照明、旅客信息系统正常,设置出库车次。对"空调""乘客信息显示(第 1 页面)"进行拍照。

三、出库与发车作业

(1)动车组司机与随车机械师共同确认股道信号。开通信号及道岔位置,例行呼唤,鸣笛(限鸣区除外)动车。移动动车组前,注意邻线动车组、机车、车辆的移动情况。

(2)站段分界点一度停车,随车机械师下车签点,记录出库时间,并了解股道和走行线路,按信号显示出段。

(3)站段走行线和进入尽头线时,逐一确认呼唤调车信号,严守规定速度及距离。

(4)进入车站到发线要严格控制速度。

(5)动车组发车前,由列车长确认旅客乘降完毕后,通知司机关闭车门;司机与随车机械师共同确认关门灯点亮,出站(进路)信号、进路表示器、行车凭证、发车信号(发车表示器或无线列调发车通知)开放正确,鸣笛(限鸣地区除外)、缓解动车组制动,起动列车。动车组重联运行时,由运行前方第一组的列车长负责确认旅客乘降情况并通知司机。列车车门发生故障时,应立即采取临时安全防护措施并通知机械师处理,列车乘务人员应手动开关车门。

(6)起动列车后应确认制动手柄位置及各仪表显示是否正确。

(7)动车组运行至监控装置开车对标位置,按压开车键。

随车机械师出库作业:

(1)动车组出库时,随车机械师自主控端司机室盯控 5 min 或动车组通过第一个分相区后,开始车内巡视,(重联时)从控车随车机械师巡视后 8 编组车内情况,认真听取动车组各部位有无异音,发现异常及时向调度室报告,并按规定及时处理。

(2)动车组在检修库发车时,随车机械师(主控端)注意动车组通过过分相试验区时的状态,及时与司机联控确认动车组在过分相区试验区试验是否正常,过分相试验异常时及时汇报调度室。

动车组到达始发站,随车机械师设定当前车次后(重联时由主控端随车机械师设置),到站台侧从本端开始巡视到另一端(或重联端),检查完毕后随车机械师回主控端司机室对司机始发作业进行盯控。重联动车组从控车随车机械师对本车站台侧进行巡视,巡检完毕后回监控室监控动车组状态。

随车机械师始发作业开始:

(1)设置当前运行车次,对 MON 屏"故障一览"(第 1 页面)及"空转滑行"页面进行确认并拍照。

(2)对靠站台侧车体进行检查,发现车体异常时,按规定进行拍照、记录和上报。

(3)检查车顶受电弓、绝缘子、隔离开关等高压设备可见部分外观良好,安装牢固,无杂物,确认可见电缆及接头外观及安装状态良好。使用摄像手电筒拍摄两受电弓可见部分。

(4)确认车外显示屏外观状态良好,车次显示正确(对两头车拍照);检查两车端标识灯状态,显示正常(主控端大灯亮)。对状态进行拍照。

随车机械师始发作业结束:

(1)检查完毕后主控端机械师返回主控端司机室盯控司机作业。动车组始发出站后,随车机械师自主控端司机室盯控 5 min 或速度达到 100 km/h 或盯控动车组通过第一个分相区后,开始巡视。

(重联时)从控车随车机械师巡视后 8 编组车内情况,发现异常及时向调度室报告,并按规定及时处理。

(2)随车机械师作业完毕后回监控室,与列车长交接《动车组固定服务设施状态检查记录》后,将信息显示屏切换至"车辆信息"(第 1 页面),盯控动车组状态。

第三节 动车组途中运行作业

一、列车操纵示意图及其作用

动车组运用所应根据担当区段、区间运转时分等编制列车操纵示意图。在编制过程中,应利用监控装置对其运行校核优化。

列车操纵示意图应包括列车速度曲线、运行时分曲线、线路纵断面和信号机位置，站场平面示意图，提、回牵引手柄地点，制动手柄使用和退回地点，区间限制速度及区段内各站道岔的限制速度，各区间注意事项等内容。

二、动车组操纵程序

（1）运行中依照操纵示意图（揭示卡）操纵动车组。严格遵守各项容许及限制速度，严格执行车机联控制度和安全装备操作使用规定及呼唤应答制度，保证列车安全正点平稳运行。动车组司机运行途中呼唤应答程序见表1.1。

表1.1 动车组司机运行途中呼唤应答程序

顺号	呼唤时机及分析	呼唤项目	呼唤标准用语
1	连挂列车	防护信号	撤除好了或防护信号注意
2	慢行地段	慢行注意	限速××公里
3	乘降所	××乘降所	停车
4	禁止双弓	禁止双弓	单弓好了
5	断电标	断电	好了
6	合电标	闭合	好了
7	准备降弓标	准备降弓	准备降弓
8	降弓标	降弓	降弓好了
9	升弓标	升弓	升弓好了
10	操纵台仪表	仪表注意	显示正常
11	发车信号	发车信号	发车好了
12	遮断信号	遮断信号	停车或无显示
13	预告信号	预告信号	预告好了或注意信号
14	引导信号	引导信号	信号好了或机外停车
15	进路表示器	进路表示器	××侧好了或注意信号
16	复示信号	复示信号	复示信号好了或注意信号
17	通过手信号	通过手信号	信号好了或站内停车
18	进站（或进路）信号	进站（或进路）信号	通过、进入好了或正线、侧线、机外停车
19	出发进路信号	出发进路信号	信号好了或站内停车
20	出站信号	出站信号	出站好了或站内停车
21	（三显示）自闭分区通过信号	通过信号	绿灯、黄灯、红灯
22	（四显示）自闭分区通过信号	通过信号	绿黄灯、黄灯、黄2灯、红灯
23	防护信号	防护信号	好了或停车

注：在自动闭塞区段，当通过信号显示绿色灯光时不可呼唤。

（2）动车组在运行中或未停稳前，严禁换向操作。

（3）运行中每区间检查动车组操纵台各仪表的显示。不得盲目切除各安全保护装置和监督计量器具（本身故障除外）。

（4）起动动车组时，应将牵引手柄在"P1"位稍作停留，再根据目标速度采用适当级位。动车组运行途中，牵引手柄无须逐级提升或降低，可根据加减速需要自由操控。

（5）在较平坦的线路上，列车起动后应强迫加速，达到运行时分所需速度时，适当调整牵引力，保证列车以均衡速度运行。遇起伏坡道时，应充分利用线路纵断面的有利地形，提早加速，以较高的速度通过坡顶。

（6）在隧道地区牵引运行时，接近隧道前，司机应确认车门系统是否关闭良好。

（7）夜间在站等会车时，应将前照明灯灯光减弱或暂时熄灭。

（8）进站停车时按停车位置标做到一次稳、准停车，力求停车平稳。站内停车速度低，尽量采用B4级以下的制动级位，待动车组产生制动力后，根据停车位置逐步减挡至B1级停车。动车组停车后将制动手柄置"B1"位，使列车制动。

（9）在长、大上坡道起动动车组时，可将牵引手柄置于一定牵引级位再缓解列车制动，防止动车组溜逸。

三、列车运行中注意事项

（1）通过分相绝缘器时应提前确认自动过分相装置正常，按操作手册的要求通过分相绝缘器。

（2）遇接触网故障，降、升受电弓标或临时降、升弓手信号时，应及时降下或升起受电弓。

（3）接触网临时停电时，要迅速断开VCB，降下受电弓，就地停车。

（4）当发现接触网异常，除采取上述措施外，应立即报告电力调度员和列车调度员。

（5）列车运行中发生故障，影响列车正常运行超过15 min，司机应当将原因及时通知列车长，列车长应当按照晚点处置有关规定向旅客说明情况，做好安全宣传，防止旅客擅自开启车门。

（6）列车运行中发生火灾爆炸时，列车乘务人员应当立即按下紧急停车按钮或扳下紧急制动手柄紧急制动列车，并将旅客疏散到安全车厢，有防火隔断门的，应当关闭防火隔断门，并将情况通报司机及列车长。司机和列车长应当迅速启动应急预案。

四、途中巡视作业

1. 随车机械师途中巡视作业

（1）动车组始发、折返、换乘站开车后随车机械师需在主控端司机室监控5 min或动车组速度达到100 km/h以上或盯控动车组状态通过第一个分相区后，在车内开始进行第一次巡视检查，其后每2 h巡视检查1次，连续3次巡视中时间间隔误差不得超过10 min。

（2）动车组单程运行不足1 h的，1个往返进行全列巡视检查1次；动车组单程运行在1~2 h的，每个单程进行全列巡视检查1次。站停超过40 min时应增加1次车内巡视。

（3）巡视过程中需要监控动车组运行中的异音、异味、异状，发现异常按照应急处置办法做好联控和应急处理。

2．办理客站车门盯控及行车信息处理

随车机械师在办理客运站停时，盯控 MON 屏车门状态信息页面，对动车组车门的开、关、压紧状态进行盯控，发现异常时及时按规定处理。

（1）接动车组发生设备故障或遇其他减速、限速、停车等行车信息时，严格按相关规定程序及时汇报、妥善处理。

（2）将巡视作业发现的故障在《动车组故障交接记录单》上进行记录，必要时电话通知段调度室。

3．司机换乘作业（随车机械师盯控）

（1）途中需要司机换乘时，在司机换乘前，随车机械师（主控端）应在进站前 5 min 赶到司机室监控动车组运行情况及时盯控司机换乘，向司机了解运行情况并做好记录。

（2）随车机械师（重联时由主控车随车机械师负责）应盯控司机交接过程，对动车组实时状态进行盯控，发现异常及时汇报并按调度指示做好沟通。

（3）主控端随车机械师对继乘司机接车后的试验操作进行盯控，对主控端 ATP 屏状态进行确认并拍照。对相关显示屏进行拍照时注意与司机协调，以司机作业优先，避免交叉作业。

4．司机换端作业（随车机械师盯控）

（1）司机需要换端时，随车机械师需掌握司机换端情况，有特殊要求时，向接车司机进行说明，并即时回报段调度室。

（2）主控端随车机械师对司机换端完毕后的试验操作进行盯控，对主控端 ATP 屏状态进行确认并拍照。对相关显示屏进行拍照时注意与司机协调，以司机作业优先，避免交叉作业。

5．随车机械师折返站作业：作业准备

（1）随车机械师（重联时由主控车随车机械师负责）赶往进站端司机室向司机详细了解动车组运行情况，对发生的故障要详细记录，并对司机换端操作进行盯控。盯控司机作业完毕后，随车机械师设定车次，并对车次进行核对，下车开始站台侧对车外进行巡视。

（2）站停时间超过 40 min 时，随车机械师除按规定对车体外侧、两头车进行巡视外，还要在车厢内进行巡视。

6．随车机械师折返站作业

（1）首先通过信息显示屏设置车次，并核对车次停靠站。然后检查车外（全列）站台侧显示屏外观状态良好，显示正常，对两头车显示屏拍照。

（2）对靠站台侧车门、车体进行检查，发现异常时，按规定进行拍照、记录和上报。

（3）检查受电弓、绝缘子、隔离开关等高压部件可视部分外观良好，安装牢固，无杂物。使用摄像手电筒拍摄受电弓可见部分。

（4）动车组两车端标识灯外观状态良好，显示正常（主控时大灯亮）。

（5）到主控端司机室后，对"空转滑行"页面进行检查，并拍照留存。

（6）将 MON 屏切换至车门状态页面，盯控车门状态。

7．吸污、上水作业

（1）随车机械师对 MON 屏页面进行确认，需要临时（应急）吸污、上水作业时，提前通知列车长。

（2）在车站临时吸污、上水作业时，随车机械师通过信息显示器显示情况确认作业情况。

（3）图定吸污作业时，随车机械师通过信息显示器显示情况进行确认，并按规定与相关作业部门进行签认。

8．继乘机械师换乘作业

（1）继乘动车组随车机械师按规定出勤后，提前 15 min 到继乘站站台接车。

（2）折返站换乘时，继乘动车组随车机械师在折返始发端立岗接车，监听列车运行声音，检查受电弓等可见部位状态，列车停稳后到乘务（监控）室与退乘动车组随车机械师办理出勤时领取的物品及列车运行状态交接。

（3）通过站换乘时，继乘动车组随车机械师在监控室与退乘动车组随车机械师办理出勤时领取的物品及列车运行状态交接。

（4）换乘后，动车组始发前，继乘动车组随车机械师到监控室，监视车载信息系统。

（5）换乘作业过程中遇有动车组故障需要应急处理时，退、继乘动车组随车机械师要协同配合，共同处理。

9．退乘机械师换乘作业

（1）列车到达换乘站前，退乘动车组随车机械师须巡视车厢，向动车组司机了解运行情况，填写《CRH 型动车组随车机械师乘务日志》《动车组故障交接记录单》，整理交接物品，在监控室等待办理换乘交接。

（2）交接后退乘动车组随车机械师在站台侧立岗送车。

（3）换乘完毕后，退乘动车组随车机械师到本属动车所值班室（或驻站派班室）办理退乘手续。

（4）换乘作业过程中遇有动车组故障需要应急处理时，退、继乘动车组随车机械师要协同配合，共同处理。

五、运行中的安全注意事项

（1）运行中，司机任何情况下不得间断瞭望，不得离开司机室（遇冲撞险情紧急避险除外）。

（2）运行中发生故障时，在保证行车安全、设备安全、人身安全的前提下按有关规定进行应急处理。

（3）必须接收书面行车凭证时，应停车接验。

（4）运行中不得超越线路限界进行作业。

（5）电气化区段，严禁攀登或身体各部超过机车、车辆顶部，要遵守各项防火规定。

（6）认真执行呼唤应答制度，司机操纵时按《动车组司机呼唤应答用语标准》规定执行。

六、途中换班作业

（1）途中换班时，交班司机对临时发生的行车命令、动车组质量状态、列车运行等情况，逐一进行交代。然后在交接班记录簿记录交接事项、时间及地点，并互相签认。

（2）接班司机将 IC 卡插入监控装置，将临时限速命令写入监控装置，并改写司机号，确认输入正确。

第四节　终到站、入库及退勤作业

一、终到站作业

（1）到达终点站停车后，应使列车保持制动状态。动车组到站停稳后，司机开启车门。按钮不在司机操作台上的，由司机通知机械师开关车门。

（2）入库时，司机与随车机械师共同确认信号及道岔开通位置。运行中不间断瞭望，严守速度，注意机车车辆及行人动态，严禁做其他工作。

（3）动车组到达站段分界点处一度停车牌前停车，随车机械师下车签点，联系入库事宜。

动车组到达重点站后随车机械师巡视检查作业：

（1）动车组到站后，随车机械师向动车组司机了解运行情况，并做好记录。

（2）会同列车长巡视车厢，办理车内固定服务设施状态交接，填写《动车组固定服务设施状态检查记录》，填写乘务日志，整理交接物品。

（3）人员下车完毕后，随车机械师对车内进行巡视。

（4）随车机械师巡视时关闭全列影音系统。

（5）机械师对信息显示屏的"司机""列车员"页面进行检查，并对"空转滑行""轴温实时监控""故障一览"（第1页面）页面进行拍照。

（6）随车机械师在出乘日志上填写及核对动车组运行相关信息。重点故障提前预报动车所，在主控端（重联时从控端随车机械师在监控室）等待随车入所。

（7）随后随车机械师通过车载信息系统监控动车组运行状态。

二、入库整备作业

（1）库内走行要严格控制速度，确认信号、开通股道。

（2）在整备线路准确位置停车，将牵引手柄置"切"位，换向手柄置"关"位。按《CRH380A型动车组司机操作手册》第一章运行与驾驶中的要求停放动车组。

（3）运行中发生动车组质量和其他信息，按规定上报和交接。

（4）与地面整备人员办理工具备品交接。

随车机械师本属入库作业：

（1）动车组入库时，随车机械师到主控端司机室盯控动车组运行状态（重联动车组主控车随车机械师负责司机室盯控、从控端随车机械师在监控室盯控信息显示屏状态），发现异常及时向调度室报告，并按规定及时处理。

（2）动车组在入动车所检修库时，随车机械师（主控端）注意动车组通过过分相试验区时的状态，及时与司机联控确认动车组在过分相区试验区试验是否正常，过分相试验异常时及时汇报调度室。

（3）入库停稳后盯控司机对停放制动的施加，确认动车组断电降弓、车门锁闭后下车。

随车机械师异地入库作业：

（1）动车组异地入库时，随车机械师到主控端司机室盯控动车组运行状态（重联动车组主控车随车机械师负责司机室盯控、从控端随车机械师在监控室盯控信息显示屏状态），与司机（接车）做好沟通，发现异常及时向调度室报告，并按规定及时处理。

（2）入库停稳后盯控司机对停放制动的施加，确认动车组断电降弓、车门锁闭后下车。

随车机械师本地退乘作业：

（1）入库停稳后与动车组司机做好技术状态交接。

（2）入本所后，随车机械师到动车所调度室报告运行情况，签认交接出乘日志，交接重点故障，交还随车移动电话、动车组相关钥匙、乘务日志等。

随车机械师异地退乘作业：

（1）动车组入外所（存放点）后，随车机械师到调度室（或驻站派班室），办理签到、酒精测试等交接。

（2）异地退乘后需要住宿时，随车机械师按规定流程入住当地公寓（宿舍），遵守当地住宿纪律，若有异常及时向调度反馈。

（3）动车组异地停放进行吸污作业时，随车机械师次日接车作业时确认 MON 屏吸污状态，按规定与作业部门进行签认，出乘接车作业时对动车组车体两侧按照接车作业要求进行巡视。

（4）需要临时异地检修时随车机械师及时与本属调度室沟通，做好相关手续的办理。

三、退勤作业

（1）退勤前司机复核报单填写是否正确，对本次列车安全正点、节约等任务完成情况进行认真分析。对本次乘务作业中的非正常情况，必须写出书面报告。

（2）退勤时向退勤调度员汇报本次列车安全运行情况，交回司机报单、运行揭示、司机手册、列车时刻表等有关资料，办理退勤手续。

第五节　工作联系用语及其他作业要求

一、动车组随车机械师与司机工作联系用语

为加强动车组随车机械师和司机间的联系，深化作业协作，塑造动车组随车机械师和司机良好形象，促进动车组运行安全有序，对动车组随车机械师与司机间常用联系用语进行规范。

（1）正常运行中随车机械师需进入司机室时的联系用语：

随车机械师：××次司机，机械师进行司机室巡视。

司机：××次司机明白。

（2）动车组运行途中出现故障时的联系用语：

司机：××次机械师，××车××故障。

随车机械师：××车××故障，机械师明白。

若故障无法消除，根据需要随车机械师进行检查确认，并向司机说明情况，需明确行车条件时，随车机械师需向司机签注运行条件。

（3）其他情况下的联系用语，由随车机械师与司机根据实际情况进行联系，应力求规范、准确、简洁。

二、其他值乘作业

动车组试运行：符合《铁路动车组运用维修规程》(以下简称《运规》)既定的动车组试运行条件及其他原因进行试运时，随车机械师按运营动车组值乘标准值乘，做好动车组的巡视及应急故障处理事项，配合试运人员与司机沟通，做好试运行项目相关工作。

接、送动车组：因检修需要，需送动车组入厂（段）高级修、接动车组回所、动车组转属时的回送过程中，随车机械师在途中按运营动车组值乘标准值乘，并在出、退乘做好随车备品管理，必要时做好备品工具的交接工作。

专、特运动车组：动车组担当专、特运任务时，随车机械师应严格按标准值乘，遵守保密纪律，加强安全巡视，发现异常时按规定上报并处理，并注意措辞和行为，避免扩大影响。

三、随车机械师其他要求

（1）动车组出库、途中司机进行换端、更换动车组司机、使用紧急制动停车、连挂或解编后再开车前，随车机械师要对司机所做全部试验步骤进行盯控，确认步骤是否正确，对试验结果进行确认，并对试验过程及结果进行录像保存，对ATP页面进行拍照留存。对相关显示屏进行拍摄和操作时注意与司机协调，以司机作业优先，避免交叉作业。

（2）随车机械师换乘时、退乘、继承随车机械师按规定做好出乘、退乘交接时，同时对信息显示屏中动车组各状态进行相互确认交接。

（3）随车机械师在每次巡视时，对信息显示屏的"司机""列车员"页面进行全部检查，在站停前、发车后（车门压紧前），监护室信息显示屏应放置"车门信息"页面，其余时间应调至"车辆信息"（第1页）页面盯控动车组运行状态。

（4）途中发生故障信息需要盯控时，随车机械师按调度指示，把监控屏调至能显示该故障状态信息的页面或在故障车（故障部位）进行盯控。

（5）如遇动车组停车时，要对主控端司机室各手柄位置、MON屏状态、ATP或LKJ屏信息、网压表及风压表状态进行摄像留存，并将进入司机室后与司机对话内容进行录音。

（6）随车机械师在接车作业时，对动车组"空转滑行"页面进行检查、拍照，随后每小时检查一次，并拍照。出乘、退乘及途中每次巡视至司机室时对轴温监控信息页面进行检查、拍照留存，发现温度异常时立即反馈。

（7）运行中随车机械师在监控室通过车载信息系统监控动车组运行及设备工作状态，并监控页面调整车辆信息页面。在办理客运业务的车站，机械师提前将监控屏调至车门监控页面，监控动车组车门状态（途中巡视时，距离最近的监控屏处监控车门状态）。

（8）随车机械师在巡视中遇到电茶炉、卫生间、盥洗室等客室服务性设施故障时，按应急故障处理手册相关要求进行处理（通知调度），在经过应急处理无效时，通知客运部门做好相关措施，并记录故障信息，动车组维持运行。

（9）途中突发故障需要登顶检查受电弓等车顶高压设备时，严格按相关规定执行，在登顶检查故障车后，将其他车顶高压设备一并检查。突发故障需要切除动车组制动时，严格按规定执行，严格做好滚动试验。

（10）其他相关作业标准按段相关规定执行。

四、高速铁路暴风雨雪雾恶劣天气安全措施

1．大风天气

风速不大于 15 m/s，列车正常运行；风速不大于 20 m/s 时，列车速度不大 300 km/h；风速不大于 25 m/s 时，列车速度不大于 200 km/h；风速不大于 30m/s 时，列车速度不大于 120 km/h。严禁动车组进入风区。

2．冰雪天气

降中雪或积雪覆盖轨挡板或道砟，无砟轨道限 250 km/h 及以下，有砟轨道限 200 km/h 及以下；降大雪，暴雪时，无砟轨道限 200 km/h 及以下，有砟轨道限速 160 km/h 及以下。接触网导线结冰受电弓取流不畅限 160 km/h 及以下。动车组车底结冰，无砟轨道限 250 km/h 及以下，有砟轨道限 200 km/h 及以下。

动车段内部补充规定：线路积雪限速 160 km/h；如车底结冰下部有击打声限 120 km/h；过黄河桥限 80 km/h。

3．大雨天气

重点防洪区段 1 h 降雨量达到 45 mm 及以上时，限 120k m/h；1 h 降雨量达到 60 mm 及以上时，限 45 km/h。当 1 h 降雨量降至 20 mm 及以下且持续 30 min 以上可解除限速。当积水高于轨面立即停车，当积水未超过轨面 100 mm，司机以随时能够停车的速度通过积水地段（最高不超过 20 km/h），积水面超过轨面 100 mm 时，降弓断电，申请救援。

五、随车工具与备品

1．随车工具

表 1.2 随车工具

类　别	序号	名　称	数量/列	单位
随车工具	1	钳形电流表	1	支
	2	红外线测温仪	1	支
	3	第四种检查器	1	个
	4	38 件套工具	1	套
	5	9 件套梅花扳手	1	套
	6	活扣扳手	1	把
	7	充电电钻	1	台
	8	管子钳（12 吋）	1	把
	9	管子钳（18 吋）	1	把
	10	圆锉	1	把
	11	半圆锉	1	把
	12	组套螺丝刀	1	套
	13	手锤	1	把
	14	撬棍	1	根
	15	扁铲	1	把
	16	笔记本电脑	1	台

2. 客运备品

表1.3 客运备品

类别	序号	名称	数量/列	单位
客运备品	1	紧急用渡板	2	块
	2	应急梯	2	架
	3	车门防护网	8	套
	4	应急灯（手电筒）	6	只
	5	扩音器	1	台
	6	座椅套	1	套

3. 行车备品

表1.4 行车备品

类别	序号	名称	数量/列	单位
行车备品	1	响墩	6	个
	2	火炬	2	支
	3	短路铜线	2	副
	4	手信号灯	2	盏
	5	信号旗	2	套
	6	防护信号灯	2	盏

4. 应急备品

表1.5 应急备品

类别	序号	名称	数量/列	单位
应急备品	1	过渡车钩	2	个
	2	救援风管	2	个
	3	铁丝	20	米
	4	接地杆	2	套
	5	验电杆	1	套
	6	绝缘靴	1	双
	7	绝缘手套	1	副
	8	安全帽	1	顶
	9	安全带	1	套
	10	登顶梯（车端设登顶梯的除外）	1	架
	11	坡道铁鞋	4	个
	12	止轮器	4	个

5．其他备品

表 1.6　其他备品

类　别	序号	名　　称	数量/列	单位
其他备品	1	网络系统事件记录 IC 卡（如果有）	2	个
	2	网路系统事件记录 IC 卡读卡器（如果有）	1	个

六、随车机械师乘务日志

随车机械师乘务日志格式见表 1.7~表 1.11。

表 1.7　动车组运行记录（正面）

年　月　日	车次：	机械师值乘号：	司机值乘号：	车长值乘号：
出乘指示				
运行记事	时间	区段	故障情况	处理结果
累计走行公里：			累计电力：	

（规格：210 mm×297 mm）

表 1.8　动车组运行记录（反面）

工具材料备品交接	到达机械师签字：　　　乘务工长签字：　　　出乘机械师签字：
随车机械师趟交接	到达机械师签字：　　　　　　　　　　　出乘机械师签字：
学习内容及领导添乘指示留言	
审　阅	审阅签字：　　　　月　　日

（规格：210 mm×297 mm）

表1.9 动车组技术状态交接

_____年___月___日　　　　　　　　　　　　　　　　　　所长签字：

	车型	车号	故障	到达机械师签字	地面工长签字	处理结果	处理人签字	验收人签字	接车机械师签字	附注
随车机械师入所交接										

	车型	车号	故障	发现者签字	地面工长签字	处理结果	处理人签字	验收人签字	接车机械师签字	附注
地面作业组发现										
随车机械师接车发现										

（规格：210 mm×297 mm）

表 1.10 随车机械师与司机交接

日期：			车次：		
机械师姓名：		值乘号：	司机姓名：		值乘号：
	时 间	地 点	机械师签字	司机签字	备注
主控钥匙交接					□交 □还
					□交 □还
					□交 □还
					□交 □还
					□交 □还
供、停电交接					□供电 □停电
					□供电 □停电
					□供电 □停电
					□供电 □停电
					□供电 □停电
交 接	记事：				
	司机签字：		机械师签字：		日期：

（规格：210 mm×297 mm）

表 1.11 检修计划

月 计 划
月 总 结

（规格：210 mm×297 mm）

小　结

　　本章主要介绍动车组司机和随车机械师作业程序和作业标准。动车组司机及随车机械师从待乘、出勤、接车、出库、发车、运行直至退勤的作业过程必须按照有关规定操作。司机出乘前必须充分休息，严禁饮酒，相关准备工作非常重要，是完成全程作业的前提；接车时要进行检查并按规定办理接车手续；出库与发车时，动车组司机与随车机械师要共同确认股道信号，按照规定各负其责；动车组运行中，司机应参照校核、优化的操纵示意图（揭示卡）操纵列车，严格遵守各项容许及限制速度，严格执行车机联控制度和安全装备操作使用规定及呼唤应答制度，保证列车安全正点平稳运行。随车机械师应熟悉岗位职责并遵守岗位职责，按照一次往返作业过程进行操作，与司机密切配合，共同保证动车组安全运行。

复习思考题

1. 动车组司机标准化作业程序包括哪些环节？
2. 动车组技术作业时分对作业主要环节是如何规定的？
3. 动车组乘务员待乘与出勤时应遵守哪些主要规定？
4. 动车组发车前司机与随车机械师应共同确认哪些事项？
5. 列车操纵示意图有什么作用？一般包含哪些内容？
6. 动车组在不同线路区段运行时如何操作？
7. 动车组运行中应注意哪些事项？
8. 怎样正确使用动车组的制动系统？
9. 动车组随车机械师的岗位职责有哪些？
10. 动车组运行途中随车机械师有哪些作业任务？

第二章 动车组运行与驾驶操纵

本章主要讲述动车组运行与驾驶操纵的基本知识。第一节对动车组出库检查程序与入库停放操作过程作了讲解；第二节讲述动车组牵引手柄及起动操作；第三节讲述动车组途中运行的作业过程。

第一节 动车组出库检查程序与入库停放操作过程

一、出库检查程序

（1）外观检查。确认动车组编组正确，受电弓降下状态、止轮器安放正确，防护信号已撤除。

（2）从动车组非操纵端接车，将司机室侧门钥匙插入钥匙孔，顺时针旋转90°，打开司机室侧门锁，进入非操纵端司机室。

（3）确认司机室各防护用品、设备及灭火器齐全、良好。

（4）确认MR压力大于600 kPa。如压力不足，扳动辅助空压机控制开关（ACMS），启动辅助空气压缩机，待压力上升至满足要求，故障显示灯"准备未完"灯熄灭。

（5）确认各按键开关、切换开关、NFB的状态位于定位。

（6）确认制动手柄处在"拔取"位，将主控钥匙插入制动手柄钥匙孔，向逆时针方向旋转，解锁制动控制器。

（7）将制动手柄移动至"快速"位，主控继电器（MCR）工作。将MON显示器页面切换至"电源电压页面"，确认控制电压表大于77 V。电压不足必须充电后方可出库。

（8）确认各显示灯显示正常（VCB及电气设备灯亮）。

（9）MON显示器切换至"车辆信息"页面，确认EGS断开。

（10）扳动受电弓上升开关"PanUS"，通过MON确认受电弓升起。

（11）按VCB合（VCBCS）开关，通过故障显示灯（VCB灯熄灭）、网压电压表，确认VCB闭合。

（12）APU自动启动，确认直流电压约100 V。

（13）确认CIR无线装置电源状态正常，ATP正常启动。

（14）确认MR压力大于780 kPa。

（15）按压紧急制动复位开关（UBRS），故障显示灯"紧急制动"灯熄灭。

（16）进行制动系统试验［空车状态；AS设定值：395 kPa（T车），390 kPa（M车）］。制动手柄"快速"位，确认BC压力：M车，（290±20）kPa；T车，（240±20）kPa。制动手柄移置"B7"位，确认BC压力：M车，（180±20）kPa；T车，（170±20）kPa。制动手

柄移置"运行"位，确认 BC 压力 0 kPa；制动手柄置"B7"位。

（17）制动手柄保持"B7"位，换向手柄"前"位，牵引手柄 P1 位，空挡开关在常位，扳动启动试验开关，MON 确认 K 接通，MM 电流约 320 A，直流电压约 2 800 V，牵引手柄至"切"位。

（18）制动手柄保持"B7"位，换向手柄"后"位，牵引手柄 P1 位，空挡开关在常位，扳动启动试验开关，MON 确认 K 接通，MM 电流约 320 A，直流电压约 2 800 V，牵引手柄至"切"位。

（19）换向手柄"关"位，将制动手柄移至"拔取"位，确认 BC 压力（250±20）kPa；将主控钥匙顺时针方向旋转，锁定制动手柄，拔取钥匙。

（20）从司机室左侧门下车，将止轮器撤除，确认后部标志灯（红色）已点亮。

（21）返回司机室，锁闭司机室门，进入客车车厢，锁闭隔板门。由客车车厢进入操纵端司机室。

（22）确认各防护用品、设备及灭火器齐全、良好；各按键开关、切换开关、NFB 的状态处于定位。

（23）用主控钥匙打开制动控制器，将制动手柄移至"快速"位。

（24）确认控制电压表 100 V 以上，各显示灯正常。

（25）确认 CIR 无线装置电源状态正常，ATP、LKJ 正常启动。

（26）设定列车车次及始发站等参数。

（27）确认 MR 压力大于 780 kPa。

（28）按压紧急制动复位开关（UBRS），故障显示灯"紧急制动"灯熄灭。

（29）进行制动系统试验。制动手柄"快速"位，确认 BC 压力：M 车，（290±20）kPa；T 车，（240±20）kPa。制动手柄移置"B7"位，确认 BC 压力：M 车，（180±20）kPa；T 车，（170±20）kPa；制动手柄移置"运行"位，确认 BC 压力 0 kPa；制动手柄置"B7"位。

（30）制动手柄保持"B7"位，换向手柄置"前"位，牵引手柄置"P1"位，空挡开关在常位。扳动启动试验开关，MON 确认 K 接通，MM 电流约 320 A，直流电压约 2 800 V，牵引手柄置"切"位。

（31）制动手柄保持"B7"位，换向手柄置"后"位，牵引手柄置"P1"位，空挡开关在常位。扳动启动试验开关，MON 确认 K 接通，MM 电流约 340 A，直流电压约 2 600 V，牵引手柄置"切"位。

（32）从司机室左侧门下车，将止轮器撤除，确认前照灯已点亮，受电弓处于升起状态。

（33）返回司机室，确认 ATP 前进信号。

（34）确认关门指示灯点亮。

二、入库停放操作

1．正常停放操作

（1）动车组制动停车，将制动手柄置"B7"位，换向手柄置"关"位。

（2）按压"VCB 断"按钮，故障显示灯"VCB"灯点亮。

（3）按压"受电弓折叠"按钮，通过 MON 确认受电弓降下。

（4）制动手柄置"拔取"位，锁闭制动控制器，拔下钥匙。各显示灯、显示屏熄灭。

（5）通过双针压力表确认 MR 压力大于 780 kPa，BC 压力（250±20）kPa。

（6）下车按规定位置安放止轮器，确认受电弓降下。

（7）锁闭司机室门锁。

2．库内通电加压状态停放操作

（1）制动手柄置"快速"位，确认 BC 压力大于 330 kPa。

（2）换向手柄置"关"位。

（3）制动手柄置"拔取"位，锁闭制动控制器，拔下钥匙。确认 BC 压力大于 290 kPa。

（4）下车按规定位置安放止轮器。

（5）锁闭司机室门锁。

第二节　动车组牵引手柄及起动操作

一、牵引手柄操作

起动动车组时，应将牵引手柄在"P1"位稍作停留，再根据目标速度采用适当级位。

动车组运行途中，牵引手柄无须逐级提升或降低，可根据加减速需要自由操控。

在长、大上坡道起动动车组时，可将牵引手柄置于一定牵引级位再缓解列车制动，以防止动车组溜逸。

二、起动动车组操作

（1）确认"关门灯"点亮。

（2）将换向手柄置"前进"位。

（3）将制动手柄置"运行"位。

（4）鸣笛（限鸣区段除外）。

（5）将牵引手柄置"P1～P10"位，加速前进。

第三节　动车组途中运行作业过程

一、中途站继乘换班操作

1．交班司机

（1）动车组停车状态。

（2）制动手柄置"B7"位，确认 BC 压力：T 车［定员：（180±20）kPa；空车：（170±20）kPa］；M 车［定员：（210±20）kPa；空车：（180±20）kPa］。

（3）换向手柄置"关"位。

（4）与接班司机对口交接。

2．接班司机

（1）确认动车组编组正常，头车标志灯显示正常。

（2）上车与交班司机进行对口交接。

（3）进行制动系统试验。

二、折返点换乘操作（不入库，在折返车站进行）

1．交班司机

（1）动车组停车状态。

（2）制动手柄置"B7"位，确认BC压力大于330 kPa。

（3）换向手柄置"关"位。

（4）与接班司机对口交接。

2．接班司机

（1）确认动车组编组正常，头车标志灯显示正常。

（2）上车与交班司机进行对口交接。

（3）进行制动系统试验。

（4）确认各防护用品、设备及灭火器齐全、良好；各按键开关、切换开关、NFB的状态位于定位。

（5）制动手柄置"拔取"位，拔取主控钥匙。

（6）下车由站台进入操纵端司机室。

（7）用主控钥匙打开制动控制器，将制动手柄置"快速"位。确认各显示灯、控制电压表正常，确认BC压力大于480 kPa，MR压力大于780 kPa，确认CIR、LKJ、ATP正常启动。

（8）断开VCB，降下受电弓，进行换弓操作。

（9）按压紧急制动复位开关（UBRS），故障显示灯"紧急制动"灯熄灭。

（10）设定列车车次及始发站等参数。

（11）下车确认前照灯已点亮。

（12）进行制动系统试验。

三、中途站换端操作

同折返点换乘，不包括司机对口交接的内容。

四、过分相操作

在过分相时，为了防止损伤动车组电气设备，应利用惯性通过无电区。在进入无电区前，停止牵引，断开VCB，以惯性通过无电区；驶出无电区后，投入VCB，再次进行牵引。动车组装备了自动过分相装置，正常驾驶时，不需要做特别的操作。但若故障显示灯显示"自动过分相"装置故障，司机室蜂鸣器鸣响，则必须进行手动过分相操作。

手动过分相操作时应注意：

（1）列车运行至过分相绝缘区前，司机应提前确认受电弓升起的车号（4号或6号），估算头车距升弓车厢的距离。

（2）列车运行至过分相绝缘区时，司机要集中精力，加强瞭望，并结合当时的列车运行速度，选择适当时机将牵引手柄退回"切"位，按压"VCB 断"按钮。

（3）故障显示灯"VCB"灯点亮，司机室蜂鸣器鸣响，司机确认网压表为 0。

（4）如 VCB 未断开，应立即按压"受电弓折叠"按钮，采取降弓措施。

（5）列车运行至"合"电标时，司机不要立即闭合 VCB，应确认受电弓已通过分相绝缘区后，按压"VCB 合"按钮。

五、运行途中制动系统操作

1. 运行途中调速

为减少列车冲动，司机在运行途中操纵制动系统时应根据运行速度选择适当的制动级位，缓解后应确认 BC 压力为 0 再使用牵引手柄加速运行。

牵引手柄与制动手柄的配合操纵，应充分利用动车组制动优先的控制逻辑设计。正常情况下，使用制动手柄前，应先将牵引手柄回"切"位，再实施制动。紧急情况下需要调速时，牵引手柄在任一牵引位上，可直接利用制动手柄调速，再将牵引手柄回"切"位。

2. 站内停车

站内停车速度低，应尽量采用 B4 级以下的制动级位，待动车组产生制动力后，根据停车位置逐步减挡至 B1 级停车，动车组停车后将制动手柄置"B7"位，确认 BC 压力：T 车[定员：(180±20) kPa；空车：(170±20) kPa]；M 车[定员：(210±20) kPa；空车：(180±20) kPa]。

小　结

本章分 3 节对动车组的运行与驾驶操纵进行讲述。第一节内容是动车组出库检查程序与入库停放操作过程；第二节是动车组牵引手柄及起动操作；第三节是动车组途中运行的作业过程，分别对中途站继乘换班操作、折返点换乘操作、中途站换端操作、过分相操作和运行途中制动系统操作作了讲述。

复习思考题

1. 简述动车组出库检查程序。
2. 简述动车组入库停放操作过程。
3. 简述动车组牵引手柄及起动操作。
4. 简述动车组中途站继乘换班操作。
5. 简述动车组折返点换乘操作。
6. 简述动车组中途站换端操作。
7. 简述动车组过分相操作。
8. 简述动车组运行途中制动系统操作。

第三章　司机室设备及操作

本章主要介绍动车组司机室设备布置知识及司机室设备的操作方法。司机室布置在时速 350 km 速度级动车组（8 辆编组）两端的头车上，是司机对动车组的主要操纵平台。列车在运行过程中，司机根据线路信号状态和周边情况，通过对司机室内相关设备的相应操作，完成动车组牵引、制动控制，同时控制全列动车组的空调、车门和广播等设备。

第一节　概　述

司机室设计为单人驾驶模式，司机操纵台在中央。司机室的设计遵行 UIC 651 标准，符合现代人机工程学设计原则。

一、司机室主要功能

（1）在每列编组的两端分别设置一个司机室，由前端司机室实施动车组控制，另一个非工作的司机室则可用作乘务员室。两个司机室具有相同的结构与功能。

（2）司机室布置了动车的主要操控设备，对全车进行牵引、制动控制，同时控制全动车组的空调、车门和广播等设备，检测动车组运行信息并进行故障诊断，保证动车组高速、准时、安全运行。

（3）司机室的设计，除了保证正常的功能性要求外，还要尽可能地使整个司机室显得整洁、美观、平整、明快、舒适。

二、司机室主要特点

司机室安装设备较多、设备结构复杂。为了拓展可利用空间，将气密隔墙至操纵台的空间设计为设备舱，安装布置了一些不常操作的设备，如司机室空调相关设备、气压开关、救援电源变换装置等。

为了方便操作，而且也是为了能扩大司机放脚周围的面积，司机控制器采用小型化设计。操作手柄轴带动凸轮旋转，接通相应的触点，使对应的挡位线加压，向 MON 中央控制装置输出控制信号。

为了方便不同的人对列车进行操控，采用高度及前后位置可调整的司机座椅，司机座椅设在司机室中间靠近操纵台的位置。

为了使整个司机室显得更加宽敞明亮，司机室电气柜全部采用矮柜结构，分布在操纵台的左右两侧。

1. 视　野

新一代动车组司机室的设计充分考虑了司机视野的开阔性，前窗坐姿视野符合UIC651标准要求，保证了司机视线开阔，如图3.1所示。

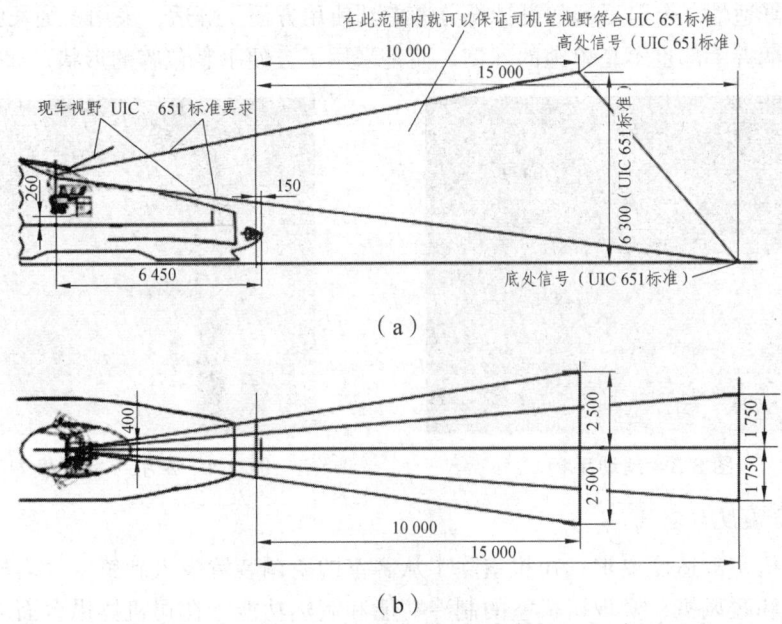

图3.1　司机室前方视野

按照UIC561要求，司机坐姿驾驶时，高度方向可以观察到车钩前15 m地面信号及车钩前10 m距地面6.3 m高的信号；水平方向可以观测到左右2.5 m的信号。动车组司机室视野在坐姿驾驶时，完全满足UIC561标准要求。

同时，针对我国铁路速度、停车标的设置和使用，在司机室两侧设有侧窗，满足司机驾驶瞭望和观察速度、停车标需求。如图3.2所示。

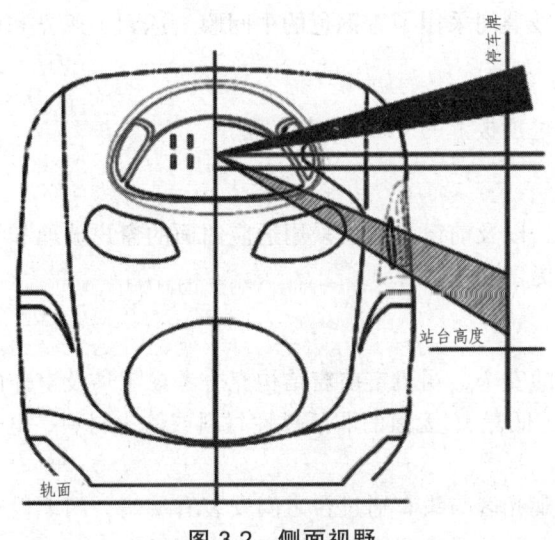

图3.2　侧面视野

2．手　柄

操纵手柄包括制动手柄、牵引手柄及换向手柄等，制动手柄因使用率高，采用图3.3所示的形式，手把的结构可保持手的自然握持状态，以使操作灵活自如，手把的外表面平整光洁保证司机的触觉舒适性。牵引手柄的设计充分考虑到使用方便、舒适，采用了细长的滴状形，手感好。换向手柄握手部也不是单纯的球型，而是采用了方便手掌包容的形状，如图3.4所示。

 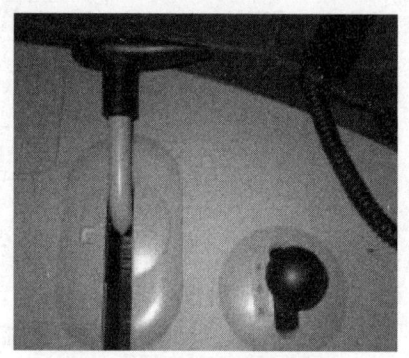

图3.3　制动手柄　　　　　　　　图3.4　牵引手柄及换向手柄

3．司机室温度与空气

为满足司机室舒适度要求，司机室除了从客室的空调装置吸入新鲜空气之外，还单独设置了空调装置和暖风机，实现司机室的制冷功能和制热功能。在司机操纵台面上设有冷气开关和暖气开关，可以根据要求对空调装置及暖风机进行控制，从而保证司机室的温度和环境。

4．玻璃窗

司机室的前窗采用了防炫目的透明安全玻璃，保证刺眼的直射光不会影响司机的操作，影像畸变率极低。

司机室前窗安装有刮雨器、加热器及遮阳装置。使用防混浊的导电膜、通过加热传感器和冷凝器来控制温度。具有防止结霜、结冰的机能，保证了司机的瞭望要求。

另外，侧窗的两层玻璃间采用了青铜色的中间膜，达到了遮光和使光线均匀的目的。

5．照明环境

司机室内的照明通过顶板上的LED灯来实现。

6．低噪声环境

流线型的车头设计，以及前窗及侧窗采用适应曲面的窗户玻璃和与车体外板平滑的固定窗，为降低司机室噪声提供了技术保证。

7．安全保证

为保证司机室乘员的安全，司机室前窗结构充分考虑了鸟及道砟的冲撞。司机室材料均选用阻燃、低烟、无毒（低毒）、无卤的非延燃性材料或防火材料，电气设备、电线电缆等的绝缘性能优良。

司机室与观光区、观光区与头车通过台之间安装有端门，门上设有滚珠碰锁及暗锁。司机经过头车通过台、观光区及司机室玻璃后端门进入司机室。

8．仪表盘

仪表盘由设备安装件和聚氨酯面板构成。整个仪表盘采用面板背面安装设备的结构，大大提高了设备的检修及维护性。为了防止在显示器画面上形成光线反射，仪表盘面板上方安装遮阳帽檐，都具有遮光功能。

9．设备配合

司机室操作台设备简洁、配置合理，制动手柄置于左手位，司机脚边配置鸣笛用笛阀等等细节，充分反映了司机室的人机工程学运用理念。

第二节 司机室布置及操作

司机在司机室进行列车操纵。司机室除设置了用于牵引和制动控制的司机控制器、制动控制器和显示仪表外，还设置了用于列车各种控制功能的控制开关、保护开关（NFB）。

一、驾驶设备布置

司机室的设备布局如图3.5所示。

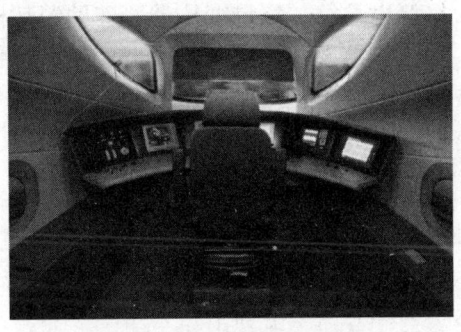

图3.5 司机室设备布置图

司机室划分为3个区域：设备舱、操控区、电气柜。操控区位于司机室的中间，前窗玻璃的下方，操控区与气密墙之间为设备舱区，司机室电气柜位于司机的左右两侧，如图3.6所示。

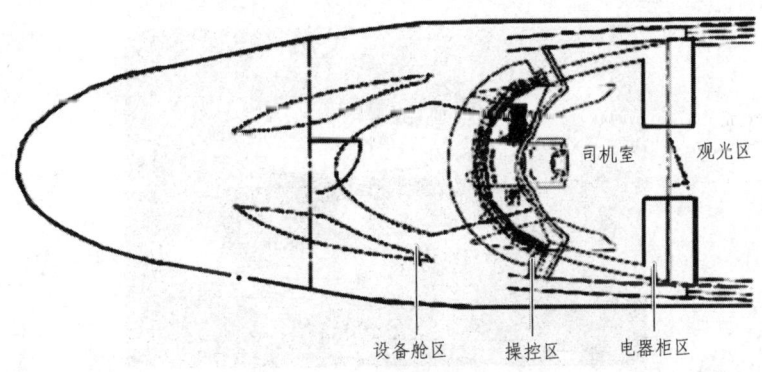

图3.6 司机室区域划分

为了更详细地了解司机室的布置，我们对司机室进行了剖面分析说明，包括窗、门、地板、灯、出风口等的布置，司机室的剖面图如图 3.7 所示。

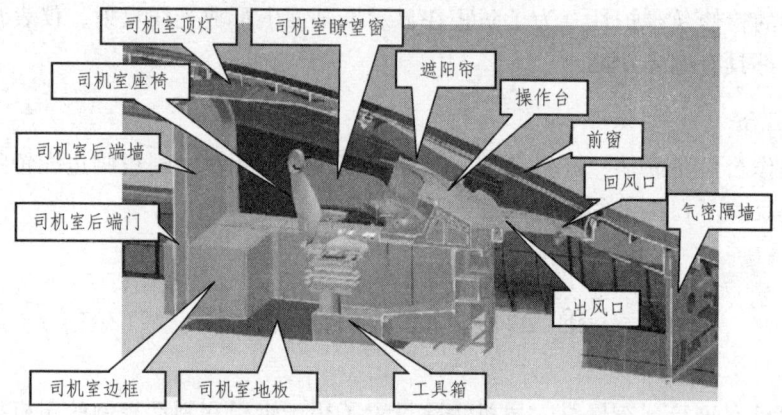

图 3.7 司机室剖面布置图

1．设备舱

设备舱里主要安装平时行车很少用到或不经常操作的设备，从操纵台右侧检修门可进入设备舱。设备舱里面安装有读替指令器、连接切换器、设备室灯、列车间隔检测装置、头灯电源控制盘、空调室内机、空调电源箱、空调变压器、辅助制动模式发生器等电气设备。同时，为了方便配管、配线，与车头前部相关设备及窗玻璃相关设备均安装在设备舱里，如电源变换装置、刮雨器驱动装置、配管单元箱、气压开关、压力调节阀和缓冲风缸等设备。

另外，气密墙上安装有中继用连接器、配线用连接器、风笛加热器、气压开关、车内压力释放阀等设备。

2．操控区

操控区主要包含操纵台和司机座椅两部分。操控区如图 3.8 所示。操纵台位于司机正前方，前窗玻璃的下方，由仪表盘、台面、下部中间台体、下部左台体、下部右台体组成。在操纵台上设置有通常需要或行驶期间需要使用的控制和指示元件。操纵台骨架上安装有司机控制器、制动控制器等，操纵台前面的仪表盘上安装有刮雨器开关、连挂按钮 ATP 显示器、MON 显示器和 CIR 显示器等显示设备。

司机座椅下方设有设备箱，供日常的工具存放。

图 3.8 操控区

3．电气柜

司机室电气柜位于司机的左右两侧，驾驶列车所需的电子和电气、空气和机械的设备设于司机室柜中。设备组件按功能分组安装。我们将电气柜划分为4部分：右前电气柜（见图3.9）、右后电气柜（见图3.10）、左前电气柜（见图3.11）、左后电气柜（见图3.12）。

图3.9　右前电气柜

 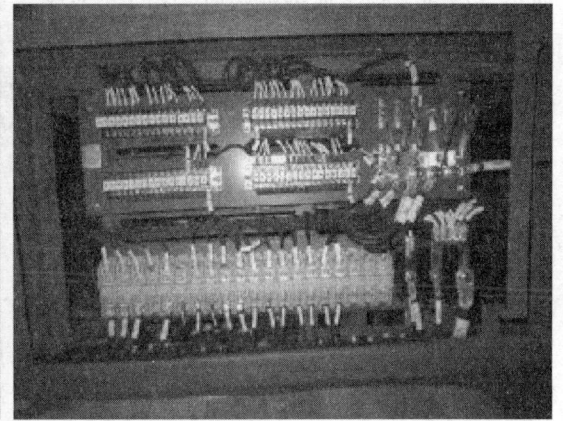

图3.10　右后电气柜

图3.11　左前电气柜

图 3.12　左后电气柜

右前电气柜主要布置了连解控制盘、无线打印机、司机室电暖气、24 V 电源等设备以及 QE 连接器和接线端子台等电气元件。

右后电气柜主要布置了司机室配电盘 1、连解试验开关盘、保护接地开关、IC 卡控制装置、QE 连接器、司机室配电盘 2、司机室端子排盘、接地开关盘、接线端子台、大型端子台等设备。

左前电气柜主要布置了刮雨器系统的相关设备。包括刮雨器水泵、刮雨器用水箱、刮雨器设备安装、刮雨器控制装置、压力开关等，另外，左前电气柜还布置有司机室开关盘 2、QE 连接器、接线端子台等电气设备。

左后电气柜主要布置了救援切换开关、司机室控制放大器、司机室转换开关盘 1、灭火器、前照标识灯接触器盘、牵引制动数据记录装置、接线端子台、QE 连接器、LJB 接线端子盘 1、LJB 接线端子盘 2 等电气设备。

二、操纵台

司机操纵台位于司机正前方，前窗玻璃的下方，在它上面设置有通常需要或行驶期间需要使用的控制和指示元件。司机室操纵台参见图 3.7。操纵台由仪表盘、台面、下部中间台体、下部左台体、下部右台体组成。操纵台骨架上安装有司机控制器、制动控制器等，操纵台前面的仪表盘上安装有开关、按钮及相关显示和控制设备。

仪表盘竖立在操纵台台面上部，与台面的角度为人机工程学最佳角度，主要安装行车时需要观察及操作的各种设备。司机前方仪表盘从左至右、从上到下分别设置有广播话筒、刮雨器开关、连挂开关、解连开关（仅 T1 车）、电压表切换开关（仅 T2 车）、电压表、压力表、ATP 显示器 1、ATP 显示器 2、MON 车辆信息显示器 1、关门显示灯、无线话筒、CIR 显示器、故障显示灯、MON 车辆信息显示器 2。

操纵台台面左边设置有制动控制器和操纵台锁，右边设置有牵引控制器和换向手柄。在司机正前方的操纵台台面上布置有紧急复位、复位、VCB 合、VCB 断、降弓、恒速切、恒速等按钮，这些按钮开关集中布置在司机正前方，通过颜色和标签区分；在操纵台的左侧台面上安装布置有电暖气 1 开关、电暖气 2 开关、开左门按钮、关左门按钮、空调控制开关等；在操纵台的右侧台面上安装布置有司机室灯开关、头灯减光开关、遮阳帘开关、开右门按钮、关右门按钮、监视器扬声器旋钮。

操纵台下部中间台体上设置有车辆广播控制器、司机室电暖气、汽笛用笛阀等。司机前面设有暖气出风口,从前面的百叶窗出来的暖气吹向司机小腿部。操纵台的搁脚台的侧面,设有 AC 220 V 用插入连接器。

操纵台下部左台体设置有连接器、空调冷风出风口、空气管开闭器等。操纵台下部右台体设有通向设备舱的通过门。仪表盘上各设备需要检修时,可以在卸下其对应面板上的 2 个螺钉后,将该设备向外掀起并向上提,即可将该设备从操纵台上拆下并检修,大大提高了检修效率。操纵台部分设备功能描述见表 3.1。

表 3.1 操纵台主要设备功能

序号	名 称	常位	功 能	使用时机	备注
1	仪表显示盘		压力表、电压表、关门显示灯、刮雨器功能开关、广播话筒等		
2	ATP 速度显示器	开	显示运行速度等		与 3 互为冗余
3	ATP 速度显示器	开	显示运行速度等		与 2 互为冗余
4	中间开关盘		VCB 合断、恒速/切、复位、紧急复位、降弓等功能按钮	根据需要	
5	MON 车辆信息显示器		列车信息控制状态显示		与 6 互为冗余
6	CIR 显示器、无线话筒、关门显示灯和故障显示灯		GSM-R 调度通信,通用数据传输,应用操作,状态显示以及语音提示,实现与外界通话,车门全部关闭与否,显示运行、制动、车门等状态		
7	MON 车辆信息显示器		列车信息控制状态显示		与 5 互为冗余
8	右开关盘		司机室灯开关、头灯减光开关、扬声器开关、遮阳帘开关、开关右门按钮等	根据需要	
9	换向手柄	关	设定动车组的运行方向,分前、关、后 3 挡	根据需要	
10	主控器手柄	切	设定牵引力的大小,分为 P1~P10 挡	根据需要	
11	制动手柄	运行	设定制动力的大小,分运行、B1~B7、快速、拔取位	根据需要	
12	左开关盘		电暖气开关,空调控制开关及指示灯,开关左门按钮等	根据需要	

三、电源变换装置

放置在设备舱里的救援用电源变换装置是动车组发生重大故障需要机车救援时采用的应急供电设备,它把机车的 DC 110 V 电源转换成 DC 100 V 电源,主要为动车组必要的控制、制动、照明及生活设备提供紧急电源。该电源变换装置有高可靠性、易维修易更换性,救援用电源变换装置本身有正常工作指示灯和故障指示灯。外观如图 3.13 所示。

图 3.13 救援用电源变换装置

整个电源由输入单元、功率变换单元、输出单元、控制调整及保护电路单元、辅助电源单元 5 部分组成。产品框图如图 3.14 所示。

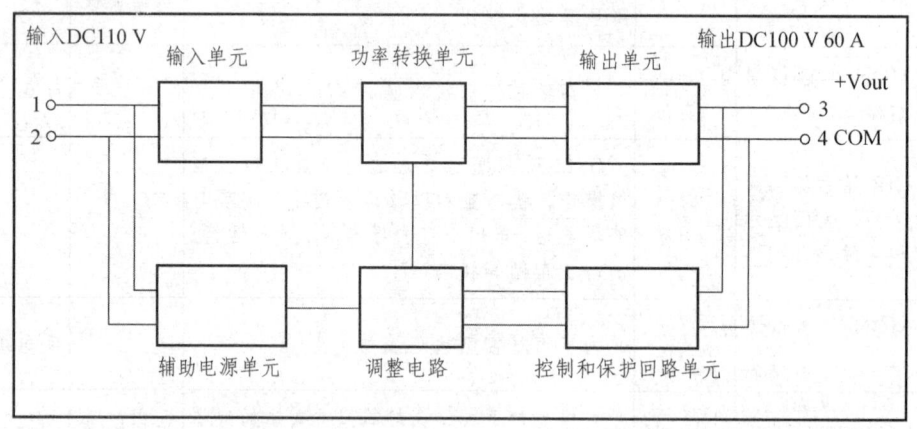

（数字表示端子序号）

图 3.14 电源变换装置框图

电源变换装置的保护功能如下：

（1）电源变换装置本身具有过流保护功能，当输出出现过流时，变换器将进入过流保护状态，输出电压下跌；当过流现象解除后，变换器能够自动恢复至正常工作状态。

（2）变换器具有"软启动"特性。

（3）输入过欠压保护特性。变换器具有输入电压过欠压保护功能。

（4）设备本身接地。

另外，电源变换装置具有抗干扰性，电源变换装置可以防雷击，耐电源线重叠干扰，具有电磁兼容特性。

四、风 笛

每个司机室布置 AW-8 笛组成 2 件、AW9S 笛组成 2 件和脚踏笛阀组成 1 件。脚踏笛阀组成如图 3.15 所示。

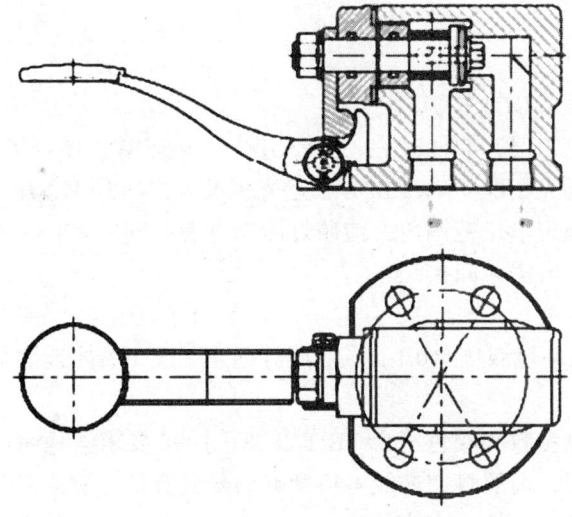

图 3.15 脚踏笛阀组成

风笛组成应满足的性能值如表 3.2 所示。

表 3.2 风笛性能

名 称	音压测试距离/m	空气压力为 5 kg/cm² 时的音压/dB	空气压力为 8 kg/cm² 时的音压/dB	周波数（频率）/Hz	风笛口直径/mm
AW9S 风笛组成	距风笛口 30	103±4	108±4	450	140
AW-8 风笛组成	距风笛口 30	97±4	100±4	395	89

五、前照灯

司机前窗玻璃下方左右两侧布置有前照灯和标志灯，车辆在起动状态时，前照灯就会自动打开。制动手柄解锁侧车头点亮，反向车头为红色标志灯。两侧操纵台的制动手柄都未开锁的场合，两侧都为红色标志灯。前照灯布置如图 3.16 所示。

图 3.16 头灯布置图

基本性能参数：

（1）电气参数。

工作电压：DC77V~DC137.5V

前照灯功率：远光工况，4×35 W；近光工况，2×35 W；尾灯工况：2×15 W。

瞬间启动功率：远光工况＜4×150 W；近光工况＜2×150 W。

（2）启动性能。额定电压范围内，前照灯冷态点燃时间应≤1 s，热态点燃时间应≤3 s；从远光工况至近光工况所需时间≤6 s。

（3）抗震动冲击性能。

（4）光照性能。在环境照度≤0.1 lx，前照灯远光工况下，距前照灯发光点450 m位置处最亮点光照度≥2.5 lx。

（5）标志灯的光电参数和颜色符合 TB/T 2878—1998 要求。

（6）在任何情况下，前照灯的光线不得影响信号灯及信号标志灯的色光质量，不得干扰动车驾驶员对各种行车信号灯的正确辨认。

（7）在正常工作环境条件下，前照标识灯带电部位与金属壳体的绝缘电阻应不小于10 MΩ。

（8）前照灯灯体外框内外表面均进行光滑平整处理，材料强度满足 EN12663 标准中的冲击加速度要求，耐温 106 ℃，使用寿命为 30 年。

六、司机座椅

新一代司机室座椅采用格拉默的 MSG85/822 座椅，该座椅采用剪刀架式减振系统，座椅减振系统的悬浮减振器采用德国原装进口悬浮减振器。减振系统外部采用皮裙包装，不易被外来污水污物污染侵蚀。悬浮系统同时具备高度调节功能，调节简单。减振系统的减振行程可以达到 100 mm，座椅使用起来更加舒适，如图 3.17 所示。

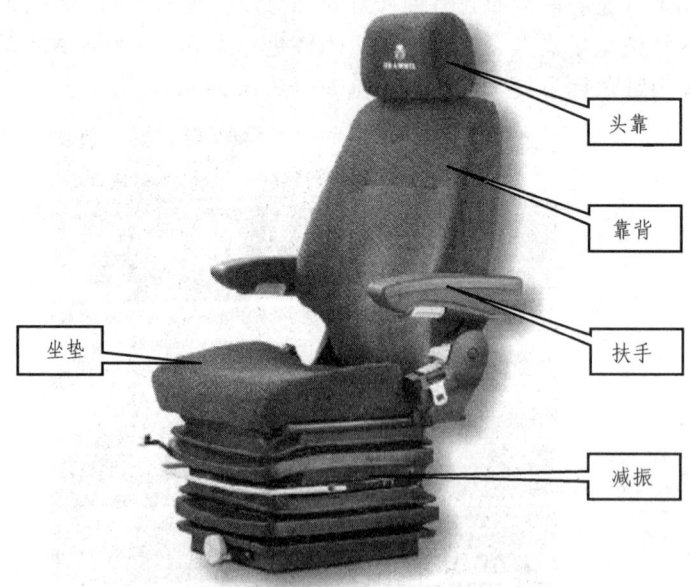

图 3.17 司机室座椅示意图

主要技术参数：

座椅尺寸：（长×宽×高）624 mm×620 mm×1 132 mm（带头枕扶手）

座椅垂直高度调节量：80 mm（不含倾角调节）

座椅前后调节量：向前 110 mm，向后 100mm

座垫高度调节范围：500～580 mm

靠背角度调整范围：基准位向后 80°，向前可折叠

座椅左右旋转角度：可 360°旋转

悬浮行程：100 mm

人体体重调节范围为：50～130 kg

头枕高度调节：分为 6 级共 120 mm 可调（每级 20 mm）

扶手高度调节范围：40 mm

扶手倾角调节范围：40°

质量：62 kg（包括全部功能和头枕扶手）

安全说明：

（1）为了尽量避免受伤，在座椅的移动范围内不得放置任何其他物品。

（2）为了消除安全隐患，每次车辆起动前都要检查一下座椅的可调部分，以确保各调节机构都处于正常且锁死状态。

（3）为了避免对驾驶员的背部造成损害，座椅使用前或每次更换驾驶人员时都应针对驾驶员的体重相应地调节座椅。

（4）在车辆行驶过程中不得对座椅进行任何调节。

（5）在背部靠垫被拆除的情况下，调节靠背时要把靠背先撑住并将其固定在某一固定位置，否则，靠背快速复位易伤人。

（6）必须定期检查紧固件的紧固性。若座椅在使用过程中产生较大幅度的摆动或摇晃，则有可能是紧固件松动或其他故障。

（7）扶手请勿坐人或重压，否则会致使扶手断裂或弯曲。

（8）座椅靠背请勿用力向后压，禁止人员趴在椅背上向下用力，否则会导致靠背固定轴松动或脱落。

（9）请小心尖利器物对座椅蒙布的损坏，必要时请自行加椅套。

（10）调节手柄请勿用力转动，请勿脚踏，否则会导致该手柄断裂及内部调节装置损坏。

（11）若座椅在使用过程中发生故障（例如座椅悬浮有问题），请务必联系专业维修厂安排维修事宜。不及时维修可能会对司机的健康造成不良影响并引发安全事故。

（12）带安全开关（该开关可使车辆在人离开座椅后停止操作）的座椅安装前必须得到车辆生产厂家的许可并能和车辆里的其他安全装置一起动作。

（13）车辆起动前还必须检查所有带开关座椅上的开关功能。若有故障则不得起动车辆。

（14）在正常使用过程中，除驾驶员的自重外不得向带安全开关的座椅上施加任何额外载荷，以防止当人离开座椅后车辆仍能起动。

七、遮阳帘

本司机室遮阳帘为新开发产品，安装在司机室前窗玻璃下方。遮阳帘采用电动控制，可

随前窗的开度变化，适用于新车全新的前窗设计，具体如图 3.18 所示。

图 3.18　司机室遮阳帘

遮阳帘由遮阳系统、滑轨导向系统、电动驱动系统 3 部分组成，如图 3.19 所示。遮阳帘通过设在操作台上的开关控制，即按即行，松开即停，如图 3.20 示。

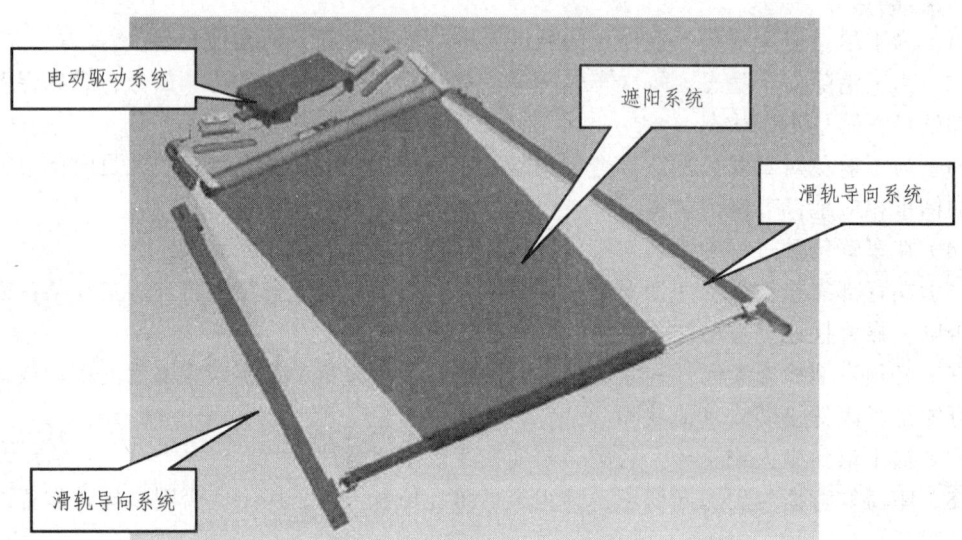

图 3.19　电动遮阳帘示意图

图 3.20　遮阳帘控制示意图

八、其他设备

1. 司机室后端墙

新一代司机室后端墙为新开发产品,用于头车司机室与观光区之间,既能起到划分区域的作用,又能为乘坐在观光区区域内的旅客提供不同的服务;旅客可通过调节玻璃透光度,达到观光或保护隐私的目的。

后端墙由上横梁、(左右)立柱、门板、(左右)玻璃隔断组成,如图3.21所示。

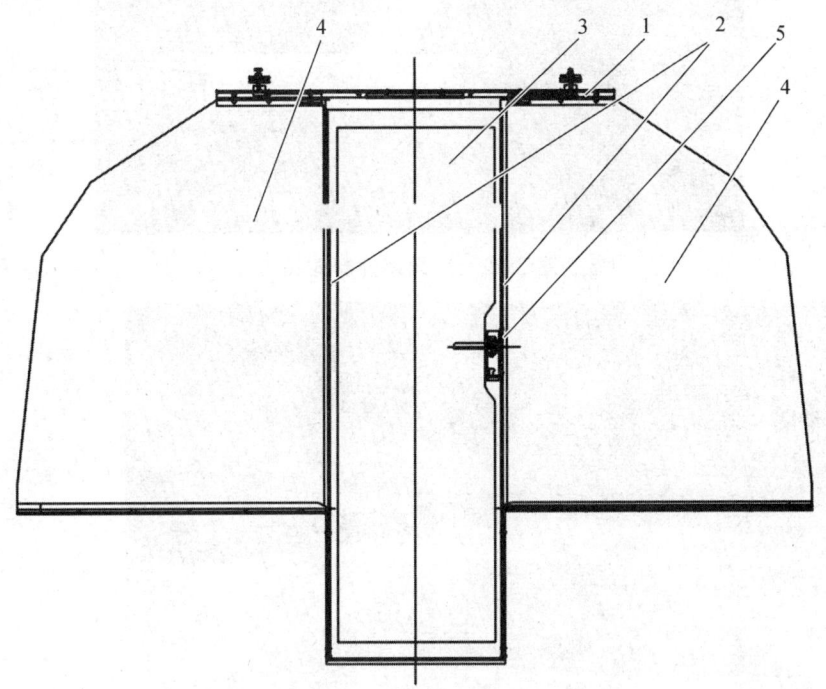

图 3.21 司机室后端墙

1—上横梁;2—立柱;3—门板;4—玻璃隔断;5—门锁

(1)司机室门的打开方式。

在司机室侧:用手握住把手,沿顺时针方向转动把手,转动大约30°,此时门锁打开,向外推门,司机室门打开。

在VIP侧:用一只手握住把手,用另一只手拿钥匙沿逆时针转动锁芯,直到转不动为止,此时门锁打开,向内拉门,司机室门打开。

(2)司机室门的关闭方式。

在司机室侧:用手握住把手向内拉门,当门碰到门框时,门关闭。

在VIP侧:用手握住把手向外推门,当门碰到门框时,门关闭。

后端墙控制开关位于观光区两侧多功能边柜上,如图3.22所示,当开关接通时,玻璃透明;当开关断开时,玻璃呈乳白色不透明状。

2. 车外温度采集系统

为满足司机室舒适度要求,司机室单独设置空调装置和暖风机,实现司机室的制冷功能和制热功能,从而保证司机室的环境。司机室制冷和采暖出风口的位置如图3.23~图3.26所示。

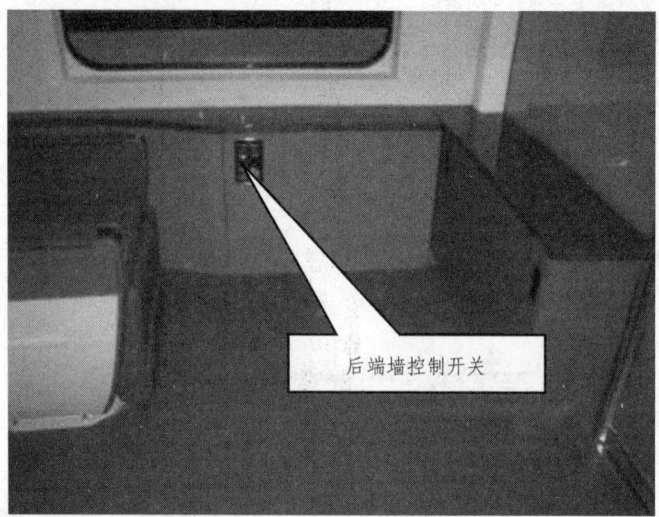

图 3.22 后端墙控制开关

图 3.23 操纵台前方冷气出风口的位置

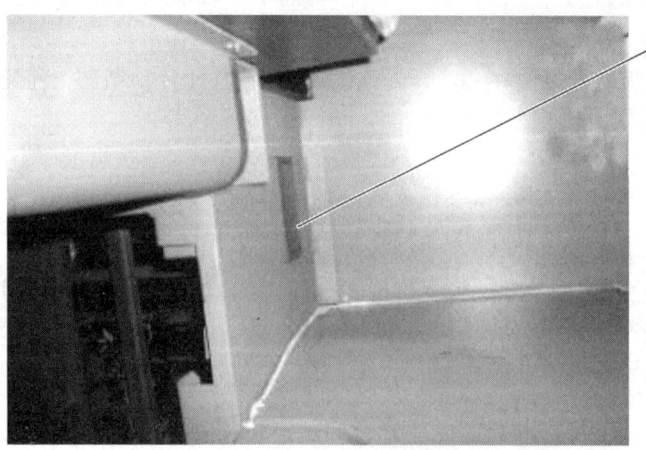

图 3.24 操作台右侧边柜冷却出风口的位置

图 3.25　操作台左侧边柜冷却出风口的位置

图 3.26　司机室座椅下方暖气出风口的位置

3．空调开关

在司机操纵台面左侧设有冷气开关和暖气开关，可以根据要求对空调装置及暖风机进行控制，冷气切换开关设置了温度设定旋钮和风量调节开关，通过设定旋钮进行调节，风量调节开关和暖气切换开关分为切、弱、中、强挡，如图 3.27 所示。

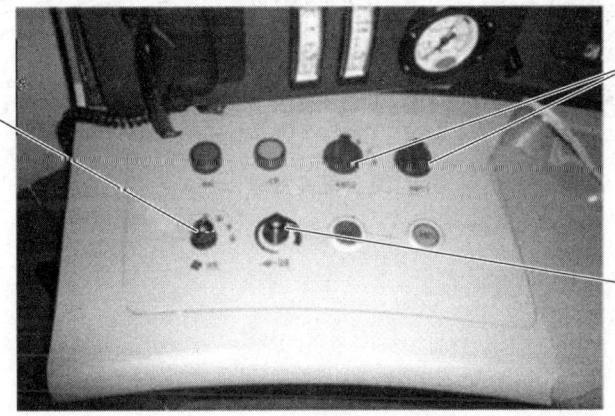

图 3.27　冷、暖气开关位置

4．司机室通风

为保证司机新风量要求，在司机室内端门上方设置了4个可调节的格栅出风口，通过客室的空调装置向司机室提供新鲜空气，如图3.28所示。

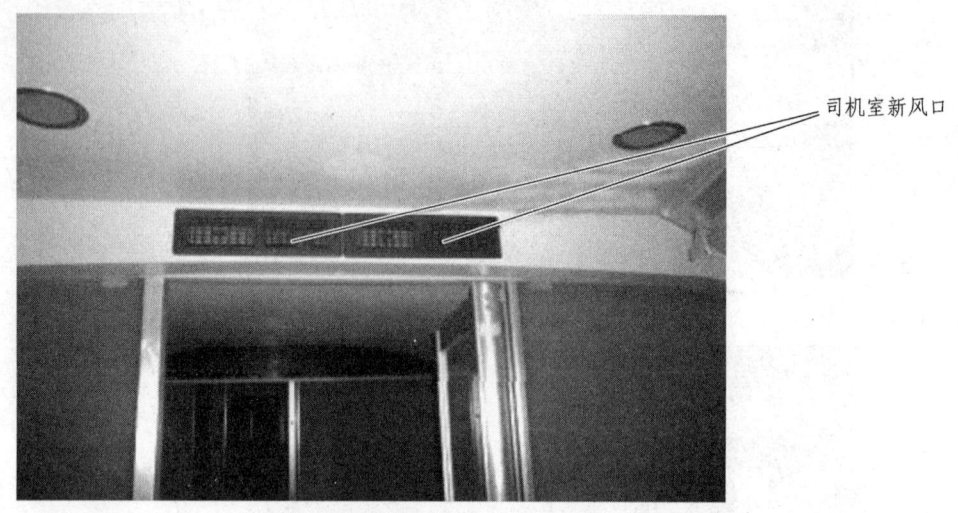

图 3.28　司机室新风入口

第三节　司机室显示灯及其含义

司机室显示灯用于指示列车各个重要部分的当前状态。司机室显示灯采用集中显示的方式，其显示布置如图3.29所示，各显示灯的显示颜色和功能见表3.3。

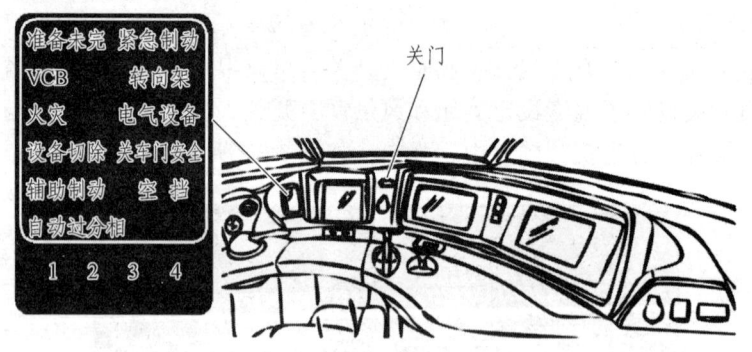

图 3.29　司机室显示灯

表3.3 司机室显示灯功能

标记	名称	颜色	功能	信号源	线号码
	准备未完	红	动车组尚未具备升弓合主断条件时点亮	中央监视器	130M
	VCB	红	断开VCB时点亮	中央监视器	134M
FrLp	火灾	红	火灾报警开关被按下且没有复位时点亮		
	设备切除	褐色	切除某一电气设备时点亮	中央监视器	137M
	辅助制动	褐色	辅助制动投入时点亮		140L
	紧急制动	红	紧急制动动作且未复位时点亮	中央监视器	131M
	转向架	红	检测到制动不缓解、轴温、黏着、空转、滑行等转向架异常时点亮	中央监视器	133M
	电气设备	红	EGS闭合时及检测到驱动电路故障时点亮	中央监视器	132M
	关车门安全	绿	车速≥5 km/h（5SR关闭）时侧门压紧后点亮		146
	空挡	褐色	中央装置接收到空挡时点亮		79M
	自动过分相	红	检测到自动过分相控制装置故障时点亮		J515M
RLP1	单元显示灯1	红	1～4号车动力单元工作不正常时点亮	中央监视器	121M
RLP2	单元显示灯2	红	5～8号车动力单元工作不正常时点亮	中央监视器	122M
RLP3	单元显示灯3	红	9～12车动力单元工作不正常时点亮	中央监视器	123M
RLP4	单元显示灯4	红	13～16号车动力单元工作不正常时点亮	中央监视器	124M
	关门显示灯	黄	车厢侧门全部关闭时点亮	DIR	140A

第四节 司机室照明及阅读灯

一、司机室灯

司机室照明由安装在司机室顶部的3盏LED筒灯完成，这3盏灯同时也作应急灯使用。夜间上车时，在操作车辆前，应先将应急灯打开，再操作车辆。司机室操纵台中间位置设有阅读灯。

司机室LED灯安装在司机室顶部，共3个，其安装位置如图3.30所示，通过操纵台右台面上的司机室灯开关控制，如图3.31所示。

图 3.30　司机室 IED 灯安装位置

图 3.31　司机室灯开关位置

主要技术特征：功率≤3W；外壳防护，IP30。

二、操纵台阅读灯

阅读灯位于司机正前方的操纵台帽檐上，阅读灯与开关在一起，如图 3.32 所示。

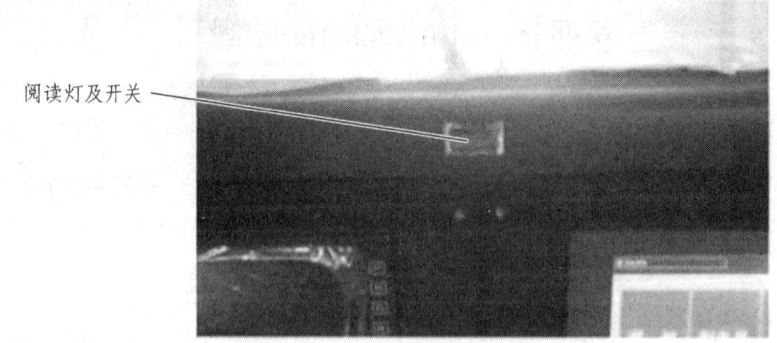

图 3.32　阅读灯及开关的位置

主要技术特征：功率≤5 W；照度，打开操纵台阅读灯 10 min 后，距光源表面基准轴 500 mm 处测的中心照度≥100 lx；外壳防护，IP62。

小　结

　　本章以 CRH380A 型动车组为例，介绍了动车组司机室设备布置及司机室设备的操作方法，还介绍了司机室各种显示灯的意义、司机室环境控制等。CRH380A 型动车组在两端的头车设有司机室，司机室设有司机间和机械师间。司机操纵台的设备分布在操纵台正面、左面板和右面板，司机在运行中进行的操作通过这些面板上的仪表和控制设备完成。在司机的后面设置了一个设备柜，设备柜上有用于控制电路供电和保护用的 NFB（微型断路器）盘，以及进行整备控制用的司机室开关盘。另外，还简要地介绍了 CRH1 型动车组的司机室设备布置和各控制面板及控制设备的作用。

　　学习本章时，建议学生能结合实物或列车模拟器进行现场学习，通过对设备的操作，掌握司机室各种控制设备的操作方法。

复习思考题

1. 司机室前方安装有哪些照明灯和标志灯？
2. CRH380A 司机台正面有哪些设备？
3. CRH380A 司机台左侧面板有哪些设备？
4. 司机室后面板 NFB 盘有哪些设备？
5. 司机控制开关盘有哪些旋钮开关？
6. 司机室各显示灯的意义是什么？
7. 司机室制热设定器有哪几个挡位？
8. 司机室制冷设定器有哪几个挡位？
9. CRH1 型司机台前面板有哪 3 项设备？
10. CRH1 型司机室操纵台面有哪些主要设备？
11. CRH380A 型动车组司机在夜间上车时，应如何操作照明设备？

第四章 MON 信息显示及操作

本章分 3 节讲述动车组车载信息控制系统的 MON 信息显示及操作的基本知识。第一节对动车组车载信息控制系统作简要介绍；第二节讲述了车载信息控制系统组成与功能；第三节是本章的重点，主要讲述车载信息控制系统 MON 信息显示和基本操作。

第一节 概 述

动车组车辆信息控制装置采用贯穿列车的总线来传送信息，从而减轻了列车的质量。并且，通过对列车运行及车载设备动作的相关信息进行集中管理，可以有效地实现对司机和乘务员的辅助作用、加强对设备的保养和提高对乘客的服务质量。列车信息控制系统由监控器和控制传输部分组成。硬件为一体化装置，但各自独立构成网络。系统为自律分散型。控制传输部为双重系统，确保系统冗余性。通信采用 ANSI878.1 ARCNET 标准。头车设置的中央装置为双重系统构成，确保其可靠性。前后中心的控制单元间采用母线仲裁。

一、动车组列车信息控制系统基本构成

如图 4.1 所示为动车组列车信息控制系统的示意图。由图可见动车组列车信息控制系统主要由列车信息中央装置、终端装置、列车信息显示器（包含 IC 卡架）、车内信息显示器等构成。

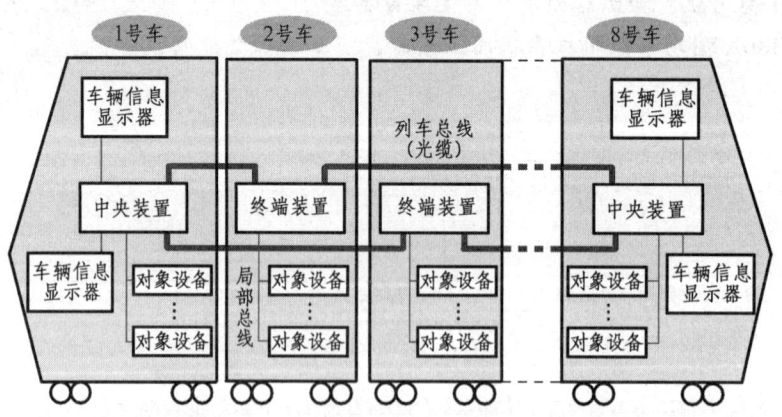

图 4.1 动车组列车信息控制系统的示意图

在动车组中引用了车载信息装置和自诊断技术，该系统由列车信息中央装置（分别在头尾车各一套）和列车信息终端装置（8 套，每车各一套）构成，同时还有列车信息显示器、列车信息显示控制装置、IC 卡架等附属设施。在头、尾车司机室内各有 2 台显示器（一主一备），能实时显示车辆运行过程中的相关数据以及记录相应的运行数据，在乘务员室内也有一

台显示器，司乘人员可通过触摸显示器，来实现控制指令的传送、了解车辆实时运行状态；地面检修人员可通过对显示器的触摸实现车上的检查功能，使检查自动化，通过车上操作发现实时故障和部分故障履历，并指导故障的处理。

两种显示器（司机室和乘务员室）分别针对司机和乘务员的职能设置了不同的权限，头尾车的4台显示器能查询显示车辆上各种状态的信息并执行司机部分操作命令，乘务员室的显示器只能显示和执行乘务人员相关信息。但运行中出现故障时，各台显示器都能同步显示故障的信息及相应的处理方案。

二、布　线

图4.2为动车组列车车载信息系统的总布线图，通过布线图能更详细了解车载信息系统的整体构成和主要的特点。

车载信息系统是以通过贯穿列车的总线来传送信息，总线是以两组环形光纤网络构成，同时为了保证系统的高可靠性，在两环光纤网络线的基础上，在其中间加了一根双绞线贯穿，这样的网络设计充分地保证了信息传送的高冗余性，网络总体响应速度小于50 ms，本网络系统通过对列车运行以及与车载设备动作的相关信息进行集中采集和管理，有效地实现对司机和乘务人员的辅助作用，加强对设备的保养，提高保养和检修效率。

三、动车组列车信息控制系统的主要特点

1．控制传输部为双重系统，确保系统冗余性

动车组头车的中心装置由双重系统（双CPU系统）构成，以确保工作的可靠性，如果一套系统发生故障，能够及时、自动地切换到另一套系统。另外，列车还可利用自身的诊断传输线对整个系统进行监视，发生异常情况时能及时保存故障信息。

2．安全可靠的系统控制方式

动车组列车信息控制系统的控制是通过环形连接的光纤双重环路传送的，并采用多股绞合传送线来保证传送的可靠性，即使在列车合并时也可保持可信度较高的传送。控制指令传送系统采用独立于监视器部分的双重CPU方式，具有故障导向安全和备份功能。

四、动车组车载信息控制系统的显示、传输方法和特点

1．信息的显示方法和特点

在动车组头车中设置的控制部分和监视器，构成了动车组中央装置，中央装置有列车编组整体信息管理功能和向司机台监视显示器传送数据的功能。动车组车载信息控制系统信息的显示是通过动车组司机台中设置的2台显示装置来完成的，动车组编组合并时的车辆接近状态、动车组故障时的车辆故障信息都可在动车组司机台显示装置的确认画面显示和确认。

2．信息传输的方法和特点

动车组远程开启指令电路中的监视显示器的接触面板和监视器中央装置之间是通过多股绞合线以串联方式传送的，传送线有列车信息传送线（光纤）及自我诊断信息传送线（多股绞合线）两种。

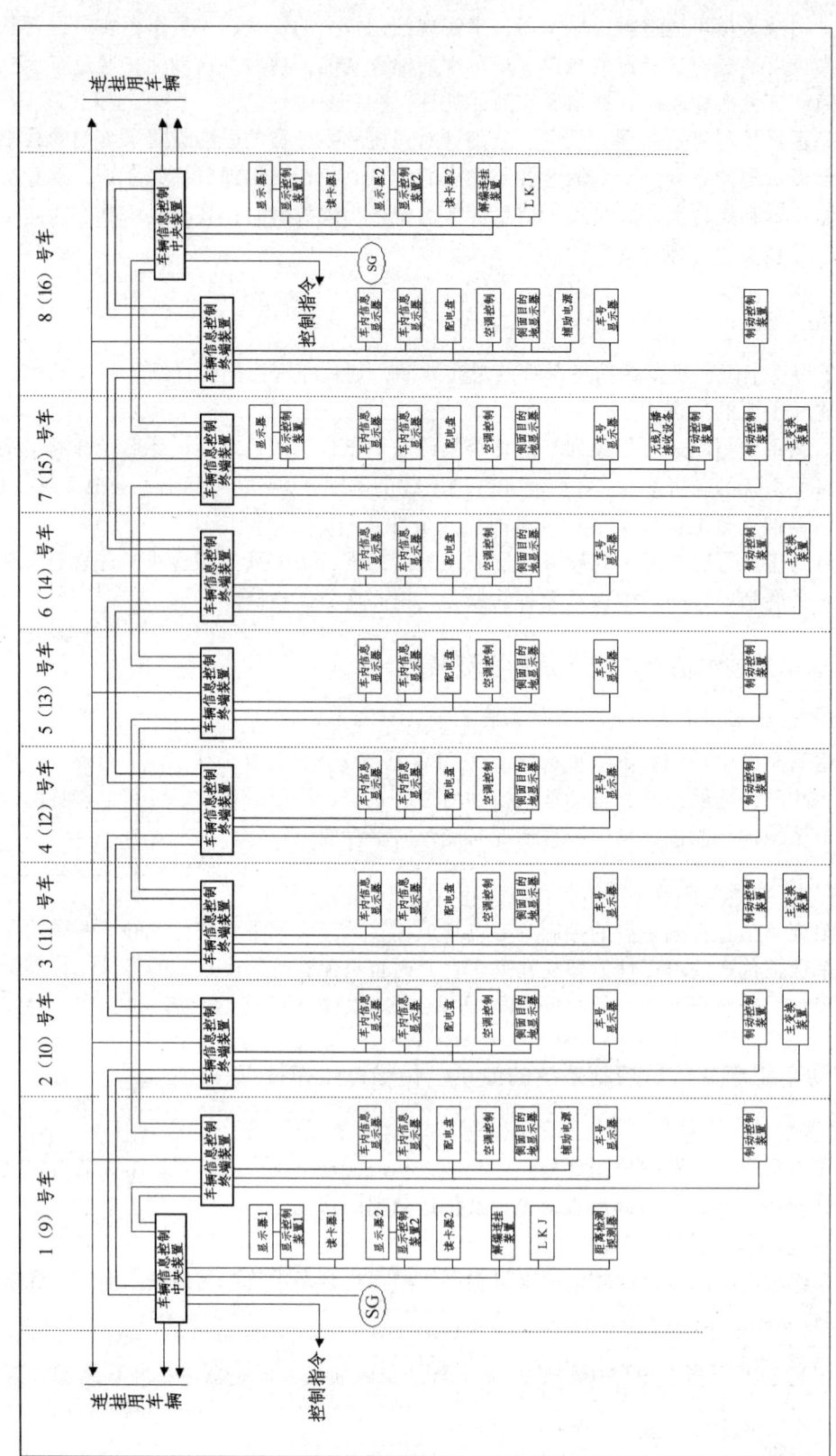

图 4.2 车载信息系统的总布线图

第四章 MON 信息显示及操作

　　每列动车均设置 1 台终端装置,通过终端装置来实施列车车载设备的功能和信息传送功能。

　　动车组的中央装置和终端装置由双重环形构成的控制（或监视器）传送线连接,采用不易发生故障的双向环形网络方式,有向左和向右两条线路,是一种分散型的系统,即使有两处以上的线路发生故障,环形网络断开时,也可以继续进行其他连接着的正常线路之间的传送。

　　动车组车载信息传输装置为确保信息传送的可靠性设置有备份传送线,即使在环形网络故障时也可以进行传送。在发生故障时使用备份传送线路的控制指令,对各设备进行控制。

第二节　车载信息系统的组成与功能

一、车载信息系统的主要设备

表 4.1 为 CRH2A 动车组车载信息控制装置的主要设备构成一览表。

表 4.1　车载信息控制装置的构成

车号		1	2	3	4	5	6	7	8
车种		T1	M2	M1	T2	T1	M2	M1	T2
中央装置	MS-A940	1							1
终端装置	MS-A941-G	1	1		1	1	1		1
	MS-A942-G			1				1	
监控显示器	MS-A942	2						1	2
显示控制装置	MS-A943	2						1	2
IC 读卡器	MS-A944	2							2
车内信息显示器		2	2	2	2	2	2	2	2

二、车载信息控制系统的功能概述

（1）实现牵引和制动的指令系统信息的串行传输,可通过界面传输司机的控制指令。
（2）设备的切除、复位功能：
① 可以向牵引变流器、辅助电源装置以及配电盘传送复位指令;
② 设备远程切除指令的传送;
③ 辅助绕组电源感应电路的控制;
④ 三相 AC400V 电源感应电路的控制（BKK 远程断开及闭合操作）。
（3）空调温度控制器的开启/复位以及温度和工作模式的设定。
（4）司乘人员提示功能：
① 发生故障时自动显示故障名称、部位以及应急处理办法,并鸣响蜂鸣器;
② 通过 IC 卡输入并显示担当区段、车次、时刻表、站名等信息;
③ 显示应急故障处理手册;

④ 显示两列编组重联状态及连挂信息；
⑤ 显示最新故障信息。
（5）服务设备控制功能：
① 控制车内信息显示器、目的地显示器显示内容；
② 控制车号显示器显示内容；
③ 向自动播放装置传送播音时间信息；
④ 解编时关闭其他编组广播输出。
（5）服务设备（空调、室内灯、广播）的控制及状态显示。
（6）数据记录功能：
① 故障时记录设备动作信息；
② 主故障发生时记录状态；
③ 累计走行距离及牵引/再生电力；
④ 正式运营或试运行中收集车辆性能、项目选择、空调运转率、空调运行状态等信息。
（7）车上试验功能：
① 车上试验：车上各设备（牵引变流器、制动器、辅助电源、门等）内置的与自诊断功能相协调的车上试验功能；
② 试验结果的收集。
（8）自我诊断功能：
① 各监视器部/控制传输部之间的传输错误的检测；
② 控制信息的自我诊断；
③ 光传输故障时的运转控制指令的备份；
④ 自我诊断传输线故障时在车辆信息显示器上显示自我诊断线连接不良的故障信息。
（9）其他功能：
① 远程装载功能；
② 升弓位置异常监测功能；
③ 自动过分相控制功能。

三、车载信息控制系统的主要功能详解

1．动车组车载信息控制系统的旅客信息服务功能

在动车组的车载信息控制系统中为旅客服务提供的信息主要包括实时信息显示、车内标识、列车运行信息、列车广播电视、播放（按每编组）、车内引导（全车/个别）、室内灯（按每编组）、自动播放、显示编组、关门、火灾报警、紧急蜂鸣器。通过旅客信息显示器上可以显示旅客需要的列车当前信息，包括当前到站、前方到站、正晚点情况、当前时间、运行速度等信息。

2．监控显示器实时显示的功能

动车组的监控显示器包括列车长监控显示器和司机监控显示器两种。列车长监控显示器实时显示主要内容有：厕所蜂鸣器、缺水、厕所故障、小便器故障、室内灯、号车引导、列车运行模式、空调使用状态［半（全）/冷（暖）］、冷气控制温度、暖气控制温度、室内温度

控制、空调运转率等车辆服务设备信息。而司机监视器的主要功能是：将列车信息显示在司机台的显示器上，使司机了解列车运行状态。

3．故障记录的功能

车载信息控制装置能够检测出设备发生的故障，并具有记录故障情况的功能，这种故障检测及记录功能全是自动完成的。列车信息控制系统可以将故障区分为重大故障和轻微故障，遇到重大故障而且需要处置时，会将故障内容及处置引导通知给乘务员。

4．故障检查的功能

车载信息系统具有自动检查设备并判断故障的功能，列车信息控制系统只收集对各个设备发出的检查指令及检查结果。车上检查功能能使检查自动化，通过车上操作减轻保养工作。系统的主要诊断项目有：牵引变流器、辅助电源装置、制动控制装置、安全设施、车门开关时间测定等。车载信息控制系统可完成以下检查：

（1）制动和车门的检测结果由检查员判定其好坏。

（2）由于部件故障导致检查结果出现问题的时候，将数据结果通知检查员。

（3）针对问题所采取的对策由检查员根据数据结果的内容判断是否进行更换、修理等。

（4）对于部件的偶发性故障，由检查员依据自动检查结果进行判断。

5．自我诊断的功能

动车组列车自我诊断系统可完成以下工作：

（1）进行列车运行中各部件状态的监控及处理。

（2）具有在车辆基地检修中自动检查功能。自动检查的结果可以写入到 IC 内存卡中，并且可以通过地面系统将检查结果打印输出。

6．故障分析的功能

动车组列车在动车运用维修基地的检测是通过另行设置的试验设备装置来进行的。列车在行车中的设备状态的监视结果在进入列车检修基地后，可以通过 IC 内存卡写入、读出，行车中各个设备的状态数据也可以即时地写入到 IC 内存卡中，但应注意的是这些信息只是信息的记录，与列车的控制无关。在动车组列车的行车中或者维修时，诊断结果将输送到列车状态数据存储装置或者其他数据库，为维修提供状态依据等的主要信息将显示在司机台上的显示屏上。

四、车载信息控制系统控制的主要内容

动车组车载信息控制装置控制的内容包括牵引（制动）控制，设备状态监视与控制，现车性能检测与试验，记录、储存数据，车内信号传输和与地面系统的远程传输，乘务员支持，服务设备控制等。

1．牵引（制动）的指令系统

动车组车载信息控制系统控制的牵引或制动指令系统主要包括：

（1）动车组牵引或制动指令系统的命令或信息的串行传输。

（2）动车组列车在救援连接时制动指令的串行传输。

2．设备的开启/复位

动车组车载信息控制系统控制的动车组列车设备的开启或复位，主要包括以下6个方面：

（1）动车组列车牵引变流器（或辅助电源装置）向配电盘传送的复位指令。

（2）动车组列车设备远程开启指令的传送。

（3）动车组列车辅助绕组电源感应电路的控制。

（4）动车组列车三相 AC400 V 电源感应的控制（控制 BKK 接通/断开）。

（5）动车组列车空调温度控制器的复位。

（6）利用留置开关控制动车组列车115线系统的断开。

3．指示灯/蜂鸣器控制

动车组车载信息控制系统控制的指示灯或蜂鸣器主要包括以下5个方面的内容：

（1）动车组司机台故障指示灯的显示输出。

（2）动车组司机台单元指示灯的显示输出。

（3）动车组司机台蜂鸣器的鸣动输出。

（4）动车组各在编车配电盘指示灯的显示输出。

（5）动车组各在编车空挡指示灯的点亮。

4．乘务员支持

动车组车载信息控制系统对乘务员支持的主要内容有：

（1）在乘务员工作卡中，输入并显示乘务行路/列车号/时刻表。

（2）向列车无线、车号中继器、ATP 检查记录部、脉冲转发器传送车号信息。

（3）在动车组发生故障或者异常时，司机台的警报生成和内容显示及引导显示。

（4）司机及列车长辅助用的各种列车信息/设备信息的显示。

（5）动车组列车应急指南的显示。

（6）本编组车和其他编组之间的分割/合并状态的显示。

（7）动车组列车安全设施故障记录的显示。

（8）动车组最新故障记录的显示。

（9）指令通告的显示及接收确认功能。

（10）技术支持系统功能。

5．服务设备的控制

动车组车载信息控制系统服务设备控制的主要内容有：

（1）车内信息显示器、侧面目的地显示器的显示内容指令。

（2）车号显示器的显示信息指令。

（3）向自动播放装置传送播放定时信息。

（4）分割时的其他编组播放切换输出。

（5）通过无线装置接收的 PR 文字、紧急文字的显示。

（6）服务器控制（空调、室内灯、播放）的控制及状态显示。

6．数据记录

动车组车载信息控制系统的数据记录内容有：

（1）故障时设备动作信息的记录。
（2）主故障发生时的状态记录。
（3）走行距离及牵引/再生电力的累积。
（4）营业运行中或者试运行中列车性能信息的收集。
（5）营业运行中或者试运行中项目选择信息的收集。
（6）营业运行中或者试运行中空调运转率信息的收集。
（7）营业运行中或者试运行中空调运转状态的收集。

7．车上试验

动车组可完成的车上试验主要有牵引变流器、制动器、安全装置、辅助电源、车门等设备、装置的自我诊断功能。动车组还有具有协调性的车上试验功能，并能统计试验结果。

8．信息的检测、传送、诊断和备份

动车组的车载信息控制系统具有各监视器部分及控制传送部分之间传送错误的检测、控制信息的自我诊断、光传送故障时的运转控制指令的备份等功能。

9．其他功能

动车组还具有远程装载的功能，并安装了全自动防摆控制装置和半自动防摆控制装置。

五、车载信息控制装置主要设备简介

动车组的车载信息控制系统是通过一整套完善的设备来完成其功能的，下面对其中的一些主要设备作简介。

1．乘客通告显示器

如图 4.3 所示为乘客通告显示器的外形图，动车组在客室的两端上部分别设置了车内引导显示器，用于显示当前到站、前方到站、正晚点情况，及当前时间、运行速度、实时新闻、禁烟标志和厕所有无人等旅客信息的发布。

图 4.3　乘客通告显示器外形图

2．监控显示器

监控显示器根据其功能可分为司机台监控显示器和列车长监控显示器。图 4.4 所示为司

机台监控显示器的外形图，图4.5所示为列车长监控器的外形图，图4.6所示为监控显示器的界面。

图4.4 司机台监控显示器

图4.5 列车长监控器外形图

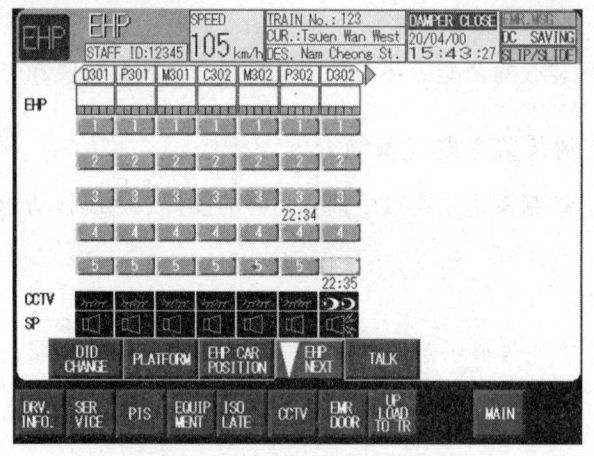

图4.6 监控显示器的界面

监控显示器采用触摸面板操作方式，通过触摸面板的切换可以方便地从菜单选择画面直接跳转。当需要牵引变流器的信息时，从菜单画面中触动主变流后，跳转到车号选择画面；选择车号后，显示来自牵引变流器的数字数据一览。车号选择画面及数字数据一览画面的右上角显示菜单选择键，通过触摸它，可以返回到菜单画面。菜单画面构成清晰，使乘务员可以清晰地看到希望看到的画面。

第三节 页面显示与操作

一、页面显示模式及硬件切换方法

本系统有3大模式界面：一般模式、检修模式和诊断模式。通过副驾驶座椅背后的配电盘内的MON中央装置的模式切换开关可以进行一般、检修、诊断3种模式之间的切换。

1．一般模式

司乘人员运行中常用的模式，可细分为司机模式、列车员模式和记录模式。

（1）司机模式。可以查看列车行驶状态、车辆信息、出库信息、制动信息、电源电压、配电盘信息、车门状态及车次设定等项功能。

（2）列车员模式。可以查看车门信息、空调状态，实现对服务设施、广告显示、空调模式等项目的设定等项功能。

（3）记录模式。可以实现各运行信息的记录下载，以及试运行功能的实现。一般模式下可以做到：运行里程的检测、车辆检查信息的显示（变流器、受电弓状态、VCB 等）、监视器信息的修改和输入、运行状态的显示（列车号、各单元状态等）、安全装置动作状态、编组形式、空调的控制、室内灯广播等的控制、发生故障时的状态记录、故障的实时显示及处理指南、电力累计、运行或试运行中车辆性能信息的收集等近 60 项功能。

2．检修模式

42 项功能，是在车辆入库或在检修基地做检修时所使用的功能状态。

可实现车上 7 个主要功能的检查和试验（主变流器、主风管的压力、常用和非常用制动的试验、辅助制动试验、加压和非加压辅助电源的检查以及车门开关的测试），并对这些检查试验的相关信息进行记录、存储；可以设定车轮直径、编组信息、车号车次、停车站等项目；可以实现对主故障记录的信息查询；对 IC 卡信息的读取和写入；模拟故障的设定。

3．诊断模式

在诊断模式下共有 37 项功能，可以实现对自身设备的诊断，以及对传送网络的诊断。

动车组车载信息控制系统在运行时操作者可以通过副驾驶座椅背后配电盘内的 MON 中央装置的模式切换开关进行一般、检修、诊断 3 种模式之间的切换。如图 4.7 所示为动车组车载信息控制系统的 MON 中央装置配置示意图，图 4.8 所示为系统的模式切换开关示意图。需要注意的是：动车组车载信息系统在接通电源后默认的基本模式为一般模式，操作者可以通过操作中央装置的模式切换开关切换到其他模式，但在以下 3 种情况下禁止进行模式切换：

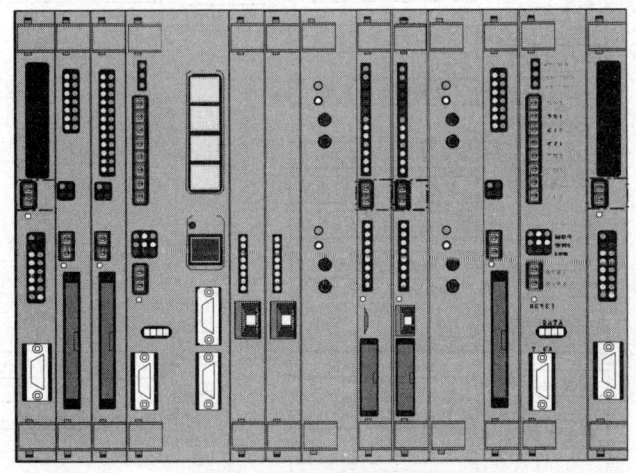

图 4.7　MON 中央装置配置

图 4.8　模式切换开关

（1）正在向 IC 存储卡写入或读取时。

(2)正在实行车上试验时。

(3)正在清除存储的记忆数据时。

二、页面转换关系

1. 司机模式的页面转换关系

图 4.9 ~ 图 4.11 所示为司机模式的页面转换关系框图。

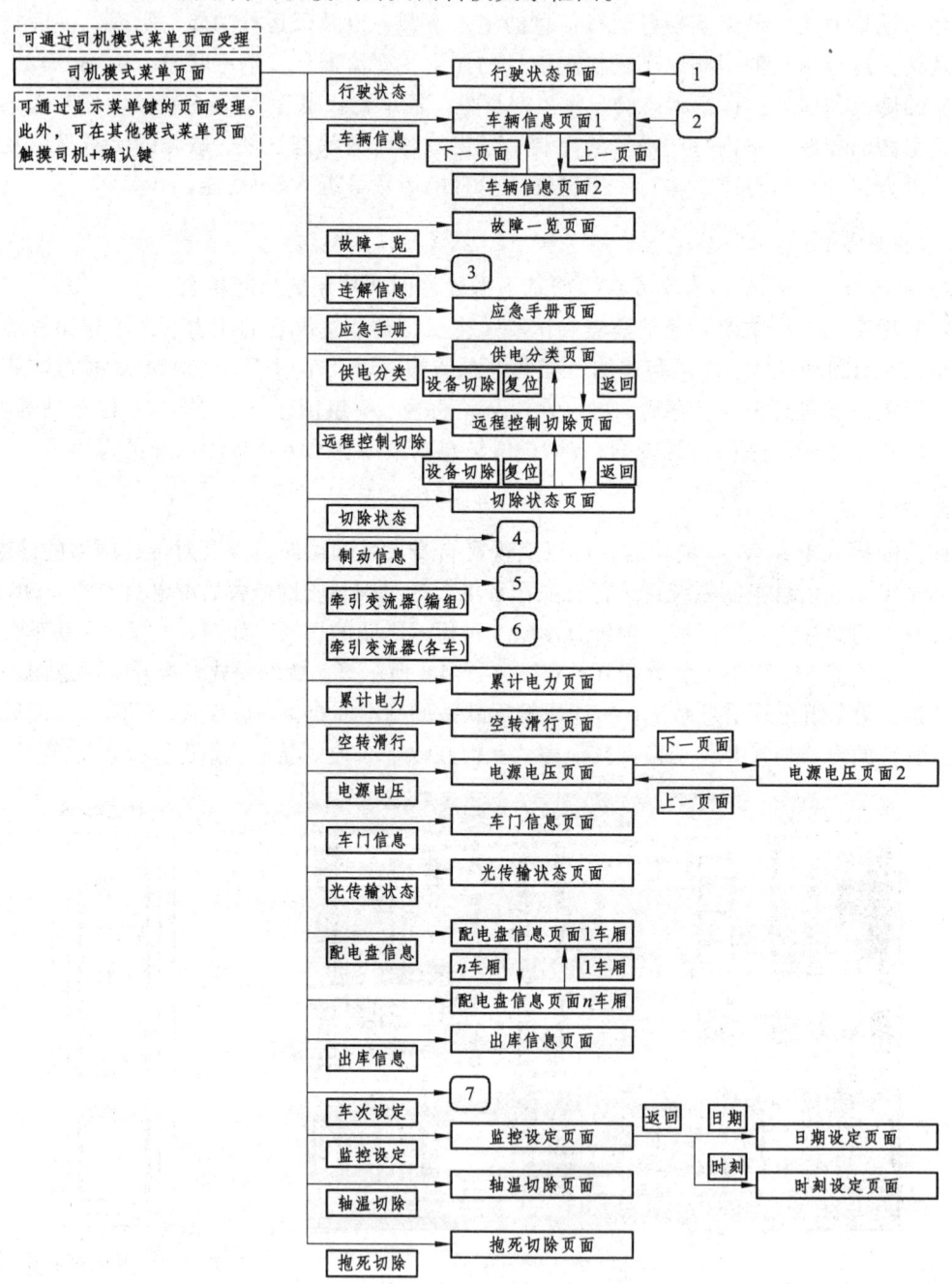

图 4.9 司机模式页面转换关系框图 1

第四章　MON 信息显示及操作

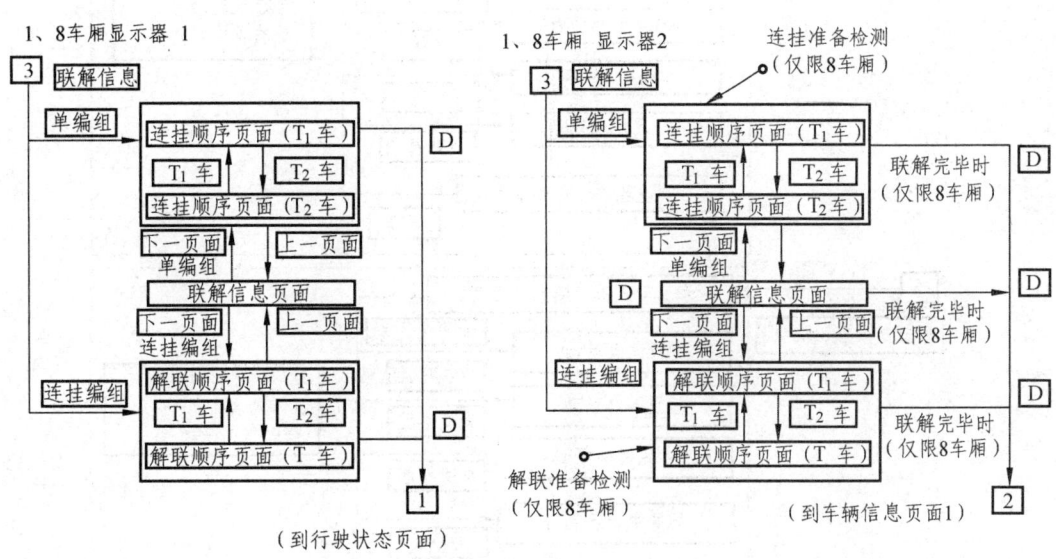

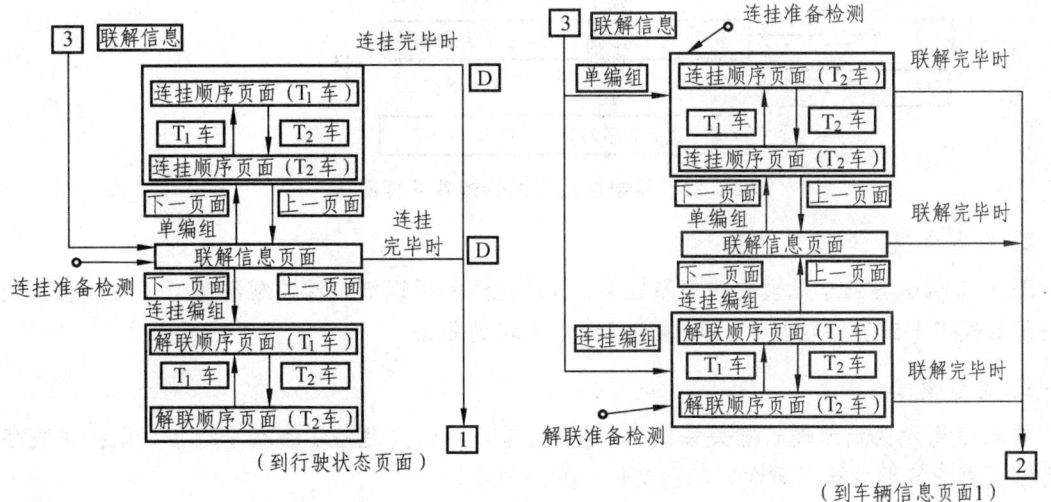

注1）在解联试验SW置于"合"的情况下，向连挂顺序页面转移时，应全部转移至解联顺序页面；
注2）如果正在显示连挂顺序页面的过程中解联试验SW变成"合"时，则会自动地转移至解联顺序页面。（8,16车厢的显示器除外）

图 4.10　司机模式页面转换关系框图 2

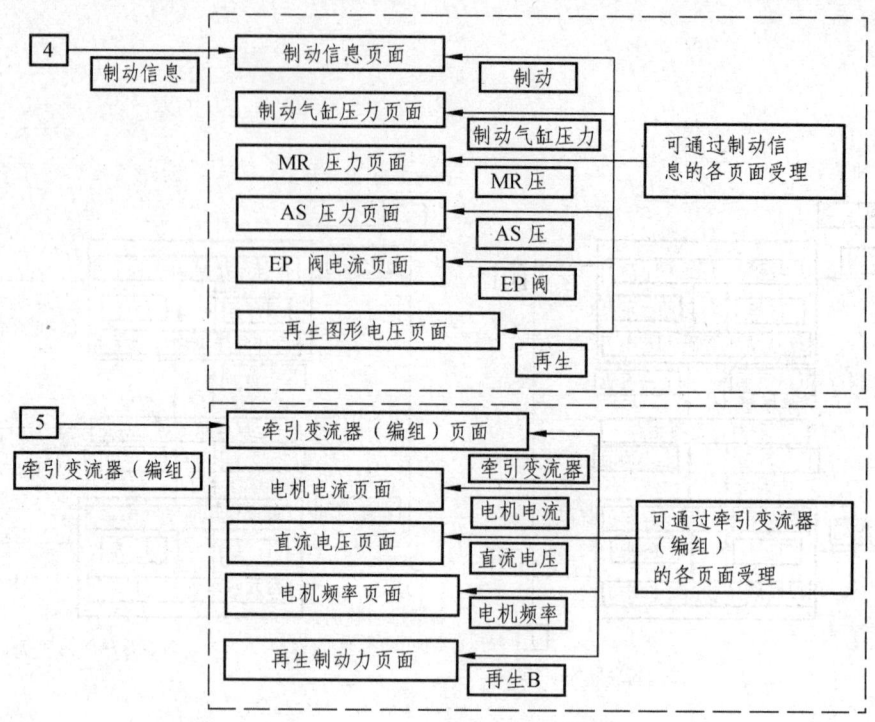

图 4.11 司机模式页面转换关系框图 3

2．列车员模式的关系框图

图 4.12 所示为列车员模式的关系框图，通过此框图可以清楚地了解动车组车载信息系统在列车员模式下的各种功能、页面显示与操作之间的关系。

3．记录模式

图 4.13 所示为记录模式的关系框图，通过此框图可以清楚地了解动车组车载信息系统在记录模式下的各种功能、页面显示与操作之间的关系。

三、主页面公共部分说明

1．标题栏

主显示页面标题栏的部分位于整个屏幕的最上方，共有 11 项内容，如图 4.14 所示。具体各项的名称、说明及主要作用见表 4.2。

第四章 MON信息显示及操作

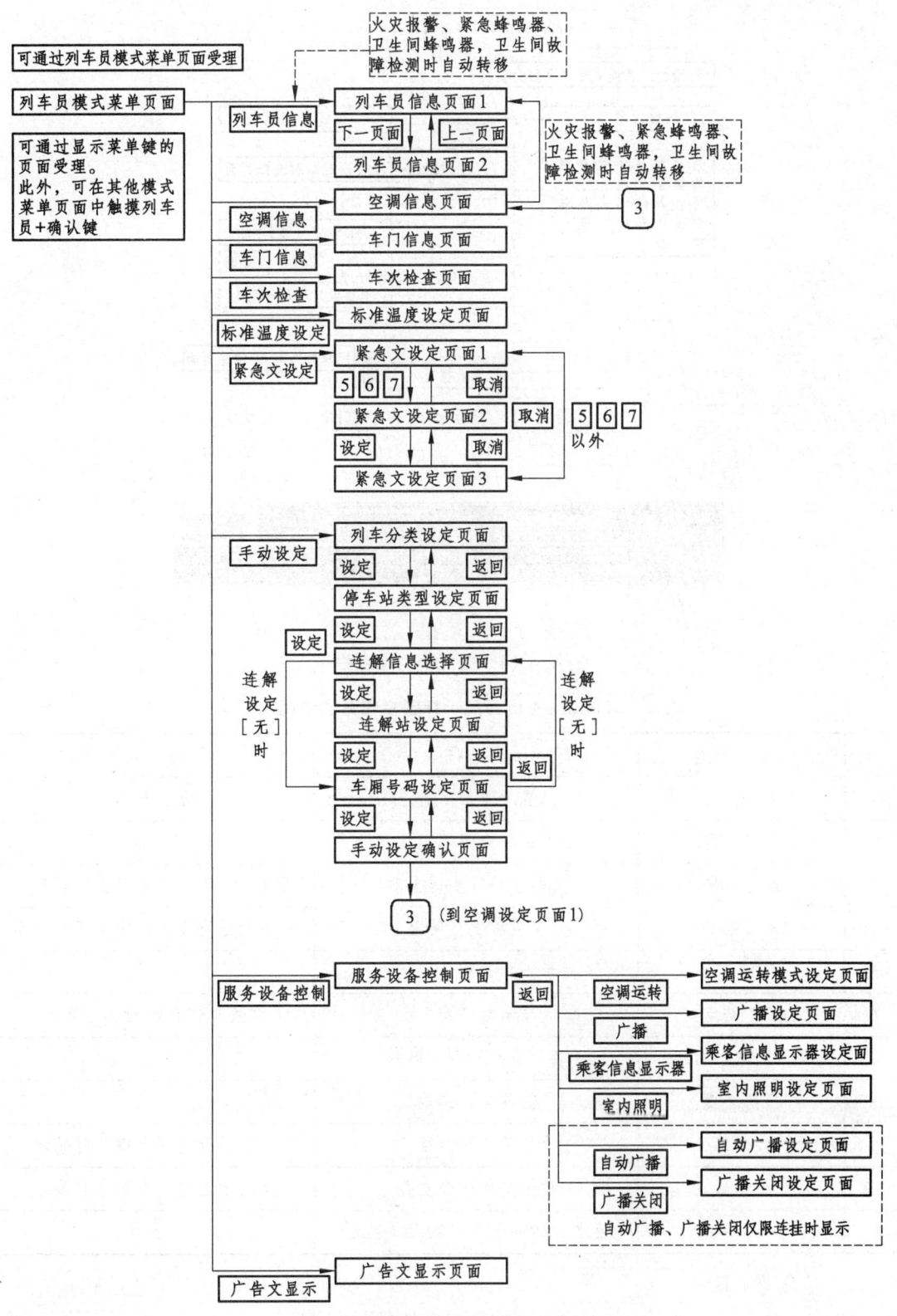

图 4.12 列车员模式关系框图

65

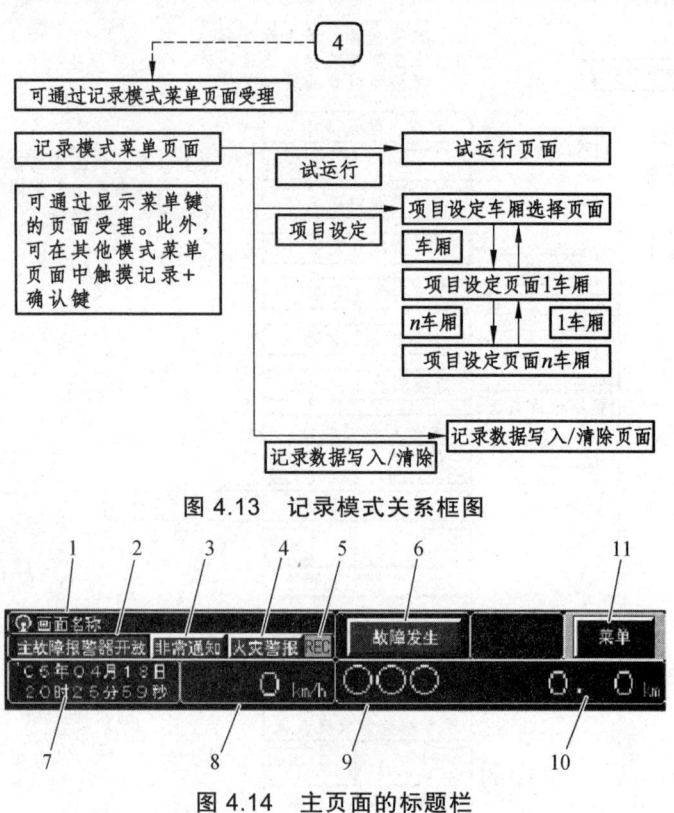

图 4.13 记录模式关系框图

图 4.14 主页面的标题栏

表 4.2 主页面显示标题栏部分的说明

号码	名 称	说 明	备 注
1	页面标题	显示页面名称	通常显示
2	主故障蜂鸣器切除	显示主故障蜂鸣器正在切除	
3	紧急报警	紧急报警发生时显示	报警状态页面，以突出闪烁显示
4	火灾报警	火灾报警发生时显示	报警状态页面，以突出闪烁显示
5	REC	显示正在进行调试记录	
6	故障发生	显示故障发生	在故障信息画面上无显示
7	当前日期、时刻	显示当前日期、时刻	
8	当前速度	显示当前速度	
9	线 路	显示当前线路	仅限于设定列车编号时显示
10	公里数	显示当前的公里数	仅限于设定列车编号时显示
11	菜 单	用来跳转到各模式的菜单画面	

2．信息显示区

图 4.15 所示的页面中央空白区为动车组列车的信息显示区。

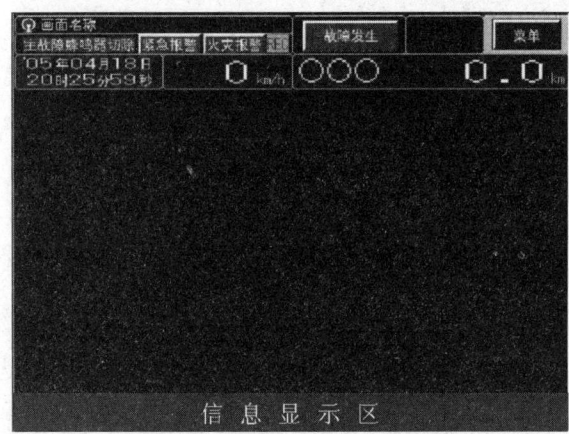

图 4.15 主页面的信息显示区

3. 列车显示

图 4.16 所示为动车组列车主页面的列车显示的主要内容。

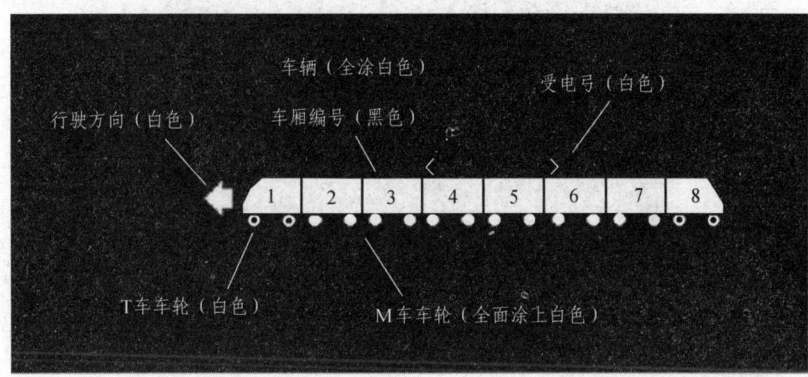

（a）列车显示说明 1 画面

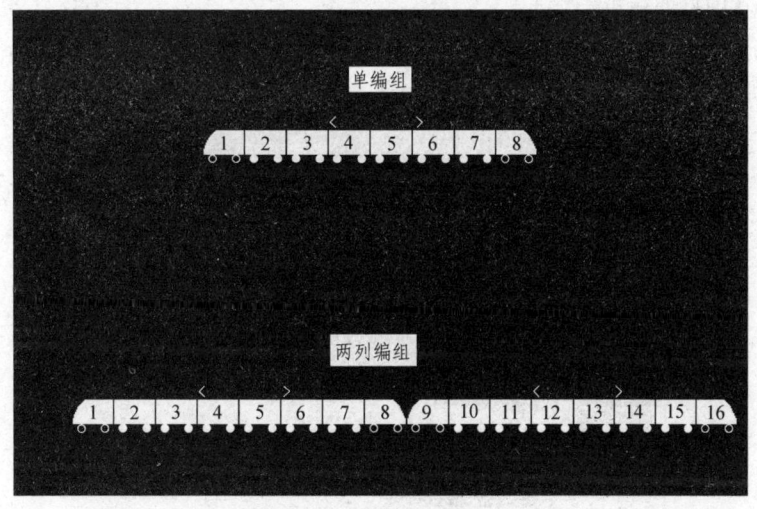

（b）列车显示说明 2 画面

图 4.16 主页面的列车显示

四、页面显示与操作

下面以 CRH380A 型动车组为例，简要介绍动车组车载信息控制系统的页面显示和操作的基本知识。CRH380A 型动车组车载信息系统显示模式可分为一般模式、检修模式和诊断模式，一般模式又可分为司机模式、列车员模式和记录模式。

1. 一般模式下页面的显示与选择

"一般模式"的页面显示、选择与操作的步骤如下：

（1）初始页面的显示。CRH380A 型动车组列车的车载信息控制系统在电源接通并开始传输信息后，监视屏首先显示初始选择页面让操作者进行选择。图 4.17 所示为初始选择页面。

（2）初始页面选择的操作。模式选择键在正常情况下文字以白色显示，背景以蓝色显示。触按相应选择键时，被选中的文字以黑色显示，背景以绿色显示。

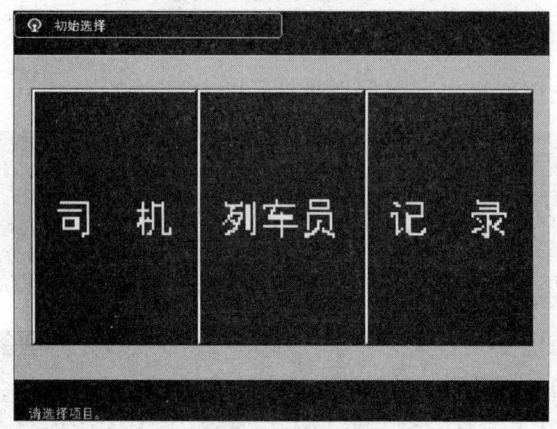

图 4.17 初始选择页面

2. 司机模式页面及操作

1）司机模式的页面显示

能够确认各主要设备的状态，并能进行故障设备的切除操作。操作者触按司机键，页面显示将由"初始选择页面"切换至"司机模式"页面，如图 4.18 所示。

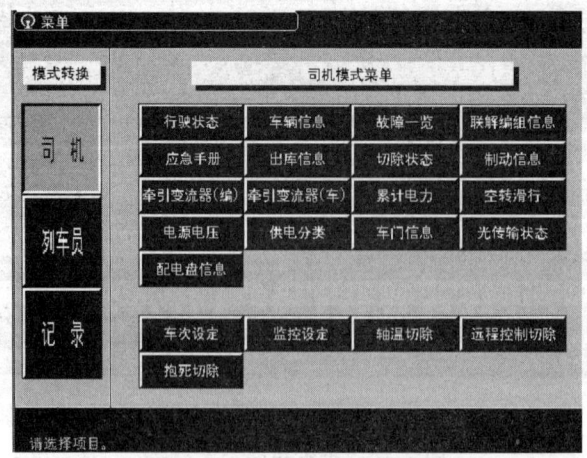

图 4.18 司机模式页面

2）司机模式菜单项说明

图 4.18 所示为司机模式下页面显示的 22 个菜单项，通过这些菜单项可确认各主要设备的状态，并能进行故障设备的切除操作。"司机模式"菜单项目详细说明见表 4.3。

表 4.3 "司机模式"菜单项目详细说明

页面名称	说　明	备　注
行驶状态	显示行驶信息（主手柄级位、制动级位、车门、单元、牵引/再生等）	
车辆信息	第 1 页面显示引发紧急制动的原因，以及主要设备有无故障。 第 2 页面显示 CMP、EGS、无电压、MR 压力信息	
故障一览	最多显示 20 件最新的故障记录	
连解编组信息	显示连挂时的状态	
出库信息	显示各设备是否接通电源、有无异常	
切除状态	显示受电弓、VCB、M 车、压缩机、紧急隔离、门状态切除信息	
制动信息	以数字模式显示各压力（制动气缸压力、AS 压力、MR 压力、EP 阀电流、再生）的状态	
制动气缸压力	以矩形图以及数字显示各车厢制动气缸压力	子菜单
AS 压力	以矩形图以及数字显示各车厢 AS 压力	子菜单
MR 压力	以矩形图以及数字显示各车厢 MR 压力	子菜单
EP 阀	以矩形图以及数字显示各车厢 EP 阀电流	子菜单
再生	以矩形图以及数字显示各车厢的牵引变流器再生电压	子菜单
牵引变流器（编）	以数字显示各牵引变流器的电机电流、直流电压、电机频率、再生制动力的状态。通过操作键可以显示各信息页面	
电机电流	以矩形图以及数字显示各牵引变流器的电机电流指令值和测试值	子菜单
直流电压	以矩形图以及数字显示各牵引变流器的直流电压指令值和测试值	子菜单
电机频率	以矩形图以及数字显示各牵引变流器的电机转速指令值和测试值	子菜单
再生制动	以矩形图以及数字显示各牵引变流器再生制动力	子菜单
牵引变流器（车）	显示各车牵引变流器的工作状态	
累计电力	以数字显示各牵引变流器的累计开始日期、牵引电量、再生电量、总消耗电量、累计行车距离	
空转滑行	显示各车空转、滑行的出现次数	
电源电压	显示三相电压、AC400V、AC100V（稳压）、蓄电池电压	

续表

页面名称	说　　明	备　注
供电分类	显示 AC 400 V、DC 100 V、AC 220 V、AC 100 V、AC 100 V（稳压）等各电压的供电范围	
车门信息	显示各车的车门信息	
光传输状态	显示光传输路径状态	
配电盘信息	显示各车厢的配电盘信息。此外，触摸车厢号码键后可以显示被指定车厢的配电盘信息	
车次设定	司乘人员手动设定车次	
始发站选择	在车次设定页面设定好车次后，设定始发站	子菜单
车次设定确认	对已设定的车次、始发站内容进行确认	
监控设定	选择设定项目（日期、时刻）	
日期设定	设定日期	子菜单
时刻设定	设定时刻	子菜单
轴温切除	设定轴温切除操作	
远程控制切除	设定远程控制切除操作	
抱死切除	设定抱死切除操作	
故障信息	显示故障发生时的故障信息（故障内容、保护措施、处理措施、注意）	自动弹出
故障发生	发生故障时，无论处在哪个页面都会在该页面的下方瞬间显示故障信息（故障内容、保护）	自动弹出
通知状态	发生紧急报警或火灾报警时，显示紧急报警和火灾报警状态	自动弹出

3）"司机模式"菜单项操作说明

（1）通过触按"司机模式"页面中显示的各功能键，可进入所指定的页面显示功能。

（2）远程控制切键仅在装入了主控制器的驾驶室的显示器1、显示器2中显示。在其他显示器中打开远程控制切除页面时，则显示"其他页面远程控制页面显示中"，页面不会切换。

（3）车次设定键仅在装入了主控制器的驾驶室或两驾驶室主控制器未装入时的显示器1、显示器2中显示。

（4）触按车次设定键时，如果一起故障也没有，则显示"无故障记录"，页面不会切换。

4）各页面状态说明

（1）行驶状态页面，如图 4.19 所示，详细说明如表 4.4 所示。

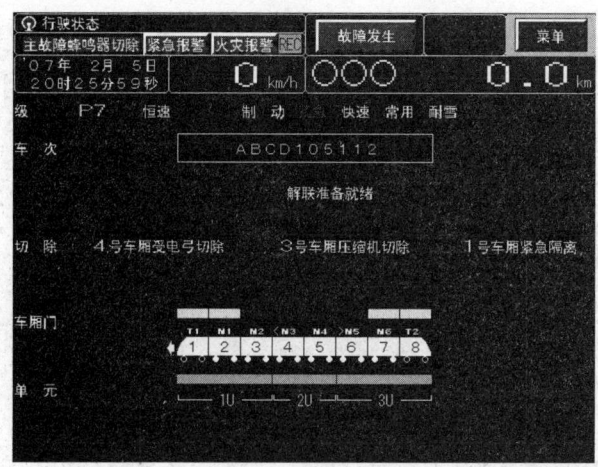

图 4.19 行驶状态页面

表 4.4 行驶状态页面详细说明

显示内容		备注
级	○○○	牵引级：P1-P10 制动级：B1-B7、快速
恒　速		恒速时显示
制　动	紧急	依据优先顺序从前向后显示
	快速·常用·耐雪	
车　次	○○○○	英文 4 文字
	888888	数字 6 文字
解连准备就绪		解编准备完毕时显示
切　除	■	无切除信息时，无显示
车　门	▢	关闭时无显示
单　元	▢	正常时
	■	异常时
	□	不明时
车　辆	□	通常时
	▢	牵引时
	▢	再生时
	○ ○	通常时
	● ●	空转/滑行时

（2）车辆信息页面（车辆信息第 1 页面），如图 4.20 所示，查看引发快速、紧急制动的原因，以及重要设备有无故障，详细说明如表 4.5 所示。

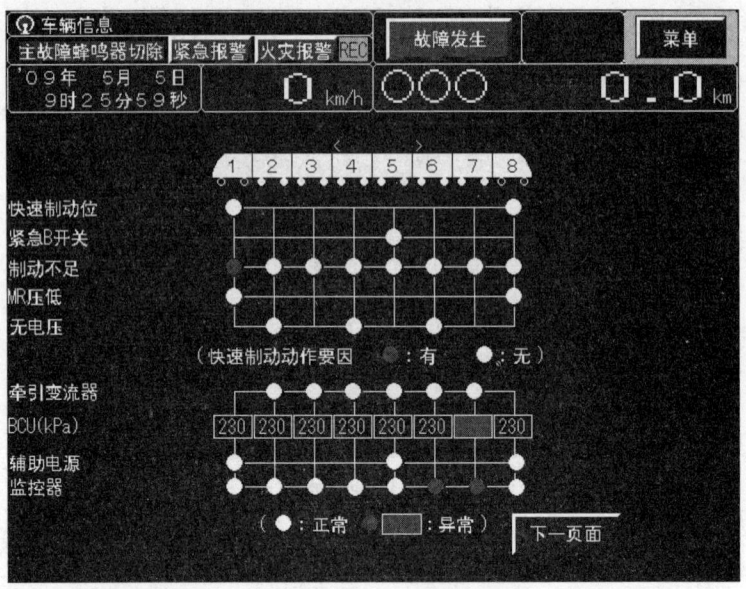

图 4.20　车辆信息页面（车辆信息第 1 页面）

表 4.5　车辆信息第 1 页面详细说明

显示内容		备注
快速制动位 紧急 B 开关 制动不足 MR 压低 无电压 牵引变流器 辅助电源 监控器	○	正常时
快速制动位 紧急 B 开关 制动不足 MR 压低 无电压 牵引变流器 辅助电源 监控器	●	异常时
BCU（kPa）	888 （BC 压力）	正常时
BCU（kPa）	▬	故障时
BCU（kPa）	下一页面	

（3）车辆信息页面（车辆信息第 2 页面），如图 4.21 所示，各设备的工作状态，如表 4.6 所示。

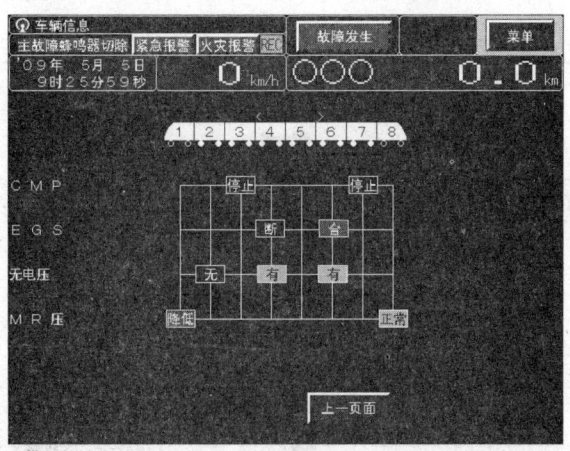

图 4.21　车辆信息页面（车辆信息第二页面）

表 4.6　车辆信息第 2 页面详细说明

显示内容		备注
CMP	停止	压缩机停止时
	动作	压缩机工作时
EGS	断	EGS 断时
	合	EGS 合时
无电压	无	NVR 无时
	有	NVR 有时
MR 压	正常	MRrAPS 正常时
	降低	MRrAPS 降低时
	上一页面	

（4）故障一览页面，如图 4.22 所示，显示最近 20 条的故障记录，详细说明如表 4.7 所示。

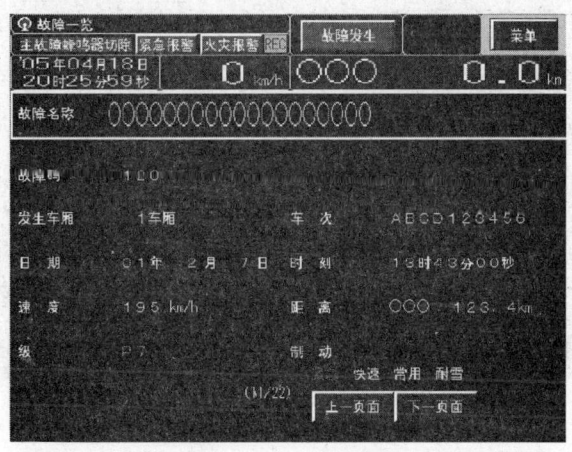

图 4.22　故障一览页面

表 4.7　故障一览页面详细说明

显示内容		备注
故障名称	○○	
故障码	123	
发生车厢	0 车厢	故障发生车厢
车　次	ABCD123456	英文 4 文字 数字 6 文字
日　期	01 年 2 月 7 日	故障发生日期
时　刻	13 时 43 分 00 秒	故障发生时刻
速　度	195 km/h	故障发生速度
距　离	000 123.4 km	故障发生里程
级	P0	与行驶状态页面相同
制　动	B0	
	上一页面	
	下一页面	
页号码	（11/22）	有关故障信息的页码号

（5）连解编组信息页面。连解编组信息页面（T1），如图 4.23 所示，详细说明如表 4.8 所示。

图 4.23　连解编组信息页面（T1）

第四章 MON 信息显示及操作

表 4.8 连解编组信息页面（T1）详细说明

显示内容		备注
级		参照行驶信息页面
制 动		
恒 速		
车 次	○○○○ 888888	英文 4 文字 数字 6 文字
加/减速度	88.8	
剩余距离	10.0（10 m 以上时） 88.8（小于 10 m 时）	
传感器信息	通道 1 故障 通道 2 故障 通道 1 传输不良 通道 2 传输不良	未发生故障时：空白
连挂信息	连挂准备 连挂准备就绪 连挂完成 注意距离 连接器故障	

连挂顺序页面（T1），如图 4.24 所示，详细说明见表 4.9 所示。

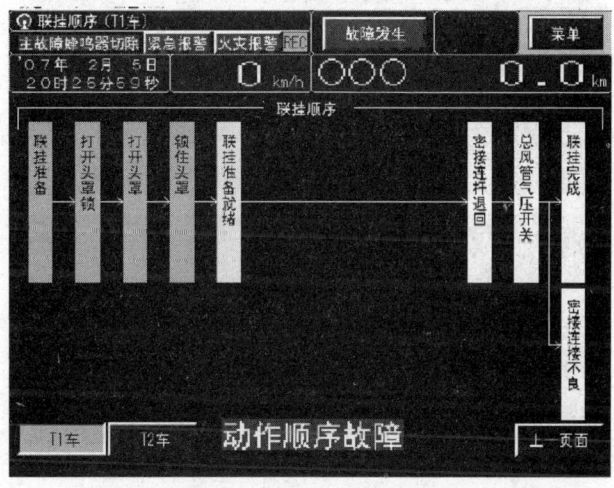

图 4.24 连挂顺序页面（T1）

表 4.9 连挂顺序页面（T1）详细说明

显示内容		备 注	
动作顺序故障	○○○○	故障时	
顺 序		未完时	文字：黑 背景：白
		完了时	文字：黑 背景：绿
	连挂准备就绪	准备就绪时	
	密接连接不良	连接不良时	
上一页面 下一页面 T1c 车 T2c 车			

（6）出库信息页面如图 4.25 所示，详细说明见表 4.10 所示。

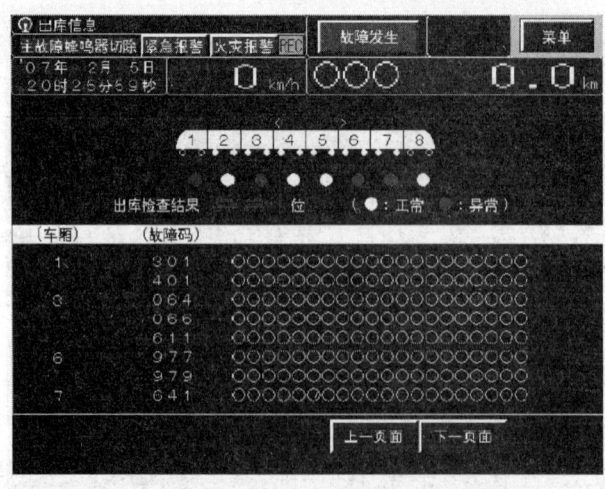

图 4.25 出库信息页面

表 4.10　出库信息页面详细说明

显示内容		备　注
检查结果	○	正常时
	●	异常时
出库检查结果	正常	全车厢正常时
	异常	出现 1 节及以上异常车厢时
车厢	1	车厢号
故障码	301	
异常名称	○○（20 文字）	异常项目为 9 个，如 9 个以上时，则显示翻页
	上一页面	
	下一页面	

（7）切除状态页面，如图 4.26 所示为 CRH380A 切除状态页面，表 4.11 是切除状态页面详细说明。

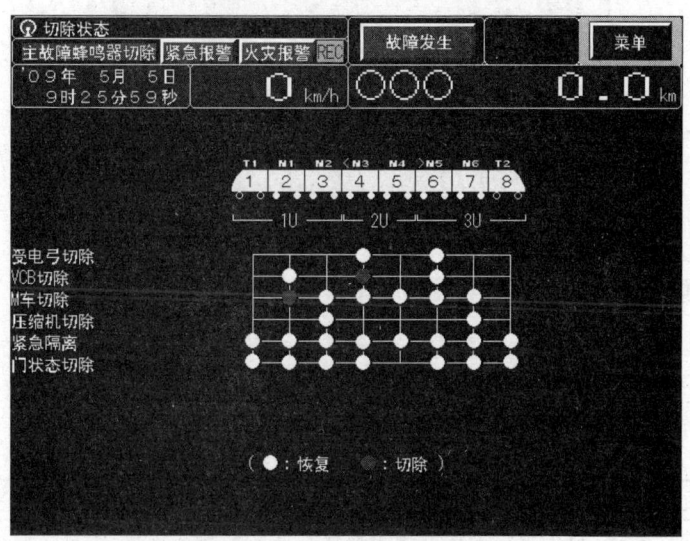

图 4.26　切除状态页面

表 4.11　切除状态页面详细说明

显示内容		备　注
受电弓切除 VCB 切除 M 车切除 压缩机切除 紧急隔离 门状态切除	○	正常时
	●	切除时

○：恢复；●：切除。

3．CRH380A 型动车组车载信息系统"检修模式"页面显示与操作办法

1）检修模式功能（见表 4.12）

表 4.12　检修模式功能

项目编号	检　修	IC 卡菜单	监控维护
1	车上检查实行	IC 卡读取	监控信息设定
2	车上检查结果	IC 卡写入	记录数据删除
3	主故障记录		模拟故障设定
4	故障记录信息		

2）检修模式菜单页面（见图 4.27）

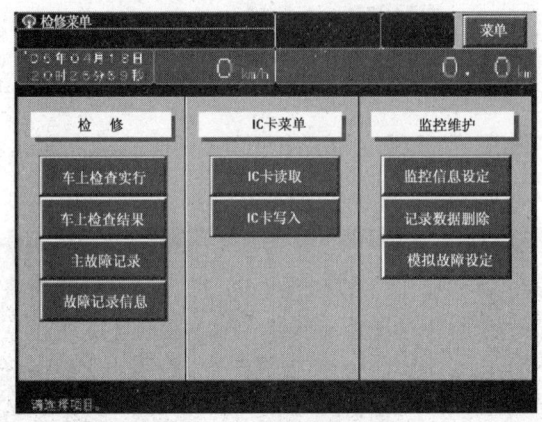

图 4.27　检修模式菜单页面

通过触摸页面中所显示的各菜单项，可切换至指定的情况页面。

4．CRH380A 型动车组车载信息系统"诊断模式"的具体使用及操作办法

1）"诊断模式"的页面功能（见表 4.13）

表 4.13　"诊断模式"菜单项目详细说明

项目编号	页面名称	说　明
1	准备页面	显示控制传输装置被初始化之前的图像
2	诊断模式菜单页面	选择诊断模式功能的页面
3	ROM 诊断页面	显示中央、终端各监控装置 ROM 的版本以及检查和值
4	RAM 诊断页面	显示中央、终端各监控装置的 RAM 检查结果
5	DI/DO 诊断页面	在每辆车上显示中央、终端各监控装置中输入输出的 DI/DO 信息
6	AI/PI 诊断页面	在每辆车上显示中央、终端各监控装置中输入输出的 AI/PI 信息
7	光传输诊断页面	显示传输系统的传输错误次数
8	设备传输诊断页面	显示过去 10 s 内与车辆信息控制装置的对象设备间的传输错误次数
9	传输信息页面	将用于检查各对象设备之传输状况的传输数据以 16 进位方式转储（dump）显示
10	LCD 诊断页面	在 LCD 中显示测试图（监视器 A 检查用）
11	DSW 诊断页面	显示 CPU3、MDM8、DU 显示控制装置 A 的 DSW 信息

2)"诊断模式"菜单页面（见图 4.28）

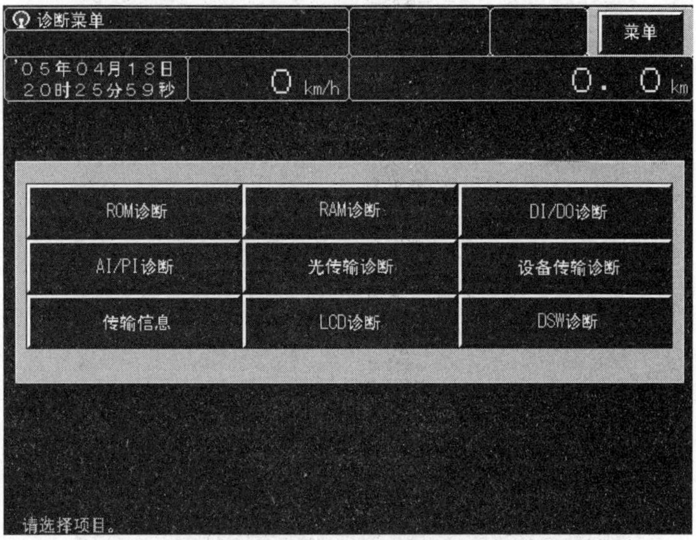

图 4.28　诊断模式菜单页面

通过触摸页面中显示的各键，可切换至指定的功能页面。

5．远程操作

动车组列车如果在运行途中设备发生故障，可通过 MON 中央信息控制系统远程切除相应故障设备，以保证动车组列车继续运行，此操作仅限于驾驶侧司机室。

1）显示远程切除页面

图 4.29 所示为远程切除页面，图 4.30 所示是连挂远程控制切除页面，操作者（司机）可选择页面中的相关菜单项进行动车组列车设备的远程控制切除。

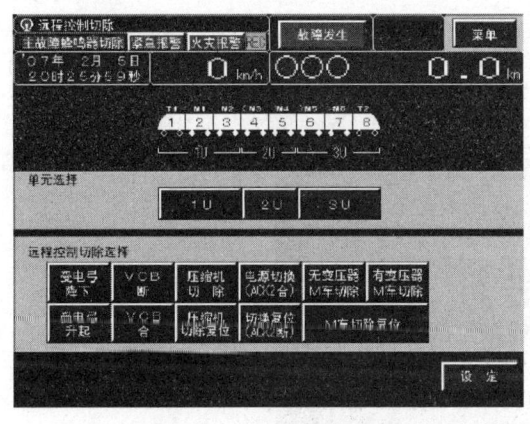

图 4.29　远程控制切除画面

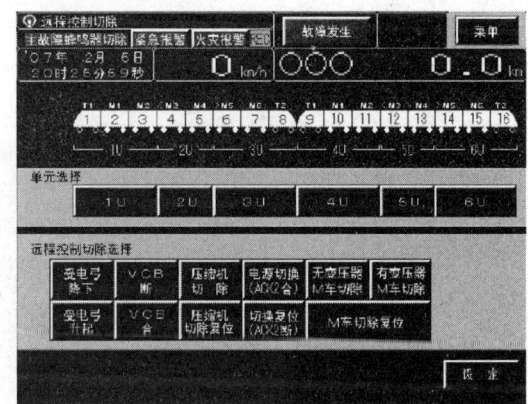

图 4.30　连挂远程控制切除页面

2）设备切除方法

选择单元，并选择要切除的设备后，按下"设定"键，显示屏页面转换到切除状态画面，如图 4.31 所示是 CRH380A 设备切除页面，图 4.32 所示是 CRH380AL 连挂设备切除页面。

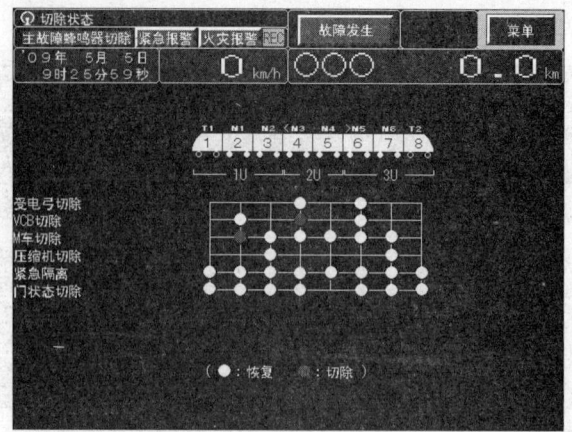

图 4.31 设备切除画面

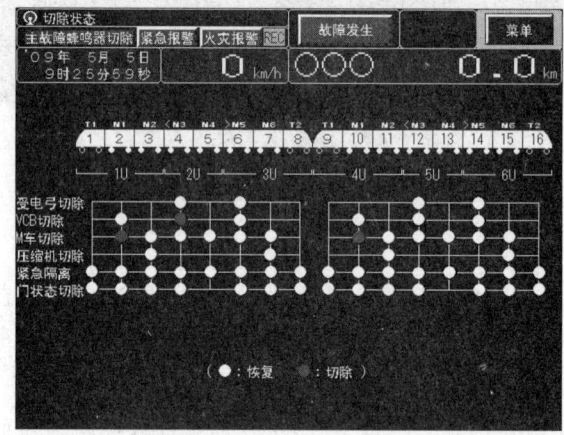

图 4.32 连挂设备切除页面

3）电源切换方法

选择要进行 MTr 切除的单元，按"电源切换"键，再按"设定"键。显示屏页面转换到供电分类页面，确认 ACK1 断开、ACK2 合上，如图 4.33 所示。

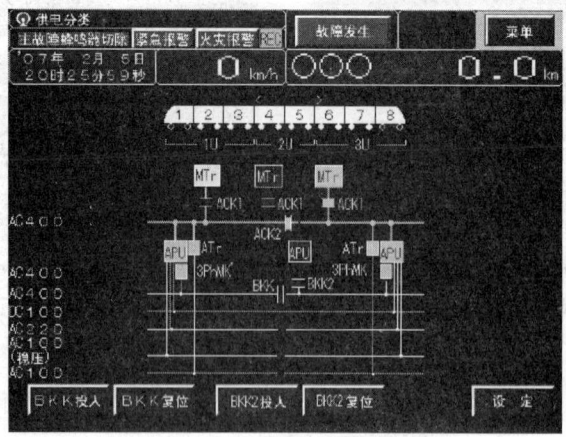

图 4.33 电源切换页面

4）复位方法

选择单元并选定要复位的设备后，按"设定"键。

6．列车员模式

在列车员模式下，可以进行有关乘客服务设备的控制、状态监视等，图4.34所示是列车员模式菜单页面，表4.14是列车员模式菜单页面说明。

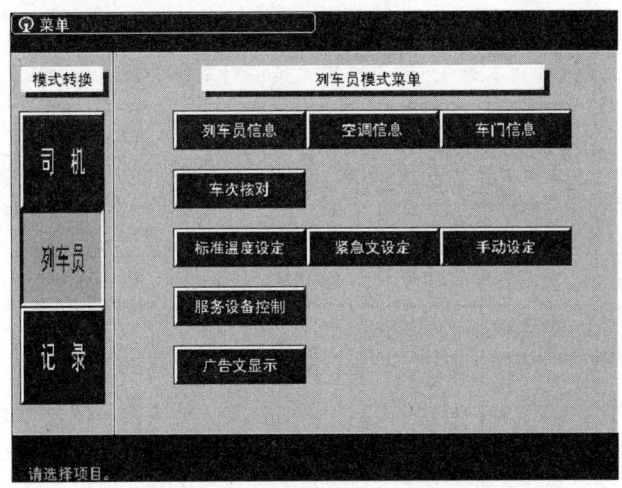

图4.34 列车员模式菜单页面

表4.14 列车员模式菜单页面说明

页面名称	说　明	备注
列车员信息	第1页面显示车门、火灾蜂鸣器、紧急蜂鸣器、卫生间蜂鸣器、缺水等状态。第2页面显示全车广播、室内照明的开/关、车厢指南的各种状态	
空调信息	显示空调运转模式、空调减半、设定温度、室温、运行率等各种状态	
车门信息	显示各车的车门信息	
车次核对	显示目前已设定的车种、车次、连解、停车方式、列车编号	
标准温度设定	对各车厢的制冷以及制热温度进行设定	
紧急文设定	发生车辆故障或者晚点的场合，通过此页面选择具体原因（短文），向乘客信息显示器发送	
手动设定 列车分类设定	输入有关列车的分类、车次等	子菜单
停车站方式设定	输入有关列车的停车站方式	子菜单
连解信息选择	输入有关列车的连解信息	子菜单
连解站设定	输入有关列车的连解站	子菜单

续表

页面名称	说明	备注
车厢号码设定	输入有关列车的车厢号码	子菜单
手动设定确认	显示在列车分类设定－车厢号码设定页面中设定的分类、车次、停车类型、连解站、车厢号码	子菜单
服务设备控制	选择空调运转模式、广播、乘客信息显示、室内照明、自动广播（混编列车时）、关闭广播（混编列车时）的控制输入	
空调运转模式设定	设定空调运转模式	子菜单
广播设定	设定整车广播的开/关	子菜单
乘客信息显示设定	设定乘客信息显示与对象车辆	
室内照明设定	设定整车室内照明的开/关	
广播切换设定	设定编组间广播的开/关	
自动广播设定	进行自动广播的切换	
广告文显示	最多可显示30条通过列车无线装置接收的广告文	
故障信息	显示故障发生时的故障信息（故障内容、保护措施、处理措施、注意）	自动弹出
故障发生	发生故障时，无论处在哪个页面都会在该页面的下方瞬间显示故障信息（故障内容、保护）	自动弹出
通知状态	发生紧急报警或火灾报警时，显示紧急报警和火灾报警状态	自动弹出

7. 记录模式

记录模式是为了采集试运行时数据的模式。运行中的故障等的记录，可以通过切换到维修模式来读取数据，图4.35所示是记录模式菜单页面，表4.15是记录模式菜单页面说明。

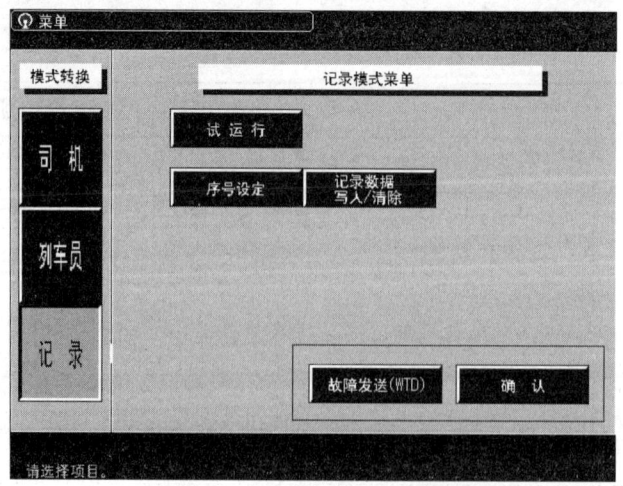

图4.35 记录模式菜单页面

表 4.15 是记录模式菜单页面说明

页面名称	说 明	备注
试运行	最多可在存储卡内记录 2 000 s 的车辆性能信息（级位、速度、电机电流、制动气缸压力、行驶距离等）	
项目设定	选择每个车厢记录的数字信息、模拟信息以及各信息的触发器（trigger）的设定	
记录数据写入/清除	将第 2 项记录的数据传输至 IC 卡或清除	
故障发送（WTD）按键	按下【故障发送（WTD）】，再按下【确认】，MON 将故障记录、累计电力/里程记录、累计空转/滑行记录发送给 WTD，供其发送到地面服务器	

小 结

本章分 3 节并以动车组车载信息系统的 MON 信息显示和操作为基本内容进行讲述，主要内容是以 CRH380A 型动车车载信息系统的 MON 信息显示与使用操作方法为基础。第一节内容是动车组车载信息控制系统的概述，首先将动车组车载信息控制系统与传统列车的信息控制做比较，然后主要对动车组车载信息系统的主要作用、基本组成和主要特点进行了简要介绍。第二节是车载信息系统的组成与功能，对车载信息系统的组成、基本功能做简要讲述，重点介绍了车载信息控制的主要功能和车载信息系统的控制内容，并对车载信息控制中重要的设备做了简要的介绍。第三节是本章重点讲述的内容，以 CRH380A 动车组 MON 页面显示与操作为基础，对动车组列车车载信息控制系统的 MON 信息显示及基本操作做了较为详细的讲述。

复习思考题

1. 简述动车组车载信息控制系统的主要特点与基本构成。
2. 简述动车组车辆信息控制系统的显示、传输方法和传输特点。
3. 简述车载信息控制装置的主要功能。
4. 简述车载信息控制装置主要控制的内容。
5. 简述车载信息控制装置主要设备的主要作用。
6. 动车组车载信息系统有哪几种模式？简述各模式的主要功能和作用。
7. 分析动车组车载信息控制系统页面转换关系框图。
8. 简述动车组车载信息系统的页面显示内容及基本操作方法。

第五章　旅客广播信息服务系统

本章分 4 节讲述我国动车组旅客广播信息服务系统的设备与设备操作的基本知识与基本技能。第一节是我国动车组旅客广播信息服务系统概述。第二节先对旅客广播信息服务系统的基本组成和基本布置作简介，然后对 CRH380 动车组的旅客广播信息服务系统的主要设备、设备的型号、使用与安装作简要讲述，最后讲述旅客广播信息服务系统设备的基本操作和设备故障显示与处理。第三节讲述旅客广播信息服务系统车内引导显示器和操作的基本知识与技能。第四节讲述动车组列车乘务人员间通过旅客广播信息服务系统进行联络的基本知识及操作方法。

第一节　概　述

一、动车组旅客广播信息服务系统的主要功能

我国动车组旅客广播信息服务系统由信息显示、车内标识、列车运行信息、自动报站、列车广播、列车电视、列车通话等子系统构成。

动车组旅客广播信息服务系统不仅能为司乘人员提供便捷、即时、有效的设备操作与控制、通信和联络，而且能给乘客提供较为完善的信息服务，动车组能够及时发送列车当前到站、前方到站、正晚点情况、当前时间、运行速度、临时停车等信息。

1. 便捷的设备操作与控制功能

为了满足不同乘客对动车组列车广播、信息的不同需求，司乘人员或乘客（乘客是有限制的操作）可通过操作各编组车辆的广播信息控制装置进行在编车辆广播、信息显示的开、关控制，如司乘人员或乘客能对各客室的扬声器进行单独的开、关。

另外，为了更方便地为旅客提供服务，司乘人员在联络状态时还具有个别呼叫功能。[注意：只有 M1s（7 号）车厢才能进行此项操作，其他车厢均无此功能。]

2. 自动音量控制功能

动车组旅客广播信息服务系统的广播联络装置具有控制音量输入的功能，但应注意的是，只有在使用话筒、设备检测出输入音量过大时，才能调整输出音量的大小。

动车组旅客广播信息服务系统的广播联络装置具有自动音量控制功能，此项功能可以通过动车组司机台控制器（CAMP1）及乘务员室控制器（CAMP2）中内置的用于噪声检测的传感器话筒进行自动控制音量，根据周围的噪声状况进行广播，使用时可变范围为 6 dB。

3．为乘客提供广播和信息服务的功能

动车组旅客广播信息服务系统能给乘客提供完善的信息服务，为旅客提供即时、有效、准确的信息服务（如动车组列车的当前到站、前方到站、正晚点情况及当前时间、运行速度、临时停车等信息），使乘客能够随时掌握所乘坐列车的相关信息；除此之外可向乘客提供音频、视频娱乐服务。

二、动车组旅客信息系统的组成

动车组旅客广播信息服务系统包括广播系统、显示系统和娱乐系统等3个子系统。

1．广播系统

动车组旅客广播信息系统的广播系统是作为一个单独的子系统进行工作的，在特殊情况下如有必要，可通过娱乐系统控制广播系统的公共广播节目。

表5.1所列为Sm3 Pendolino广播系统设备。

表5.1　Sm3 Pendolino列车广播系统设备

部　件	数　量	规格与备注
车厢扩音器	6	包括连接器与2 m电缆
驾驶员话机	2	包括连接器
乘务员话机	6	包括连接器
扩音器	66	包括连接器
线路变压器	66	包括连接器
监测扬声器	3	包括连接器
音量控制器	13	包括连接器

2．显示系统

动车组旅客广播信息服务系统的显示系统也是一个单独的子系统，主要包括终点站显示、车厢号显示和DHP-10控制单元。DHP-10控制单元是插件式单元，安装在娱乐系统的结构内，通过RS485总路线控制显示器。DHP-10控制单元可以从列车计算机网络获取需要的有效信息来控制终点站显示器和车厢号显示器。乘客可以从终点站显示器中看到列车的终点站、途经车站、列车的车厢号等信息，终点站显示器在旅客列车的外面；车厢号显示器向乘客显示车厢号，车厢号显示器放置在车厢的内部，位于通道处。表5.2所列为动车组旅客广播信息服务系统的显示系统设备。

表5.2　显示系统设备

部　件	数　量	规格与备注
中央单元	6	包括连接器与2 m电缆
站点显示	16	包括连接器与2 m电缆
车厢号显示	9	包括0.2 m自带电缆

3．娱乐系统

动车组旅客广播信息服务系统的娱乐系统由传输系统和接收系统构成，传输系统通过光纤将信息馈入到接收系统，接收系统将声音拆包送至听筒控制板，将视频拆包送至监视器。

1）传输系统的构成

传输系统由娱乐传输结构、带触摸屏的中央计算机和源设备3个部分组成。

（1）娱乐传输结构。娱乐传输结构是模块化、标准结构的设备，由4个插件式单元组成。在娱乐传输结构的前部实现设备的连接配置，因此所有的业务操作快速和方便。娱乐传输系统的4个插件单元是电源供给单元（PWR-11）、听筒源单元（HPS-10）、传输器的接收器单元（PTX-10）和编码单元（COD-10）。

（2）带触摸屏的中央计算机。乘务员使用触摸屏的用户界面发出命令，中央计算机根据乘务员指令控制传输系统。

（3）源设备。源设备包括3台收音、1台CD机和2台视频播放机。

2）接收系统的构成

接收系统由娱乐接收系统结构、视频接收器、听筒控制板、听筒分配器械和DC/DC转换器构成。接收系统的功能是控制列车的信息系统，接收系统控制着听筒控制板和视频监测网络。

娱乐系统的设备列表见表5.3。

表5.3 娱乐系统设备

	部件	数量	规格、备注和说明
传输系统	娱乐传输系统的结构	1	包括连接器与2 m电缆
	中央计算机和触摸屏	1	包括连接器与2 m电缆
	收音机/CD机单元	1套（包括3台收音机和1台CD机）	包括连接器与2 m电缆
	录像机	2	包括连接器与2 m电缆
接收系统	娱乐接收系统结构	6	包括连接器与2 m电缆
	视频接收器	40	包括连接器
	听筒控制板	288	包括连接器
	听筒分配器械	170	包括连接器
	DC/DC转换器	18	包括连接器

三、旅客广播信息服务系统的标准和环境条件

1．适用标准

动车组旅客广播信息服务系统普遍遵循EN50155和EN50121-3-2标准。

2．环境条件

动车组旅客广播信息服务系统的工作环境条件见表5.4。

表 5.4　动车组旅客广播信息服务系统的工作环境条件

系　统	工作温度 / ℃	储存温度 / ℃	备　注
广播系统	-40	-40	
显示系统，外置	-40	-40	LCD-TFT、触摸屏，中央计算机的储存温度是 -25 ℃
显示系统，内置	0	-40	
娱乐系统	0	-40	

第二节　旅客广播信息服务系统的构成、布置与操作

一、旅客广播信息服务系统的构成

1．系统的基本构成

旅客信息系统由列车信息控制系统的中央装置和终端装置控制，它由以下设备构成：

（1）车内信息显示装置。

（2）车号显示装置。

（3）目的地显示装置。

（4）自动广播装置（5号车）。

（5）无线广播接收服务装置（5号车）。

2．系统的电源

动车组旅客广播信息服务系统普遍使用 DC 24 V 电源，包括广播系统、显示系统和娱乐系统均采用 DC 24 V 电源。

3．系统话机的类型

动车组旅客广播信息服务系统中有两种不同类型的话机，即司机室中的驾驶员话机（RAPU）和每节车厢的乘务员话机（KOPU）。

4．系统的连接方式

动车组旅客广播信息服务系统中的车厢扩音器控制着广播系统，动车组车辆信息发布以及伴音节目均通过车厢扩音器传输。车厢扩音器与 UIC 总线、扩音器系统、无线电话、监视器扩音器、发布设备和话机连接在一起。

5．系统的插件单元

动车组车厢扩音器是模块化、标准结构设备，由 6 个插件单元组成，设备的连接在车厢扩音器的前部完成，因此所有的业务操都是快速且方便的。车厢扩音器包括以下插件单元：

（1）电源供给单元（PWR-10）。

（2）输出阶段单元（AMR-10）。

（3）UIC 连接单元（UIC-10）。

（4）列车电话单元（PTU-10）。

（5）处理器单元（CPUU-10）。

（6）无线电话单元（RTU-10）（仅仅存在于 TTC 和 IM 车中）。

6．系统的设备使用

动车组旅客广播信息服务系统由司机台控制器、乘务员室控制放大器、配电盘控制放大器等装置构成。通过操作车辆信息控制装置可以按编组单位同时切断输出放大器，广播时可以实现各控制放大器的同时广播，可使自动广播时话筒广播优先，可以广播来自播放输入端子的语音信号，通过使用车辆设备，在 M1s 车厢可接通客室扬声器。动车组设有车内广播装置，可对乘客进行车内广播以及乘务人员间联络。

7．系统设备的分布状况

CRH380 动车组广播装置的分布状况见表 5.5。由表 5.5 可以了解动车组旅客广播信息服务系统各种不同设备的数量及在整个列车编组中不同车厢的分布与使用状况。

表 5.5　广播装置的分布状况

设备名称 车号	控制放大器 C.AMP-380EMU	控制放大器 C.AMP-380EMU-A	控制放大器 C.AMP-380EMU-B	输出放大器 P.AMP-380EMU	广播系统主机 AAD-380EMU	车门音声控制器 DSC-EMU	司机联络终端 DCU-380EMU	网络路由器 CONT-380EMU	乘客信息备份主机 DBCU-380EMU
1	—	1	—	1	—	1	1	1	—
2	1	—	—	1	—	1	—	—	—
3	1	—	—	1	—	1	—	—	—
4	1	—	—	1	—	1	—	—	—
5	2	—	1	1	1	1	—	—	—
6	1	—	—	1	—	1	—	—	—
7	1	—	—	1	—	1	—	—	—
8	—	1	—	1	—	1	1	1	1
总计	7	2	1	8	1	8	2	2	1

二、旅客广播信息服务系统设备的布置

目前我国铁路使用的动车组虽然型号很多，但广播系统的基本结构大致相同，在此以 CRH380A 型动车的旅客广播信息服务系统为例进行介绍。图 5.1 所示为动车组旅客广播信息服务系统设备及布置示意图。

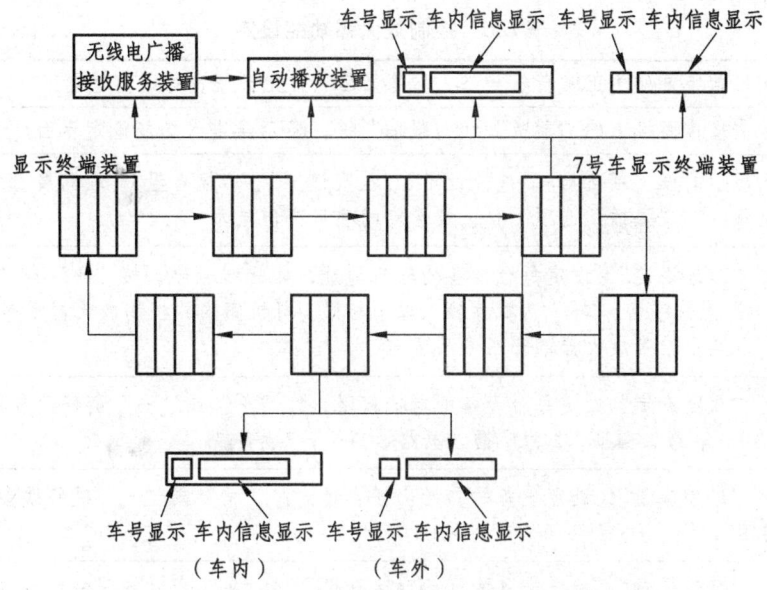

图 5.1 旅客广播信息服务系统设备构成与布置

由图 5.1 可以看出,动车组旅客广播信息服务系统由列车信息控制系统的中央装置和终端装置控制,它由车内信息显示装置、车号显示装置、目的地显示装置、自动广播装置(7号车)、无线广播接收服务装置(7号车)等设备构成。

在这些设备中,车内信息显示装置、车号显示装置和目的地显示装置在每节车辆均有,而自动广播装置和无线广播接收装置只在 7 号车厢安装。

图 5.2 所示为 CRH380A 广播系统的构成图,图中包括天线存放盒、收音机广播架。

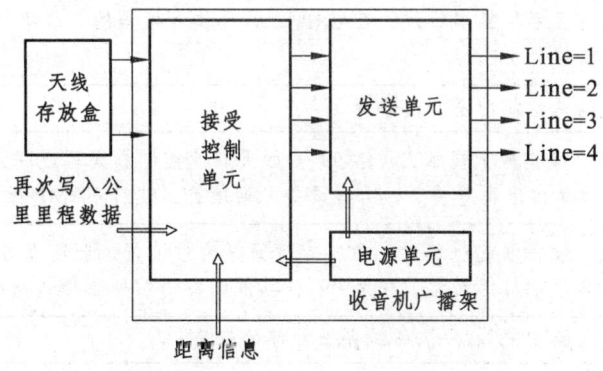

图 5.2 CRH380A 广播系统构成图

三、CRH380 型动车组列车广播装置的主要设备

1. 控制放大器(CAMP)相关设定

(1)设定功能,如表 5.6 所示。

表 5.6 控制放大器功能设定

1	确认目前装置处于正常待机状态，屏幕显示正常无乱码，对比度适中，"！"在不停地闪烁
2	同时按操作面板上的"监听"和"强插"键，显示屏进入功能设定界面
3	屏上显示的设定项目有："地址设定""权限设定""广播音量""联络音量"，按"监听"选项上移，按"强插"选项下移，被选定的项目突出显示
4	选定"地址设定"，设定每台设备的呼叫地址，即呼叫号码，按"＋"或"－"键修改参数，"＋"为数字增，"－"为数字减。以下相同。司机室内的控制放大器呼叫号应为1（首）8（尾），其余控制放大器的呼叫号不限
5	选定"权限设定"设定每台设备的功能权限，按"＋"或"－"键修改参数，参数说明：1为广播、联络、强插；2为广播、联络、监听；3为联络
6	选定"广播音量"，设定设备的初始广播音量，按"＋"或"－"键修改参数，0~9，最大音量9
7	选定"联络音量"，设定设备的初始联络音量，按"＋"或"－"键修改参数，0~9，最大音量9
8	同时按下操作面板上的"监听"和"强插"键，退出功能设定界面，参数将被保留
9	在显示屏最上方，N**表示设备地址号，@**表示设备的权限，K**表示当前的广播音量，B**表示当前的联络音量

（2）全体联络，如表 5.7 所示。

表 5.7 联络方式

1	确认目前装置处于正常待机状态
2	不拿话筒（司机室和餐车除外的CAMP），按操作面板上的"联络"键，确认CAMP操作屏上显示出"联络"状态
3	拿起话筒，确认话筒内没有拨号音
4	呼叫号码99，操作屏上显示"联络99"。如果其他控制放大器或联络装置没有处在广播或者联络状态，听筒内出现等待音，所有设备电话振铃，被叫CAMP操作屏上显示"联络99"
5	当被叫方任一设备拿起听筒时，主叫方听筒等待音消失，此时双方可以通话，当CAMP接通后，CAMP显示屏仍显示"联络99"，其他设备仍然处于振铃状态，直到主叫方挂机
6	按操作面板上的"＋""－"按键调节联络的音量
7	当联络结束时，主叫方按面板上"切断"键或者挂机，全体通话结束，全部设备不再有任何显示
8	司机室和餐车控制放大器可以通过先拿话筒后按话筒上"#"键再拨号进行联络。联络的操作步骤与上述相同

（3）单独联络，如表 5.8 所示。

表 5.8　单独联络方式

1	确认目前装置处于正常待机状态
2	不拿话筒（司机室和餐车除外的 CAMP）按下操作面板上"联络"按键，确认 CAMP 操作屏上显示出"联络"状态。
3	拿起话筒，确认话筒内没有拨号音
4	呼叫号码（01~98 为事先设定的号码），显示屏上显示"联络××"。如果被叫控制放大器或联络装置没有处在广播或者联络状态，听筒内出现等待音，被呼叫方电话振铃，CAMP 操作屏上显示"联络+主叫号码"
5	对方无法应答或者线路忙，主叫方听筒内出现忙音
6	线路接通 30 s 后，被叫方仍然没有摘机，则主叫方放弃此次呼叫，听筒内出现忙音。主叫方挂机后，不再显示"联络"，被叫方振铃停叫，但仍显示未接主叫方号码"联络××"，直到被叫按"切断"键
7	当被叫方拿起听筒时，主叫方听筒等待音消失，此时双方可以通话，当 CAMP 接通后，CAMP 显示屏显示"联络+主叫号码"，表明进入通话状态。要求通话质量完好，无噪声，声音大小适中
8	当联络结束时，任意一方按面板上的"切断"键或者挂机，通话结束。显示屏上不再显示呼叫号码
9	在正常通话线路被占用的情况下进行相互联络时，司机室内的控制放大器会自动启用专线联络功能。此功能的操作与前述操作方法相同
10	司机室和餐车控制放大器可以通过先拿话筒后按话筒上"#"键再拨号进行联络。联络的操作步骤与上述相同

（4）广播，如表 5.9 所示。

表 5.9　广播的操作方法

1	确认目前装置处于正常待机状态，屏幕显示正常无乱码，对比度适中，"!"在不停地闪烁
2	不拿话筒（仅限司机室和餐车外的 CAMP），按操作面上的"广播"键，确认操作屏上显示出"广播"状态
3	拿起话筒，进行广播或者在前面板备用输入外接音频，确认扬声器发声
4	操作前面板上的"+""-"按键，可以改变广播音量的大小
5	将 MP3 音源输入到备用输入插头中，按下"广播"键，该装置则进入广播状态，扬声器输出播放 MP3，当拿起话机后，则该装置切换到人工广播状态，当挂机时，该装置回到备用输入状态。而且广播音量可以操作前面板上的"+""-"按键，改变广播音量的大小
6	CAMP 在广播状态时，用万用表 200 V 直流挡测试，测试线 MS1 和 MS2 的插头有 100 V 输出。当切断广播时，输出为 100 V。同时用万用表的二极管挡测试，测试线的 M378 和 M379 两端为导通状态。只有在非本机 CAMP 广播或 PAU 报站时，MS1，MS2 输出电压为 0 V

续表

7	当CAMP进入广播状态后，系统中的PAU将进入"全取消状态"。当CAMP的广播结束后，PAU自动切换到默认状态。PAU处于全取消状态时，PAU显示屏上右下角的全取消按键的背景变为红色，PAU的默认状态表现为PAU显示屏右下角的全取消键的背景为灰色
8	司机室和餐车控制放大器广播必须拿起话筒，按下话筒上的"*"键，进行广播。广播结束时，将话机放回电话座中，司机室和餐车控制放大器的备用输入不做测试。其他测试操作步骤与上述相同
9	定向广播：拿起话机后先输入想要对其广播的车厢号，再按下广播键，即可实现对该车的定向广播，此时只有此车有广播，其他车不受影响。广播结束后，按下切断按键，广播结束
10	当广播结束时，按面板上的"切断"键，确认操作屏上"广播"消失

（5）监听功能，如表5.10所示。

表5.10 监听功能

1	确认目前装置处于正常待机状态，并且权限设定为2
2	进行监听时，确认系统处于联络状态。否则监听键不起作用，系统处于联络状态的表现为CAMP的显示屏处于联络状态
3	确认系统处于联络状态后，按操作面板上的"监听"键，确认操作屏上出现"监听"状态
4	拿起话筒，可以对正在通话的双方进行监听
5	监听音量可以通过操作面板上的"+""-"按键进行调节
6	将话机放回原位，按下"切断"键，监听结束

（6）强插功能，如表5.11所示。

表5.11 强插功能

1	确认目前装置处于正常待机状态，并且权限设定为1
2	进行强插时，确认系统处于联络状态，否则强插键不起作用，系统处于联络状态的表现为CAMP的显示屏处于联络状态
3	确认系统处于联络状态后，按下操作面板上的"强插"键，确认操作屏上出现"强插"状态
4	拿起话筒，可以对正在通话的双方进行强插
5	强插音量可以通过操作面板上的"+""-"按键进行调节
6	将话机放回原位，按下"切断"键，强插结束

2．功率放大器（PAMP）相关设定（见表 5.12）。

表 5.12　功率放大器功能

1	将 1 个 PAMP 和 SP 或 SPD 连接到测试系统中，设备运行正常，用 CAMP 正常播放时喇叭声音清晰，音量适中
2	当接入 8 个 PAMP 时还是用同样的方法广播，声音同上
3	在 M303 和 M300 线上接 24VDC，功放停止工作，喇叭没有声音输出，断开则功放恢复工作

3．车门音响控制器（DSC）相关设定（见表 5.13）

表 5.13　车门音响控制器

功能检验标准
外部接扬声器，通过手动给入车门开关信号，即可听到车门的开关声音

4．自动广播装置（PAU）检验
（1）车内广播，如表 5.14 所示。

表 5.14　车内广播

备用输入	在没有广播联络装置广播的情况下，由备用输入广播。PAU 的操作参见《自动广播装置操作使用手册》，备用输入的音源使用 MP3 播放机

（2）音量调节，如表 5.15 所示。

表 5.15　音量调节

功能检验标准
在音量设定画面进行音量变更，按"提高音量"和"降低音量"，检查音量大小是否得到相应变更。而且输出的声音正常，无噪声，音量大小合适

（3）广播优先功能，如表 5.16 所示。

表 5.16　广播优先功能

1	自动广播装置是根据以下广播的优先级别对广播输出进行控制的：外部广播（控制放大器广播）＞PAU 手动报站＞PAU 自动报站广播＞PAU 收音机广播(线路 1～线路 2＋备用输入)。注：收音机广播线路 1～线路 2 及备用输入声音被同时多个选中时，会进行混频广播
2	在发生外部广播插入时，自动广播装置在显示屏上显示外部正在广播。自动广播和手动广播（收音机广播线路 1～线路 2＋备用输入）将被打断，直到外部广播结束时，将恢复成原来的状态。也可以通过操作屏上的全取消按钮手动切除自动广播装置的全部对外广播
3	有自动广播，手动广播（收音机广播以及备用输入）将被打断，直到自动广播结束后将恢复成原来的状态。也可以通过操作屏上的全取消按钮手动切除自动广播（手动广播）

(4)自动报站功能,如表 5.17 所示。

表 5.17 自动报站功能

1	自动报站测试方法同 200 km 广播联络装置性能检验大纲
2	要求报站声音大小合适且在 PC 中返回的帧为 60

(5)广播控制功能,如表 5.18 所示。

表 5.18 广播控制功能

功能检验标准
自动广播装置在没有外部广播或自动广播、手动广播时,将控制本车内的输出放大器静音。在有上述广播时,自动打开本车内的输出放大器,对本车内进行广播

(6)广播系统监测功能,如表 5.19 所示。

表 5.19 广播系统监测功能

功能检验标准
PAU 故障详情界面内能够查看整列车的设备状态,绿色代表设备正常,红色代表故障,同时还能够监测各个设备的工作状态(即设备处于广播、联络状态。)

5. 自动广播装置(PAU)使用方法

本装置在整套系统中共有 1 台,安装在 5 号列车的乘务员室内,如图 5.3 所示。本装置可以提供和播报车辆行驶信息,并有播放背景音乐的功能。

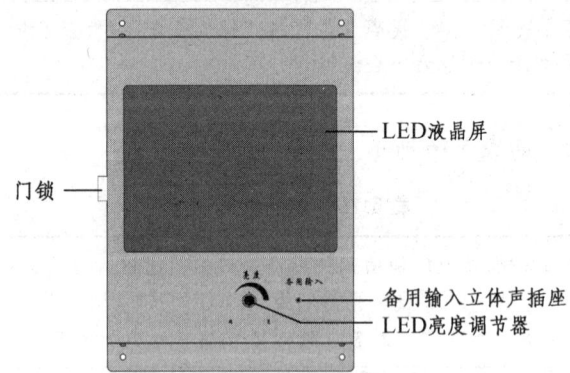

图 5.3 自动广播装置外观图

画面间的联系,如图 5.4 所示。

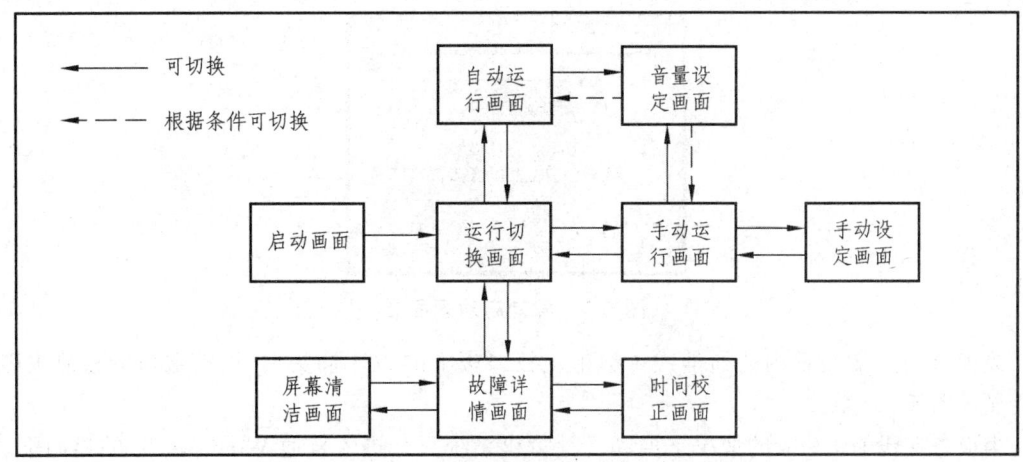

图 5.4 显示画面间关系图

可根据此图间的关系进行画面间的切换。

（1）启动画面。

接通电源后，该设备会显示以下画面。启动画面分为两部分，系统加载及系统检测。系统加载完成软件的运行环境，系统检测完成内部通信及报站文件的检测。

正常启动，如图 5.5 所示。

图 5.5 正常启动画面

检测到异常，如图 5.6、图 5.7 所示。

图 5.6 异常启动画面 1

插入缺少报站文件的 CF 卡，系统检测不到报站文件会显示图 5.6。

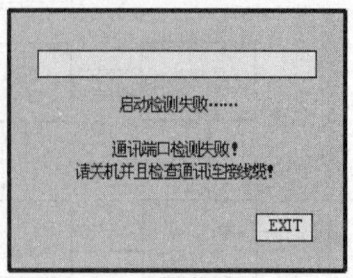

图 5.7　异常启动画面 2

拔掉自动广播装置内的通信线（拔掉主接口板上的 JC2 插头），通信端口的检测失败，则会显示图 5.7。

当设备在没有 CF 卡的情况下启动，计算机系统只会进入普通 WindowsCE 的界面下。

（2）运行切换画面，如图 5.8 所示。

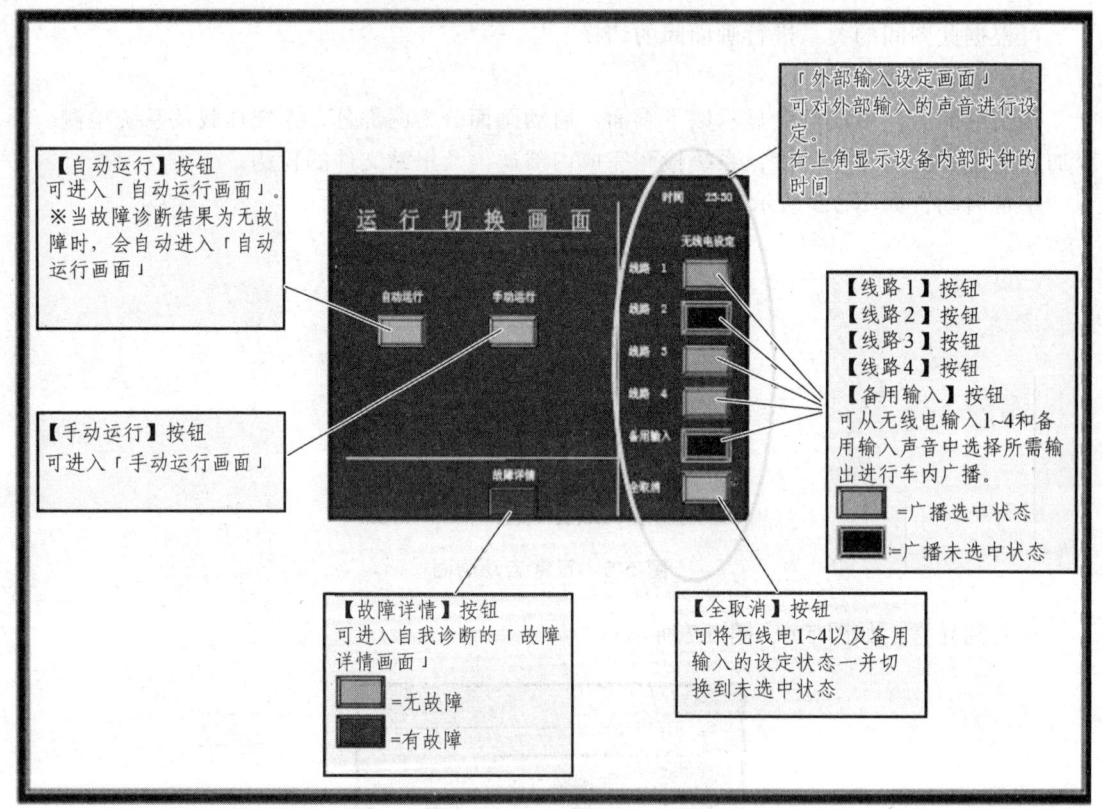

图 5.8　运行切换画面

运行切换画面完成手动与自动画面的切换及故障详细画面的显示；当设备启动正常时，显示画面会跳过此画面直接进入自动运行画面。

（3）自动运行画面，如图 5.9 所示。

自动运行画面完成整套的自动报站功能。包括报站语音部分、线路信息部分、车厢信息、部分、车门信息部分等，另外还能够切换到音量设定画面，按右下角的运行切换按钮返回运行切换画面。

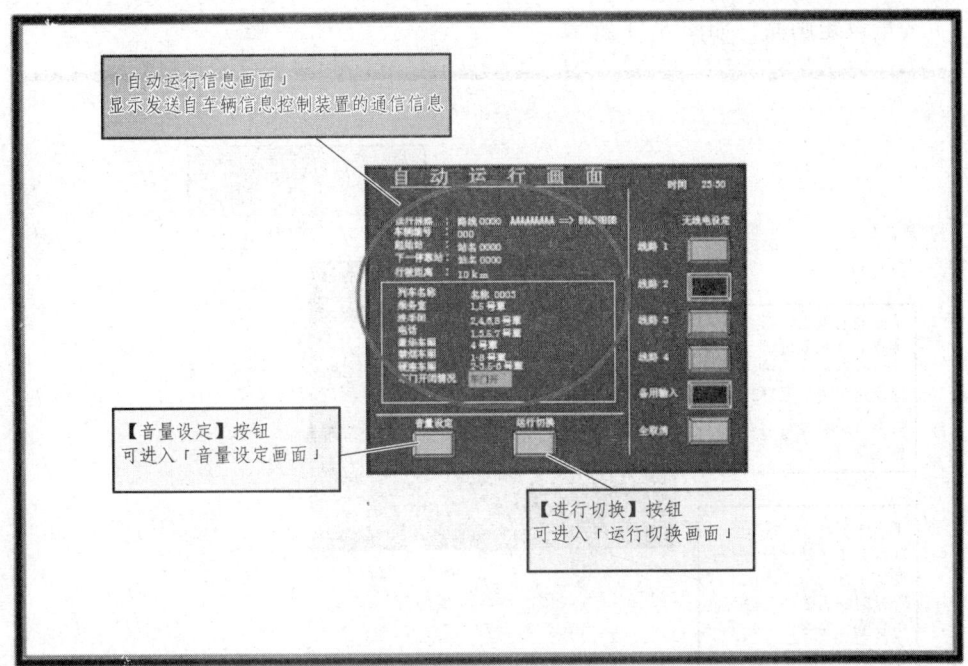

图 5.9 自动运行画面

（4）手动运行画面，如图 5.10 所示。

手动运行画面完成手动广播的执行功能。包括出发、到达的选择，广播的开始停止功能，但出发到达站的信息需要设定切换按钮（手动设定画面完成），另外还能切换到音量设定画面，按右下角的运行切换按钮返回运行切换画面。

（5）手动设定。

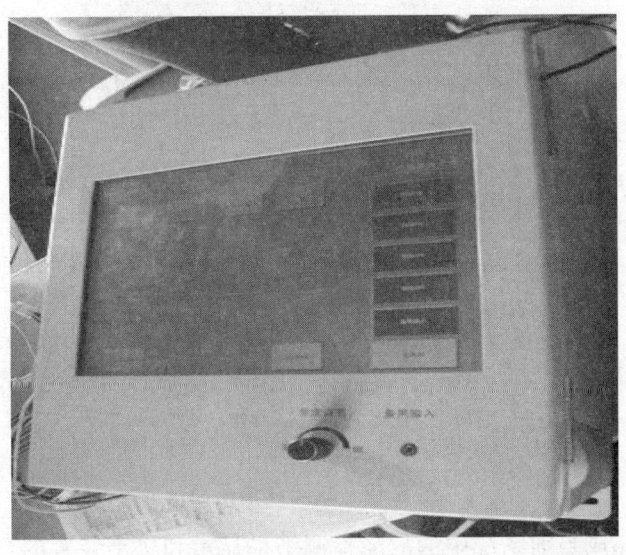

图 5.10 手动设定画面

手动设定画面完成当前线路及站的信息设定功能。能够选择运行线路、线路中的站名信息，按右下角的返回按钮返回到手动运行画面。

（6）音量设定画面，如图 5.11 所示。

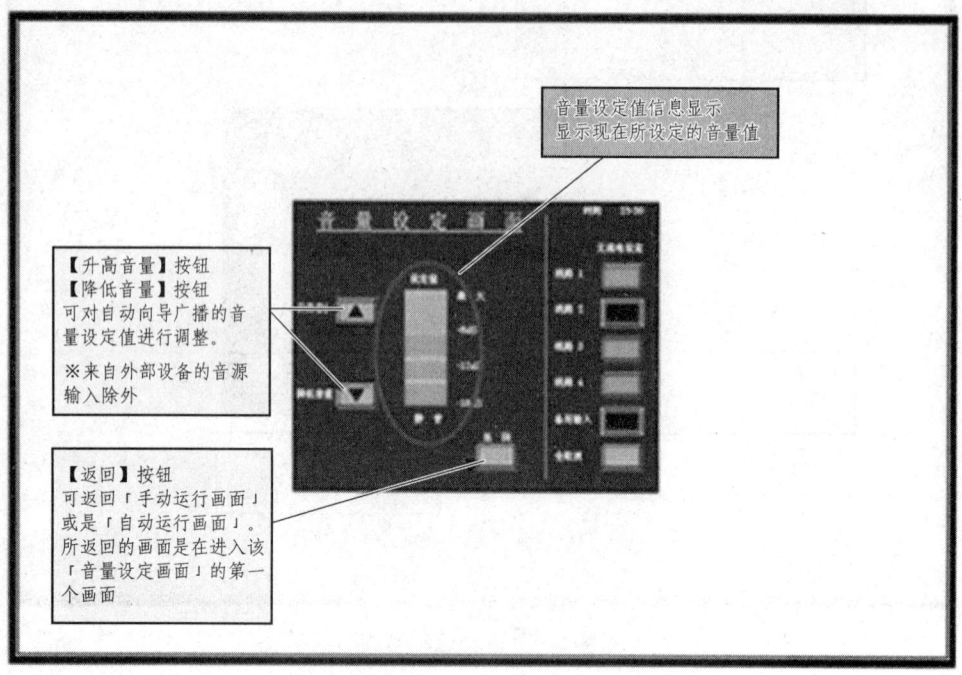

图 5.11　音量设定画面

音量设定画面完成广播系统的音量设定功能。能够从静音到最大音量进行设定，按右下角的返回按钮返回到上一级画面。

（7）故障详情画面，如图 5.12 所示。

图 5.12　故障详情画面

故障详细画面完成当前系统中的故障检测结果显示和每个装置的当前工作状态，如主叫、被叫、广播、联络等，能够监测报站设备通信、电流环通信等。

另外，还能切换到时间校正画面、屏幕清洁画面，按右下角的返回按钮能返回上一级画面。

（8）时间校正画面，如图 5.13 所示。

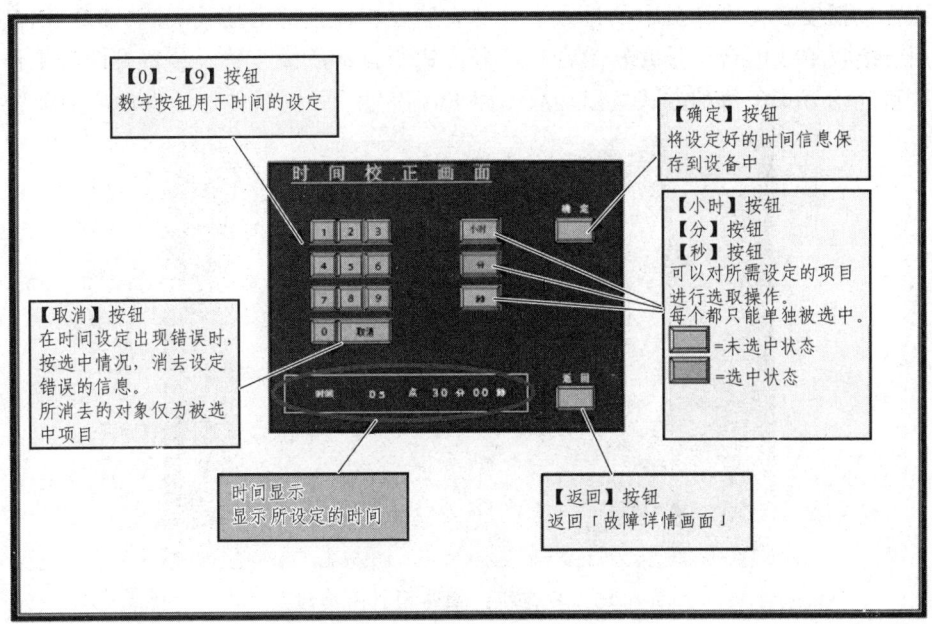

图 5.13　时间校正画面

时间校正画面完成软件系统的时间设定功能。能够设定小时、分、秒功能。按右上角的确定按钮完成设定，按右下角的返回按钮放弃当前设定返回上一级画面，当完成设定几秒后系统会自动更新设定时间。

（9）屏幕清洁画面，如图 5.14 所示。

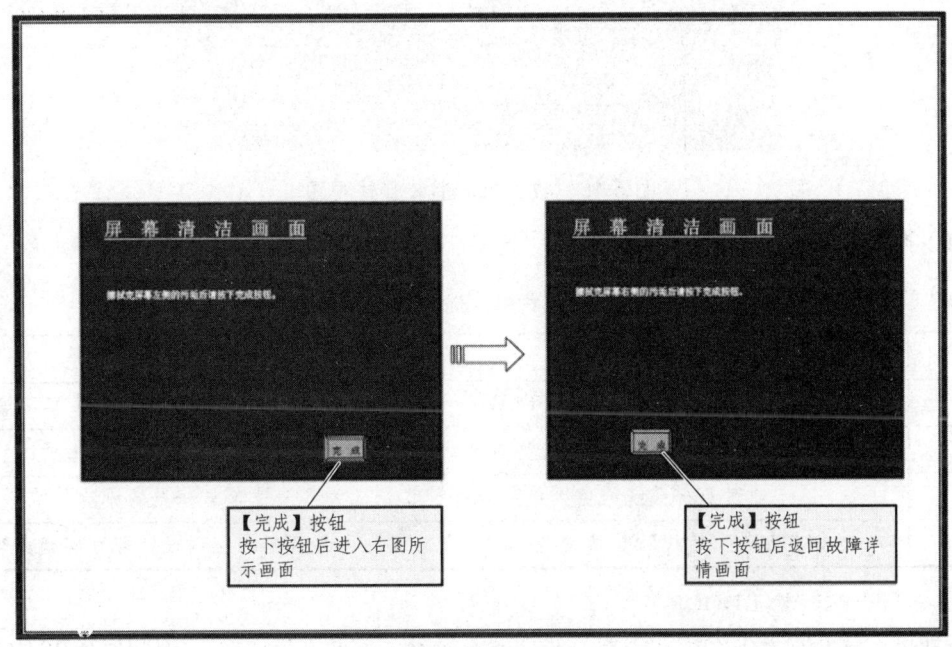

图 5.14　屏幕清洁画面

6．收音机装置（RADIO）

本装置包括安装在乘务员室的接收设备和安装在车辆顶部的接收天线，如图 5.15、图 5.16 所示，用于接收 FM 电台信号并转为音频信号传输给自动广播装置。装置有两种工作方式：手动方式和自动方式。每种方式可以接收 1 路 FM 信号，并同时传送给自动广播装置。

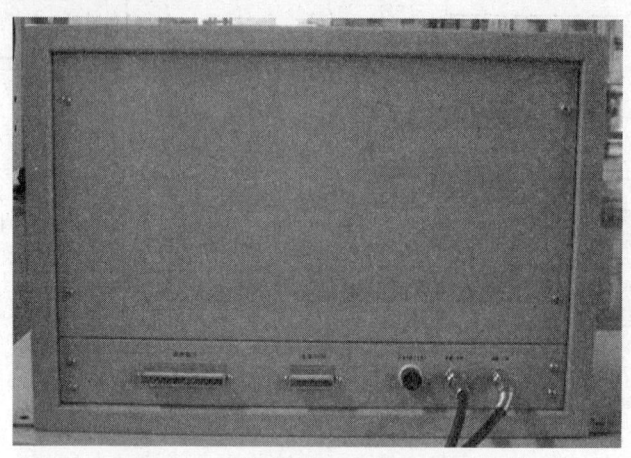

图 5.15　收音机广播装置背面接线图

图 5.16　收音机广播装置外观图

（1）操作方法如表 5.20 所示。

表 5.20　收音机广播装置操作方法

序号	功能检验标准
1	通过影视系统控制屏输入播放 FM 指令，VIP 车厢播放 FM 音频内容，其余车不播放
2	背景音乐播放：影视系统可以通过监控屏对全列车进行背景音乐的播放
3	通过影视系统的监控屏可以进行收音机的系统位置与频点的设定
4	手动 FM 功能：点击 PAU 界面上的手动 FM 按钮，再选择相应频段，即可实现此功能

7．车门音响装置（DOOR）

本装置在每节列车上各安装一台，共计 8 台设备，如图 5.17 所示。本装置使用不同声音来提醒乘客车门开关状态。当一侧车门开启时，装置接到信号会控制车门喇叭发出"声音1"

持续 4 s 时间，当此车门关闭时，装置接到信号会控制车门喇叭发出"声音 2"持续 6 s 时间，当开启另一侧车门时，现象与上面所述相同。

图 5.17　车门音响装置外观图

8．输出放大器 PAMP

本装置用于将系统音频信号进行放大并输出给各扬声器，如图 5.18 所示。

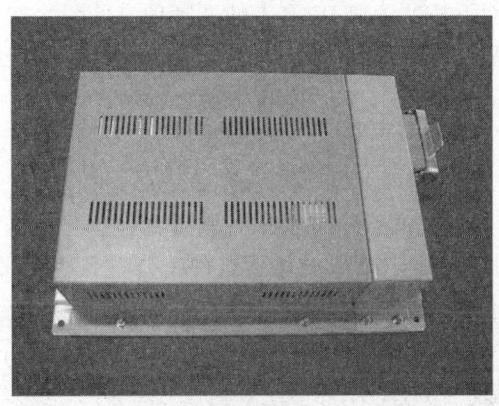

图 5.18　输出放大器外观图

Pamp 接收系统的音频信号，经过信号放大和功率放大后传送给车厢喇叭进行广播，同时提供控制接口，可以和中央信息控制装置相连，由中央信息控制装置可以对喇叭输出进行控制、开启或关闭。

第三节　车内引导显示器及其操作

一、车内引导显示器

图 5.19 所示为动车组车内引导显示器的外观图。在动车组列车各客室两端车厢通过台门框的上方均安装有车内引导显示器，可把从车载信息终端装置传来的旅客服务信息进行固定或滚动显示。显示的主要内容有列车当前到站、前方到站、列车正晚点情况、当前时间、列车运行速度、实时新闻、禁烟标志和厕所使用等旅客服务信息。

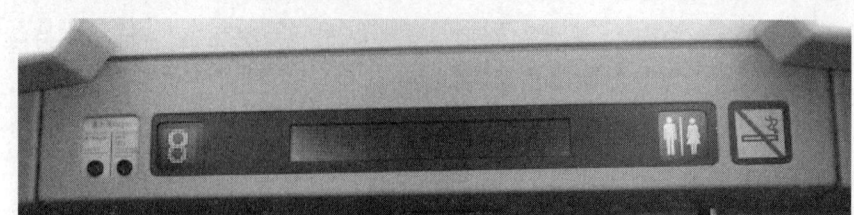

图 5.19　车内引导显示器外观图

二、车内引导显示器显示内容的操作

动车组的车内引导显示器的显示内容是由车载信息的 MON 中央装置发送相应指令来实现的,可以通过以下两种方式输入显示内容:即库内读取 IC 卡数据或手动设定界面输入信息。

PR（广告）文指令——根据行驶里程信息,传送从 IC 卡读取的文字信息指令。

紧急文指令——根据从 IC 卡读取的显示条件（公里数等）,传送紧急信息。

1. IC 卡的读取方法

动车组车内引导显示器 IC 卡数据读取,首先要从 MON 中央装置的主要页面选择进入检修模式页面,再在检修页面下按"读取 IC 卡"的选择项（见图 5.20）,这时再将要读取的 IC 卡插入 IC 卡控制装置的插口。在 IC 卡读取页面,可进行的操作有:

（1）读取广告文,按"广告文"+"读取"键。

（2）读取停车站,按"停车站"+"读取"键。

（3）读取公里数,按"公里"+"读取"键。

操作时应注意:PR（广告）文指令将根据行驶里程信息,传送从 IC 卡读取的文字信息指令;而紧急文指令将根据从 IC 卡读取的显示条件（公里数等）,传送紧急信息。

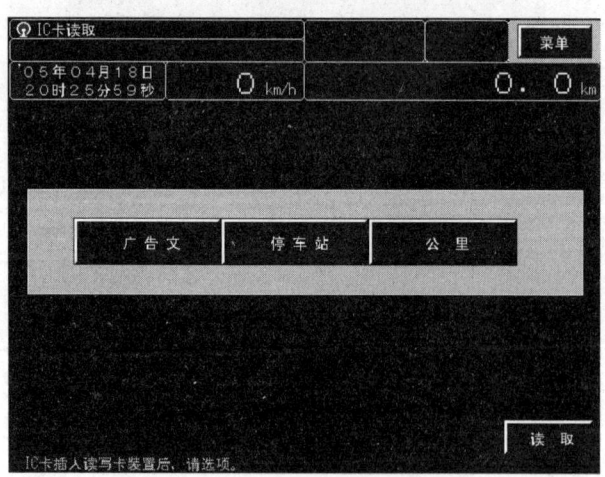

图 5.20　IC 卡读取菜单页面

2. 手动设定方法

手动设定可在 MON 中央控制系统的模式选择页面和菜单的揭示下首先进入一般模式,然后再选择列车员模式,在列车员模式下再通过相应页面的揭示通过手动的方式设定列车广播所需要的相关信息。

（1）如果需要确定当前列车的名称和车次等广播信息，在进入列车员模式后，可按"手动设定"，选择列车名称，再输入列车编号，最后按"设定"键。

通过以上操作即可输入并确定当前动车组的列车名称和列车编号，如图 5.21 所示。

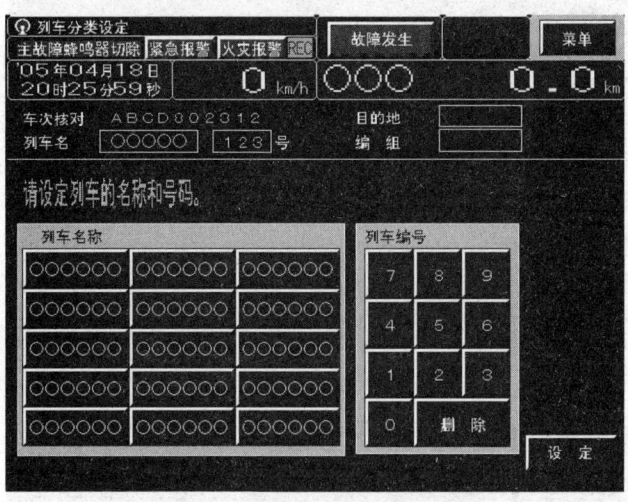

图 5.21　列车分类设定页面

（2）如果要确定动车组的停车站的相关信息，可在列车员模式揭示操作下首先进入停车站方式设定页面，然后进行相应操作。图 5.22 所示为停车站方式设定页面，在此页面下首先选择停车站，再按"设定"键，即可依次确定动车组的所有停车站的信息。

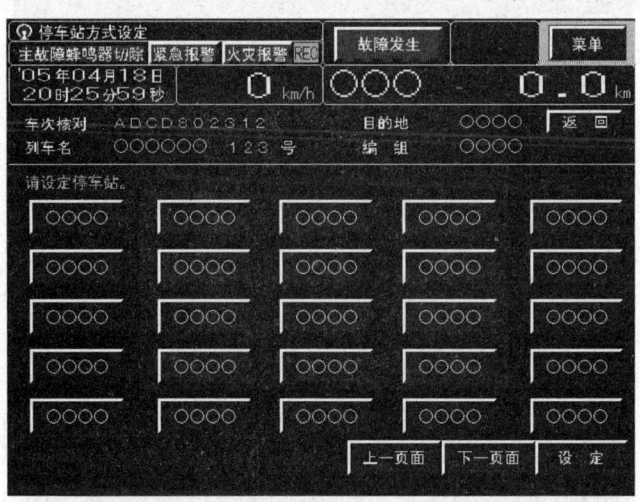

图 5.22　停车站方式设定页面

（3）图 5.23 所示为动车组连解信息设定页面。在此页面下首先选择连解有或无，最后按"设定"键，即可确定本车有无连解信息。

（4）图 5.24 所示为连解编组车站设定页面。在此页面下可首先选择连解编组车站，最后按"设定"键，即可进行动车组的连解编组车站的设定。

（5）图 5.25 所示为车厢号设定页面。在此页面下可进行车厢号的选择与确定，在页面显示区首先选择车厢号，最后按"设定"键确定选择的车辆厢号，即可完成操作。

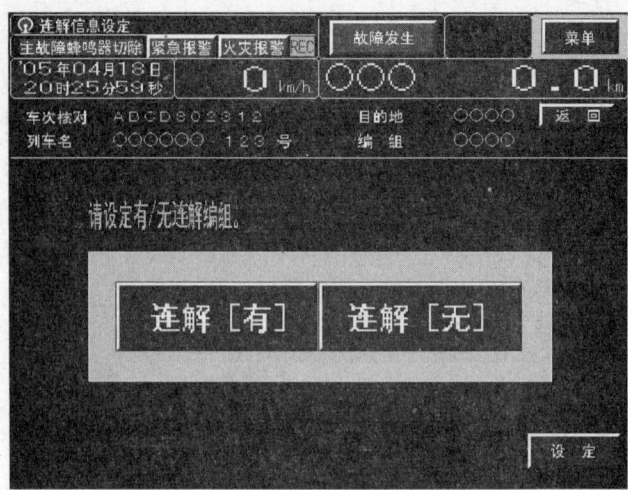

图 5.23　连解信息设定页面

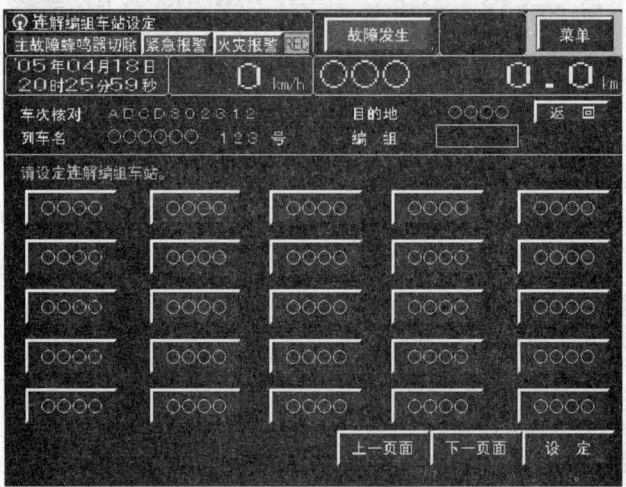

图 5.24　连解编组车站设定页面

图 5.25　车厢号设定页面

(6)图 5.26 所示为手动设定确认页面。在此页面下将显示所有手动设定页面设定的内容,并再次进行确认,最后按"设定"键,即可确定所有手动设定的内容。

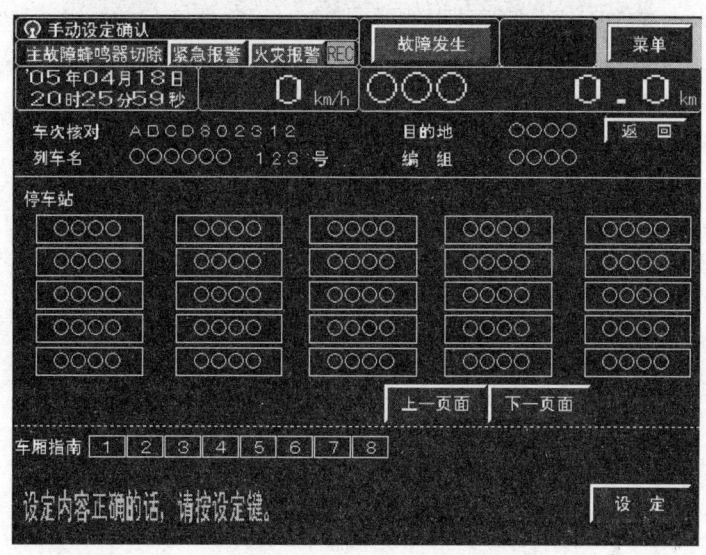

图 5.26　手动设定确认页面

3.车内引导显示页面的操作

车内引导显示器页面的开关操作,首先也要通过 MON 中央控制装置进入列车员模式,在列车员模式下再进入"服务设备控制页面"→"乘客信息显示"。图 5.27 所示是车内引导显示页面的乘客信息显示页面,在此页面下可设定各车厢乘客信息显示页面的各项操作。

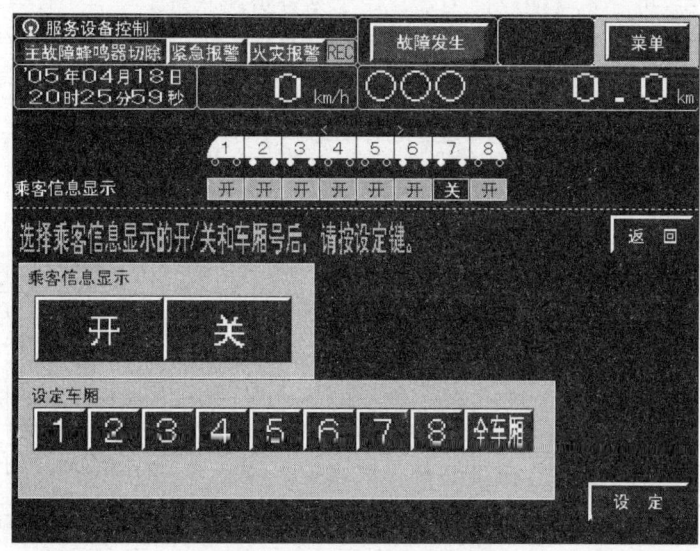

图 5.27　乘客信息显示页面

4.广告文的显示

广告文的显示也需要首先进入列车员模式,再选择"广告文显示"。图 5.28 所示为广告文显示的页面,在此页面下可进行有关广告文的操作。

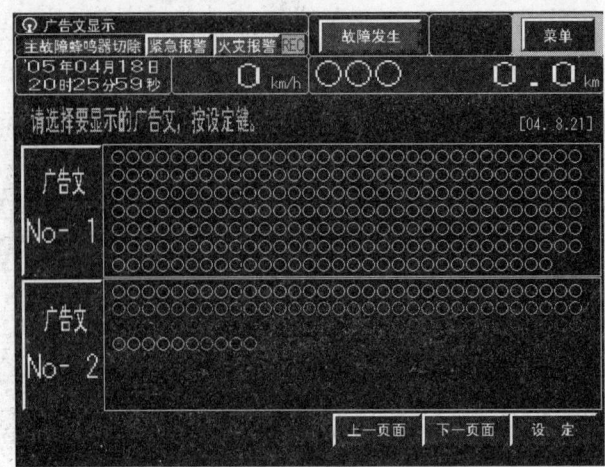

图 5.28　广告文显示页面

第四节　乘务员间联络方式及操作

一、乘务员间联络的主要设备

动车组乘务人员间联系经常使用的广播装置的设备有：

（1）控制放大器（CAMP1、CAMP2、CAMP3）可进行人工语音播放（麦克风）和利用外部输入端子的音源进行广播。

（2）联络装置。可呼叫其他广播装置，用于乘务员间联络。

控制放大器和联络装置的功能（8 辆编组的情况）见表 5.21。

表 5.21　控制放大器、联络装置的功能（8 辆编组的情况）

设备\项目		控制放大器			联络装置
		驾驶台	乘务员	配电盘	
		CAMP1	CAMP2	CAMP3	NT
广播（发信）		○	○	○	×
全体呼叫	呼出（发信）	○	○	○	×
	应　答	○	○	○	○
个别呼叫（代码选择）	呼出（发信）	○	○	×	×
	应　答	○	○	×	×
	呼出（发信）	—	—	—	○
	应　答	○	×	×	○
设置车号		1、8	5、7、7	2、4、6	1、1、8、8

注：○表示有此功能；×表示无此功能。

二、乘务员间联络呼叫的方式和注意事项

乘务员间的联络可通过司机台控制放大器、联络装置、乘务员控制放大器、配电盘控制放大器等装置进行。

1．主要方式

乘务员间联络呼叫的主要方式有全体联络呼叫和个别联络呼叫两种。

1）全体联络呼叫

即同时呼叫所有的控制放大器及联络装置。全体呼叫时，按下全体呼叫按钮，贯通线 1125、1127、1128 导通 +12V 电压，各功放的蜂鸣器响起，呼叫灯闪烁。

2）个别联络呼叫

即通过事先设定的呼叫号码来呼叫特定的控制放大器。个别呼叫时，按下个别呼叫按钮开关（1~12 的号码），将 1125、1126、1127、1128 线导通。

动车组司机室和乘务员室的控制功放设定了单独的地址码，可以按照这个地址进行单独呼叫。呼叫号码的地址码、位置和所处的车厢号见表 5.22。

表 5.22 呼叫号码

号码	位置	车厢号	号码	位置	车厢号
1	司机台	1号车	7		
2	司机台	8号车	8		
3	乘务员室	7号车	9	司机台	9号车
4	小卖部	5号车	10	司机台	16号车
5			11	乘务员室	15号车
6			12	小卖部	13号车

2．注意事项

（1）配电盘控制放大器发出的呼叫只有"全体联络呼叫"一种，无法进行"个别联络"呼叫。

（2）联络装置可以呼叫相反一侧的司机台控制放大器与联络装置。

（3）使用控制放大器进行联络呼叫时，只要按下"同时"或"呼叫对方"开关按钮，便可利用呼叫蜂鸣器呼叫对方。

（4）使用联络装置进行联络呼叫时，只要按下"呼叫"开关进行呼叫，呼叫蜂鸣器便开始鸣叫。

（5）乘务员间联络呼叫可以通过多个控制放大器同时进行通话。

（6）乘务员通过联络装置联络时，如果另一驾驶室的控制放大器在进行车内广播，则车内广播优先于呼叫。

三、操作过程

1. 联络装置及操作

图 5.29 所示为呼叫联络装置外观示意图。在联络装置上有 3 个按键开关、蜂鸣器以及授话话筒等装置。

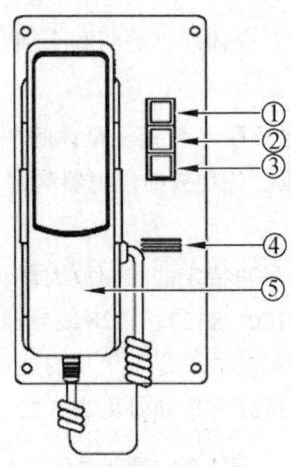

图 5.29　联络装置示意图

①—呼叫开关；②—联络开关；③—关闭开关；④—蜂鸣器；⑤—授话话筒

1）联络装置各部分功能详解

（1）"呼叫"开关：持续按此呼叫开关，显示灯就会亮灯，联络装置（2 台）和控制功放（司机室）、7 号车、5 号车的控制功放（乘务员室）就会响起蜂鸣器音。

（2）"联络"开关：拿起话机，按下此联络开关，显示灯亮，就可以和其他的设备联络。

（3）"关闭"开关：在联络、广播过程中，按下此开关就可以断开通话。

（4）蜂鸣器：输出呼叫音。

（5）话筒：和其他设备通话的部件。

2）操作步骤

操作前应明确几个字母的含义：C 表示呼叫方、R 表示接收方（对话方）、B 表示呼叫方和受话方两者的操作。下面以对话操作为例进行说明。

（1）呼叫方 C：拿起话筒。

（2）呼叫方 C：按下"联络"开关。

（3）呼叫方 C：按下"呼叫"开关。此时应注意，当将"呼叫"开关按下去后，蜂鸣器会鸣响，表示正在联络受话方。

（4）接收方（对话方）R：此时驾驶台控制功放、联络装置的呼叫蜂鸣器鸣响，驾驶台控制功放的"呼叫"显示灯会亮。

（5）接收方（对话方）R：拿起话筒，按下"联络"键。此时应注意，"通话"显示灯会亮灯。

（6）双方 B：双方进行通话联络。

（7）双方 B：双方通话联络结束后，按下"关"键，将话筒放回原位。

（8）双方B：双方的"通话"显示灯熄灭。
联络通话结束。

2．司机室、乘务员室的控制放大器及操作

如图5.30所示是安装在司机室和乘务员室的控制放大器的外观示意图。由图可见联络装置上主要有3个显示灯、5个按键开关和音量调整旋钮、蜂鸣器、外部输入端子和授话话筒等装置。

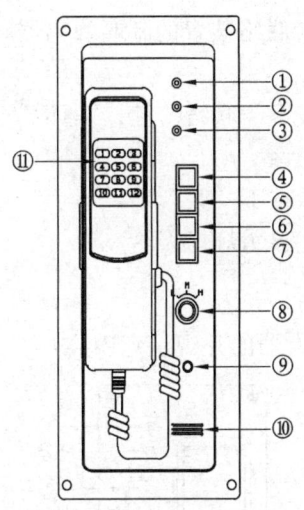

图5.30 司机室、乘务员控制放大器

①—呼叫显示灯；②—通话显示灯；③—广播显示灯；④—全体呼叫开关；⑤—联络开关；⑥—广播开关；
⑦—关开关；⑧—音量调整旋钮；⑨—外部输入端子；⑩—蜂鸣器；⑪—呼出开关键开关

1）司机室、乘务员室控制放大装置各部分的功能

（1）呼叫显示灯：从其他联络装置及控制功放有呼叫进入，呼叫显示灯亮。

（2）通话显示灯：本装置或者其他的控制功放按下了"联络"键的时候，以及其他设备在通话中的时候，通话显示灯亮。

（3）广播显示灯：本装置或者其他的控制功放处于车内广播状态时，此显示灯亮。

（4）"全体"呼叫开关：按下全体呼叫开关的时候，另一侧8号车的联络装置（2台）、5号车和7号车的控制功放（乘务员室）的蜂鸣器持续鸣叫，同时此开关也确认了亮灯状态。

（5）"联络"开关：拿起话机，按下此联络开关，显示灯亮，可以和其他的设备联络。

（6）"广播"开关：按下此开关可以进行车内广播。

（7）"关"开关：在联络通话以及广播过程中按下此开关，可以断开通话。

（8）音量调整旋钮：本装置的输出音量调整为H：31 dB；M：26 dB；L：22 dB。

（9）外部输入端子：通过外部输入端子连接音源并按下播放开关，此音源就会被广播。

（10）蜂鸣器：输出呼叫音。

（11）呼出开关键开关：按拨呼标识牌的设定号码可以呼叫对象设备。个别呼叫时，按下个别呼叫按钮开关（1~12的号码），将1125、1126、1127、1128线导通。司机室和乘务员室的控制功放被设定了单独的地址码，可以按照这个地址码进行单独呼叫。

2）操作步骤

操作前首先明确几个字母的含义：C表示呼叫方、R表示接收方（对话方）、B表示呼叫方和受话方两者的操作。下面以一次具体的对话为例进行说明。

（1）呼叫方C：拿起话筒。

（2）呼叫方C：按下"联络"开关。

（3）呼叫方C：按下"全体"开关或要呼叫的号码键（按下去后，蜂鸣器响，"呼叫"显示灯闪烁）。

（4）接收方R：对方功放或者联络装置的呼叫蜂鸣器鸣响，控制功放的"呼叫"显示灯闪烁。

（5）接收方R：拿起话筒，按下"联络"键，"通话"显示灯会亮。

（6）双方B：可以双方同时通话。

（7）双方B：通话联络结束后按下"关"键。

（8）双方B：双方的"通话"显示灯熄灭。

3．配电盘控制放大器

图5.31所示是配电盘控制放大器的外观示意图。

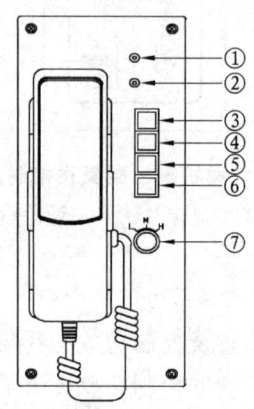

图5.31 配电盘控制放大联络装置

①—通话显示灯；②—广播显示灯；③—全体呼叫开关；④—联络开关；⑤—广播开关；
⑥—关开关；⑦—音量调整旋钮

1）配电盘控制放大联络装置各部分的功能

（1）通话显示灯：本装置或者其他的控制功放按下"联络"键，以及其他设备在通话中的时候，通话显示灯亮。

（2）广播显示灯：本装置或者其他的控制功放处于车内广播状态时，此显示灯亮。

（3）全体呼叫开关：按下全体呼叫开关，另一侧8号车的联络装置（2台）、5号车和7号车的控制功放（乘务员室）的蜂鸣器持续鸣叫，同时此开关也确认了亮灯状态。

（4）联络开关：拿起话机，按下此联络开关，显示灯亮，可以和其他的设备联络。

（5）广播开关：按下此开关可以进行车内广播。

（6）关闭开关：在联络通话以及广播中按下此开关，可以断开通话。

（7）音量调整旋钮：本装置的输出音量调整为H：31 dB；M：26 dB；L：·22 dB

2）配电盘操作步骤

操作前首先明确几个字母的含义：C 表示呼叫方，R 表示接收方（对话方），B 表示呼叫方和受话方两者的操作。下面以一次具体的对话为例进行说明。

（1）呼叫方 C：拿起话筒。

（2）呼叫方 C：按下"联络"开关。

（3）呼叫方 C：按下"呼叫"开关。此时应注意，当将"呼叫"开关按下去后，蜂鸣器会鸣响，表示正在联络受话方。

（4）接收方（对话方）R：此时驾驶台控制功放、联络装置的呼叫蜂鸣器鸣响，驾驶台控制功放的"呼叫"显示灯会亮。

（5）接收方（对话方）R：拿起话筒，按下"联络"键。此时应注意，"通话"显示灯会亮。

（6）双方 B：双方进行通话联络。

（7）双方 B：双方通话联络结束后，按下"关"键，将话筒放回原位。

（8）双方 B：双方的"通话"显示灯熄灭。

小　结

本章分 4 节讲述动车组旅客广播信息服务系统的设备及操作的知识和技能。

第一节为概述部分。主要对我国动车组旅客信息系统的主要功能和组成情况作了简要的概述；动车组旅客广播信息服务系统包括广播系统、显示系统和娱乐系统 3 个不同的子系统。

第二节首先重点讲述我国动车组旅客广播信息服务系统的基本组成、布置情况，对旅客广播信息服务系统设备的布置进行了介绍。动车组旅客广播信息服务系统主要由车内信息显示装置、车号显示装置、目的地显示装置、自动广播装置和无线广播接收服务装置等组成。然后讲述 CRH380A 型动车组的旅客广播信息服务系统的主要设备型号、使用、安装，最后讲述了动车组列车旅客广播信息服务系统的基本操作和设备故障的显示和故障处理、故障显示功能。

第三节主要讲述旅客广播信息服务系统的车内引导显示器及基本操作；车内广播装置及操作；车内广播的分类和优先权；广播装置的组成；车内广播装置的操作等内容。

第四节讲述了动车组乘务人员之间的联络方式及操作的内容，分为以下 3 个部分：①对乘务员间联络的主要设备作了介绍，乘务员间的联络可通过司机台控制放大器（包括联络装置）、乘务员控制放大器、配电盘控制放大器等装置进行；②对乘务员间联络呼叫的主要方式和应注意的几个问题进行了介绍，乘务员间联络呼叫的主要方式有"全体联络呼叫"、"个别联络呼叫"两种；③重点对动车组乘务员间的联络操作过程作详细的讲述。

复习思考题

1. 动车组旅客广播信息服务系统主要有哪些功能？
2. 简述动车组旅客广播信息服务系统的组成。

3. 动车组旅客广播信息服务系统主要由哪些子系统构成？
4. 简要说明动车组旅客信息系统的设备及作用。
5. 简述CRH380A型动车组广播装置的主要设备，并简要说明其作用。
6. CRH380A型动车组广播系统的收听装置有何特征？
7. 举例说明车内广播装置的操作及优先权的规定。
8. 简述动车组广播信息服务系统装置的故障显示功能并进行演练操作。
9. 简述车内引导显示器显示内容并进行演练操作。
10. 动车组乘务员间联络的设备主要有哪些？简述其基本作用。
11. 简述乘务员间联络呼叫的主要方式和应注意的几个问题。
12. 简述乘务员间联络呼叫的操作过程（有条件的可进行实作演练）。

第六章 客室内设备及其操作

本章主要介绍 CRH380A 型动车组和 CRH2A 型动车组的总体组成、车内设备布置、各车配电盘的布置与功能、客室设备操作、客室空调设备操作、及卫生间设备、客室紧急按钮等内容。本章介绍的内容大部分是动车组随车机械师应该掌握的基础知识和基本技能,有些还需要司机与随车机械师互相配合完成。动车组的每节车两端装有运行配电盘、服务设备配电盘和继电器盘等电气设备。司机与随车机械师要非常熟悉这些设备,能通过车辆信息显示器(触摸屏)的乘务员页面,对客室内的空调等设备进行操作。

第一节 概 述

一、CRH380A 型动车组总体组成

CRH380A 型动车组由 8 辆车组成,其中 4 辆动车,4 辆拖车,由两个动力单元组成。每个动力单元由 2 个动车和 2 个拖车(T-M-M-T)组成,如图 6.1 所示。各车的设计重量如表 6.1 所示,定员时最大轴重不大于 14 t。8 辆车编组的列车构成见表 6.2。

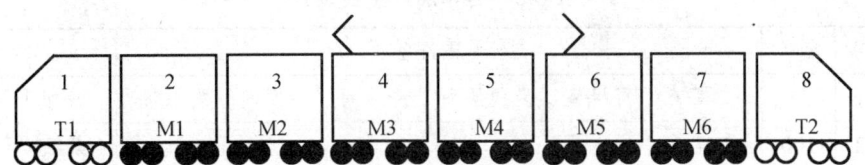

T:拖车   M:动车

图 6.1 动车组的编组结构

表 6.1 各车辆的设计重量值

车 号	1	2	3	4	5	6	7	8
车 种	T1	M1	M2	M3	M4	M5	M6	T2
整备重量/t	42.8	48.0	46.5	48.0	49.2	48.0	46.8	41.5
定员重量/t	47.2	56.0	53.3	56.0	53.6	56.0	50.9	46.6
平均轴重/t	11.8	14.0	13.3	14.0	13.4	14.0	12.7	11.7
额定输出/kW	0	1 200	1 200	1 200	1 200	1 200	1 200	0

表6.2 整列车（8辆）的车辆构成

车号	形式	定员	主要设备	其他
1	T1	55	二等车、驾驶室、卫生间、盥洗室	禁烟车厢
2	M1	100	二等车、饮水机	禁烟车厢
3	M2	85	二等车、物品室、卫生间、盥洗室、饮水机	禁烟车厢
4	M3	100	二等车	带受电弓 禁烟车厢
5	M4	55	二等车、餐饮区、卫生间、盥洗室、饮水机	禁烟车厢
6	M5	100	二等车	带受电弓 禁烟车厢
7	M6	51	一等车、多功能室、乘务员室、卫生间、盥洗室、物品室、	可乘坐轮椅 禁烟车厢
8	T2	64	二等车、驾驶室、饮水机	可乘坐轮椅 禁烟车厢
合计		610		

二、CRH2A型动车组车内设备

1．列车设备配置

各车厢内主要设备配置见表6.3。

表6.3 各车厢内主要设备

车号	代号	定员	主要设备	其他
1	T1c	55	二等车、司机室、坐式厕所、洗脸间、小便间、饮水机*	禁烟车厢
2	M2	100	二等车、饮水机*	禁烟车厢
3	M1	85	二等车、自动售货机、备品室、坐式厕所、洗脸间、小便间、饮水机*	
4	T2	100	二等车、饮水机*	安装受电弓 禁烟车厢
5	T1k	55	二等车、酒吧餐饮区、电话间、坐式厕所、洗脸间、小便间、饮水机*	禁烟车厢
6	M2	100	二等车、饮水机*	安装受电弓
7	M1s	51	一等车、多功能室、乘务员室、备品室、坐式厕所、洗脸间、小便间、饮水机*	适应残疾人使用的车厢，禁烟车厢
8	T2c	64	二等车、司机室、饮水机*	禁烟车厢

注：*国产化第18列开始采用中国式冷热饮水机。

其中，一等车座椅布置为2+2形式，二等车座椅布置为2+3形式，座席为旋转式可调靠背座席。5号车（T1k）为餐、座合造车，设置咖啡机、微波炉、冰箱等；设置饮食用简易餐桌、椅子；设置可以提供饮食服务的区域；设置广播、联络电话设备。各车设有广播系统，一等车和酒吧餐饮区在国产化第 18 列开始设视频系统。

奇数号车厢设置带滑门的坐式厕所、洗面室及带折叠门结构的小便室，在厕所设置节水型清水冲洗式污物处理装置的便器设备、洗手器、紧急呼叫按钮、厕所纸支架（带备用厕所纸盒）、镜子、垃圾桶、便座垫支架、物品架及排气装置等。7 号 M1s 车（头等车）坐式厕所还设置用于更换尿布的折叠床及带温水冲洗下身装置的便座。各厕所装有带检测传感器的臭氧发生除臭器，全年为残疾人设一个座式厕所。

水箱容积为 700 L（两车一个），污物箱容积为 700 L（两车一个）。

2．车内设备布置

各车车内设备布置如图 6.2～图 6.8 所示。

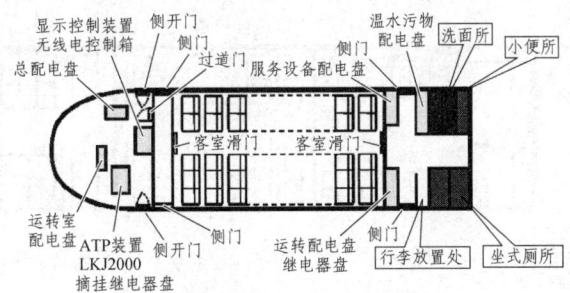

图 6.2　1 号车（T1c）设备布置

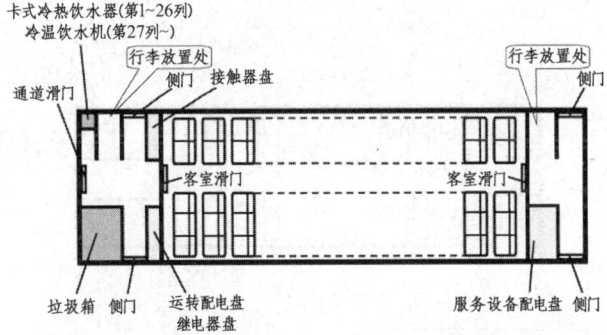

图 6.3　2 号车和 6 号车（M2）设备布置

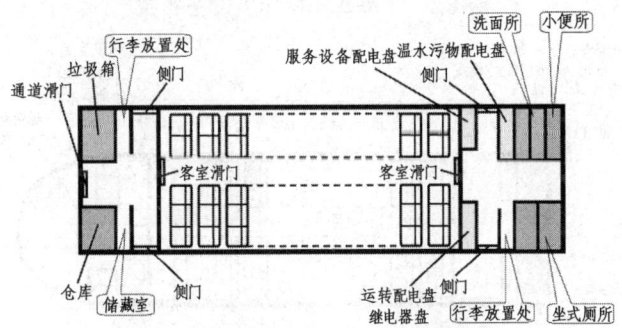

图 6.4　3 号车（M1）设备布置

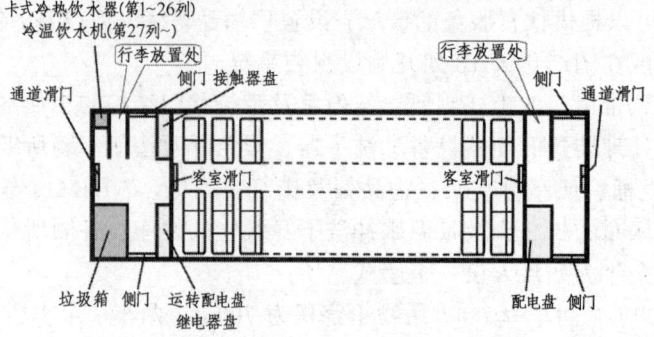

图 6.5 4 号车（T2）设备布置

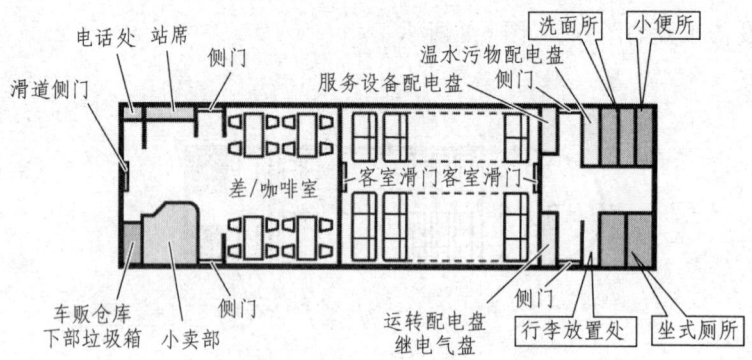

图 6.6 5 号车（T1k）设备布置

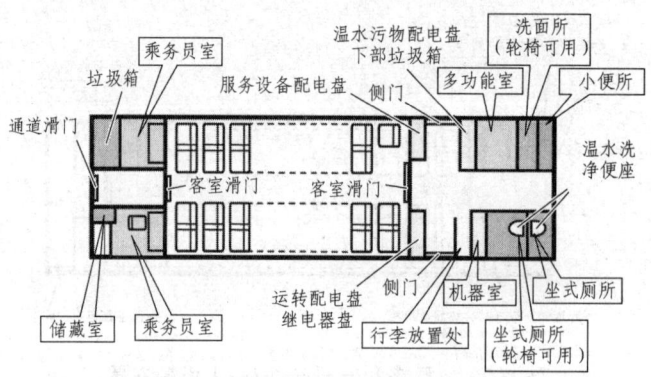

图 6.7 7 号车（M1s）设备布置

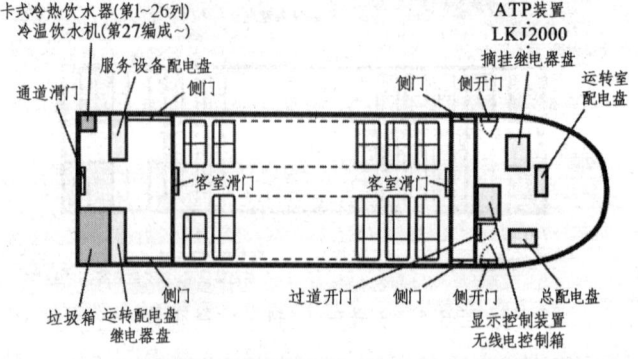

图 6.8 8 号车（T2c）设备布置

第二节　各车厢配电盘设备布置

一、1号车配电盘（见图6.9~图6.11）

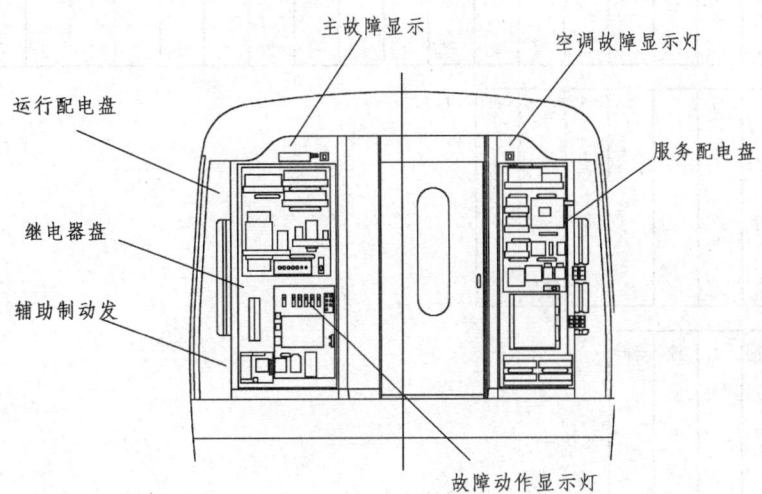

图6.9　1号车后位侧配电盘箱（客室侧）

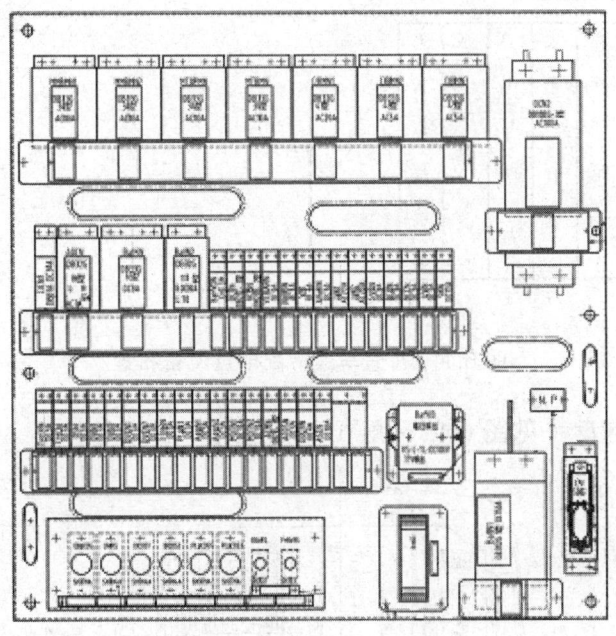

图6.10　1号车运行配电盘

辅助电源装置控制	辅助电源接触器	保温接触器	保温1	保温2	辅助制动	紧急制动转换装置	制动控制装置	制动控制	紧急制动	防滑控制阀	踏面清扫	关门开关	关门机构1	关门机构2	关门1	关门2	辅助电源输入电源

轴温检测	显示灯电源	广播	监控器	控制传输	音响装置	车门开闭	主动控制

交流电源装置1	辅助电源装置1	辅助电源装置2	辅助变压器

故障蜂鸣器断开	紧急短路	关车门联锁1	关车门联锁2	APU断开	应急蜂鸣器	火灾用蜂鸣器

图 6.11　1号车运行配电盘设备布置

二、2号车配电盘（见图 6.12～图 6.14）

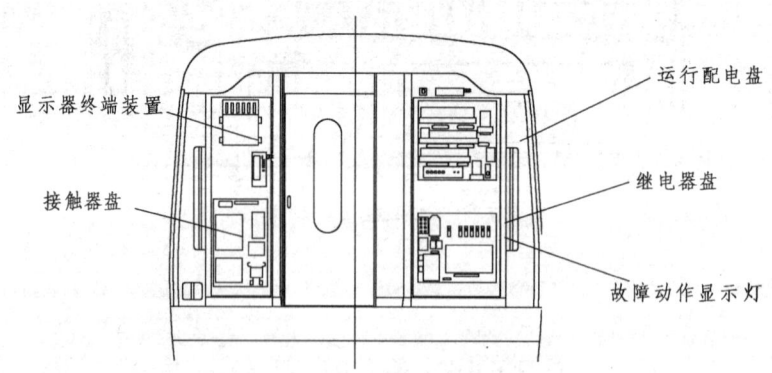

图 6.12　2号车前位侧配电盘箱（客室侧）

第六章　客室内设备及其操作

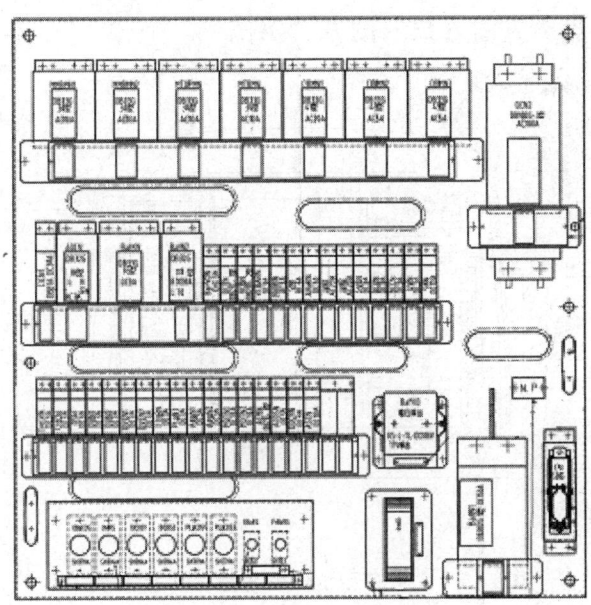

图6.13　2号车运行配电盘

牵引电机送风1	牵引电机送风2	牵引变压器油流	牵引变流器送风1	牵引变流器送风2	牵引变流器送风3	牵引变流器1				
牵引变流器1	辅助电路过电流接触器	蓄电池接触器	直流电源2	电压检测器	牵引变压器过电流	真空断路器	真空断路器继电器	无电压继电器	电压表	保温接触器	保温1	保温2	紧急制动转换控制	制动控制装置	制动控制	紧急制动	防滑控制器
踏面清扫	接触器控制	关门开关	关门机构1	关门机构2	关门1	关门2	轴温检测	显示灯电源	广播1	广播2	监控器	控制传输	辅助空气压缩机	扩展供电	车门开闭音响装置	主动控制	
故障蜂鸣器断开	紧急短路	关车门联锁1	关车门联锁2	小型压缩机断开	蓄电池断开	应急用蜂鸣器	火灾用蜂鸣器										

图6.14　2号车运行配电盘设备布置

三、3号车配电盘（见图 6.15~图 6.17）

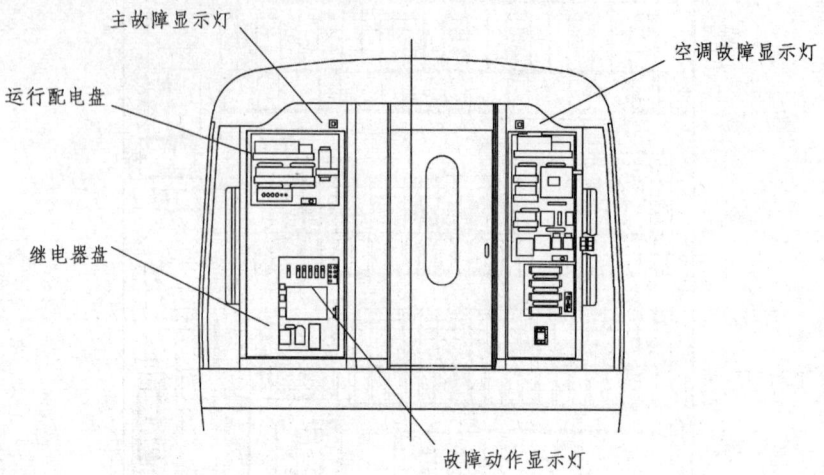

图 6.15　3号车后位侧配电盘箱（客室侧）

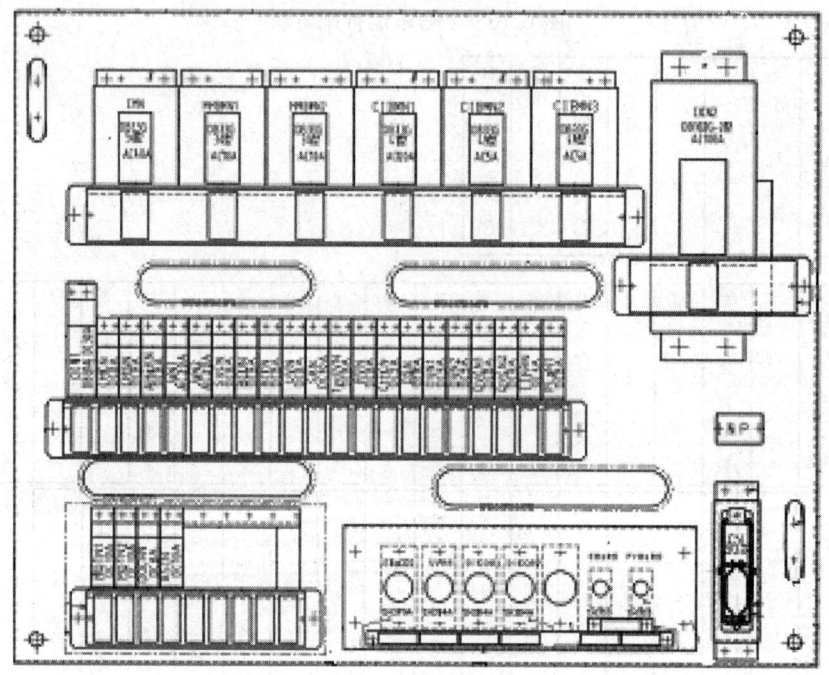

图 6.16　3号车运行配电盘

电动空气压缩机	牵引电机送风1	牵引电机送风2	牵引变流器送风1	牵引变流器送风2	牵引变流器送风3														
牵引变流器1	压缩机控制	压缩机同步	保温接触器	保温1	保温2	紧急制动转换控制	制动控制装置	紧急制动	防滑控制	踏面清扫阀	司机制动控制器	接触器控制	关门开关	关门机构1	关门机构2	关门1	关门2	轴温检测	显示灯电源
监控器	控制传输	音响装置开闭	主控制	故障蜂鸣器断开	紧急短路	关车门联锁1	关车门联锁2	应急用蜂鸣器	火灾用蜂鸣器										

图 6.17　3 号车运行配电盘设备布置

四、4 号车配电盘（见图 6.18～图 6.20）

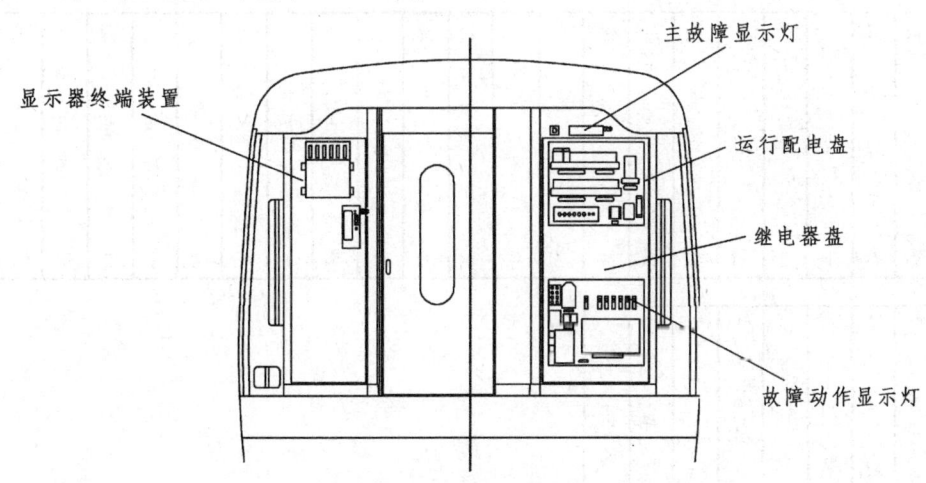

图 6.18　4 号车前位侧配电盘箱（客室侧）

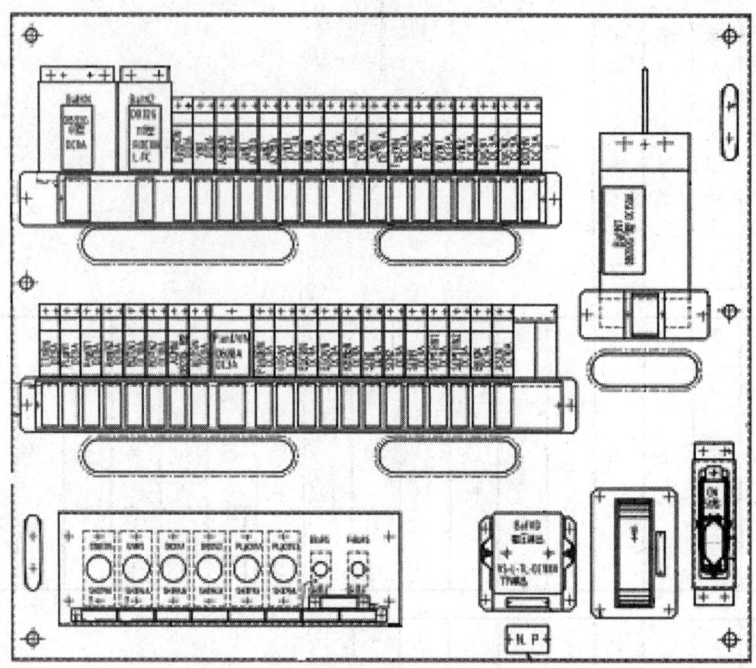

图 6.19 4 号车运行配电盘

| 蓄电池接触器 | 直流电源 2 | 电压检测器 | 电压表 | 保温接触器 1 | 保温 2 | 紧急制动转换控制 | 制动控制装置 | 制动控制 | 紧急制动 | 防滑控制阀 | 踏面开关 | 关门开关 | 关门机构 1 | 关门机构 2 | 关门 1 | 关门 2 | 车门开闭音响装置 |

| 轴温检测 | 显示灯电源 | 广播 1 | 广播 2 | 监控器 | 控制传输 | 辅助空气压缩机 | 扩展供电 | 升弓 | 降弓 | 远程控制 | 保护接地合 | 保护接地断 | 钥匙箱开锁线圈 | 过分相VCB控制1 | 过分相VCB控制2 | 过分相装置电源 | 过分相控制1 | 过分相控制2 | 三相电源转换 | 主动控制 |

| 故障蜂鸣器断开 | 紧急短路 | 关车门联锁 1 | 关车门联锁 2 | 小型压缩机断开 | 蓄电池断开 | 应急蜂鸣器 | 火灾用蜂鸣器 |

图 6.20 4 号车运行配电盘设备布置

五、5号车配电盘（见图6.21～图6.23）

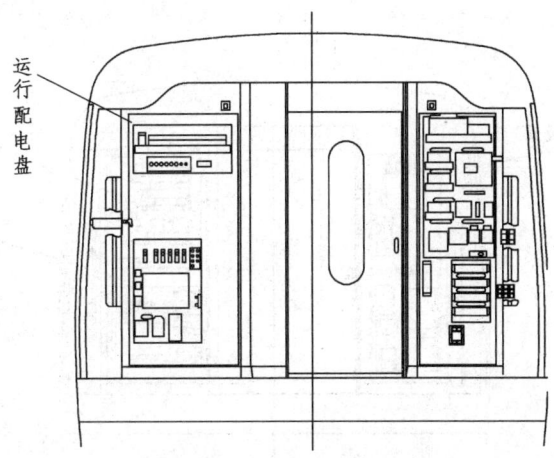

图6.21　5号车前位侧配电盘箱（客室侧）

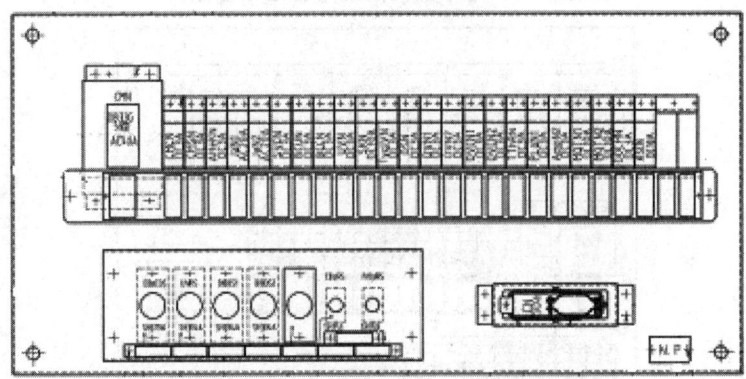

图6.22　5号车运行配电盘

电动空气压缩机	压缩机控制	压缩机同步	保温接触器	保温1	保温2	紧急制动转换控制	制动控制装置	紧急制动	防滑控制	踏面清扫	关门开关	关门机构1	关门机构2	关门1	关门2	轴温检测	显示灯电源	广播2	监控器	控制传输	车门开闭音响装置	主动控制

故障蜂鸣器断开	紧急短路	关车门联锁1	关车门联锁2	应急用蜂鸣器	火灾用蜂鸣器

图6.23　5号车运行配电盘设备布置

六、6 号车配电盘（见图 6.24～图 6.26）

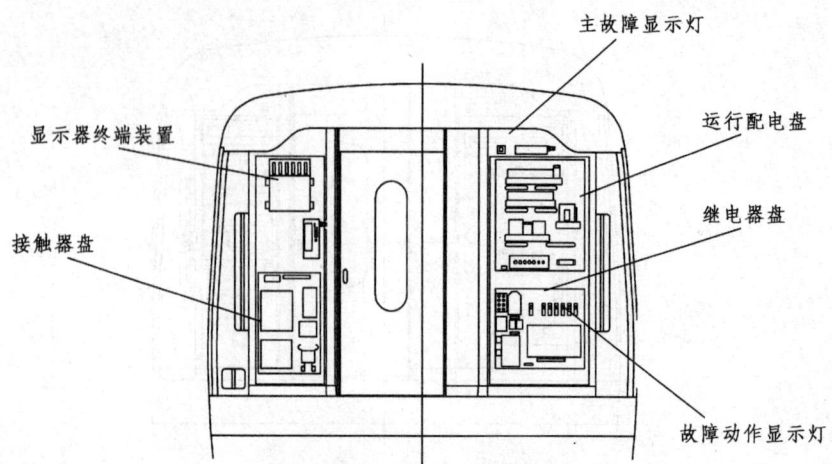

图 6.24　6 号车前位侧配电盘箱（客室侧）

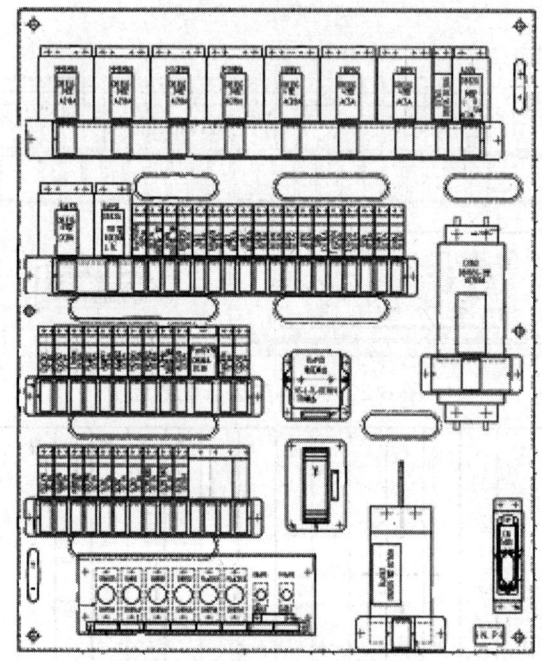

图 6.25　6 号车运行配电盘

牵引电机送风1	牵引电机送风2	牵引电压器油流	MTBMN	牵引电机送风1	牵引电机送风2	牵引电机送风3	牵引变压器1	辅助电路过电流

蓄电池接触器	直流电源2	电压检测器	牵引变压器过电流	真空断路器	无电压继电器	电压表	保温接触器	保温1	保温2	紧急制动转换控制	制动控制装置	制动控制	紧急制动	防滑控制阀	踏面清扫	接触器控制	关门开关	关门机构1	关门机构2

关门1	关门2	轴温检测	显示灯电源	广播1	广播2	监控器	控制传输	辅助空气压缩机	扩展供电	升弓	降弓	远程控制

保护接地合	保护接地断	钥匙箱开锁线圈	车门开闭音响装置	过分相VCB控制1	过分相VCB控制2	过分相装置电源	过分相控制1	过分相控制2	主动控制

故障蜂鸣器断开	紧急短路	关车门联锁1	关车门联锁2	小型压缩机断开	蓄电池断开	应急用蜂鸣器	火灾用蜂鸣器

图 6.26　6 号车运行配电盘设备布置

七、7号车配电盘（见图6.27~图6.29）

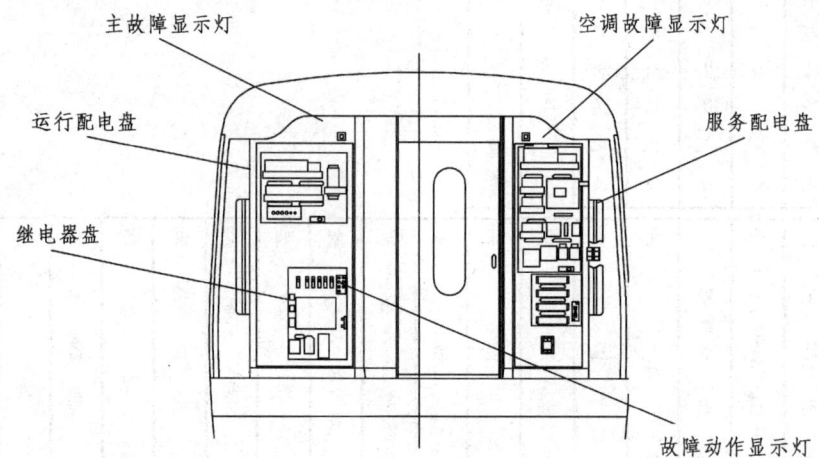

图6.27　7号车后位侧配电盘箱（客室侧）

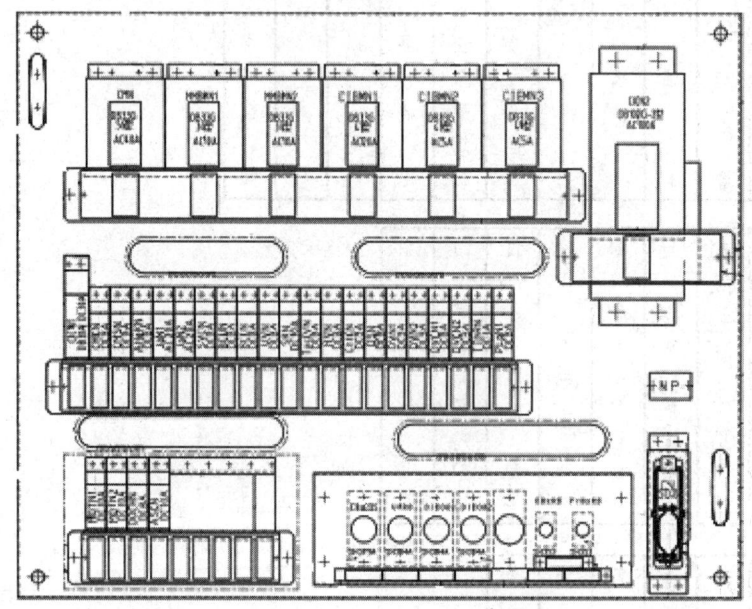

图6.28　7号车运行配电盘

电机空气压缩机	牵引电机送风1	牵引电机送风2	牵引电机送风1	牵引电机送风2	牵引电机送风3							
牵引变流器	压缩机控制	压缩机同步	保温接触器	保温1	保温2	紧急制动转换控制	制动控制装置	制动控制	紧急制动	防滑控制阀	踏面清扫	司机制动控制器	接触器控制	关门开关	关门机构1	关门机构2	关门1	关门2	轴温检测	显示灯电源
DN2	广播	ADAN	监控	控制传输	车门开闭音响装置	主动控制	故障蜂鸣器断开	紧急短路	关车门联锁1	关车门联锁2	应急用蜂鸣器	火灾用蜂鸣器								

图 6.29 7 号车运行配电盘设备布置

八、8 号车配电盘（见图 6.30～图 6.32）

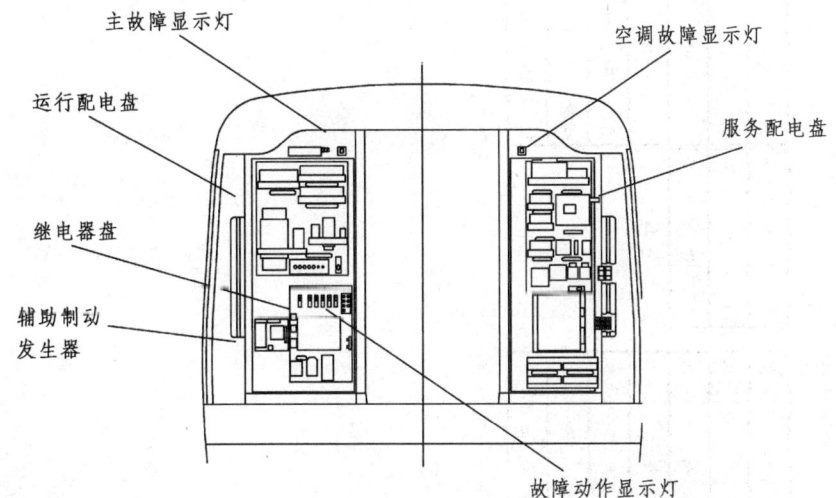

图 6.30 8 号车前位侧配电盘箱（车端侧）

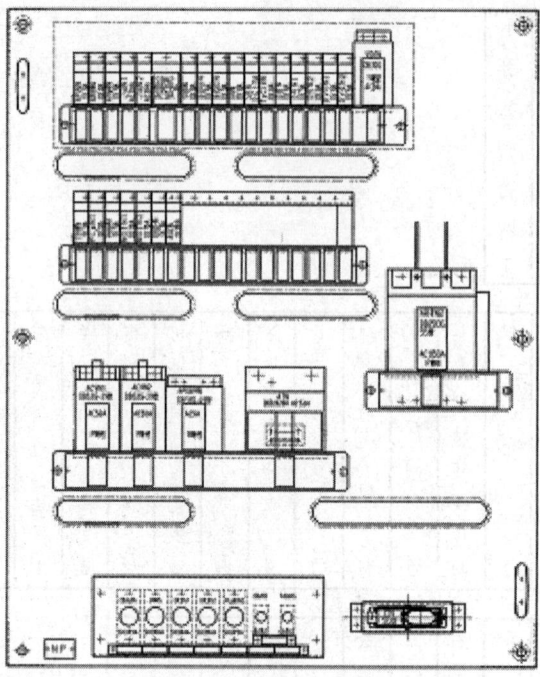

图 6.31 8 号车运行配电盘

辅助电源装置控制	辅助电源接触器	保温接触器	保温1	辅助制动	紧急制动转换控制	制动控制装置	紧急制动	防滑控制阀	踏面清扫	关门开关	关门机构1	关门机构2	关门1	关门2	输入电压

轴温检测	显示灯电源	广播1	监控器	控制传输	车门开闭音响装置	主动控制

AC电压表	ACV2	APUBMN				

故障蜂鸣器断开	紧急短路	关车门联锁1	关车门联锁2	APU断开	应急用蜂鸣器	火灾用蜂鸣器

图 6.32 8 号车运行配电盘设备布置

第三节　客室内设备操作

一、侧开门及操作

侧开门的开关可以在 1 号车、8 号车的司机室和 5 号车的列车员室进行操作。在车速为 5 km/h 及以下时，即使在运行中，也可以进行侧开门的开关操作。但若车辆上有乘客，则只允许在停车状态下进行开门操作。

8 车司机室操纵台开关门按钮如图 6.33 所示。

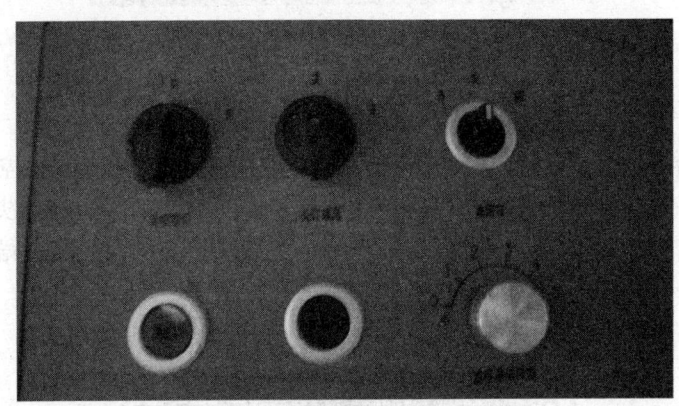

图 6.33　司机操作台开关门按钮

5 车列车员室操作步骤：

（1）将列车员钥匙插入靠站台侧的侧开门操作开关。
（2）旋转列车员钥匙到"合"位。
（3）按下"开门"开关（车侧灯亮，车门打开、乘客上下车）。
（4）确认已无乘客正在上下车后，按下"关门"开关。
（5）确认车侧灯已熄灭。
（6）旋转列车员钥匙到"断"位。
（7）拔出列车员钥匙。

侧开门操作开关的位置如图 6.34 所示。

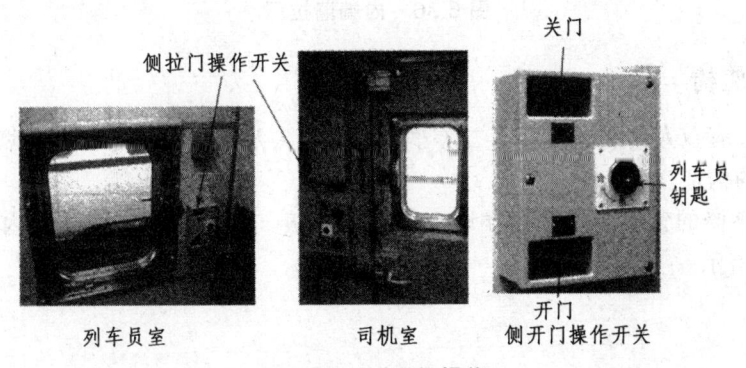

图 6.34　侧开门操作

二、车侧灯

车侧灯如图 6.35 所示。

图 6.35 车侧灯

三、内端墙拉门

内端墙拉门为电动式自动门,由天花板内置的光线开关的探测信号控制门的开动和关闭。分为对应轮椅使用者的加宽型和普通型两种类型。门的前后装有探测头,能够探测到障碍物,防止异物夹人。故障或停电时,可以手动开关内端墙拉门。客室内端墙拉门如图 6.36 所示。

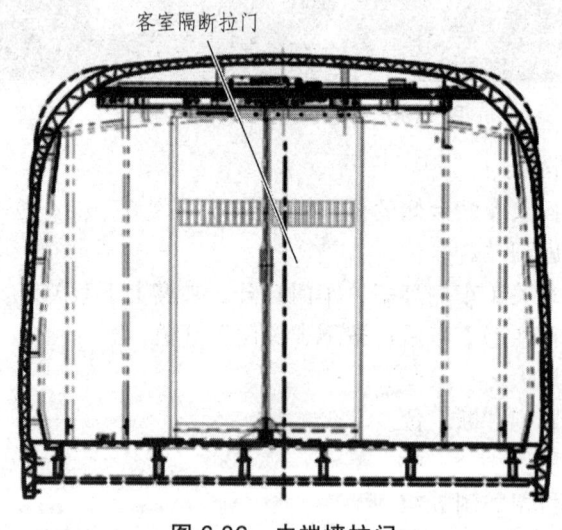

图 6.36 内端墙拉门

四、旅客座椅

一等车厢设有双人高级软座席。二等车厢设有双人及 3 人软座席。座席靠背为可调整及固定倾斜角度的构造。

二等车厢座椅的背面及车厢内端墙上设有小桌板。一等车厢座椅扶手内设隐藏式小桌板,如图 6.37 所示。

（a）二等座席

（b）一等座席

图 6.37　一等车和二等车座席

五、客室内空调

1．标准温度设定

（1）转换至列车员模式再选择"标准温度设定"，打开如图 6.38 所示的标准温度设定页面。
（2）选择"制冷"或"制热"。
（3）选择需要设定的车厢号，也可以选择"全车厢"，对全部车厢进行设定。
（4）按"上升"或"下降"键，调整设定温度。
（5）按下"设定"键，完成温度设定。

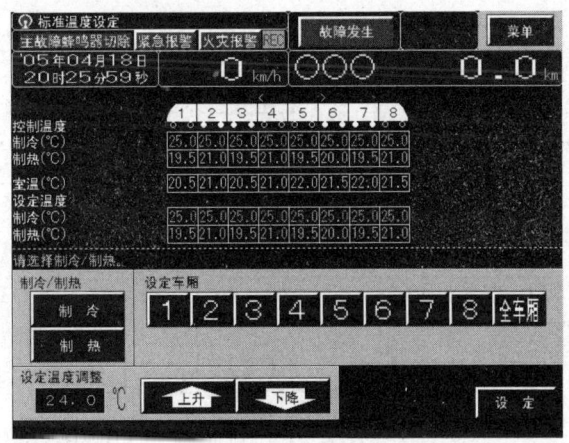

图 6.38　标准温度设定页面

2．空调运行模式的设定

（1）转换至列车员模式→"服务设备控制"→"空调运转"，进入空调运转模式设定页面，如图 6.39、图 6.40 所示。

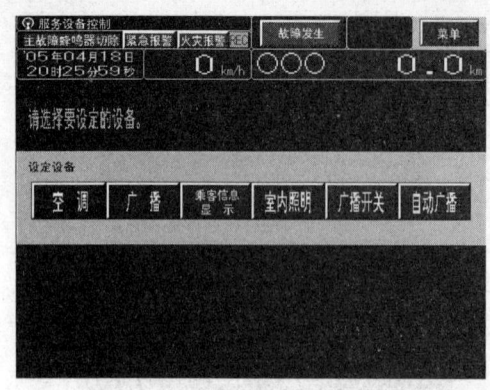

图 6.39 服务设备控制选择页面

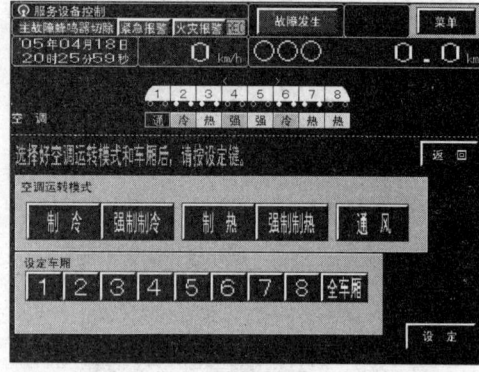

图 6.40 空调运转模式设定页面

（2）从"制冷""强制制冷""制热""强制制热""通风"中选择所需的运行模式。

（3）选择需要设定的车厢号，也可以按"全车厢"键，选择全部车厢。

（4）按下"设定"键，完成空调运转模式设定。

第四节 其他设备及操作

一、卫生间

1. 卫生间的种类和配置

CRH380A 型动车组在单号车设置了卫生间，具体布置如图 6.41 所示。

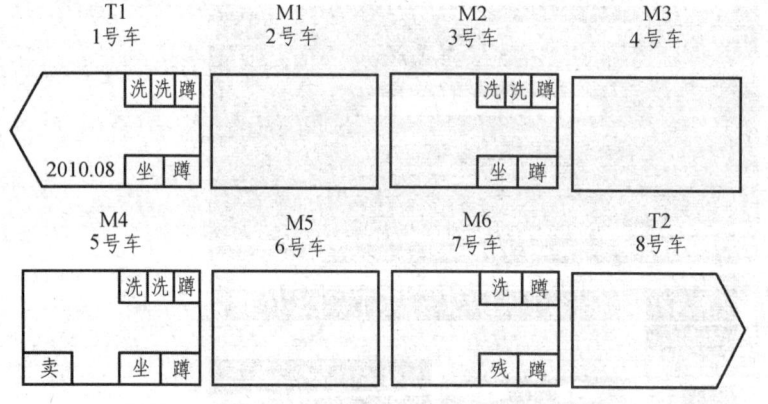

图 6.41 卫生间配置图

2. 卫生间故障

当卫生间发生故障，或者水箱缺水、污物箱超过规定水平时，蜂鸣器报警，且 MON 显示屏显示故障信息，如图 6.42 所示。

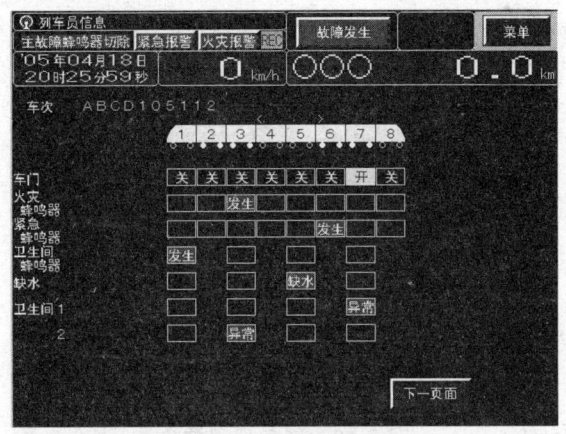

图 6.42 列车员信息画面

当出现卫生间报警时,列车员应及时判明情况,可将此卫生间禁止使用。转动钥匙,使其显示禁止使用,锁上卫生间,如图 6.43 所示。

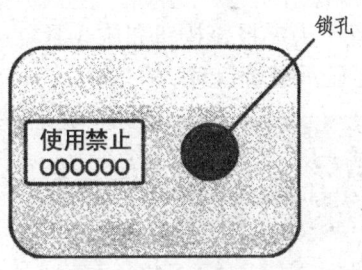

图 6.43 卫生间锁闭

3．卫生间紧急按钮

卫生间内设有紧急按钮。当发生紧急情况时,乘客可在里面按下如图 6.44 所示的紧急按钮,则蜂鸣器报警且 MON 显示屏显示紧急报警信息,如图 6.45 所示。

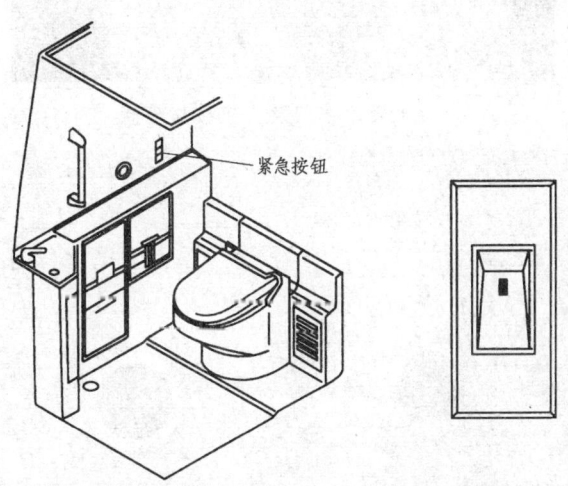

图 6.44 紧急按钮的位置及外观

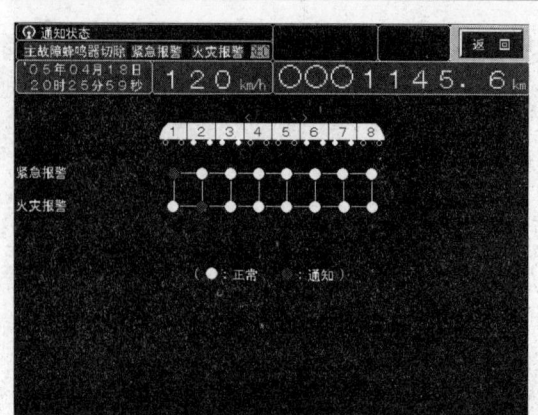

图 6.45 紧急报警信息

二、客室内紧急按钮

1. 紧急按钮、火灾按钮

客室两端运转配电盘上设置了火灾报警按钮和旅客紧急按钮,如图 6.46 所示。按下此按钮,蜂鸣器报警且 MON 显示屏显示报警信息。

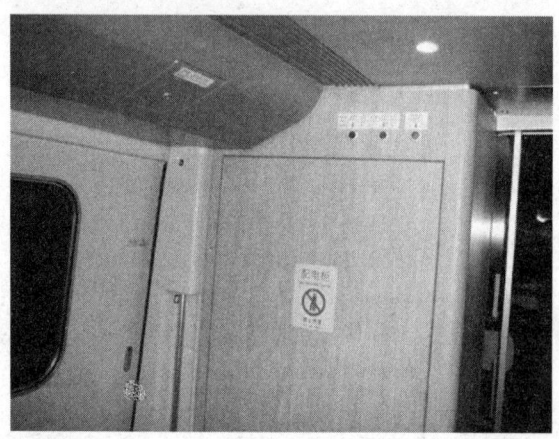

(a)紧急按钮及火灾按钮位置

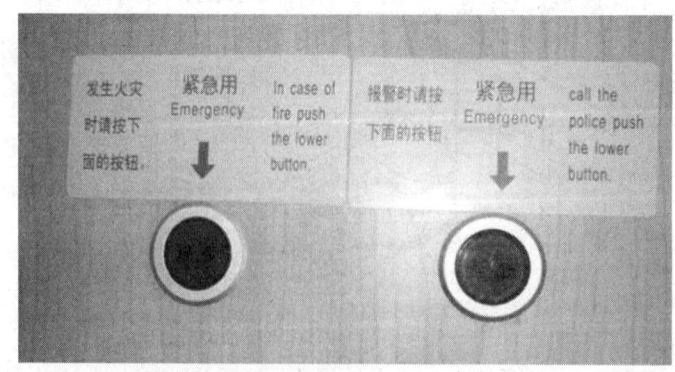

(b)左:火灾报警,右:紧急报警

图 6.46 火灾报警按钮和旅客紧急按钮

2. 紧急按钮、火灾按钮复位操作

在各车厢配电盘内设有复位开关（见图6.47），按下复位开关可以对该车厢紧急、火灾蜂鸣器报警进行复位。

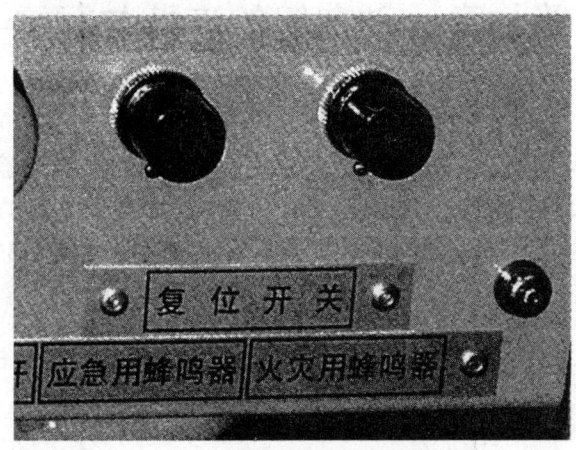

图6.47 复位开关

小 结

本章学习了CRH380A型动车组的总体组成、车内设备布置、各车配电盘的布置与功能、客室设备操作、客室空调设备操作及卫生间设备、客室紧急按钮等内容。

CRH380A型动车组由8辆车组成，其中4辆动车、4辆拖车，共两个动力单元。每个动力单元由2个动车和2个拖车（T-M-M-T）组成。在客车内有客室和卫生间，客室内设有座椅、饮水机、自动售货机等设备。在5号车设有酒吧餐饮区、电话间。全车除2号车和6号车外，其他车厢为禁烟车厢。每节车两端装有运行配电盘、服务设备配电盘和继电器盘等电气设备。

通过车辆信息显示器（触摸屏）的乘务员页面，可对客室内的空调设备进行操作，包括温度设定及空调运行模式的设定。

复习思考题

1. 简述CRH380A型动车组的组成。
2. CRH380A型动车组各车的代号及定义是什么？
3. CRH2A型动车组1号车运行配电盘有哪些？
4. 如何进行侧开门操作？
5. 怎样设定车厢温度？
6. 怎样设定列车空调运行模式？
7. CRH型动车组在哪些车厢设置了厕所？
8. 如何对蜂鸣器报警进行复位？

第七章 动车组的连挂与解编

本章主要讲述动车组的连挂与解编。第一节对动车组的连挂与解编的基本要求作简要的概述;第二节讲解动车组连挂与解编装置的构成;第三节是本章的重点,主要讲述动车组连挂与解编的操作程序,分为自动和手动操作;第四节讲述动车组连挂与解编时有关故障的处理。

第一节 概 述

时速 350 km 动车组(8 编组)与同型动车组重联运行,两列时速 350 km 动车组(8 编组)的连挂与解编可以在司机室操作自动进行,紧急情况下也可以手动操作。连挂与解编作业要求司机与随车机械师共同进行,司机负责操纵动车组,随车机械师负责检查连接装置和显示信号。

时速 350 公里动车组(8 编组)重联必须是 1 号车与 8 号车之间连挂,不允许 1 号车与 1 号车或 8 号车与 8 号车之间连挂。两列动车组重联运行时,运行前进方向由第一列动车组负责操纵,第二列动车组不必安排司机。

重联运行时第二列动车组制动手柄置"拔取"位,牵引手柄置"切"位,主控钥匙拔出,司机室门锁闭。

第二节 动车组连挂与解编装置构成

动车组连挂与解编装置由以下部件构成。

1. 前端罩盖开闭装置

前端罩盖由 FRP 制成,分为左右两部分,依靠 1 个气缸的动作开闭。前端罩盖在"开"及"闭"的位置均由锁销固定,锁销依靠气缸动作。

2. 密接式车钩

密接式车钩下部装有空气管座,在车钩连挂的同时,可实现空气管的连接。

3. 电气连接器

在密接式车钩上部,安装有电气连接器,用于在重联状态时连接电气线路。当车辆连挂时,防尘罩自动抬起,连接面有防水密封垫,当车辆解编时,电气连接器分离,防尘罩自动复位以保护连接面。

4．空气管开闭器

司机室左侧检修门内安装有空气管开闭器。EMU 解编与连挂操作中，空气管开闭器自动进行车辆连挂和解编后的 MR 空气回路接通和切断动作。

5．连接切换器

司机室左侧检修门内下部安装有连接切换器，连接切换器可通过气缸的动作，将连接导线切换到"合并"或"分割"位。

6．表示灯、开关及控制盘

1）开关类

"连挂准备"开关设置在操纵台面上，按下该按钮，可将解编与连挂装置的各相关设备切换至连挂状态，如图 7.1 所示。

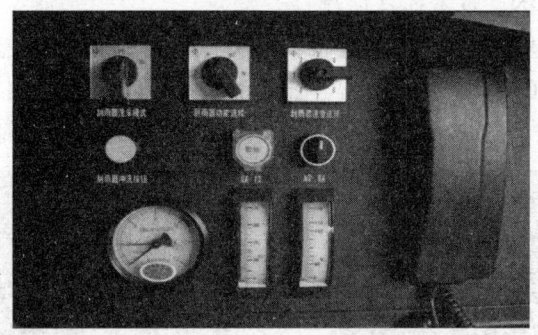

图 7.1　解编与连挂开关示

解编与连挂试验开关盘：设置在操纵台左侧，1 号车装有"空气管关""断开""试验"开关，8 号车只有"空气管关"、"断开"开关。

2）列车分合控制盘（见图 7.8）

列车分合控制盘有"闭锁解除""罩开""罩闭""空气管开""空气管关""强制进行"等开关，用于手动操作。

第三节　连挂与解编操作

一、自动连挂操作

以下描述均以图 7.2 为例。

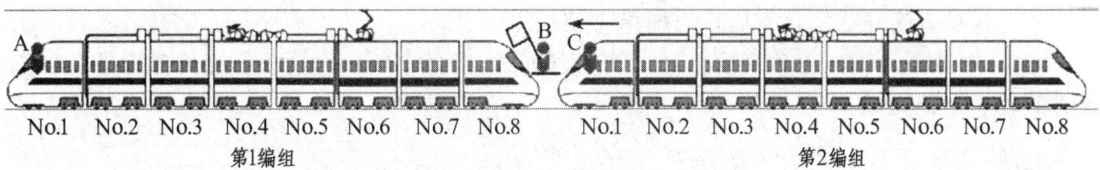

图 7.2　自动连挂人员位置图

A：第 1 编组司机，负责连挂后的驾驶（连挂时无特别操作）。

B：第 1 编组随车机械师，进行连挂时的辅助操作。

C：第 2 编组司机，负责连挂时的驾驶。

1．准备工作

动车组第 1 编组进入连挂线路停车，将制动手柄置"B7"位，随车机械师换端操作。

动车组第 2 编组进入连挂线路，距离第 1 编组 10 m 左右停车。

2．连挂作业程序

（1）B 进入第 1 编组 8 号车司机室，按下"连挂准备"开关，连挂动作开始。MON 自动进入"连解编组信息"页面。MON 依次显示"连挂准备→打开头罩锁→打开头罩→锁住头罩→连挂准备完成"。解除前端罩盖锁定，打开前端罩盖，并锁定。

（2）B 下车确认第 1 编组罩盖打开状态，检查密接式车钩、电气连接器状态良好。A 操作第 1 编组 1 号车的 MON，查看连挂信息。

（3）C 按下第 2 编组 1 号车"连挂准备"开关，MON 显示器自动进入"连解编组信息"页面，如图 7.3 所示。MON 上依次显示"连挂准备→打开头罩锁→打开头罩→锁住头罩→连挂准备就绪"，如图 7.4 所示。动车组自动解除前端罩盖锁定、打开前端罩盖，并锁定。

图 7.3　连挂准备画面

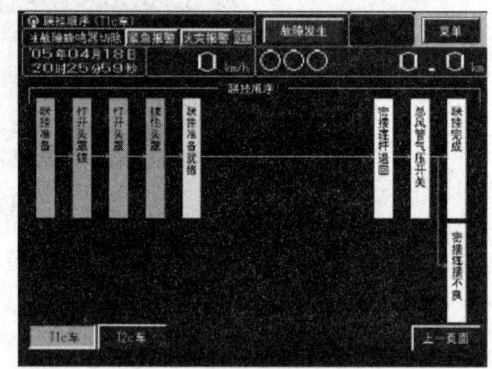
图 7.4　连挂准备就绪画面

（4）C 操作另一端 MON 显示器向上翻页，显示连挂车辆的距离。

（5）B 确认两列动车组连挂准备完成，具备连挂条件后，向第 2 列编组显示连挂信号。

（6）C 确认"连挂准备就绪"键变为黄色，并注意 MON 显示的距离，操纵动车组以不超过 5 km/h 的速度连接密接式车钩。

（7）A、C 通过 MON 显示器确认，密接连杆退回、总风管气压开关、连挂完成依次变为绿色。C 确认连挂完成后，第 2 列编组自动起紧急制动。

（8）C 将制动手柄置"拔取"位，拔出主控钥匙。

（9）B 确认连挂状态正常后，返回第 1 列编组。

（10）A 查看 MON 上车辆信息、行驶状态页面，确认整个 16 辆车编组传送正常，复位紧急制动，连挂完成。

3．注意事项

（1）连挂完成后，A 需确认两列动车组受电弓升起的车号，正常情况下应为 4 和 12，或者为 6 和 14。

（2）如果是 6 和 12 号车升弓，MON 会揭示故障信息。此时应断开 VCB，降下受电弓，然后重新选择正确组合升弓。

（3）连挂完成后，A 应进行制动系统试验。

（4）连挂完成 5 s 后，MON 自动进入以下状态，如图 7.5 和图 7.6 所示。

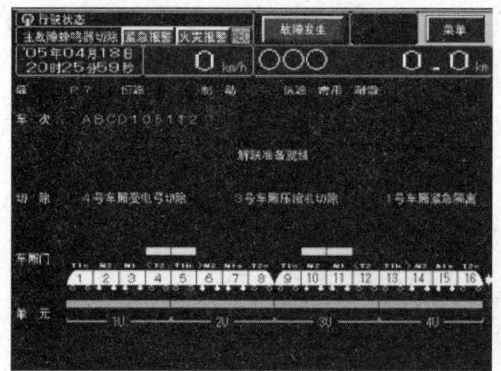

图 7.5　显示屏 1：驾驶状态画面

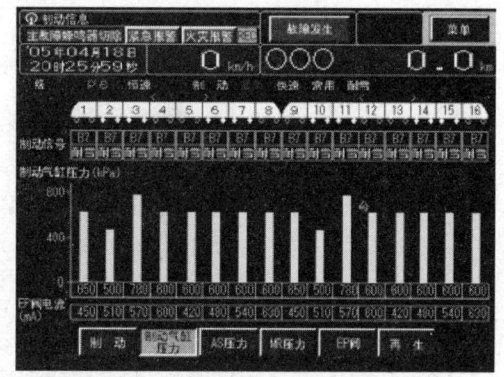

图 7.6　显示屏 2：车辆信息画面

二、自动解编操作

以下描述均以图 7.7 为例说明。

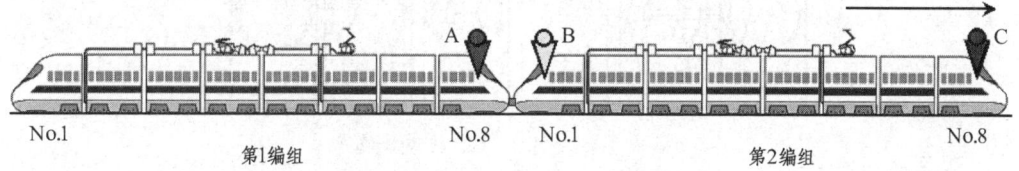

图 7.7　自动解编人员位置图

A：第 1 编组司机，负责解编后的驾驶（解编时无特别操作）。

B：第 2 编组随车机械师，进行解编时的辅助操作。

C：第 2 编组司机，负责解编时的驾驶。

1．准备工作

两列动车组在重联状态时进入解编线路后停车，动车组均处在制动状态。第 2 编组随车机械师进入 1 号车。

2．解编作业程序

（1）C 操作动车组停车后，必须先将制动手柄置于"运行"位一次后，再置于"快速"位，并将换向手柄置于"前进"位。

（2）A 进入与第 2 编组相连接侧的司机室（8 号车）。

（3）第 2 编组随车机械师 B 通过车内联络通知司机 C 准备进行解编操作，并右旋"解编"开关。解编作业自动进行，两编组作紧急制动动作。

（4）司机 C 接到随车机械师 B 的通知，确认紧急制动灯点亮后，按下紧急复位按钮，将制动手柄置于"运行"位，提牵引手柄，尽快离开第 1 编组。

（5）第2编组后方的车头罩在车速达到5 km/h时自动关闭。第1编组前部的车头罩在两编组的车钩脱离10 s后自动关闭。

三、手动操作

手动操作主要用于紧急情况下重联与解编操作或动作试验。手动操作面板位于驾驶席右侧边柜转换开关盘下方，如图7.8所示。手动操作前，应先将连解限位NFB开关置OFF。

(a)列车分合控制盘手动操作面板位置

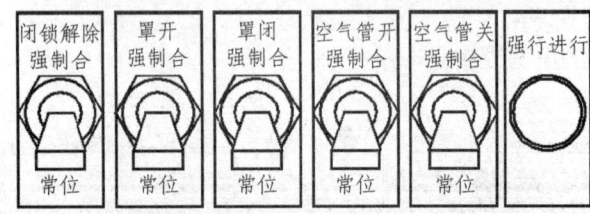

(b)列车分合控制盘手动操作面板

图7.8 列车分合控制盘手动操作面板图

1．头罩开

（1）将列车分合控制盘内"闭锁解除"开关置"强制合"。

（2）将"罩开"开关置"强制合"，确认前端罩盖打开。

（3）将"闭锁解除""罩开"开关恢复常位。

2．头罩闭

（1）将列车分合控制盘内"闭锁解除"开关置"强制合"。

（2）将"罩闭"开关置"强制合"，确认前端罩盖闭合。

（3）将"闭锁解除""罩闭"开关恢复常位。

3．空气管开

（1）将列车分合控制盘内"闭锁解除"开关置"强制合"。

（2）将"空气管开"开关置"强制合"，确认空气管开闭器手柄处在"开"位置。

（3）将"闭锁解除""空气管开"开关恢复常位。

4．空气管关

（1）将列车分合控制盘内"闭锁解除"开关置"强制合"。

（2）将"空气管关"开关置"强制合",确认空气管开闭器手柄处在"关"位置。
（3）将"闭锁解除""空气管关"开关恢复常位。
注意：不能将"空气管开"开关和"空气管关"开关都打到"强制合"状态。

5．空气管开闭器手动操作
（1）将空气管开闭器手柄置"开"位,可接通两编组空气管。
（2）将空气管开闭器手柄置"关"位,可断开两编组空气管。

6．强制关闭前端罩盖
8号车操作司机室后墙上的"强制罩闭"开关。
1号车右旋"解编"开关,按压"试验"按钮,"试验"按钮点亮,前端罩盖关闭后,恢复"试验"开关。

第四节 有关故障处理

一、动作顺序故障

如果 MON 显示动作顺序故障,自动连挂中途停止,并从故障处改为手动操作,如图 7.9 所示。

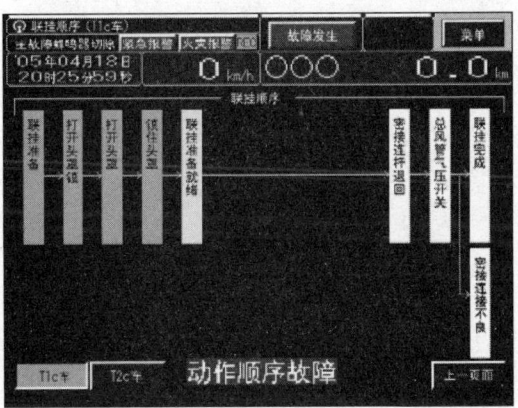

图 7.9 连挂顺序页面（动作顺序故障）

二、电气连接器故障

如果电气连接器发生故障,则无法构成连接传输回路,需使用跨接式电缆连接传输。
（1）两列动车组密接式车钩连挂完成。
（2）两列动车组均将主控钥匙拔出。
（3）连接跨接式电缆。
（4）将"HELPS"开关置"救援"位。
（5）将操纵端制动手柄解锁。
（6）确认两编组光传输状态。

小　结

本章分 4 节讲述了动车组的连挂与解编作业。第一节对动车组连挂与解编的基本要求作简要的概述；第二节讲解动车组连挂与解编装置的构成及作用，包括前端罩盖开闭装置、密接式车钩、电气连接器、空气管开闭器、连接切换器及各种表示灯、开关和控制盘；第三节是本章的重点，主要讲述了动车组连挂与解编的操作程序，分别对自动连挂操作、自动解编操作和手动操作的准备工作、作业程序、注意事项进行了讲解；第四节讲述了动车组连挂与解编时有关故障如动作顺序故障、电气连接器故障的处理方法。

复习思考题

1. 简述动车组的连挂与解编的基本要求。
2. 简述动车组连挂与解编装置的构成及作用。
3. 动车组如何进行自动连挂操作？
4. 动车组如何进行自动解编操作？
5. 动车组连挂与解编如何进行手动操作？
6. 动车组自动连挂时 MON 显示动作顺序故障时如何处理？
7. 电气连接器故障时如何处理？

第八章　动车组故障应急处理及非正常情况行车预案

动车组在途中运行难免出现一些故障，及时处理这些突发故障是保证列车正常运行的关键，也是对司机应急故障处理能力的考验。动车组司机应能够处理运行中的突发故障，具备较高的故障应急处理能力和综合素质。本章主要介绍动车组故障应急处理基本原则、处理措施、2 h 内机车救援连接处理办法、非正常行车预案、故障处理预案等内容。动车组司机在行车中遇到这些故障时要参照应急办法及时处理，使列车安全运行。

第一节　动车组故障应急处理办法

一、CRH380A 型动车组故障应急处理办法

1. 途中故障应急处理基本原则

（1）运行途中司机在任何情况下不得间断瞭望，不得离开司机室（紧急避险除外）。

（2）运行途中发生故障时，根据 MON 显示器的故障信息，在司机室内能通过故障复位开关处理的故障由司机负责处理。发生其他故障时，车辆乘务人员必须听从司机指挥，迅速果断处理。

（3）运行途中动车组发生故障时应尽量停在站内，不停区间。发生不能加负载的故障时，司机需立即报告前方站要求进站处理故障，不准跨区间惰力运行。进站后根据情况一次停妥。

（4）区间停车处理故障，10 min 内处理不好，必须请求救援；站内停车处理故障，20 min 内处理不好必须请求救援。

（5）因故障切除部分动力导致牵引力不足，发生一个区间运缓 3 min 并连续两个区间运缓或一个区间运缓 5 min 以上时，司机应向调度员汇报，按调度员的指示办理。

（6）发生轴承塌架、齿轮卡死等故障时，立即停车，汇报调度员，按调度员的指示办理，禁止冒险运行。

（7）发生非正常情况，应及时汇报有关调度员，并按要求认真填写运行日志。

2. 动车组常见故障及应急处理办法

动车组在运行过程中会发生一些随机性故障，如果不及时处理会影响列车正常运行，严重时会造成行车事故。乘务员应掌握动车组应急故障处理方法，及时正确处理，确保行车安全正点。通过对动车组常见故障分析，确定的应急处理方法见表 8.1。

表 8.1 动车组常见故障及应急处理方法一览

项目编号	故障名称	现象	保护装置	处理措施	注意
1	牵引变流器传输不良			① 确认 MON 的光传输状态页面。 ② 切除相应 M 车。检查若是 CICN1 跳开,再投入。 ③ 无法恢复,切除相应 M 车,维持运行	
2	牵引变流器故障 1			① 确认 MON 的牵引变流器信息(各车)状况页面。 ② 按压复位(RS)按钮 2~3 次。 ③ 若故障消除注意运行,否则切除相应 M 车维持运行	
3	牵引变流器故障 2	CI 停机,大部分故障会跳 VCB		① 确认 MON 的牵引变流信息(各车)状况页面。 ② 确认二次侧过流或主电路元件异常。 ③ 切除相应 M 车维持运行。 ④ 投入 VCB 的维持运行	
4	制动控制装置传输不良	强行投入制动控制装置 NFB 可能会出现制动力不足报警		① 确认 MON 的光传输状态页面。 ② 注意运行	故障车厢仅起"B3"、"B5"、"B7"、快速位制动作用
5	制动控制装置故障	紧急制动动作,停车	BCUF	① 该车厢制动控制装置 NFB 关闭,再投入。 ② 事后汇报调度。 ③ 仍然存在该故障,无法判明。 ④ 切除该车厢的制动控制装置,NFB 断开。 ⑤ 汇报检查调度	故障时,无法进行滑行控制
6	制动控制装置速度发电机断线 1	只出现故障提示	TG1	① 继续运行。 ② 汇报检修调度	故障后,无法进行滑行控制
7	制动控制装置速度发电机断线 2	只出现故障提示	TG2	① 继续运行。 ② 汇报检修调度	故障时,无法进行滑行控制
8	制动控制装置速度发电机断线 3	只出现故障提示	TG3	① 继续运行。 ② 汇报检修调度	故障时,无法进行滑行控制
9	制动控制装置速度发电机断线 4	只出现故障提示	TG4	① 继续运行。 ② 汇报检修调度	故障时,无法进行滑行控制
10	辅助电源装置通风机停止	温度上升,APUBMN 跳闸	APUBMN	① 恢复 APUBMN 如正常,注意运行。 ② 几秒钟后如再次跳闸,维持运行至辅助电源装置故障提示出现	检查 APUBMN 是否跳闸
11	辅助电源装置故障	APU 自动保护动作停机。相应单元空调停机	APUFAU	① 按压 RS 复位按钮。 ② APU 启动正常继续运行。 ③ APU 不能再启动时将 BKK 投入。 ④ 汇报检修调度	

续表

项目编号	故障名称	现 象	保护装置	处理措施	注 意
12	辅助电源装置 ACVN1 跳闸	相应单元 AC100V 系统失电。空调控制，车外显示，给水，空气清洁等停止工作	ACVN1	① 再次投入 ACVN1。 ② 正常，注意运行。 ③ 确认后续电路相应 NFB 跳闸。 ④ 切除相应用电设备 NFB	确认 ACVN 是否跳闸
13	车门关闭故障（第1位）	关门指示灯（红）点亮，司机室关门灯灭。牵引指令失	DIRR1	停车状态时（运行状态时停车处理）： ① 查询 MON，确定具体故障车门，判断机械故障时切除处理，锁闭。通知旅客由其他车门乘降。 ② 电气故障时短路相应 NFB，注意运行	
14	车门关闭故障（第2位）	关门指示灯（红）点亮，司机室关门灯灭。牵引指令失	DIRR2	停车状态时（运行状态时停车处理）： ① 查询 MON，确定具体故障车门，判断机械故障时切除处理，锁闭。通知旅客由其他车门乘降。 ② 电气故障时短路相应 NFB，注意运行	
15	车门关闭故障（第3位）	关门指示灯（红）点亮，司机室关门灯灭。牵引指令失	DIRR2	停车状态时（运行状态时停车处理）： ① 查询 MON，确定具体故障车门，判断机械故障时切除处理，锁闭。通知旅客由其他车门乘降。 ② 电气故障时短路相应 NFB，注意运行	
16	车门关闭故障（第4位）	关门指示灯（红）点亮，司机室关门灯灭。牵引指令失	DIRR2	停车状态时（运行状态时停车处理）： ① 查询 MON，确定具体故障车门，判断机械故障时切除处理，锁闭。通知旅客由其他车门乘降。 ② 电气故障时短路相应 NFB，注意运行	
17	制动力不足	紧急制动动作，停车	UBTR1	① 停止后紧急复位操作。 ② 不能复位时： a. 在 MON 进行状况确认。 b. 确认该车厢的配电盘紧急制动 NFB、制动控制装置 NFB。 c. 制动控制装置 NFB 断开，再投入。 d. 紧急复位操作。 ③ 不能解除时： a. 紧急制动阀"关闭"。 b. 紧急制动隔离开关"拉"（切除本节车紧急制动）。 c. 紧急制动 NFB"关"。 d. 相应动车"切除"（非必要条件）。 e. 紧急复位操作，维持运行	
18	牵引变流器通风机停止	牵引变流器自动关闭	CIBMN	切除相应 M 车，维持运行	CIBMN 跳闸的确认
19	牵引电机通风机1停止		MMBMN1	切除相应 M 车，维持运行	MMBMN1 跳闸的确认

续表

项目编号	故障名称	现象	保护装置	处理措施	注意
20	牵引电机通风机2停止		MMBMN2	切除相应M车,维持运行	MMBMN2跳闸的确认
21	牵引变流器微机故障	牵引变流器自动停机	WDTR	① 按压RS复位按钮开关。 ② 可以复位时,正常运行。 ③ 无法复位。 ④ 切除相应M车,CICN1断开,再投入。故障消失,恢复M车,注意运行。 ⑤ 故障存在时维持运行	
22	牵引变流器故障	与牵引变流器故障2同时弹出	CIFR2	确认MON的牵引变流信息(车)状态页面,切除响应M车,投入VCB维持运行	
23	主电路接地	VCB跳闸	GRR2	① 按压RS复位开关,投入VCB恢复正常时注意运行。 ② 无法投入VCB时,切除响应动力单元。闭合ACK2以1/2动力限速维持运行	
24	辅助电源装置ATN跳闸	AC100 V系统停电,加热器回路停止工作。需要确认是否只有加热器回路停止工作	ATN	再次投入ATN,正常时注意运行。确认后续电路响应NFB跳闸。切除响应用电设备NFB	ATN跳闸的确认
25	制动不缓解	缓解时,BC压力不为0	OBTR	① 缓解制动操作后,在驾驶台监控器确认BC压力。BC压力有残留时,该车厢的制动控制装置NFB断开,再投入。在驾驶台监控器确认BC压力。 ② 不能解除时: a. 制动供给阀"关闭"。 b. 紧急制动阀"关闭"。 c. 紧急制动NFB"关"。 d. 紧急隔离短路开关"拉"。 e. 在驾驶台监控器确认BC压力汇报行车和检修调度	
26	轴温1	报警	TThRR1	立即停车下车检修相应车轴,汇报行车和检修调度	下车检查
27	轴温2	报警	TThRR2	立即停车下车检修相应车轴,汇报行车和检修调度	下车检查
28	主变压器一次侧过电流	相应动力单元VCB跳闸	ACOCR2	闭合ACK2,延长供电,以1/2动力限速维持运动	具体限速值根据规章确定
29	主变压器三次侧过电流	相应动力单元VCB跳闸	AOCN	确认AOCN跳闸时断开相应单元的APUCN、闭合BKK以1/2动力限速维持运动	原因不明,不可盲目投入ACK2。空调不能运行。具体限速值根据规章确定

续表

项目编号	故障名称	现　象	保护装置	处理措施	注　意
30	主变压器三次侧过电流	相应动力单元VCB跳闸	GRR3	① 投入 VCB ② 无法投入时：断开相应单元的辅助电源装置控制（APUCN）NFB。闭合 BKK 以 1/2 动力限速维持运行	原因不明，不可盲目投 ACK2。空调不能运行。具体限速值根据规章确定
31	主变压器油泵停止	相应动力单元VCB跳闸	MTOPMN	闭合 ACK2，延长供电。以 1/2 动力限速维持运行	主变压器油泵停止后 VCB 无法投入
32	辅助电源装置传输不良			① 继续运行。辅助电源装置控制（APUCN）NFB 关 5 s 以上，再打开。 ② 不能恢复时断开相应单元的辅助电源装置控制（APUCN）NFB，闭合 BKK。 ③ 汇报检修调度	
33	辅助电源装置 ARfN2 跳闸	另一单元 Arf 为 DC 100 V 电路供电	ArfN2	再次投入 ARfN2 注意运行	ArfN2 跳闸的确认
34	空调装置传输不良			① 将服务配电盘内的空调控制 NFB 断开再投入，状态确认。 ② 恢复后，注意运行。 ③ 不能恢复时由相应车厢单独调整温度。 ④ 汇报检修调整	传输不良时，停止通过 NON 自动运转（通过操作显示部的手动设定）
35	空调装置1逆变压器传输不良	空调自动停机		① 将服务配电盘内的空调控制 NFB 断开，再投入。 ② 空调复位，状态确认。 ③ 无法启动空调，切除空调。 ④ 汇报检修调度	
36	空调装置2逆变压器传输不良	空调自动停机		① 将服务配电盘内的空调控制 NFB 断开，再投入。 ② 空调复位，状态确认。 ③ 无法启动空调，切除空调。 ④ 汇报检修调度	
37	辅助电源装置 VDTN 跳闸			① 恢复 VDTN 注意运行。 ② 不能恢复时断开辅助电源装置控制（APUCN）NFB。BKK 投入并确认。 ③ 汇报检修调度	
38	乘客信息显示器1传输不良			① 服务配电盘内，乘客信息显示器 NFB 断开，再投入。 ② 状态确认	
39	乘客信息显示器1故障			① 服务配电盘内，乘客信息显示器 NFB 断开，再投入。 ② 状态确认	

续表

项目编号	故障名称	现象	保护装置	处理措施	注意
40	乘客信息显示器2传输不良			① 服务配电盘内，乘客信息显示器NFB断开，再投入。 ② 状态确认	
41	乘客信息显示器2故障			① 服务配电盘内，乘客信息显示器NFB断开，再投入。 ② 状态确认	
42	目的地显示器1故障			① 服务配电盘内，乘客信息显示器NFB断开，再投入。 ② 状态确认	
43	目的地显示器2故障			① 服务配电盘内，乘客信息显示器NFB断开，再投入。 ② 状态确认	
44	距离传感器2传输不良			① 距离传感器NFB断开，再投入并确认状态。 ② 注意连挂引导信号，平稳连挂。 ③ 汇报检修调度	
45	距离传感器1传输不良			① 距离传感器NFB断开，再投入并确认状态。 ② 注意连挂引导信号，平稳连挂。 ③ 汇报检修调度	
46	距离传感器1异常			① 距离传感器NFB断开，再投入并确认状态。 ② 注意连挂引导信号，平稳连挂。 ③ 汇报检修调度	
47	距离传感器2异常			① 距离传感器NFB断开，再投入并确认状态。 ② 注意连挂引导信号，平稳连挂。 ③ 汇报检修调度	
48	车上实验开关"开"			车上试验开关断开，再投入	
49	编组间传输不良			① 确认MON的光传输状态页面。 ② 8、9号车监视器1.2NFB断开再投入。确认传输状态	
50	监控器传输不良中央1（830，832，850，852）			① 确认MON的光传输状态页面。 ② 该车监视器1的NFB断开，再投入并确认传输状态	重新输入车次及相关信息
51	监控器传输不良中央2（831，833，851，853）			① 确认MON的光传输状态页面。 ② 该车监视器1的NFB断开，再投入。 ③ 确认传输状态	重新输入车次及相关信息

第八章 动车组故障应急处理及非正常情况行车预案

续表

项目编号	故障名称	现 象	保护装置	处理措施	注 意
52	监控器传输不良终端（834~841，854~861）			① 确认 MON 的光传输状态页面。 ② 将该车终端监视器 MOTN1 的 NFB 断开，再投入。 ③ 确认传输状态	
53	辅助电源装置 ACVN2 跳闸	AC 220 V 系统停电	ACVN2	① 再次投入 ACN2 如正常注意运行。 ② 确认后续电路相应 NFB 跳闸，就切除相应用电设备 NFB	ACVN2 跳闸的确认
54	空调装置 1 通风机异常			① 确认服务配电盘操作显示部的故障显示灯点亮。空调复位操作，恢复后注意运行。 ② 无法恢复时：将服务配电盘内的空调控制 NFB 断开。再投入，如仍无法恢复时切除空调，汇报检修调度	
55	空调装置 2 通风机异常			① 确认服务配电盘操作显示部的故障显示灯点亮。空调复位操作，恢复后注意运行。 ② 无法恢复时：将服务配电盘内的空调控制 NFB 断开。再投入，如仍无法恢复时切除空调，汇报检修调度	
56	空调装置 1 压缩机异常			① 确认服务配电盘操作显示部的故障显示灯点亮。空调复位操作，恢复后注意运行。 ② 无法恢复时：将服务配电盘内的空调控制 NFB 断开。再投入，如仍无法恢复时切除空调，汇报检修调度	
57	空调装置 2 压缩机异常			① 确认服务配电盘操作显示部的故障显示灯点亮。空调复位操作，恢复后注意运行。 ② 无法恢复时：将服务配电盘内的空调控制 NFB 断开。再投入，如仍无法恢复时切除空调，汇报检修调度	
58	空调装置 1 高压开关动作			① 确认服务配电盘操作显示部的故障显示灯点亮。空调复位操作，恢复后注意运行。 ② 无法恢复时：将服务配电盘内的空调控制 NFB 断开。再投入，如仍无法恢复时切除空调，汇报检修调度	
59	空调装置 2 高压开关动作			① 确认服务配电盘操作显示部的故障显示灯点亮。空调复位操作，恢复后注意运行。 ② 无法恢复时：将服务配电盘内的空调控制 NFB 断开。再投入，如仍无法恢复时切除空调，汇报检修调度	

续表

项目编号	故障名称	现象	保护装置	处理措施	注意
60	空调装置1、2加热器异常			① 确认服务配电盘操作显示部的故障显示灯点亮。空调复位操作，恢复后注意运行。 ② 无法恢复时：将服务配电盘内的空调控制NFB断开。再投入，如仍无法恢复时切除空调，汇报检修调度	
61	空调装置1.2斩波器异常			① 确认服务配电盘操作显示部的故障显示灯点亮。空调复位操作，恢复后注意运行。 ② 无法恢复时：将服务配电盘内的空调控制NFB断开。再投入，如仍无法恢复时切除空调，汇报检修调度	
62	空调装置1VVVF异常			① 确认服务配电盘操作显示部的故障显示灯点亮。空调复位操作，恢复后注意运行。 ② 无法恢复时：将服务配电盘内的空调控制NFB断开。再投入，如仍无法恢复时切除空调，汇报检修调度	
63	空调装置2VVVF异常			① 确认服务配电盘操作显示部的故障显示灯点亮。空调复位操作，恢复后注意运行。 ② 无法恢复时：将服务配电盘内的空调控制NFB断开。再投入，如仍无法恢复时切除空调，汇报检修调度	
64	空调装置1CVCF异常			① 确认服务配电盘操作显示部的故障显示灯点亮。空调复位操作，恢复后注意运行。 ② 无法恢复时：将服务配电盘内的空调控制NFB断开。再投入，如仍无法恢复时切除空调，汇报检修调度	
65	空调装置2CVCF异常			① 确认服务配电盘操作显示部的故障显示灯点亮。空调复位操作，恢复后注意运行。 ② 无法恢复时：将服务配电盘内的空调控制NFB断开。再投入，如仍无法恢复时切除空调，汇报检修调度	
66	空调装置1.2排谁泵异常			① 确认服务配电盘操作显示部的故障显示灯点亮。空调复位操作，恢复后注意运行。 ② 无法恢复时：将服务配电盘内的空调控制NFB断开。再投入，如仍无法恢复时切除空调，汇报检修调度	
67	辅助电源装置ARfK跳闸			再次投入ARfK。注意运行	
68	ACK1接通不良			① ACOSN扩展供电NFB断开时再投入。 ② 无法恢复时闭合ACK2，延长供电	
69	受电弓上升位置异常			断开VCB，降下受电弓。扳动受电弓转换开关，选择受电弓。升起电弓，闭合VCB	

二、动车组 2 h 内的机车救援连接处理办法（无需外部电源供给）

1．救援方式及动作原理

动车组 2 h 以内的救援可以采用机车与动车组直接通过过渡车钩连接。

2．对救援机车的要求

机车列车管压力为 600 kPa。

双管供风机车总风管压力 600 kPa。

为了保证安全稳定的制动动作，最好采用双管供风的机车救援。

3．动车组与机车连挂前的准备

（1）确认动车组状态正常，满足 120 km/h 运行要求，止轮器安放正确。

（2）确认下列回送用器材已准备完成：2 个回送用过渡车钩；2 根 BP 橡胶软管；2 根 MR 橡胶软管；安装橡胶软管的扳手。

（3）动车组 MR 压力须在 600 kPa 以上（必要时启动空气压缩机），空气弹簧需充气至正常高度。

（4）动车组蓄电池的电压（DC100 V 控制电路）至少在 81 V 以上（必要时进行充电）。插入钥匙之前，确认 BC 压力在 290 kPa 以上。

（5）插入主控钥匙，将制动手柄置运行位，通过 MON 确认全车的 BC 压力为零。

（6）确认上述项目后，将制动手柄须保持在"B7"位。

（7）接通制动指令转换器的电源 BTRCN（司机室后面板"救援转换装置"NFB 置于 ON）。

（8）确认驾驶员背后设备箱内制动指令转换器的设定（参照制动指令转换器的设定方法）。

（9）操作"连挂准备"开关打开头车的前端罩盖。如果无法正常打开，可以使用列车分合控制盘内的开关来打开头车罩盖。

（10）将过渡车钩安装在头车的密接车钩上，确认锁销相互咬合状况。

（11）安装头车 BP 及 MR 橡胶软管（为了保证回送充风迅速，BP 橡胶软管和 MR 橡胶软管均需连接）。

（12）目视确认动车组的两个受电弓均处于降下状态。

4．动车组与救援机车的连挂

（1）将机车停在距离动车组 3 m 左右的位置。

（2）将机车的车钩（15 号车钩）置于释放状态。

（3）确认机车的车钩大概处于轨道的中心位置。

（4）以 5 km/h 以下的速度移动机车并使机车与动车组连挂。

（5）确认车钩中心高度差在 15 mm 以内，并进行试拉，确认连接正常。

（6）分别将回送车的列车管、总风管与动车组的 BP、MR 橡胶软管对应连接。

（7）打开回送车列车管、总风管和动车组 BP、MR 管的折角塞门。

（8）救援、救援旁通阀门按照以下程序操作。

如救援时只连接 BP 管，不连接 MR 管，在连接 BP 管后，打开 BP 管折角塞门，并先打开"*1 救援旁通阀门"，确认机车的 BP 压力达到 500 kPa 或者 600 kPa 时，关闭"*1 救援旁通阀门",打开"*2救援阀门"(将动车组BP→MR转换为通过节流阀连接)。

如动车组保留有足够的MR压力时,不需要打开"*1救援旁通阀门"的操作,只需连接BP管,打开"*2救援阀门"即可。

5．制动机试验

(1)缓解机车自阀,向动车组BP管提供压力空气(600 kPa)。

(2)操作动车组的制动手柄从"B7"位移至"运行"位,通过MON确认全车的BC压力为零。

(3)将动车组的制动手柄保持在"运行"位,操作机车自阀,使BP压力从600 kPa减至430 kPa,通过MON确认动车组全车的BC压力在290 kPa以上。

(4)将机车自阀置于"运转"位,使BP压力逐渐地从430 kPa上升至600 kPa,确认动车组全车的BC压力下降为零。

第二节　动车组非正常情况行车预案

一、动车组电气化非正常情况行车预案

1．区间接触网停电时列车运行

(1)司机发现接触网突然停电时,应立即制动停车并降弓,并指派车辆乘务人员做好防溜、防护。用列车无线调度电话呼叫两端站、追踪列车、列车调度员,报告停车原因和停车位置。按调度员的指示办理,指派车辆乘务人员在救援车开来方向设置防护。

(2)待接触网送电,司机升弓充风至定压,汇报车站值班员和列车调度员,按其指示办理。

(3)区间开车进行制动试验,通知车辆乘务人员撤除防溜措施,确认列车完整后,按规定开车。

2．站内接触网停电时列车运行

(1)接到"区间有电而站内停电"的调度命令后,经列车调度员准许,可采用列车滑行进站方式接车或通过。当进站方向为上坡时,禁止采用降弓滑行方式进站或通过。

(2)接到"降弓滑行按信号显示进入或通过××站"的调度命令后,司机在车站与区间接触网分段绝缘器前,保持规定风压和速度,按进出站信号显示要求,降弓滑行进站或通过。

3．受电弓故障时的应急处理

(1)运行中发现受电弓故障,应立即降弓,采取紧急停车措施。

(2)停车后,立即用列车无线调度电话呼叫两端站、追踪列车、列车调度员,报告停车原因和停车位置。

(3)司机指派车辆乘务人员确认受电弓状态,若受电弓轻微刮坏未接地,车辆乘务人员应对刮弓地点进行检查,当接触网良好时,应换弓运行。进行制动试验,确认列车完整后按规定开车。

一端受电弓故障,如未造成永久性接地,降下故障受电弓,换升另一受电弓运行。

一端受电弓或其他车顶设备损坏造成永久性接地的,必须立即向供电调度申请办理停电

手续，采取安全措施后，车辆乘务人员方可上车进行作业。拆除故障一端受电弓导电杆，将故障弓捆绑牢固，隔离风路、电路，正确做好相关处理，然后方可换弓运行。

（4）运行中密切注视故障受电弓、接触网状态和动车组网压仪表的显示变化，发现异状必须果断停车，防止弓网事故的扩大。

4．发现接触网设备故障的应急处理

（1）在运行中发现接触网定位器、压管、电连接脱落，网上挂有其他异物或悬挂状态异常，但不影响列车运行时，必须立即断电降弓，待受电弓越过故障地点、升弓标志或升弓信号后，再升起受电弓。来不及在故障点前降弓的，必须立即采取停车措施。

（2）接触网故障影响列车运行时，应立即停车并及时降弓，用列车无线调度电话呼叫两端站、追踪列车、列车调度员，报告停车原因和停车位置，按调度员的指示办理。

（3）司机应迅速向调度员报告故障接触网的区间、杆号及故障概况，报明异状地点，按调度指示办理。

（4）当接触网断线及其部件损坏或在接触网上挂有线头、绳索等物件，不准与其接触。在接触网检修人员到达以前，将该处加以防护，任何人员都应距已断导线接地处所 10 m 以上。

（5）接触网已断导线或损坏部件侵入建筑接近限界危及行车安全时，按《技规》要求设置停车防护。

5．动车组车顶瓷瓶闪络造成停电

1）站内停车时发生

（1）不要立即降弓。若当接触网进行自动重合送电后因本动车组原因再次造成接触网跳闸停电时，应立即降弓，未判明原因前禁止升弓取流。

（2）查明原因向车站值班员报告，按其指示办理。

2）在区间时发生

（1）第一次发生时，确认无异状维持运行。

（2）第二次发生时，立即断电降弓，选择有利地形停车，就地制动。

（3）用列车无线调度电话呼叫两端站、追踪列车、列车调度员，报告停车原因和停车位置，请求救援，并指派车辆乘务人员从救援列车开来方向距离列车不少于 300 m 处防护。

6．动车组被迫停在接触网分相无电区

（1）动车组被迫停在接触网分相无电区时，应立即降弓，就地制动，不准退行，用列车无线调度电话呼叫两端站、追踪列车、列车调度员，报告停车原因和停车位置。

（2）换弓不能继续运行时，立即请求救援并查明动车组前方无电区的长度（无电区长度的判明方法是动车组前端距"合"电标的距离减去 30 m）。前部距离能满足执行救援任务的电力机车在列车前方升弓取流的条件时，报告车站值班员或列车调度员"电力机车可以从前部救援"；否则报告"电力机车只能从尾部救援"。

（3）按规定采取防溜措施，并指派车辆乘务人员从救援机车开来方向距离列车不少于 300 m 处进行防护。

（4）从尾部救援时，应与救援机车司机加强联系，商定起车办法。推出无电区后，被救援动车组应及时升弓取流，并通知救援司机，列车按信号显示要求运行至前方站。

（5）在锚段关节式电分相区，按列车调度员的指示，采取闭合该"锚段关节式电分相"隔离开关的方式办理救援时，供电部门合上隔离开关后，司机要在不至于造成相间短路的条件下，升前弓或后弓取流继续运行。

（6）列车被迫停于接触网电分相前方，不具备越过电分相条件时，不准退行，应立即报告车站值班员或列车调度员，按其指示办理，并按规定做好防溜、防护工作。

7. 区间上车顶处理故障的作业方案

在途中当车顶上部件发生故障，需上车顶处理时，要严格执行申请停电程序，必须断电降弓，按规定办妥停电手续，验电接地后方准登顶作业。

（1）无论是在区间或站内，司机亲自向调度员（行调及电调）汇报情况后请求停电，汇报内容为：车次、动车组号、司机、姓名、停留位置、停电理由。

（2）接受停电命令时，司机应将命令内容抄在司机手账内：调度命令号码、供电调度命令编号、起始时间、停电区间、上下行线别及安全注意事项。

（3）司机接到停电命令后必须按照电调命令所指定的时刻通知车辆乘务人员进行作业，不得提前。司机需与有关人员核对时刻，如在区间时，车辆乘务人员进行作业时应按命令指定的时间延后3 min开始作业。

（4）作业程序。

① 验电。作业前车辆乘务人员应穿戴防护用具，司机升弓后确认弓是否与接触网接触，网压表指示是否为零，然后通知车辆乘务人员向接触网送电方向挂好接地线。在挂地线时，必须先挂接地线，再挂电网端。

② 接地线挂好后，车辆乘务人员再上车顶作业。

③ 车辆乘务人员作业完毕后，先拆除接地线，后报告司机。由司机报告调度员请求送电，记录送电命令号码，恢复运行。

④ 车辆乘务人员如需追加作业时分时，应在原规定时间前通知司机。由司机向电力调度员申请追加作业时间。未得到电力调度员允许时，司机应通知车辆乘务人员及时撤离车顶并拆除接地线，只有在接到电力调度员发给的追加作业时间命令后，车辆乘务人员方准继续作业。

⑤ 车辆乘务人员拆除接地线时，应先拆电网端，再拆接地端。

8. 区间被迫停车请求救援规定

（1）动车组在区间被迫停车请求救援时，尽可能避免停车在无电区，应在分相断电标前不少于800 m或过分相后停车。

（2）立即用列车无线调度电话呼叫追踪列车、两端站、联系车辆乘务人员，向车站值班员汇报动车组准确停留位置、列车编组、救援原因及是否分离、影响邻线等。

（3）已请求救援的动车组，不得再行移动。

（4）了解救援列车开来方向，指派车辆乘务人员从救援列车开来方向。若不明确来车方向，应从列车前后两方向距列车不少于300 m处设置响墩并手持信号旗（灯）防护。

（5）如需停电作业，必须按规定办理停电接地手续。

二、动车组故障救援处理预案

（1）动车组司机出勤时根据当日天气等情况制定趟车安全措施，交由值班室审核后，办理出勤手续。

（2）动车组司机按照《一次出乘作业标准》和《操纵办法》操纵列车，对担当区段的区间运行时分、坡度、分相点应熟练掌握，结合低限速条件下过分相操作办法，合理掌握列车运行速度，做到不因操纵问题导致列车停车。

（3）动车组发生故障后，司机应随时注意制动系统空气压力，当总风缸压力下降到规定值以下，检测到制动力不足时，动车组应实施紧急制动。停车后，司机应报告调度，并使列车保持制动状态。当总风缸压力恢复到规定值，进行制动机试验，联系运转车长后，由司机按规定开车。

（4）不得已情况下，列车在区间被迫停车后，司机应及时通知调度员、后方站值班员、后续列车司机（如不能通知后续列车时，需告知调度员或后方站值班员转告后续列车司机）。需要请求救援时，司机向调度汇报，了解救援机车开来方向，在来车方向按规定设置防护；当救援机车由列车后部救援时，司机通知运转车长（无运转车长时通知乘务人员）持无线列调手持台负责列车后方的防护工作。

救援机车连挂前，司机应提前打开车钩密封罩，配合车辆乘务人员安装备用过渡车钩，连接备用制动软管。

（5）救援机车救援，使用车载备用车钩时，列车运行速度不得超过 120 km/h。到达前方站后停车，由车辆乘务人员处理。

（6）担当救援任务的机车乘务人员应与动车组司机联系，做好连挂和制动机试验工作，交接运行揭示，按调度员的命令执行救援牵引任务。

救援与被救援作业按《技规》《行规》有关规定执行。

三、动车组恶劣天气运行预案

为保证动车组安全开行，动车组乘务人员和添乘人员必须严格执行以下规定。

（1）遇天气恶劣，信号机显示距离不足 200 m 时，司机立即报告列车调度员。

（2）发车时，司机在得到车站值班员列车无线调度电话（其录音装置需作用良好）的开车通知后，起动列车，在确认出站（进路）信号机显示正确后再行加速。

（3）自动闭塞区段，遇有机车信号、监控装置、ATP 装置故障时，司机立即向列车调度员汇报，按照调度命令要求执行。运行中根据实际情况掌握列车运行速度，确保列车运行安全。

遇有列车无线调度电话故障时，列车应在前方站停车汇报，依据调度员的命令执行。

遇 ATP 装置故障时，司机汇报调度员后，停车转换为 LKJ 装置控制，限速 160 km/h 继续运行。

（4）暴风雨天气行车，当洪水漫到路肩时，列车应按规定限速运行；遇有落石、倒树等障碍物危及行车安全时，司机应立即停车，排除障碍并确认安全无误后，继续运行。

列车遇到线路塌方、道床冲空等危及行车安全的突发情况时，司机应立即采取停车措施并立刻通知调度员、邻近车站、邻线列车及追踪列车，按退行有关规定迅速将列车退至安全地段。

遇恶劣天气时，司机应加强与车站和行车调度的联系，严格执行车机联控制度，确保车运行安全。

第三节 动车组特定情况下的作业顺序

一、中间站换乘交接班顺序

接班司机距开车点前不少于 1 h 到调度室出勤,距开车点前不少于 30 min 到达换班地点。

1．到达司机作业顺序

(1)车辆保持停车状态。
(2)制动手柄放在常用最大(B7)位置上,确认 BC 压力大于 330 kPa。
(3)牵引手柄"切"位,换向手柄置"关"位。

2．接班司机作业

(1)确认动车组编组正常,车号正确,前照灯(白)亮。
(2)上车与交班司机对口交接(驾驶状态、车辆状态及注意事项)监控装置有关参数,并核对 IC 卡信息。
(3)按规定要求进行制动试验。

二、折返站换乘作业

接班司机距开车点前不少于 1 h 到调度室出勤、距开车点前不少于 30 min 到达换班地点。

1．交班司机

(1)动车组保持停车状态。
(2)制动手柄放在常用最大(B7)位置上,确认 BC 压力大于 330 kPa。
(3)牵引手柄"切"位,换向手柄置"关"位。
(4)制动手柄置"拔取"位,拔出主控钥匙。

2．接班司机

(1)确认动车组编组正常,车号正确,头车标志灯(红)显示正常。
(2)上车与交班司机对口交接。
(3)进行制动系统试验。
(4)制动手柄置"拔取"位,拔出主控钥匙,确认 BC 压力大于 290 kPa。
(5)确认各按键开关、切换开关、NFB 的状态处于定位。
(6)下车锁闭车门后经由站台进入操纵端司机室,确认防护用品及灭火器齐全、良好,各按键开关、切换开关、NFB 的状态处于定位。
(7)用主控钥匙打开制动控制器,将制动手柄置"快速"位,确认各显示灯、控制电压表正常,确认 BC 压力大于 480 kPa,MR 压力大于 780 kPa,确认 CIR、LKJ、ATP 正常启动。
(8)断开 VCB 降下受电弓,进行换弓操作(必须确认 EGS 在"断开"位)。
(9)按压紧急制动复位开关(UBRS),故障显示灯"紧急制动"灯熄灭。
(10)插入 IC 卡、输入监控装置数据并确认 ATP 装置、列车无线调度电话、机车信号状态。
(11)下车确认前照灯已点亮。

（12）进行制动系统试验。
（13）制动手柄置"B7"位，保持动车组制动状态。

三、加压（通电）存车

1. 加压（通电）存车的条件

（1）在车库进行整备作业、司机临时离开动车（使用止轮器）。
（2）在折返站停车时（不使用止轮器）。

2. 加压（通电）存车的操作顺序

（1）制动手柄置"快速"位，确认 BC 压力大于 480 kPa。
（2）牵引手柄"切"为，换向手柄置"关"位。
（3）制动手柄置"拔取"位，锁闭制动控制器，拔下钥匙。确认 BC 压力大于 290 kPa。
（4）下车按规定确认止轮器安放正确。
（5）锁闭司机室门锁。

小 结

本章主要介绍故障应急处理基本原则与具体办法，着重介绍了 69 个运行常见故障及处理措施，同时也介绍了动车组 2 h 内的机车救援连接处理办法以及因电气化线路、区间供电、天气条件等出现问题的应急处理预案。这些故障应急处理预案和具体操作办法对动车组安全运行提供了有效指导。动车组司机和随车机械师要认真学习这些规定和处理方法，熟悉 MON 显示器的故障信息，并能根据信息揭示，按照非正常情况行车预案和具体操作方法，及时处理动车组故障，保证动车组安全运行。

复习思考题

1. 动车组故障应急处理基本原则包括哪些内容？
2. 动车组制动控制装置故障，紧急制动起作用停车后如何处理？
3. 动车组车门故障（第 1 位）时应如何处理？
4. 主电路接地引起主断路器跳闸时如何处理？
5. 制动后不缓解时如何处理？
6. 动车组编组之间传输不良如何处理？
7. 动车组空调装置通风机异常时如何处理？
8. 受电弓上升位置出现异常如何处理？
9. 动车组与机车连挂时应如何操作？
10. 动车组需机车救援时，对救援机车有何要求？需要对制动机座哪些试验？
11. 运行中受电弓故障时如何处理？
12. 动车组被迫停在绝缘分相区时如何处理？
13. 在恶劣天气下运行时，动车组司机应做到哪些？

第九章 动车组救援及回送作业

本章主要讲述动车组救援及回送作业。第一节是动车组 2 h 及以上的无火回送作业方法和程序;第二节讲解动车组无火回送时电路断路器的闭合情况;第三节讲述回送途中需要确认的事项及常见故障处理。

第一节 动车组 2 h 及以上的无火回送作业

动车组可以一列回送,也可以两列重联回送。每列动车组均配备有过渡车钩、BP 橡胶软管、MR 橡胶软管、安装橡胶软管的扳手等搭载物品。

1. 回送方式及动作原理

动车组的回送采用回送车与动车组固定连接,而后由客运机车牵引回送。由于动车组两头车采用密接车钩,其高度为 1 000 mm,而回送车车钩距轨面高度为 880 mm,所以回送车与动车组通过过渡车钩连接,连接方式如图 9.1 所示。

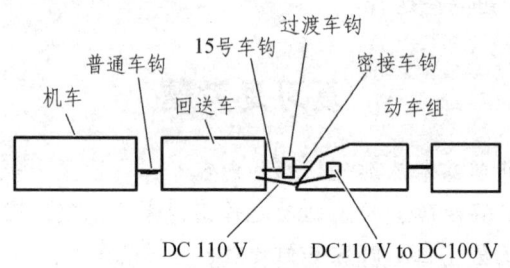

图 9.1 回送连挂方式简图

2. 回送用过渡车钩

回送时,过渡车钩用于将回送车或机车与动车组连挂。过渡车钩构造简图如图 9.2 所示,其规格见表 9.1。

表 9.1 过渡车钩规格

最高使用速度	最大连接数	质量	拉伸变形(1 mm)的载荷	拉伸断裂载荷
120 km/h	17 辆	64 kg	≥392 kN(40 t)	≥392 kN(40 t)

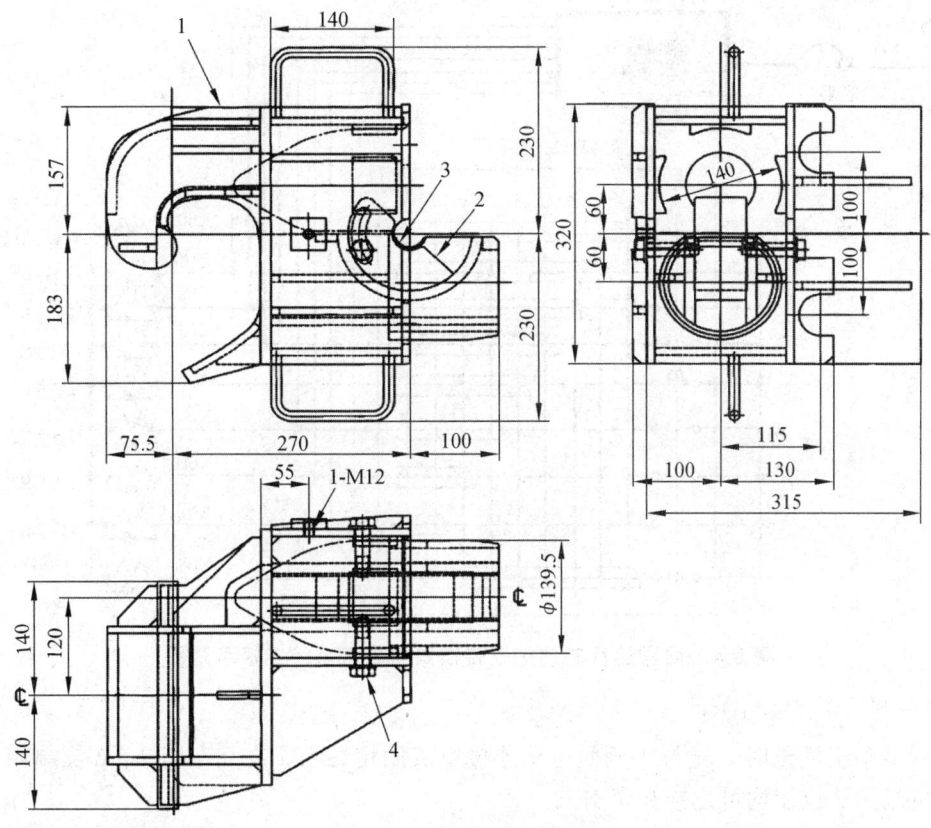

图 9.2 过渡车钩构造简图
1—车钩体；2—锁；3—挡板；4—固定螺栓

3．回送运行时制动指令转换器的连接

当牵引机车发出制动指令时，制动指令转换器将列车管压力信号转换成常用制动用的电气指令，向动车组输出。动车组随着制动指令转换器发出的常用制动 1 挡～7 挡的指令进行制动。回送运行空气管路连接示意图如图 9.3 所示，回送运行制动指令转换器与电气系统连接示意图如图 9.4 所示。

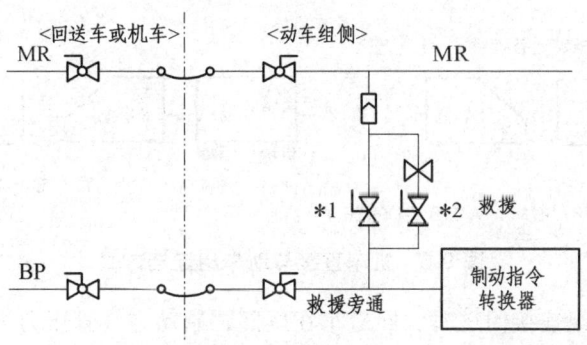

图 9.3 回送运行空气管路连接示意图

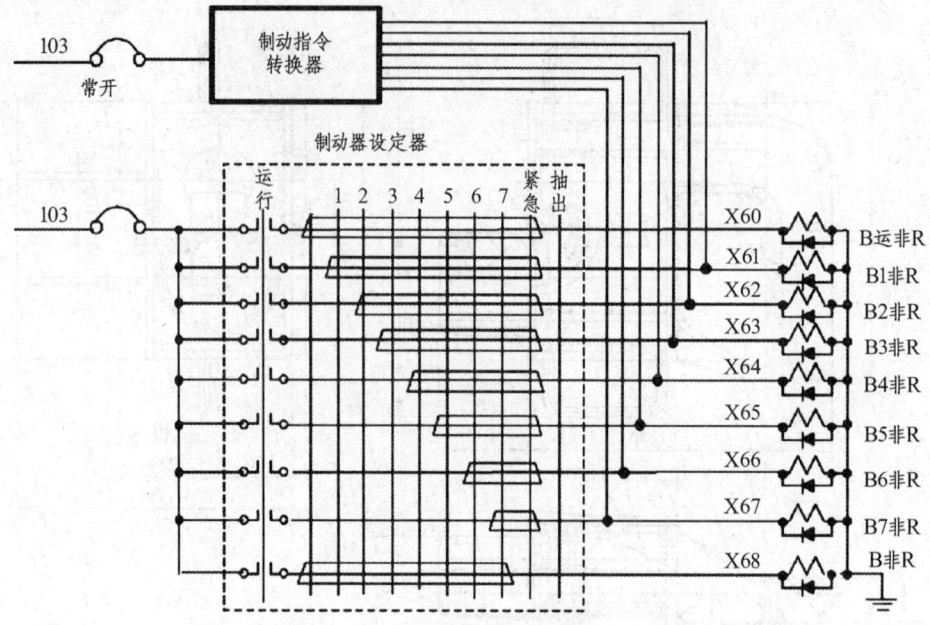

图 9.4 回送运行制动指令转换器与电气系统连接示意图

4．一列（8 辆编组）动车组回送程序

一列动车组回送时，先与 1 辆回送车连接组成固定编组，在动车组 1、2 位端均可。机车在 1 位端和 2 位端均可连挂和牵引。

机车与回送车连接回送如图 9.5 所示。机车与动车组直接连接回送如图 9.6 所示。

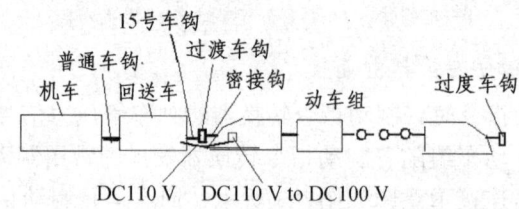

图 9.5 机车通过回送车连挂方式

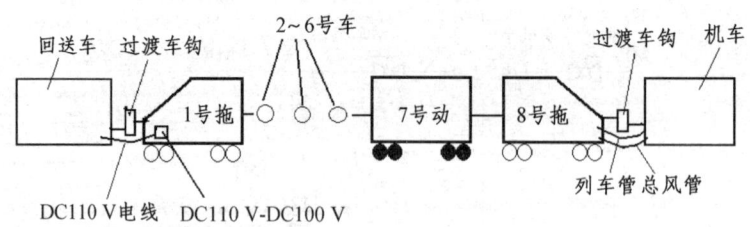

图 9.6 机车直接与动车组连挂方式

机车直接与动车组连接回送时，回送车在尾部，制动空气管压力无法传递给回送车，需手动缓解回送车制动，回送中处于无制动状态（即所谓的关门状态），此种情况要特别注意。

5．动车组与回送车连挂前的准备

（1）确认动车组状态正常，满足 120 km/h 运行要求，铁鞋安放正确。

（2）确认回送用器材已准备完成。2个回送用过渡车钩；2根BP橡胶软管；2根MR橡胶软管；1把安装橡胶软管的扳手。

（3）动车组MR压力需在600 kPa以上（必要时启动空气压缩机），空气弹簧需充气至正常高度。

（4）动车组蓄电池的电压（DC100 V控制电路）至少在81 V以上（必要时进行充电）。插入钥匙之前，确认BC压力需在290 kPa以上。

（5）插入主控钥匙，将制动手柄置"运行"位，通过MON确认全车的BC压力为0。

（6）确认上述项目后，将制动手柄须保持在"B7"的位置。

（7）接通制动指令转换器的电源BTRCN（司机室后面板"救援转换装置"NFB置于ON）。

（8）确认设置在驾驶员背后设备箱内制动指令转换器的设定（参照制动指令转换器的设定方法）。

（9）为确保电源容量，将各回路的断路器必须处于回送时接通的断路器所示的状态。

（10）操作"连挂准备"开关，打开头车前端罩盖。如果无法正常打开，可以使用列车分合控制盘内的开关来打开头车罩盖（详见第七章），如图9.7所示。

图9.7　前头部

（11）将过渡车钩安装在头车的密接车钩上，确认锁销相互咬合状态。因过渡车钩的重量为64 kg，所以在搬运及安装作业时，应确保安全。

① 将过渡车钩的锁钩定位在释放位置。

② 将过渡车钩与EMU连接器（车钩）对准后推入。

③ 使过渡车钩与EMU连接器（车钩）紧密相嵌后松开释放杆。

④ 以释放杆的动作来确认双方锁钩相互咬合的状况。

（12）安装头车BP及MR橡胶软管，为了保证回送充风迅速，BP橡胶软管和MR橡胶软管均需连接。

① 使用扳手将BP及MR折角塞门防尘堵拆下，如图9.8所示。

② 拧入BP及MR橡胶软管，注意调整软管连接器的角度朝向。

③ BP橡胶软管必须连接，MR橡胶软管可不连接，橡胶软管存放在设备室内，如图9.9所示。

图9.8　BP管旋塞（左）、MR管旋塞（右）

图9.9　设备室

（13）目视确认动车组的两个受电弓均处于降下状态。

① 钥匙必须是只插在靠近牵引机车的驾驶台上（如回送过程中机车需调头牵引，回送押车人员需负责把钥匙取出，插在靠近牵引机车的一端）。

② 只能接通靠近牵引机车一端的制动指令转换器的电源BTRCN。

6．制动指令转换器的设定方法（见图9.10）

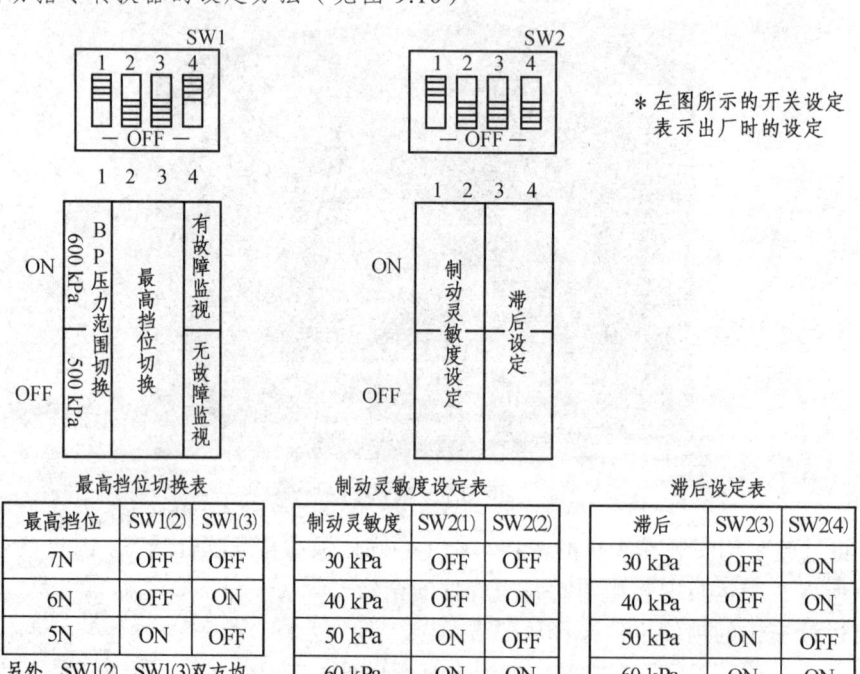

图9.10　制动指令转换器的设定

1）BP压力范围的设定

通过SW1（1）进行设定（选择600 kPa）：ON的情况下作为600 kPa车辆进行控制；OFF的情况下作为500 kPa车辆进行控制。

2）最高挡位的设定（设定7N）

通过SW1（2）及SW1（3）进行设定：将SW1（2）及SW1（3）置于如上所示的最高挡位切换表的设定，可以将最高挡位设定为5 N～7 N的某一个。

3）是否进行故障检测的设定

通过 SW1（4）进行设定（通常设定 ON）：ON 的情况下要进行故障检测；OFF 的情况下不进行故障检测。

4）制动灵敏度的设定（设定 40 kPa）

通过 SW2（1）及 SW2（2）进行设定：将 SW2（1）及 SW2（2）置于如上所示的制动灵敏度设定表的设定，可以将制动灵敏度设定为 30 kPa、40 kPa、50 kPa、60 kPa 的某一个。

5）滞后的设定（设定 40 kPa）

通过 SW2（3）及 SW2（4）进行设定：通过将 SW2（3）及 SW2（4）置于如上所示的滞后设定表的设定，可以将滞后设定为 30 kPa、40 kPa、50 kPa、60 kPa 的某一个。

6）注意事项

BP 压力范围的设定、最高挡位的设定、制动灵敏度的设定、滞后的设定只在电源开启时读入 1 次（电源处于开启状态时，即使切换拨动开关，设定也不会改变）。要切换设定，应在关闭电源后扳动切换开关，然后再接通电源。

7．制动指令转换器的转换特性

通过以上设定，制动指令转换器的特性如图 9.11 所示。对应 BP 压力值，以均等分配的挡位来输出电气制动指令。

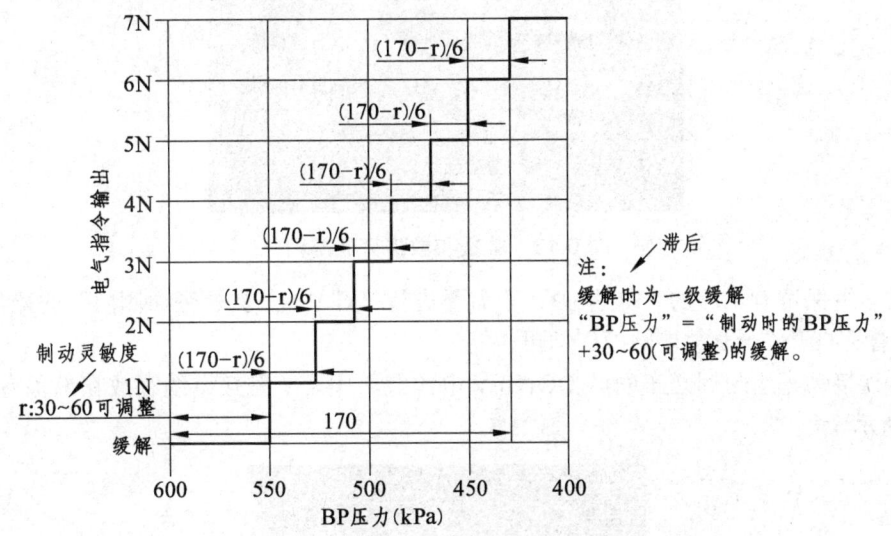

图 9.11 BP 压力指令转换器转换电气指令特性图

8．动车组与回送车连挂（见图 9.12）

（1）将回送车停在距离动车组 3 m 以上的位置。

（2）将回送车的车钩（15 号车钩）置于释放状态。

（3）确认回送车的车钩大概处于轨道的中心位置。

（4）以 5 km/h 以下的速度移动回送车并使回送车与动车组连挂。

（5）确认车钩中心高度差在 15 mm 以内，并进行试拉，确认连接是否正常。

（6）分别将回送车的列车管、总风管与动车组的 BP、MR 橡胶软管对应连接。

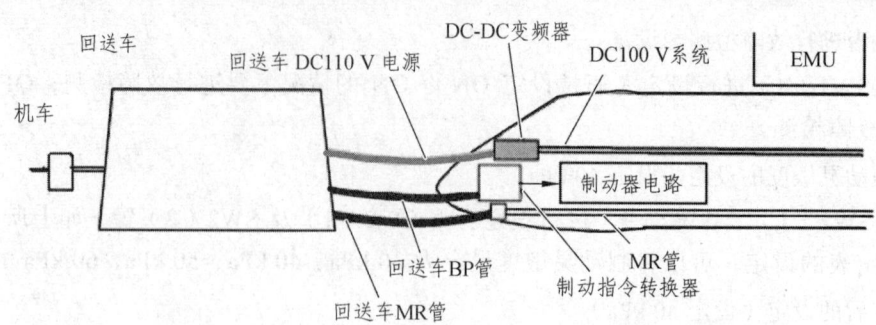

图 9.12　回送车与动车组空气管路及电源连接示意图

（7）打开回送车列车管、总风管和动车组 BP、MR 管的折角塞门。

（8）关闭所有动车组头车 BP→MR 之间的塞门（*1 救援旁通和 *2 救援，见图 9.3）。

回送中 BP 管和 MR 管均连接，"*1 救援旁通阀门"、"*2 救援阀门"均关闭。如回送中只连接 BP 管，不连接 MR 管，在连接 BP 管后，打开 BP 管折角塞门，并先打开"*1 救援旁通阀门"，确认机车的 BP 压力达到 500 kPa 或者 600 kPa 时，关闭"*1 救援旁通阀门"，打开"*2 救援阀门"（将动车组 BP→MR 转换为通过节流阀连接），如图 9.13 所示。

图 9.13　救援和救援旁通塞门

若动车组保留有足够的 MR 压力，不需要进行打开"*1 救援旁通阀门"的操作，只需连接 BP 管，打开"*2 救援阀门"即可。

（9）连接动车组与回送车间的 DC110 V 电源线并固定（跨接电缆存放在设备室内），如图 9.14 所示。

图 9.14　DC 110 V 插座

（10）启动回送车发电机组，确认发电机组工作正常，确认回送车供电正常。

（11）机车电源 NFB 置"ON"位，确认直流电压为 100 V。

9．牵引机车与动车组（加回送车）连挂

（1）以 5 km/h 及以下的速度移动机车并与回送车连挂（或与动车组头车连挂）。

（2）连接机车与回送车的车钩（或连接机车与动车组头车上的过渡车钩）。

（3）连接机车与回送车间的列车管和总风管软管（或连接机车与动车组头车的 BP 和 MR 软管）。

（4）打开机车和回送车的 BP 以及 MR 的折角塞门（或打开机车和动车组头车的 BP 以及 MR 的折角塞门）。

10．制动机试验

（1）缓解机车自阀，向动车组 BP 管提供 600 kPa 的压力。

（2）操作动车组的制动手柄从"B7"位移至"运行"位，通过 MON 确认全车的 BC 压力为 0。

（3）将动车组的制动手柄保持在"运行"位，操作机车自阀，使 BP 压力从 600 kPa 减至 430 kPa，通过 MON 确认动车组全车的 BC 压力在 290 kPa 以上。

（4）将机车自阀置于"运转"位，使 BP 压力逐渐地从 430 kPa 上升至 600 kPa，确认动车组全车的 BC 压力下降为 0。

11．两列动车组连挂时的回送要领

将两列动车组按通常的连挂操作顺序进行连挂。其他各项工作与一列动车组回送相同。

12．动车组回送时限制因素

（1）回送限速 120 km/h。

（2）回送途中不得通过半径小于 200 m 的曲线。

（3）回送途中不得通过高站台（1.1 m 及以上）线路。

（4）回送途中不允许中途转向折角运行。如确需折角牵引时，随车人员必须确认机车连挂；将制动控制器钥匙换插在靠近牵引机车的动车组头车上，并切换到"运转"位，将原制动指令转换器的电源 BTRCN 断开，只接通靠近牵引机车一端的制动指令转换器的电源 BTRCN；关闭原与机车连挂端的折角塞门，打开与机车连挂端及机车的折角塞门；确认各状态正常，尤其是制动指令正常。

（5）动车组在回送途中应避免紧急制动，不得已实施紧急制动停车后，司机应立即通过列车无线调度电话通知机后第一位随车押运人员，经检查确认过渡车钩状态良好后方可继续运行。

（6）回送列车与机车风管摘解作业由动车组押运人员负责。

（7）动车组回送全过程不进行列检作业。

（8）动车组回送至少配备司机 1 名和电工 1 名（两列连挂回送需增派人员）。

第二节 动车组 2 h 内的无火回送或机车救援
（无需外部电源供给）

1．回送方式及动作原理

动车组 2 h 以内无火回送可以采用机车与动车组直接通过过渡车钩连接。

2．对救援机车的要求

机车列车管压力为 600 kPa 或 500 kPa（最优为 600 kPa），双管供风机车总风管压力 600 kPa。

为了确保安全稳定的制动动作，最好采用双管供风的机车救援。

3．动车组与机车连挂前的准备

（1）确认动车组状态正常，满足 120 km/h 运行要求，铁鞋安放正确。

（2）确认回送用器材已准备完成：

回送用过渡车钩：数量 2；BP 橡胶软管：数量 2；MR 橡胶软管：数量 2；安装橡胶软管的扳手。

（3）动车组 MR 压力须在 600 kPa 以上（必要时启动空气压缩机），空气弹簧需充气至正常高度。

（4）动车组蓄电池的电压（DC 100 V 控制电路）至少须在 81 V 以上（必要时进行充电）。插入钥匙之前，确认 BC 压力须在 290 kPa 以上。

（5）插入主控钥匙，将制动手柄置快速位，按紧急复位按钮后，制动手柄置运行位，通过 MON 确认全车的 BC 压力为零。

（6）确认上述项目后，将制动手柄保持在"B7"的位置。

（7）接通制动指令转换器的电源 BTRCN。司机室后面板"救援转换装置"NFB 置于 ON。

（8）确认设置在驾驶员背后设备箱内制动指令转换器的设定（参照制动指令转换器的设定方法）。

（9）操作"头罩控制"开关打开头车的前端罩盖。如果无法正常打开，可以直接控制制动回路阀门打开头车罩盖。

（10）将过渡车钩安装在头车的密接车钩上，确认锁销相互咬合状况。

（11）安装头车 BP 及 MR 橡胶软管（注：为了保证回送充风迅速，BP 橡胶软管和 MR 橡胶软管均需连接）。

（12）目视确认动车组的两个受电弓均处于降下状态。

（13）靠近牵引机车一端 ATP 柜内的隔离开关置于隔离位。

4．动车组与救援机车连挂

（1）将机车停在距离动车组 3 m 以上的位置。

（2）将机车的车钩（15 号车钩）置于释放状态。

（3）确认机车的车钩大概处于轨道的中心位置。

（4）以 5 km/h 以下的速度移动机车并使机车与动车组连挂。

（5）确认车钩中心高度差在 15 mm 以内，并进行试拉，确认连接是否正常。

(6)分别将回送车的列车管、总风管与动车组的BP、MR橡胶软管对应连接。

(7)打开回送车列车管、总风管和动车组BP、MR管的折角塞门。

(8)救援、救援旁通阀门操作同2 h以上无火回送。

5．制动机试验

制动机试验同动车组2 h以上无火回送。

6．动车组连挂时的回送要领

回送要领同动车组2 h以上无火回送。

7．回送时的电路断路器闭合图

电路断路器闭合图同动车组2 h以上无火回送。

8．回送途中需要确认的事项

(1)蓄电池电压的监视有外部电源供电的回送，通过跟机车连挂侧的驾驶台的电压表来确认直流电压在97 V以上。无外部电源供电的回送，通过跟机车连挂侧的驾驶台的电压表来确认直流电压在87 V以上。

(2)在MON页面上确认制动装置的动作

通过制动指令转换器确认BP压力在550 kPa（450 kPa）以下时，MON上制动缸压力必须有显示（即制动作用）。

确认BP压力为580 kPa以上时，MON上制动缸压力必须为"0"（即缓解）。

(3)其他。确认没有异常声响和异常振动。确认各车辆在回送准备时未断开的NFB没有跳闸。

第三节　动车组无火回送时电路断路器闭合情况

回送时的电路断路器闭合情况见各车运行配电盘设备布置图，ON表示回送时最低限度必须接通的NFB。

1．司机室配电盘（见图9.15～图9.17）

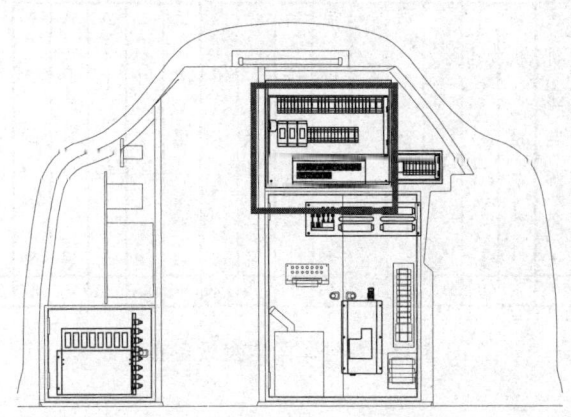

图9.15　司机室配电盘位置

图 9.16　1号车运行配电盘设备布置

后部标志灯电源	前部标志灯电源	集中控制1	集中控制2	集中控制3	受电弓VCB	保护接地	蓄电池接触器	监视器1	监视器2	切除指令	显示灯电源	关车门	关门安全	广播	电压表	接触网电压表	电压表照明	应急灯切换	列车无线蓄电池	无线蓄电池控制	风笛加热器	联解控制	联解原位开关	列车间隔检测装置	司机室插座
ON	OFF	ON	ON	ON	OFF	OFF	ON	OFF	OFF	OFF	OFF	OFF	OFF	OFF	OFF	OFF	OFF	OFF	OFF	OFF	OFF	OFF	OFF	OFF	OFF

司机室制冷	司机室制冷主电源	冷却风扇	冷凝器电机	制冷控制	司机室电加热1	司机室电加热2	车内压力释放	24V电源	刮雨器	司机室灯1	司机室灯2	司机室灯3	ATP控制	ATP主机	ATP记录器	ATP连续	ATP点式	ATP风扇	ATP显示器	LKJ	TSC1	TAX2
OFF	OFF	OFF	OFF	OFF	OFF	OFF	OFF	ON	OFF	ON	OFF	OFF	ON	OFF	OFF	OFF	OFF	OFF	OFF	OFF	OFF	OFF

图 9.17　8号车配电盘设备布置

后部标志灯电源	前部标志灯电源	集中控制1	集中控制2	集中控制3	受电弓VCB	保护接地	蓄电池接触器	监视器1	监视器2	切除指令	显示灯电源	关车门	关门安全	广播	电压表	接触网电压表	电压表照明	应急灯切换	列车无线蓄电池	无线蓄电池控制	风笛加热器	联解控制	联解原位开关	司机室插座
ON	OFF	ON	ON	ON	OFF	OFF	ON	OFF	OFF	OFF	OFF	OFF	OFF	OFF	OFF	OFF	OFF	OFF	OFF	OFF	OFF	ON	ON	OFF

司机室制冷	司机室制冷主电源	冷却风扇	冷凝器电机	制冷控制	司机室电加热1	司机室电加热2	车内压力释放	24V电源	刮雨器	司机室灯1	司机室灯2	司机室灯3	ATP控制	ATP主机	ATP记录器	ATP连续	ATP点式	ATP风扇	ATP显示器	LKJ	TSC1	TAX2
OFF	OFF	OFF	OFF	OFF	OFF	OFF	OFF	ON	OFF	ON	OFF	OFF	ON	OFF	OFF	OFF	OFF	OFF	OFF	OFF	OFF	OFF

2．1 号车运行配电盘（见图 9.18～图 9.20）

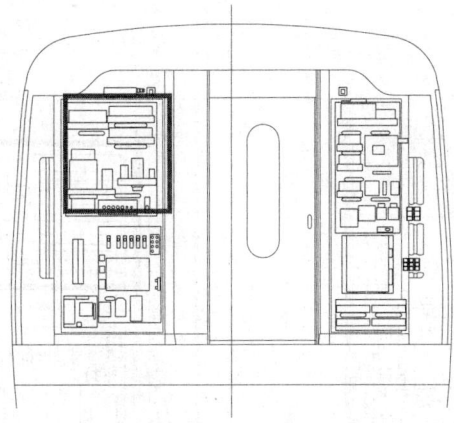

图 9.18　1 号车后位侧配电盘箱（客室侧）

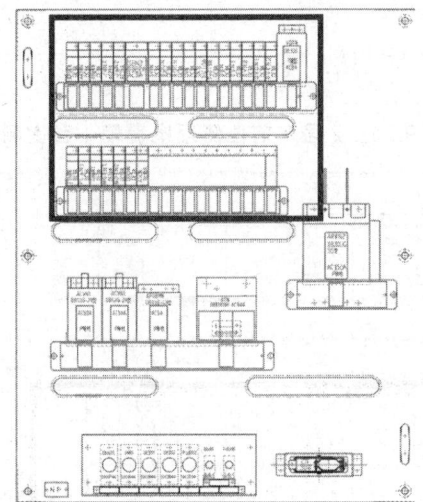

图 9.19　运行配电盘

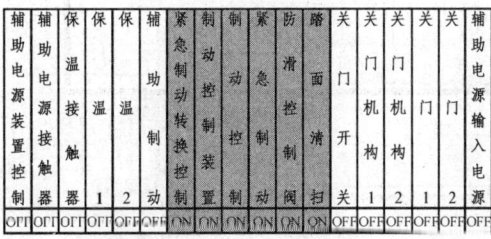

图 9.20　1 号车运行配电盘设备布置

3．2号车运行配电盘（见图9.21～图9.23）

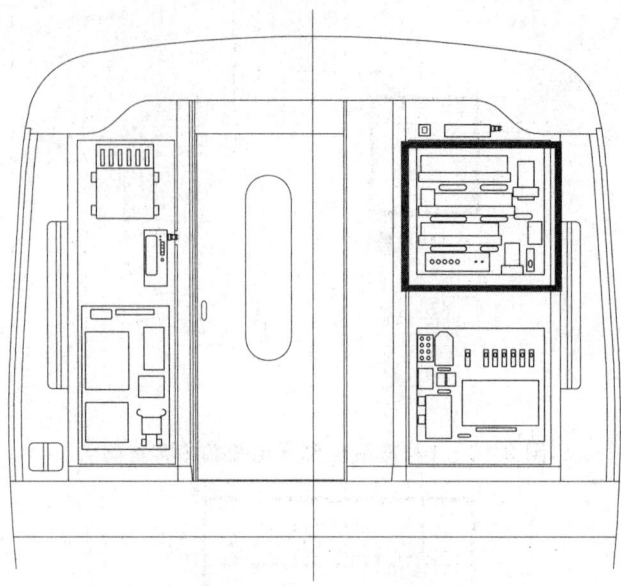

图9.21　2号车前位侧配电盘箱（客室侧）

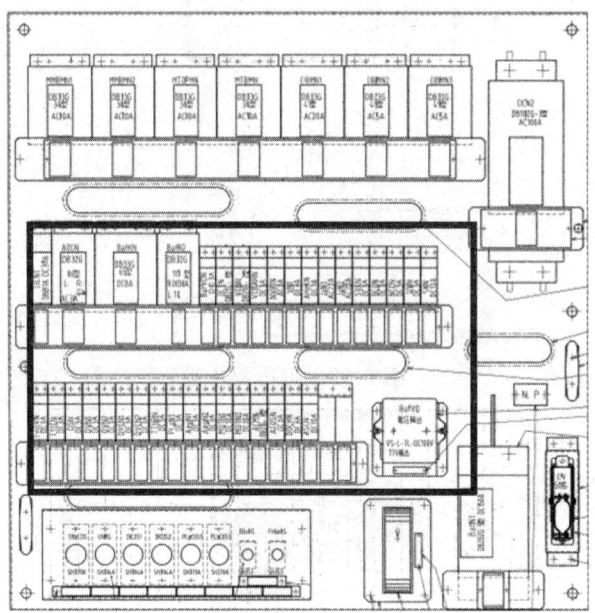

图9.22　运行配电盘

牵引变流器过电流1	辅助电路过电流	蓄电池接触器	直流电源	电压检测器	牵引变压器过电流2	真空断路器	真空断路器继电器	无电压继电器	电压表	保温接触器	保温1	保温2	紧急制动转换控制装置	制动控制	紧急制动	防滑控制器
OFF	OFF	ON	ON	ON	OFF	OFF	OFF	OFF	ON	OFF	OFF	OFF	ON	ON	ON	ON

踏面清扫	接触器控制	关门开关	关门机构1	关门机构2	关门1	关门2	轴温检测	显示灯电源	广播1	广播2	监控	控制传输	辅助空气压缩机	扩展供电	车门开闭音响装置	主动控制
ON	OFF	OFF	OFF	OFF	OFF	OFF	OFF	OFF	OFF	OFF	ON	ON	OFF	OFF	OFF	OFF

图 9.23 2 号车运行配电盘设备布置

4．3 号车运行配电盘（见图 9.24～图 9.26）

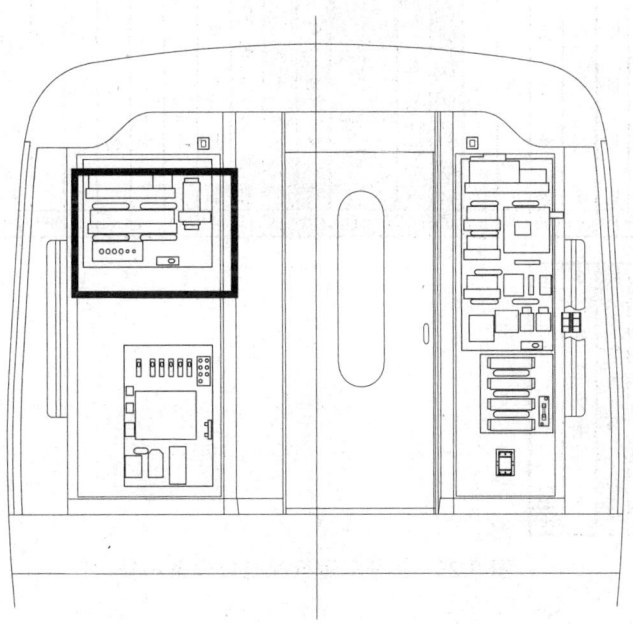

图 9.24 3 号车后位侧配电盘箱（客室侧）

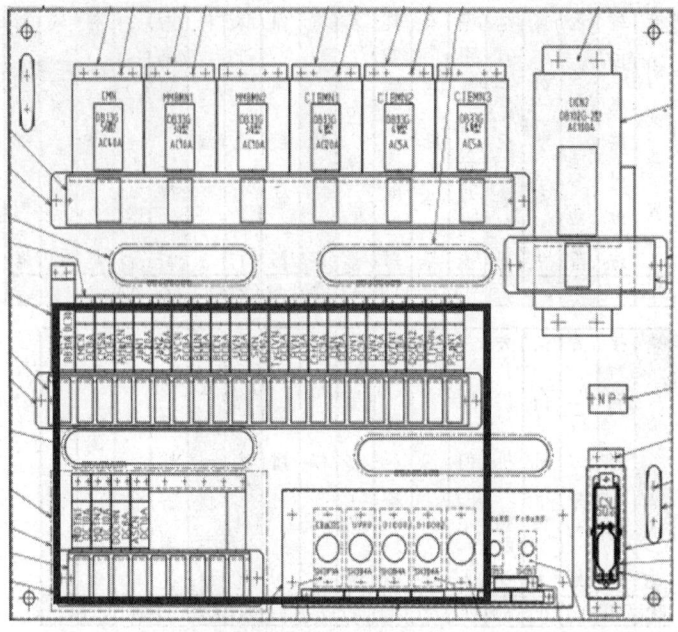

图 9.25 运行配电盘

牵引变流器1	压缩机控制	压缩机同步	保温接触器	保温1	保温2	紧急制动转换控制	制动控制装置	紧急制动	防滑控制	路面清扫	司机制动控制	接触器控制	关门开关	关门机构1	关门机构2	关门1	关门2	轴温检测	显示灯电源
OFF	OFF	OFF	OFF	OFF	OFF	ON	ON	ON	ON	ON	OFF	OFF	OFF	OFF	OFF	OFF	OFF	OFF	OFF

监控器	控制传输	车门开闭音响装置	主动控制
ON	ON	OFF	OFF

图 9.26　3 号车运行配电盘设备布置

5．4号车运行配电盘（见图9.27～图9.29）

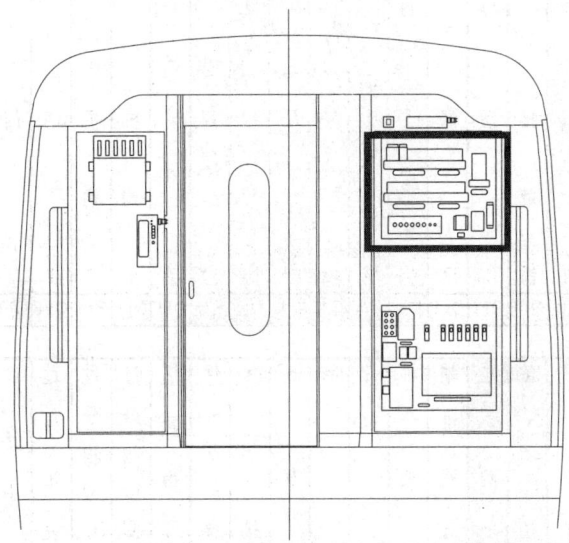

图9.27　4号车前位侧配电盘箱（客室侧）

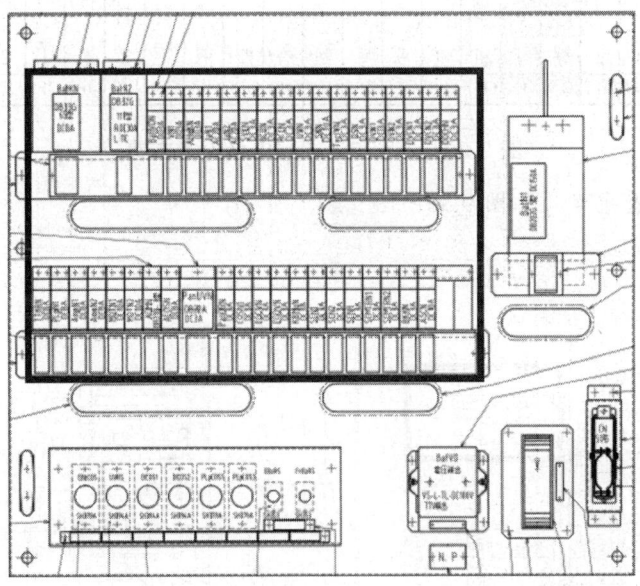

图9.28　运行配电盘

蓄电池接触器	直流电源2	电压检测器	电压表	保温接触器	保温1	保温2	紧急制动转换控制	制动控制装置	紧急制动控制	防滑控制	踏面清扫	关门开关	关门机构1	关门机构2	关门1	关门2	车门开闭音响装置
ON	ON	ON	ON	OFF	OFF	OFF	ON	ON	ON	ON	ON	OFF	OFF	OFF	OFF	OFF	OFF

轴温检测	显示灯电源	广播1	广播2	监控传输器	控制	辅助空气压缩机	扩展供电	升弓	降弓	远程控制	保护接地	保护接地合	钥匙箱开锁线圈	过分相VCB控制1	过分相VCB控制2	过分相装置电源	过分相控制1	过分相控制2	三相电源转换	主动控制
OFF	OFF	OFF	OFF	ON	ON	OFF	OFF	OFF	OFF	OFF	OFF	OFF	OFF	OFF	OFF	OFF	OFF	OFF	OFF	OFF

图 9.29 4 号车运行配电盘设备布置

6．5 号车运行配电盘（见图 9.30～图 9.32）

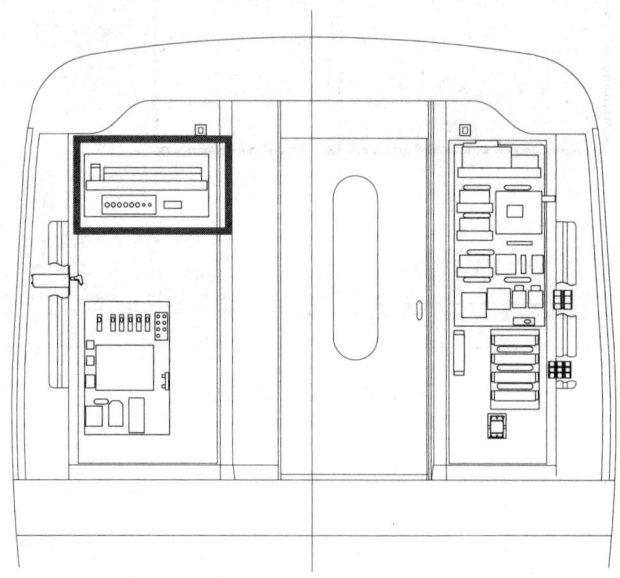

图 9.30 5 号车后位侧配电盘箱（客室侧）

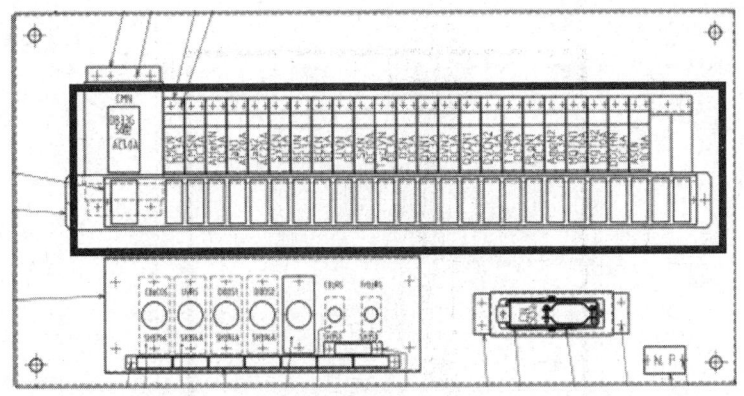

图 9.31 运行配电盘

电动空气压缩机	压缩机控制	压缩机同步	保温接触器	保温1	保温2	紧急制动转换控制	制动控制装置	紧急制动	防滑控制	踏面清扫	关门阀	关门机构1	关门机构2	关门2	轴温检测	显示灯电源	广播2	监控器	控制传输	车门开闭音响装置	主动控制
OFF	OFF	OFF	OFF	OFF	OFF	ON	ON	ON	ON	ON	ON	OFF	OFF	OFF	OFF	OFF	OFF	OFF	ON	ON	OFF

图 9.32 5 号车运行配电盘设备布置

7．号车运行配电盘（见图 9.33～图 9.35）

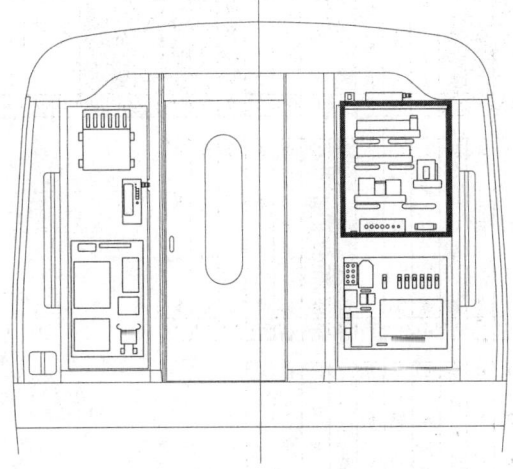

图 9.33 6 号车前位侧配电盘箱（客室侧）

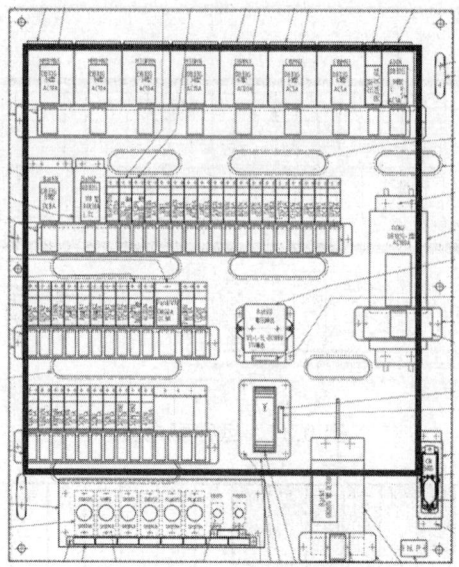

图 9.34 运行配电盘

牵引电机送风1	牵引电机送风2	牵引变压器油流	MTBMN	牵引变流器送风1	牵引变流器送风2	牵引变流器送风3	辅助电路过电流
OFF	OFF	OFF	OFF	OFF	OFF	OFF	OFF

蓄电池接触器	直流电源2	电压检测器	牵引变压器过电流	真空断路器	无电压继电器	电压表	保温接触	保温1	保温2	紧急制动转换装置	制动控制	紧急制动	防滑控制	踏面清扫	接触器控制	关门开关	关门机构1
ON	ON	OFF	OFF	OFF	OFF	OFF	OFF	OFF	OFF	ON	ON	ON	ON	OFF	OFF	OFF	OFF

关门1	关门2	轴温检测	显示灯电源	广播1	广播2	监控	控制传输器	辅助空气压缩机	扩展供电	升弓	降弓	远程控制
OFF	OFF	OFF	OFF	OFF	OFF	ON	ON	OFF	OFF	OFF	OFF	OFF

保护接地合	保护接地断	钥匙箱开锁线圈	车门开闭音响装置	过分相VCB控制1	过分相VCB控制2	过分相装置电源	过分相控制1	过分相控制2	主动控制
OFF	OFF	OFF	OFF	OFF	OFF	OFF	OFF	OFF	OFF

图 9.35 6 号车运行配电盘设备布置

8. 7号车运行配电盘（见图9.36~图9.38）

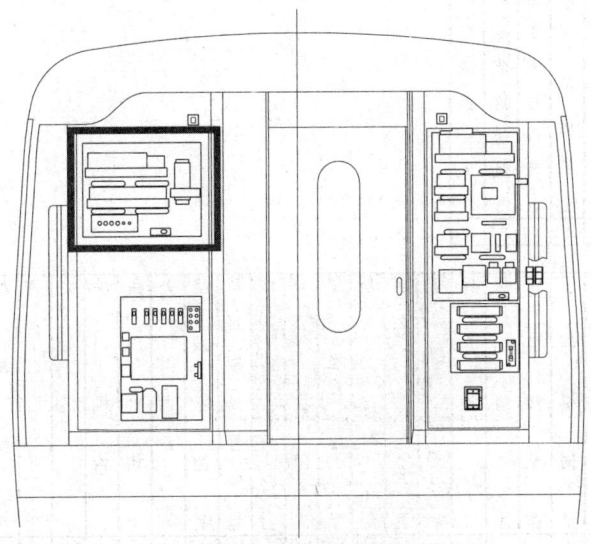

图9.36　7号车后位侧配电盘箱（客室侧）

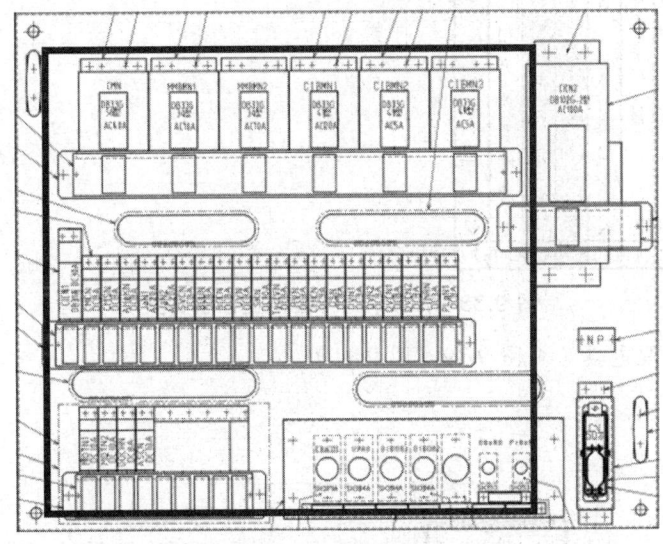

图9.37　运行配电盘

电动空气压缩机	牵引电机送风1	牵引电机送风2	牵引变流器送风1	牵引变流器送风2	牵引变流器送风3
OFF	OFF	OFF	OFF	OFF	OFF

牵引变流器控制	压缩机控制	压缩机同步	保温接触器1	保温2	紧急制动转换控制	制动控制装置	紧急制动	防滑控制	路面清扫	司机制动控制器	接触器控制	关门开关	关门机构1	关门机构2	关门1	关门2	轴温检测	显示灯电源
OFF	OFF	OFF	OFF	OFF	OFF	OFF	ON	ON	ON	ON	OFF	OFF	OFF	OFF	OFF	OFF	OFF	OFF

DN	广播2	AADN	监控	控制传输	车门开闭音响装置	主动控制
OFF	OFF	OFF	ON	ON	OFF	OFF

图 9.38　7 号车运行配电盘设备布置

9．8 号车运行配电盘（见图 9.39～图 9.41）

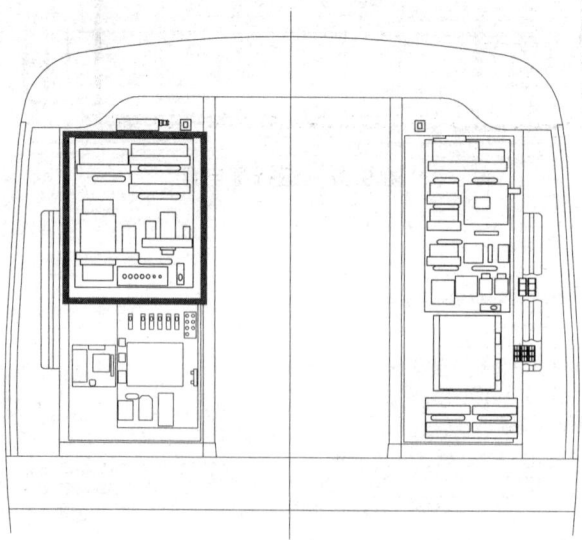

图 9.39　8 号车前位侧配电盘箱（车端侧）

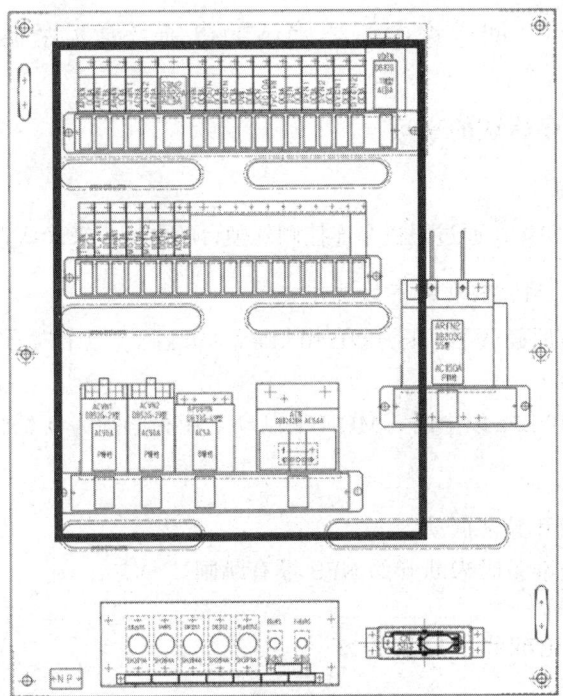

图 9.40 运行配电盘

辅助电源装置控制	辅助电源接触器	保温接触器	保温1
OFF	OFF	OFF	OFF

辅助制动	紧急制动转换控制	制动控制装置	紧急制动控制阀	防滑控制	路面清扫	关门开关	关门机构1	关门机构2	关门1	关门2	输入电压
OFF	ON	ON	ON	ON	ON	OFF	OFF	OFF	OFF	OFF	OFF

轴温检测	显示灯电源	广播1	监控器	控制传输	车门开闭音响装置	主动控制
OFF	OFF	OFF	ON	ON	OFF	OFF

AC电压表	ACVN2	APUBMN
OFF	OFF	OFF

图 9.41 8号车运行配电盘设备布置

第四节　回送途中需要确认的事项及常见故障处理

一、回送途中需要确认的事项

1. 蓄电池电压的监视

有外部电源供电的回送,通过跟机车连挂侧驾驶台的电压表来确认直流电压在 97 V 以上。

2. 在 MON 页面上确认制动装置的动作

通过制动指令转换器确认 BP 压力在 550 kPa（450 kPa）以下时,MON 上制动缸压力必须有显示（即制动作用）。

确认 BP 压力为 580 kPa 以上时,MON 上制动缸压力必须为 0（即缓解）。

3. 其　他

确认没有异常声响和异常振动。

确认各车辆在回送准备时未断开的 NFB 没有跳闸。

二、回送途中常见故障及处理方法

1. 电源电压下降至 95 V 以下

用夹表测量 103U 线电流,负载电流 30 A 以上时,要调查过大负载发生的原因。如没有负载电流（0 A）时,应按以下步骤确认检查：

（1）确认 LMPM（机车电源）NFB 是否跳闸。

（2）确认回送过渡车的发电机状态（是否在运转,输出电压是否偏低）。

（3）确认救援用电源接头（插头处是否脱落）。

（4）检查 DC/DC 变流器是否异常（确认输出输入电压,输出用 NFB 是否跳闸）。

（5）若无法判明原因,长时间回送可能导致直流电压低于 95 V 以下,动车组的电池开始放电,制动操作只能维持较短时间,应汇报调度部门,要求回送列车进侧线停车等候处理。

2. 制动缸压力没有响应（制动不工作）

1）整个编组的制动缸压力没有响应

（1）确认和机车相连接一侧驾驶台的 BTRCN（救援转换装置）NFB 是否跳闸。

（2）确认和机车相连接一侧驾驶台的 MCN2（集中控制）NFB 是否跳闸。

（3）检查制动指令转换器是否故障。

2）单节车厢的制动缸压力没有响应

确认该节车厢的 BCUN（制动控制）NFB 是否跳闸。

3. 制动不缓解

1）整个编组的制动不能缓解时

（1）确认电源电压是否在 97 V 以上。

（2）确认 MR 压力在 340 kPa 以下,紧急制动发生动作。

（3）确认 BP 压力在 550 kPa 以下应该是常用制动动作,如 BP 压力已经达到 600 kPa

（500 kPa），制动缸压力还在作用，应检查制动指令转换器。

（4）检查紧急制动拉式开关是否被拉出（两司机室及列车员室）。

（5）检查各车厢在回送准备时被断开的脱扣式开关是否断开。

（6）将制动手柄放到快速位，进行紧急制动复位操作。

（7）确认 ATP 主机及 ATP 控制 NFB 开关是否跳闸。

2）一节或者特定某车厢的制动不缓解时

（1）确认该车厢制动控制装置 NFB 是否跳闸。

（2）无法判明原因时，可切除相应车厢的空气制动，即关门车。

车下操作实现：可以通过关闭转向架制动缸阀门，切除相应转向架的制动。

车上操作实现：可以通过关闭运行配电盘内地板上制动供给阀门和紧急阀门，切除相应车厢的制动。

小　结

本章分 4 节讲述动车组救援及回送作业。第一节重点讲述动车组 2 h 及以上的无火回送作业方法和程序，主要讲解了回送方式及动作原理、回送运行时制动指令转换器的连接、一列（8 辆编组）动车组回送程序、动车组与回送车连挂前的准备、制动指令转换器的设定方法、动车组与回送车连挂、牵引机车与动车组（加回送车）连挂、制动机试验、两列动车组连挂时的回送要领、动车组回送时限制因素等内容。第二节讲述动车组 2 h 内的无火回送或机车救援（无需外部电源供给）。第三节用图表的形式讲解了动车组无火回送时电路断路器的闭合情况。第四节讲述回送途中需要确认的事项及常见故障的处理方法，如电源电压下降至 95 V 以下、制动缸压力没有响应（制动不工作）、制动不缓解等的处理方法。

复习思考题

1. 回送车与动车组连接方式是怎么样的？
2. 回送运行时空气管路如何连接？
3. 机车与回送车如何连接？机车与动车组如何直接连接回送？
4. 简述动车组与回送车连挂前的准备工作。
5. 画出制动指令转换器的转换特性图。
6. 动车组与回送车如何连挂？
7. 回送前如何进行制动机试验？
8. 简述动车组回送时的限制因素。
9. 回送途中需要确认哪些事项？
10. 回送途中电源电压下降至 95 V 以下如何处理？
11. 回送途中制动缸压力没有响应（制动不工作）时如何处理？
12. 回送途中制动不缓解如何处理？

第十章　动车组运行安全设备及其操作

我国 CTCS 系统划分为 CTCS0～CTCS4 共 5 个等级，CRH380A 型动车组列控系统按照 CTCS2 系统标准建设，面向提速干线和高速新线，地面采用 ZPW-2000A 型轨道电路和点式信息设备完成车地通信，车载设备由 ATP + LKJ-2000 装置组成。CTCS2 系统标准采用目标距离控制模式（又称为连续式一次速度控制）。

ATP 车载设备，是以通过 STM 和 BTM 接收到的轨道电路信息和地面线路信息作为基础，由车载设备生成速度控制曲线，并与实际速度相比较，如果实际速度超过了速度控制曲线，车载设备自动实施制动。根据行车情况，ATP 系统可以运行于多种控制模式下。

地面信息和 ATP 车载设备的控制状态由置于驾驶台控制桌上的 DMI 来显示，司机通过 DMI 或者前方线路状况来操作牵引手柄和制动手柄、控制列车速度，确认操作和警戒操作等则通过按压 DMI 画面上的开关进行。

动车组 LKJ-2000 型监控记录装置监控装置采用车载主机预先存储地面线路数据的控制方式。在运行时根据列车所处位置按顺序调取车载存储线路数据，按动车组信号显示状态并根据列车速度、距前方信号机距离实时计算控制模式曲线。当列车速度超过控制模式限速时，装置实施报警、卸载、常用制动及紧急制动控制，防止列车越过关闭的信号机或超过各种允许速度。

第一节　列控 ATP 系统构成及功能

一、列控系统概述

铁路信号系统是铁路运输的基础设施，是保证列车运行安全、提高运输效率和实现铁路调度统一指挥的关键技术设备，也是铁路信息化技术的重要技术领域。现代信息类技术的迅速发展，对铁路信号、通信和服务产生了重要影响，铁路信号、通信技术已与现代铁路信息化系统变得密不可分。铁路通信信号技术的相互融合，车站、区间和列车运行控制的一体化，以及行车调度指挥自动化等技术，冲破了功能单一、控制分散、通信信号相对独立的传统技术理念，推动着铁路通信信号技术向数字化、智能化、网络化和一体化的方向发展。

在列车运行控制技术方面，计算机、通信、控制技术与信号技术集成为一个自动化水平很高的列车运行自动控制系统（简称列控系统）。列控系统不仅为列车行车安全提供了根本保障，而且在行车自动化控制、运营效率的提高及管理自动化等方面，提供了完善的功能，并向着运输综合自动化的方向发展。列控系统技术是现代化铁路的重要标志之一。

车载列控系统是保证列车安全、高效运行的重要设备。铁路信号已经从传统的方式（即以地面信号显示传递行车命令,机车司机按行车规则操作列车运行的方式),发展到了根据地面发送的线路信息自动监控列车速度,并由车载列控系统实施运行控制的方式。

列车运行自动控制系统 ATC(Automatic Train Control)就是对列车运行全过程或一部分作业实现自动控制的系统。其特征为:系统获取的地面信息和命令,控制列车运行,并调整与前行列车之间必须保持的距离。

列车运行自动控制系统(简称列控系统)是保证列车按照空间间隔制运行的技术方法,它是靠控制列车运行速度的方式来实现的。

在城市轨道交通领域中,列车运行自动控制系统 ATC(Automatic Train Control)包括 3 个子系统:列车超速防护系统 ATP(Automatic Train Protection)、列车自动驾驶系统 ATO(Automatic Train Operation)和列车自动监控系统 ATS(Automatic Train Supexwision)。

我国目前的城市轨道交通信号系统大部分是引进的国外技术和系统,所以列控系统及其子系统的应用和名称是与国际接轨的。

在我国铁路领域中,目前列车自动驾驶系统 ATO 的应用尚未提到日程,所以不常提及。列车超速防护系统 ATP 是列车运行自动控制系统 ATC 的核心组成部分,所以通常提及的列车运行自动控制系统 ATC 实际上是指列车超速防护系统 ATP。以下介绍的列车运行自动控制系统 ATC 主要也是指列车超速防护系统 ATP 部分。

在我国,列车运行自动控制系统 ATC 包括地面设备和车载设备:

(1)以调度集中系统 CTC 为核心,综合集成为调度指挥控制中心。
(2)以车站计算机联锁系统为核心,综合集成为车站控制中心。
(3)以列车速度防护与控制为核心,综合集成为列车(车载)运行控制系统。
(4)以移动通信(如 GSM-R)为传输平台,构建通信信号一体化的总成系统(如 CTCS)。

列车自动控制系统 ATC 的主要功能有:

(1)检查列车在线路上的位置(列车检测)。
(2)形成速度信号(调整列车间隔)。
(3)向列车发送速度信号或目标距离信号(信号传输)。
(4)按速度或目标距离信号控制列车制动(制动控制)。

上述(1)、(2)、(3)项功能由地面设备完成,第(4)项功能由车载设备完成。

二、列控 ATP 的组成与主要功能

ATP(Automatic Train Protection System)是列车速度防护系统,是列车超速防护和机车信号系统的一体化系统。列控 ATP 主要由车载设备及地面设备两大部分组成,地面设备与车载设备一起使用才能完成列车运行控制的功能。

如图 10.1 所示是列车运行控制系统地面设备原理框图。

地面控制中心通过电缆与铁路线上的轨道电路、信号机、应答器等设备相连,主要完成列车位置检测、形成速度信号及目的距离等信号,并将此信号传递给列车,车载设备将按照速度信号控制列车制动。

ATP 系统车载设备原理框图如图 10.2 所示。

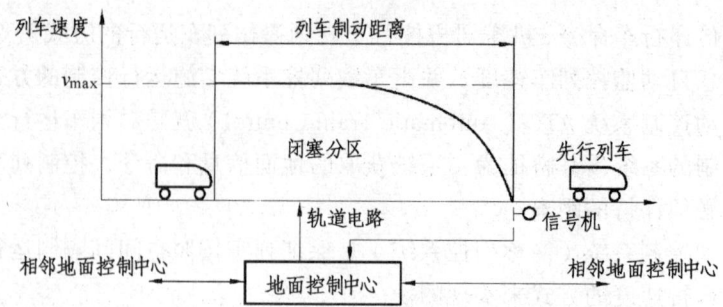

图 10.1　列车运行控制系统地面设备原理框图

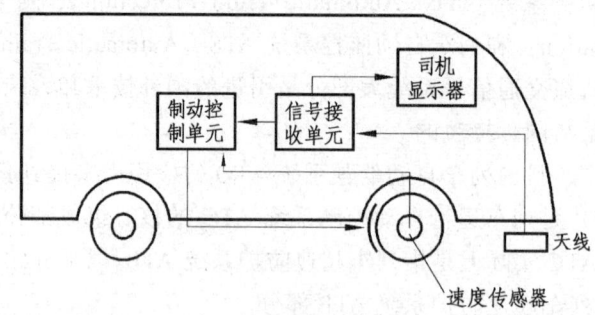

图 10.2　列控系统车载设备原理框图

车载设备主要由天线、信号接收单元、制动控制单元、司机显示器、速度传感器等组成。

机车头部的天线接收到地面的速度命令及目的距离等信号，经过信号接收单元放大、滤波、解调后，将此命令的数据送到司机显示器和制动控制单元。制动控制单元收到速度传感器传送的信号，测量出列车的实际速度，将实际速度与信号命令比较，如果判断列车需要制动，则产生制动信号，直接控制列车制动系统，列车就会自动减速或停车。

为保证列车运行控制系统不间断地工作和加强设备的维修与管理，在列车运行控制系统的地面和车上都安装有监视设备。

地面监视系统可以检测信号机、轨道电路、地面控制中心的接收和发送设备等。检测结果可以在维修工区显示及储存，也可以通过通信网送往维修基地和调度中心。设备异常前数小时内信号设备动作情况可以保存下来，供故障分析用。

车上监视设备可以将列车运行过程中速度信号、制动装置动作以及列车实际速度和司机操作等状态保存下来。一般有关运行安全的资料可保存 12～72 h。

各国铁路对列车运行控制系统发展比较一致的认为是：在最高运营速度为 160 km/h 以下的铁路采用列车自动停车装置或有简单速度检查功能的列车自动停车装置；在提速线路线路（如最高运营速度提高到 200 km/h 的线路）列车速度自动监督系统（也可称为列车超速防护系统）是必须装备的安全设备；在高速铁路则必须安装列车自动控制系统。

三、列控 ATP 的速度防护模式

各国的列车自动控制系统都具有自己的特点，有不同的技术条件和适应范围。

国外铁路采用的列控系统主要有：日本新干线 ATC 系统，法国 TGV 铁路和韩国高速铁路的 TVM300 及 TVM430 系统，德国及西班牙铁路采用的 LZB 系统，瑞典铁路的 EBICA900 系统等。

根据技术特点和用途，列控 ATP 有着不同的分类方法。

按照地面向机车传送信号的连续性来分类，分为连续式列控系统和点式列控系统两种类型。

连续式列控系统的车载设备可连续接收到地面列控设备的车地通信信息，是列控技术应用及发展的主流，如德国 LZB 系统、法国 TVM 系统、日本新干线 ATC 系统。

点式列控系统接收地面信息不连续，但对列车运行与司机操纵的监督并不间断，因此也有很好的安全防护效能，如瑞典 EBICAB 系统。

按照人机关系来分类，分为设备优先控制（如日本新干线 ATC 系统）和司机优先控制（如法国 TVM300/430 系统）两种类型。

按照列车速度防护模式，分为阶梯速度防护模式和曲线速度防护模式两种类型。

列车速度防护模式与行车安全、运营效率、闭塞方式、运输组织模式和列车驾驶都有着密不可分的关系。

第二节　CTCS2 列控系统构成及功能

CTCS 是 Chinese Train Control System 的缩写，即中国列车运行控制系统，它以分级的形式满足不同线路运输需求，在不干扰机车乘务员正常驾驶的前提下有效地保证列车运行的安全。

一、CTCS 列控系统的构成

CTCS 有两个子系统，即车载子系统和地面子系统。地面子系统可由应答器、轨道电路、无线通信网络（GSM-R）、列车控制中心（TCC）/无线闭塞中心（RBC）等部分组成。其中 GSM-R 不属于 CTCS 设备，但它是 CTCS 的重要组成部分。

应答器是一种能向车载子系统发送报文信息的传输设备，既可以传送固定信息，也可连接轨旁单元传送可变信息。

轨道电路具有轨道占用检查、沿轨道连续传送地车信息的功能，目前采用较好的是 UM 系列轨道电路或数字轨道电路。

无线通信网络（GSM-R）是用于车载子系统和列车控制中心进行双向信息传输的车地通信系统。

列车控制中心是基于安全计算机的控制系统，它根据地面子系统或来自外部地面系统的信息，如轨道占用信息、联锁状态等产生列车行车许可命令，并通过车地信息传输系统传输给车载子系统，保证列车控制中心管辖内列车的运行安全。

如图 10.3 所示是 CTCS 系统结构示意图。

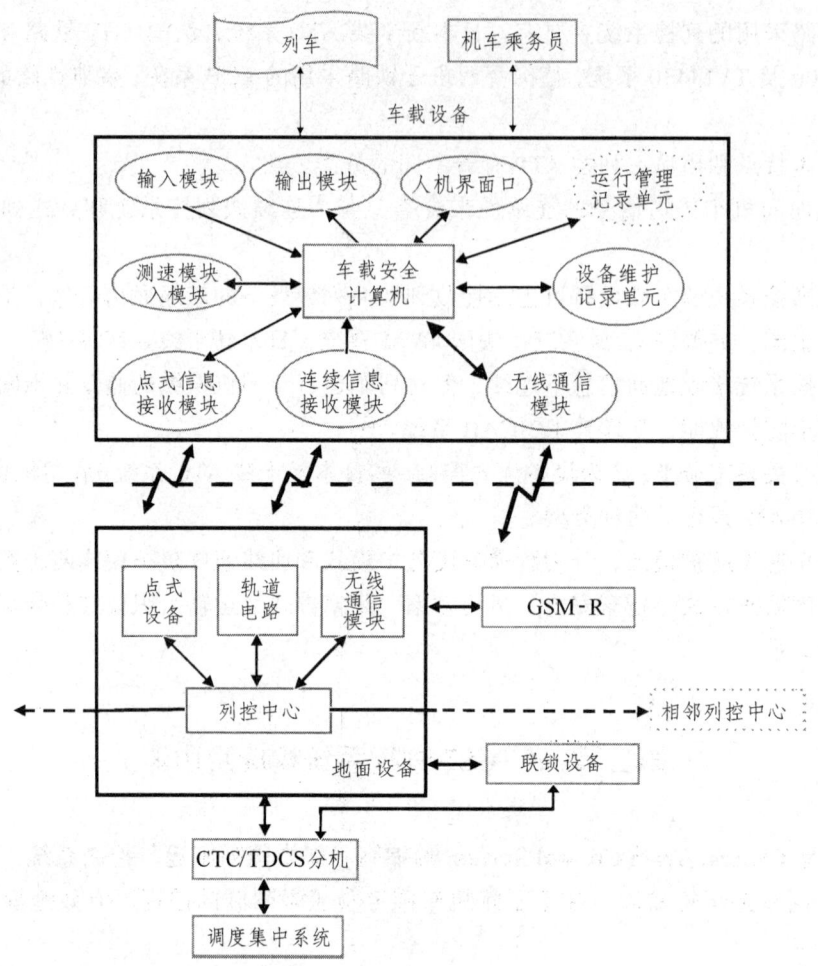

图 10.3 CTCS 系统结构示意图

二、CTCS 列控系统的应用等级

对不同的线路、不同的传输信息方式和闭塞技术，CTCS 划分为 5 个等级，依次为 CTCS0～CTCS4 级，同条线路上可以实现多种应用级别并向下兼容，以满足不同线路速度需求。

1. CTCS0 级

CTCS0 级适用于最高运行速度为 160 km/h 及以下的列车，适合既有线的现状，将目前干线铁路应用的地面信号设备和车载设备定义为 0 级。

CTCS0 级地面采用国产移频轨道电路完成车地通信，车载设备由通用机车信号+列车运行监控装置组成。

CTCS0 级的控制模式是目标距离式，列车运行监控装置采取大储存的方式把线路数据全部储存在车载设备中，靠逻辑推断地址调取所需的线路数据，结合列车性能计算给出目标距离式制动曲线。

CTCS0 级的自动闭塞设计仍按固定闭塞方式进行，采用四显示自动闭塞，信号显示具有分级速度控制的概念，其目标距离式制动曲线可作为参考。

2．CTCS1 级

CTCS1 级面向最高运行速度为 160 km/h 及以下的区段，地面采用 UM71 或 ZPW-2000 型移频轨道电路完成车地通信，车载设备由主体机车信号+加强型运行监控装置组成。

CTCS1 级在既有设备基础上强化改造，达到机车信号主体化要求，增加点式设备，实现列车运行安全监控功能。利用轨道电路完成列车占用检测及完整性检查，连续向列车传送控制信息。

CTCS1 级的控制模式为目标距离式，在车站附近增加点式信息设备，传输给定速度控制。目标距离控制模式根据目标距离、目标速度及列车本身的性能确定列车制动曲线，不设定每个闭塞分区速度等级，采用一次制动方式。

CTCS1 级与 CTCS0 级的差别在于全面提高了系统的安全性，是对 CTCS0 级的全面加强，可称为线路数据全部储存在车载设备上的列车运行控制系统。

3．CTCS2 级

CTCS2 级面向提速干线和高速新线，地面采用 ZPW-2000A 型轨道电路和点式信息设备完成车地通信，车载设备由 ATP+LKJ-2000 装置组成。

CTCS2 级采用车地一体化设计，适用于各种限速区段，地面可不设通过信号机，机车乘务员凭车载信号行车。实现了行车指挥-联锁-列控一体化、区间-车站一体化、通信-信号一体化和机电一体化。

CTCS2 级立足于国产化的地面设备，车载信号设备也已经技术引进，功能比较齐全并设合国情。

CTCS2 级轨道电路完成列车占用检测及完整性检查，连续向列车传送控制信息；点式信息设备传输定位信息、进路参数、线路参数、限速和停车信息。

CTCS2 级采用目标距离控制模式（又称为连续式一次速度控制）。目标距离控制模式根据目标距离、目标速度及列车本身的性能确定列车制动曲线，不设定每个闭塞分区速度等级，采用一次制动方式。

CTCS2 级采取的闭塞方式称为准移动闭塞方式，准移动闭塞的追踪目标点是前行列车所占用闭塞分区的始端，留有一定的安全距离，而后行列车从最高速开始一次制动曲线的计算点是根据目标距离、目标速度及列车本身的性能计算决定的。目标点相对固定，在同一闭塞分区内不依前行列车的走行而变化，而制动的起始点是随线路参数和列车本身性能不同而变化的。空间间隔的长度是不固定的，显然其追踪运行间隔要比固定闭塞小一些。

4．CTCS3 级

CTCS3 级是面向提速干线、高速新线或特殊线路，基于无线传输信息并采用轨道电路等方式检查列车占用的列车运行控制系统。适用于各种限速区段，地面可不设通过信号机，机车乘务员凭车载信号行车。

CTCS3 级是基于无线通信（如 GSM-R）的列车运行控制系统，它可以叠加在既有干线信号系统上。

轨道电路完成列车占用检测及完整性检查，点式信息设备提供列车用于测距修正的定位基准信息。无线通信系统实现地车间连续、双向的信息传输，行车许可由地面列控中心产生，通过无线通信系统传送到车上。

CTCS3 级与 2 级一样,采取目标距离控制模式(又称连续式一次速度控制)和准移动闭塞方式。由于其实现了地车间连续、双向的信息传输,所以功能更丰富些,实时性更强些。

5. CTCS4 级

CTCS4 级是面向高速新线或特殊线路,基于无线传输信息的列车运行控制系统。地面不设通过信号机,机车乘务员凭车载信号行车。列车定位和完整性检查由无线闭塞中心和车载验证系统共同完成,实现虚拟闭塞或移动闭塞。

CTCS4 级是完全基于无线通信(如 GSM-R)的列车运行控制系统。由地面无线闭塞中心(RBC)和车载设备完成列车占用检测及完整性检查,点式信息设备提供列车用于测距修正的定位基准信息。

CTCS4 级采取目标距离控制模式,列车按移动闭塞或虚拟闭塞方式运行。

虚拟闭塞是准移动闭塞的一种特殊方式,它不设轨道占用检查设备,采取无线定位方式来实现列车定位和占用轨道的检查功能,闭塞分区是在逻辑上以虚拟技术实现的。

三、CTCS2 列控系统构成

CTCS2 级列控系统是基于轨道电路和点式设备传输信息的列车运行控制系统。它面向客运专线、提速干线,适用于各种限速区段,机车乘务员凭车载信号行车。

CTCS2 是结合中国情况构思,具有中国特色的列控系统,符合 CTCS 的 2 级标准。它基于轨道电路和应答器进行车地间信息传输,采用目标距离的控制模式,实现一次连续制动方式,能在既有提速线路上叠加,实现在同一线路上与既有信号系统的兼容,其技术条件见表 10.1。

表 10.1 CTCS2 列控技术条件

CTCS 级别	地面设备		车载设备	
闭塞方式	设备名称	作 用	设备名称	作 用
CTCS2 基于轨道电路的固定闭塞	轨道电路	列车占用检测和列车完整性检查、连续向列车传送控制信息	连续信息接收模块	完成轨道电路信息的接收与处理
	点式信息设备	用于向车载设备传输定位信息、进路参数、线路参数、限速和停车信号等	点式信息接收模块	测速模块
			完成点式信息的接收与处理	实时检测列车运行速度并计算走行距离

我国铁路已确定了统一采用 ZPW-2000 系列轨道电路,它可以充分发挥其 18 个信息的作用。CTCS2 的目标距离由轨道电路进行连续信息传输,构成了近似连续式的列控系统。采用欧标应答器,欧标应答器地面设备已国产化;车载信号设备已通过引进设备实现技术引进,最终实现国产化。

CTCS2 强调了线路数据由地面传送,而 CTCS1 级的线路数据是在车上储存的,这是两者主要的区别。CTCS2 用于 200 km/h 既有线时，为了少改动、少投资，地面应答器相对少设一些；用于 350 km/h 客车专用线时，地面应答器相对多设一些，系统将更完善。

1．系统总体构成

CTCS2 列控系统分车载设备和地面设备两部分，地面设备又分轨旁和室内设备两部分，其总体结构如图 10.4 所示。

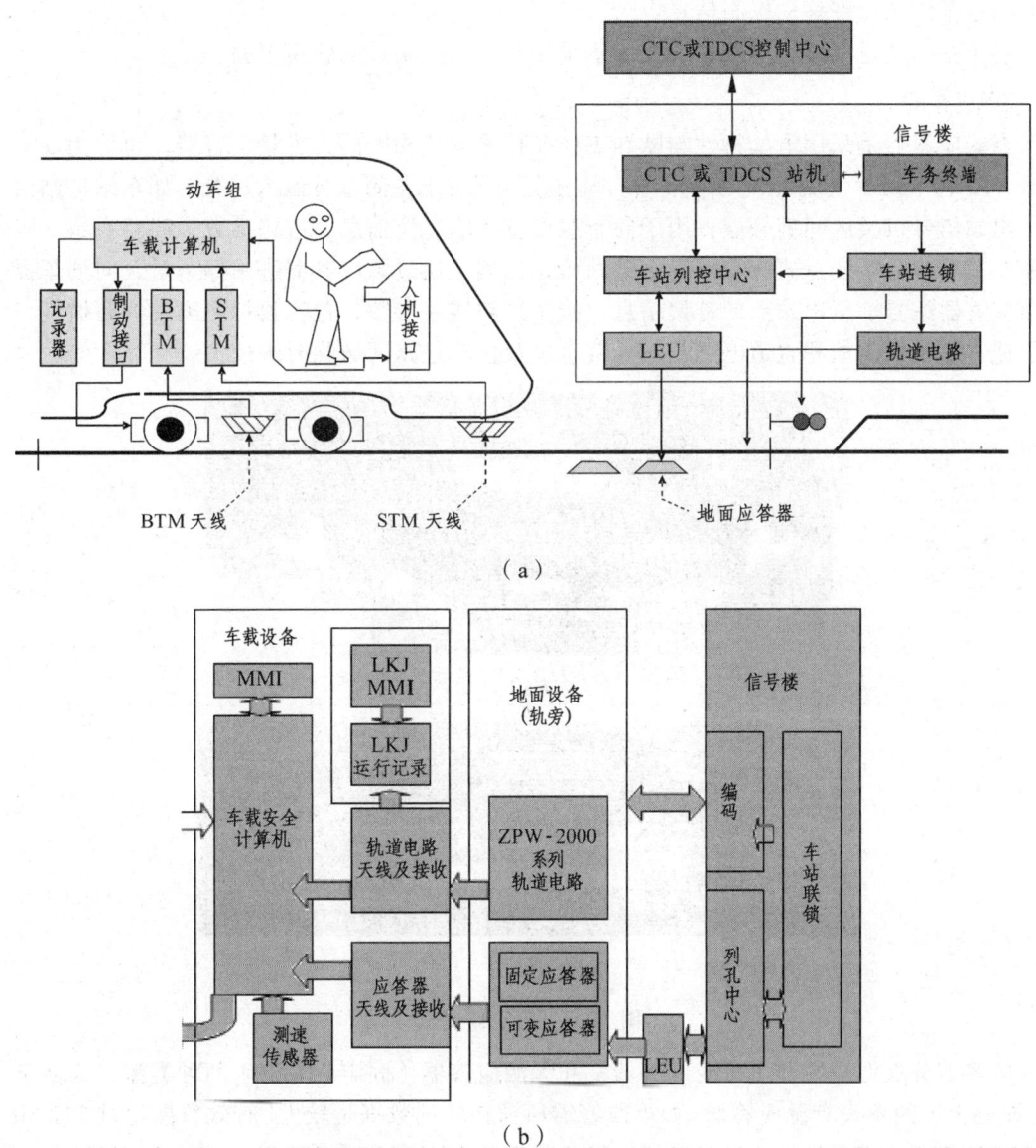

图 10.4　CTCS2 系统构成图

2．地面设备

地面设备由车站列控中心、地面电子单元（LEU）、点式应答器、ZPW-2000（UM）系列轨道电路、车站闭环电码化、车站计算机联锁等组成。轨道电路、车站电码化传输连续列控信息，点式应答器、车站列控中心传输点式列控信息。

列控中心的硬件设备结构要求与车站计算机联锁相同，采用联锁列控一体化结构，根据列车占用情况及进路状态，通过对轨道电路及可变应答器信息的控制产生行车许可信息、及进路相关的线路静态速度曲线，并传送给列车。

1）轨道电器

轨道电路采用 ZPW-2000 系列轨道电路，它能完成列车占用检测及列车完整性检查，并连续向列车传送允许移动控制信息。

对于站内轨道电路，车站正线及股道采用与区间同制式的轨道电路。

2）应答器

点式应答器是采用电气特性与欧洲 ETCS 技术规范相同的大容量应答器，也称为欧标应答器，图 10.5 所示是应答器的外形图。固定应答器设于各闭塞分区入口处，如车站进站信号机、出站信号机及区间信号点，用于向车载设备传输定位信息、进路参数、线路参数、限速和停车信息等。可变点式应答器设于进站口，当列车通过该应答器进站停车时，向列车提供地面应答器编号、至出站点的链接信息、接车进路线路参数，包括目标距离、线路坡度、线路限速、信号机类型和轨道电路载频等信息以及接车进路区域临时限速值。

图 10.5 应答器设备

应答器分有源应答器（可变应答器）和无源应答器（固定应答器）两种类型，为便于维护，原则上区间不设有源应答器。如果应答器所需传输的数据量较大（有效数据超过 772 bit），一个应答器不能满足要求，可以使用一组（最多 8 个）应答器来完成。

欧标应答器可存储 1 023 位数据报文，利用应答器主要可以传送以下信息：

（1）线路基本参数，如线路坡度、轨道区段长度、轨道区段编号等。

（2）线路速度信息，如线路最大允许速度、列车最大允许速度等。

（3）临时限速信息，如因施工、天气等原因引起的临时限速信息。

（4）车站进路信息，如接发车进路信息，以及相关的线路参数。

（5）道岔限速信息，如给出前方道岔的侧向限速值。

（6）特殊定位信息，如变相点、进出隧道、列车停位等。

（7）其他信息，如固定障碍物信息、列车运行目标数据、链接数据等。

应答器依据在系统中的作用，其安装的位置不同，分别设在进站口、出站口及区间，如图 10.6 所示为应答器布置示意图。

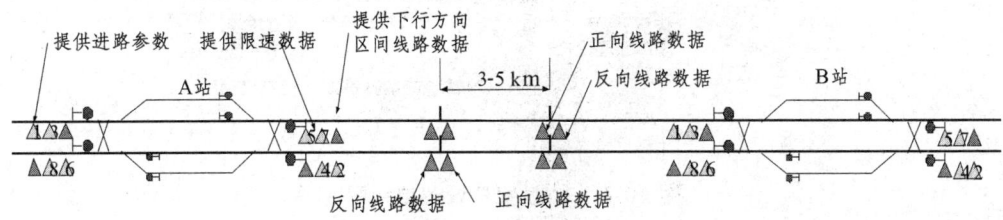

图 10.6　应答器布置示意图

进站口应答器组由无源应答器组加上一个有源应答器组成。此处的无源应答器与有源应答器结合，通过对应答器编号从小到大设置规律的判断，确定列车运行方向。

当列车进站停车时，应答器向列车提供地面应答器编号、至出站点的链接信息、接车进路线路参数，包括目标距离、线路坡度、线路限速、信号机类型和轨道电路载频等信息，接车进路区域临时限速。

当接车股道具有直股发车进路时，应同时提供直股发车进路及前方一定距离内的线路参数和临时限速信息。

当办理正线通过进路时，进站口应答器需同时给出前方区间较低的临时限速信息。

出站口应答器组由无源应答器组加上一个有源应答器组成。

无源应答器组提供前方一定距离内的线路参数等信息，有源应答器提供前方一定距离内的临时限速等信息。

区间间隔 3～5 km 成对设置无源应答器，分别提供正、反方向前方一定距离内的线路参数及定位信息。应答器位置原则上设于闭塞分区分界处。正线的线路参数要交叉覆盖。

根据需要可设特殊用途的无源应答器（如 CTCS 级间转换等）。

3．车载设备

200 km/h 动车组车载列控系统，同时装备 ATP 车载设备和列车运行监控装置 LKJ-2000。ATP 由车载安全计算机、轨道信息接收单元（STM）、应答器信息接收单元（BTM）、制动接口单元、记录单元、人机界面（DMI）、速度传感器、BTM 天线、STM 天线等组成，如图 10.7 所示。车载设备根据地面设备提供的信号动态信息、线路静态参数、临时限速信息及有关动车组数据，生成控制速度和目标距离模式曲线，控制列车运行。同时，记录单元对列控系统有关数据及操作状态信息实时动态记录。

1）ATP 车载设备

（1）车载安全计算机。

采用高可靠的安全计算机平台，根据地面连续式和点式传输的移动授权及线路数据，生成连续式速度监督曲线，监控列车的安全运行，超速时，通过继电接口对列车的制动系统发出制动控制指令。

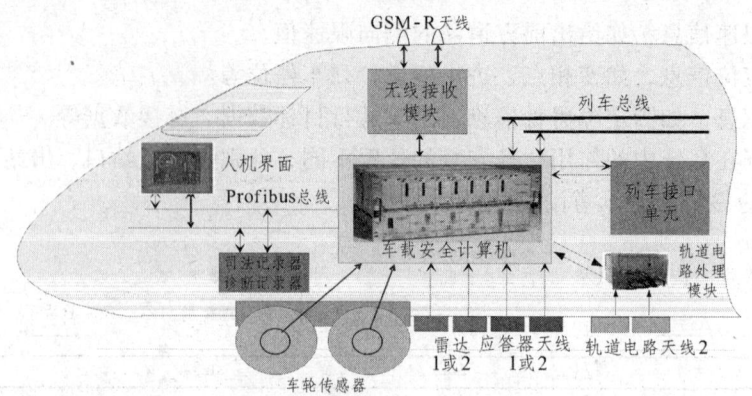

图 10.7　车载 ATP 设备结构图

（2）轨道信息接收单元。

接收 ZPW-2000 系列轨道电路低频信息，并将该连续信息同时提供给车载安全计算机和 LKJ-2000 运行记录器。

（3）应答器信息接收单元。

接收处理应答器信息，并将该信息提供给车载安全计算机。

（4）人机界面。

通过触摸屏显示列车运行速度、允许速度、目标速度和目标距离，并可接收司机输入。

（5）速度传感器。

速度传感器有轴端速度传感器和雷达两种形式，前者更适合低速应用，后者则更适合高速。采用两种传感器的结合，可保证测速测距的更高精度。

（6）制动接口。

制动接口采用继电接口方式，紧急制动采用失电制动方式。

（7）记录单元。

记录单元用于记录与系统运行和状态有关的数据，记录的数据将在 ATP 系统故障时用于维护目的。目前我国的动车组车载列控系统采用 LKJ-2000 运行记录器，用于驾驶事件及 ATP 控制事件的记录。

车载设备的信息来源于轨道电路和点式信息设备，在嵌入的运行管理记录单元中还设置有车载数据库。同时，预留了无线通信与列车通信网络的接口。

2）车载设备的基本要求

（1）防止列车冒进禁止信号，应根据系统安全要求设置安全防护距离。

（2）应具有冒进防护措施。

（3）防止列车越过规定的停车点。

（4）防止列车超过允许速度、固定限速和临时限速运行。临时限速命令由调度中心或本地限速给出，限速等级及区域应满足运营需要。

（5）应具有车尾限速保持功能。

（6）防止列车超过规定速度引导进站。

（7）防止机车超过规定速度进行调车作业。

（8）车轮打滑和空转不得影响车载设备正常工作。

4．CTCS2 闭塞技术及速度防护模式

列控系统采用目标距离-速度控制模式，其采取的制动模式为连续式一次制动速度控制，根据目标距离、目标速度及列车本身的性能确定列车制动曲线，如图 10.8 所示。

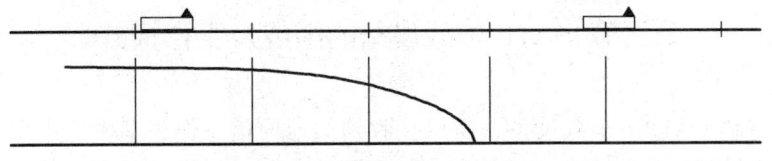

图 10.8　目标距离-速度控制模式示意图

制动速度控制曲线是一次连续的，需要一个制动距离内所有的线路参数，并通过应答器进行信息传输。

目标距离是由轨道电路进行连续信息传输的，构成了移动授权凭证。

目标距离控制模式根据目标距离、目标速度及列车本身的性能确定列车制动曲线，不设定每个闭塞分区速度等级，采用一次制动方式。目标距离控制模式追踪目标点是前行列车所占用闭塞分区的始端，而后行列车从最高速开始制动的计算点是根据目标距离、目标速度及列车本身的性能计算决定的。目标点相对固定，在同一闭塞分区内不依前行列车的走行而变化，而制动的起始点是随线路参数和列车本身性能不同而变化的。两列车空间间隔的长度是不固定的，所以称为准移动闭塞。

目标距离速度控制曲线实际上有 3 条，如图 10.9 所示。

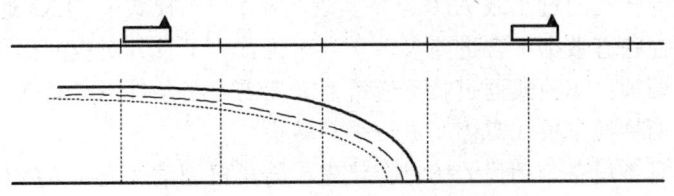

图 10.9　CTCS2 速度控制曲线示意

图 10.9 中粗实线为紧急制动速度控制线，短划虚线为常用制动速度控制线，点虚线为司机实际运行速度控制线。

目标距离-速度控制线，从最高速至零速的列车控制减速线为一条连贯且光滑的曲线，列车实际减速运行线只要在常用制动控制线以下即可，列车超速碰撞了常用制动速度控制线，设备会报警并自动实施常用制动；如继续超速碰撞了紧急制动速度控制线，则引发紧急制动。因为速度控制是连续的、全程监控的，所以不会超速太多，紧急制动的停车点不会冒出闭塞分区，可以不需增加一个闭塞分区作为安全防护区段，当然设计时会在停车点与目标点之间留有一定的安全距离。

列控设备给出的一次连续的制动速度控制曲线是根据目标距离、线路参数和列车自身的性能计算而定的，制动速度控制曲线是一次连续的，需要一个制动距离内所有的线路参数，线路参数通过应答器进行信息传输。目标距离是由轨道电路进行连续信息传输的，构成了移动授权凭证。

目标距离-速度控制的列车制动的起始点是随线路参数和列车本身性能不同而变化的，空间间隔的长度是不固定的，比较适用于各种不同性能和速度列车的混合运行，其追踪运行间隔要比分级速度控制小，减速比较平稳，旅客的舒适度也要好些。速度控制线的目标点为停车点时，目标速度值为零；当目标点为进站道岔侧向时，则道岔侧向限速值即为目标速度值。

第三节 ATP车载设备的组成及工作模式

列车运行控制（ATP）车载设备，是以接收到的地面信息作为基础，由车载设备生成速度控制曲线，并经常与实际速度相比较，如果实际速度超过了速度控制曲线，车载设备自动实施制动。

地面信息和ATP车载设备的控制状态由置于驾驶台控制桌上的司机操作及显示界面（DMI）来显示。司机在注视前方的同时监视DMI，通过DMI或者前方线路状况来操作牵引手柄和制动手柄，控制列车的加速、减速。同时，司机还根据需要通过按压DMI画面上的开关进行确认操作和警戒操作等。

一、车载列控系统的控车模式

在CTCS2级区段，由ATP车载设备控车。

在CTCS0、CTCS1级区段或在CTCS2级区段ATP车载设备特定故障下，LKJ结合ATP车载设备提供的机车信号或主体机车信号功能，控制列车运行，最高速度不超过160 km/h。

两种控车模式的转换通过车载ATP设备实现。两种控车模式下，LKJ通过ATP车载设备接收或记录有关列控状态数据（含进路参数、列车位置等）及其对应的操作状态信息。

正常情况下，两种控车模式通过特殊应答器在无需停车条件下自动转换。

故障情况下，两种控车模式需停车进行手动转换。

ATP车载设备具备设备制动优先（机控优先）与司机制动优先（人控优先）两种模式，司机通过设定车载设备内部带有的开关来决定选择，运行中不能变更。另外，在机控优先模式下，根据控制状态有时会暂时地自动变换为人控优先控制的情况。

二、ATP车载设备的工作模式

ATP车载设备主要工作模式有完全监控、部分监控、目视行车、调车监控、隔离模式等十种。在车载列控系统DMI上把反向运行模式归结到完全监控模式，应答器故障归结到部分监控模式，这里主要对工作模式进行介绍。

1. 待机模式SB（SB：Standby）

如果预先选择了CTCS2，投入电源后，系统就直接转入待机模式。在本模式下ATP车载装置的接收轨道电路信息、接收应答器信息等功能有效，但不进行速度比较等控制，同时，无条件地输出制动。

2. 完全监控模式FS（FS：Full Supervision）

本模式是CTCS2中最普通的模式，当车载设备具备控车所需的基本数据（轨道电路信息、应答器信息、列车数据）时，ATP车载装置转入本模式。在本模式下，列车判断自身位置和停车位置后,产生一次制动速度模式曲线并能通过 DMI 显示列车运行速度、允许速度、目标速度和目标距离等,控制列车安全运行。

3. 部分监控模式 PS（PS: Partical Supervision）

侧线发车得不到应答器线路数据、缺省线路数据时的模式。若 ATP 车载设备接收到轨道电路允许行车信息,但线路数据缺损时,ATP 车载设备产生固定限制速度,控制列车运行。

4. 反向运行模式 RO（RO: Reverse Operation）

上行列车运行在下行线,或下行列车运行在上行线且线路数据完整时,ATP 的工作模式。

5. 引导模式 CO（CO: Calling. On Mode）

在引导运行中 ATP 从轨道电路接收 HB 码后在轨道电路出口处形成 NBP 为 25 km/h 的模式曲线,越过进站信号机后,自动转入本模式。在该模式下,司机应当在每 60 s 之内或运行 200 m 以前按下警戒开关,否则 ATP 将触动紧急制动。

6. 应答器故障模式 BF（BF: BTM Fault）

在站间由于不能正常检测出应答器等原因,无前方线路数据的模式称应答器故障模式。当 ATP 在完全监控模式下正常运行时,一旦不能正确接收来自应答器的线路数据,从没有前方线路数据的点开始,ATP 设备输出制动,司机确认后,ATP 车载装置转入该工作模式。

7. 目视行车模式 OS（OS: On. Sight）

当 ATP 车载设备接收到禁止信号或无信号时,列车停车后,根据行车管理办法(含调度命令),司机经特殊操作(如按压专用按钮),ATP 生成固定限制速度(20 km/h),列车在 ATP 监控下运行,司机对安全负责。

8. 调车监控模式 SH（SH: Shunting）

车列进行调车作业时,司机经特殊操作(如按压专用按钮)后,转为调车模式,ATP 生成调车限制速度,控制车列运行。牵引运行时,限制速度为 40 km/h；推进运行时,限制速度为 30 km/h。

9. 隔离模式 IS（IS: Isolation）

ATP 车载设备故障,触发制动停车后,司机根据故障揭示经特殊操作,ATP 车载设备控制功能停用,在该模式下司机按调度命令行车。若仅 BTM 失效,ATP 车载设备提供机车信号,可人工转换为 LKJ 控制列车。

10. 机车信号模式 CS（CS: Cab Signal）

属于运行在 CTCS2 以外区段模式。另外,虽然运行在 CTCS2 区段,但 ATP 车载设备故障时,用 LKJ 进行控制,在这种情况下采用本模式,ATP 车载装置不会输出制动。

三、ATP 车载设备的构成

1. CTCS2 级 ATP 车载设备的主要技术条件

CTCS 级别：满足 CTCS2 级,预留 CTCS3 级。

速度目标值：满足 250 km/h，预留 300 km/h 及以上扩展条件。

控制模式：目标距离-速度控制模式。

驾驶模式：司机制动优先和设备制动优先两种模式。

信息传输媒介：控车信息由轨道电路及应答器设备提供。

兼容性：针对不同速度等级线路，满足动车组跨线运行要求。

与列车运行监控记录装置接口：记录信息，切换控车。

机车信号功能：主体机车信号功能，通用式机车信号功能。

2．ATP 装置硬件构成

1）安全计算机 VC

VC 由功能完全相同的 2 个系统（第 1 系统、第 2 系统）构成，如图 10.10 所示。各个系统有着功能相同的 2 个 CPU（A 系统、B 系统），各个 CPU 的处理结果与另一 CPU 的处理结果校准。如果 A 系统、B 系统这 2 个 CPU 的处理结果不一致，则会作为故障处理。

图 10.10　安全计算机 VC

特别值得一提的是，VC 基于两个处理器的实时比较达到 SIL4 级。为了提高系统可用性采用了第三个处理器。该原则基于两个不同应用处理器同时执行应用软件，并采用故障安全检测器对这些处理器的输出进行比较，如果输出相同，检测器给出相关输出；若存在任何差异，检测器将输出设置为限制状态。

故障安全 CPU 板是控制部件的核心部分，ATP 速度核对运算和制动指令功能集中到 1 块印刷线路板上。该故障安全 CPU 板装有双重系统 CPU 和计算环运算方式故障安全 LSI。故障安全 LSI 输出核对两个 CPU 的运算结果（制动指令条件等），如果校验不一致就立即进行故障检测，确保最后故障安全性。故障安全 LSI 框图如图 10.11 所示。

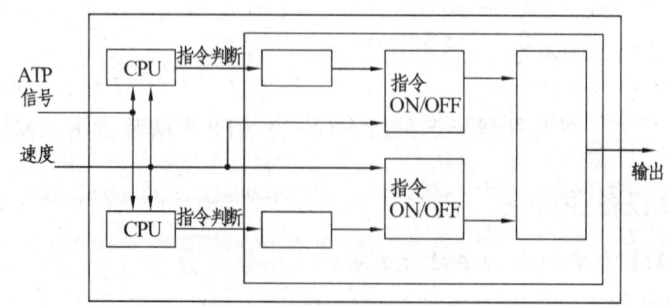

图 10.11　故障安全 CPU 板系统框图

在故障安全 LSI 上，比较 CPU 生成的允许速度与实际速度并生成制动指令。双重系统制动指令在故障安全 LSI 内的校对逻辑上进行核对，成为最终制动指令。

故障安全 LSI 输出在系统正常（无故障状态）且不发出制动指令时为激励，发出制动指令或在故障检测视为非激励。通过放大该激励输出，励磁继电器使继电器经常加压。向车体传输 ATP 制动指令的是 a 接点（加压闭合接点），制动装置做失电制动，因此制动指令或故障检测时制动装置可发生制动。

发生故障时，以能够保证检测出故障，具备自动输出制动的故障安全结构的装置为基础，并行接续两台完全具有互换性装置。不过，在接收控制部本身检测出故障时，将自我隔离指令系统。如此，作为系统制动指令只能依据剩余正常系统判断。其结果可构筑兼有安全性和可靠性的系统。

此 ATP 装置虽为双重系统，如图 10.12 所示，但其各系统完全处于平等关系。与备用方式不同，1 系统出故障时，不存在启动时间等问题，因此对运行毫无影响。另外，两系统间无主次关系，该形式双重系统不会发生被普遍关心的与转换相关的不适合情况，是可作稳定运行的。

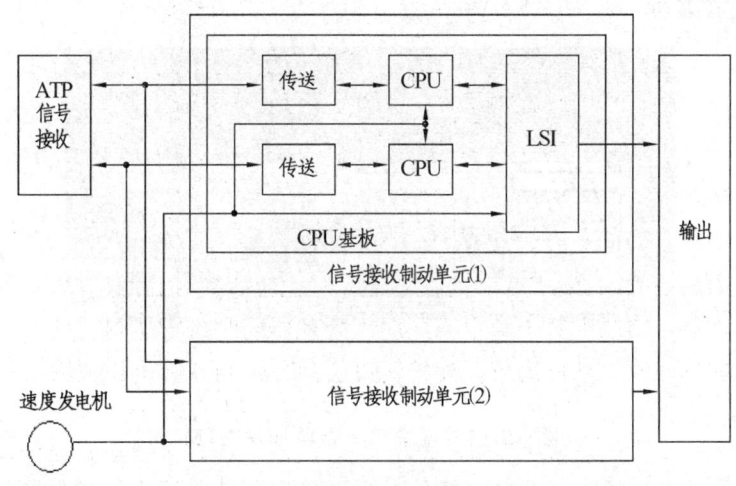

图 10.12　安全计算机 VC 系统

2）应答器信息接收模块 BTM

一个 BTM 模块包含电源板、接收板、传输板和接口板，如图 10.13 所示。BTM 是一个采用 2 取 2 技术的故障安全模块，接收应答器信息并提供精确定位。BTM 的作用是通过 BTM 天线，接收、解调符合 ETCS 标准的地面设备的应答器的信息，并在校核后、将正确的信息传输给 VC。

采用 ETCS 标准时，含有 830 位的用户信息、标题和校验码，共有 1 023 位信息，通过车上的 BTM 天线接收。接收后，BTM 进行框架确定、错误核对等，并将正确的信息传输给 VC。另外，作为应答器组，在应答器连续发来信息的情况下，能够暂时保留其内容。

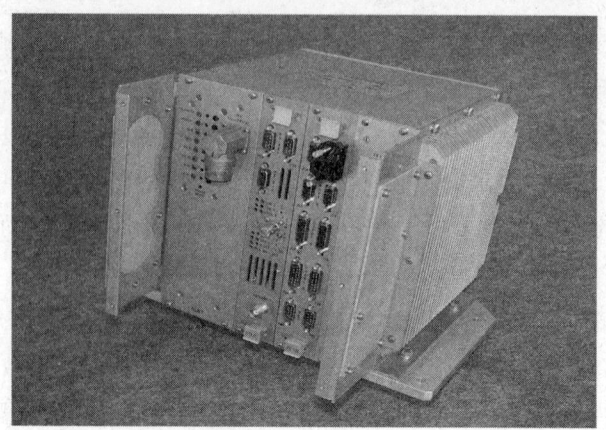

图 10.13 应答器信息接收模块 BTM

另外，TM 为了从应答器得到报文，还具有从车上向地上的应答器发送电力的功能。

3）连续信息接收模块 STM

STM 模块是安全模块，可接收 ZPW2000 系列轨道电路及 4 信息、8 信息、18 信息等传统移频轨道电路的信息，如图 10.14 所示。STM 及时传输地面轨道电路信息给安全计算机（VC）和 LKJ 监控装置。

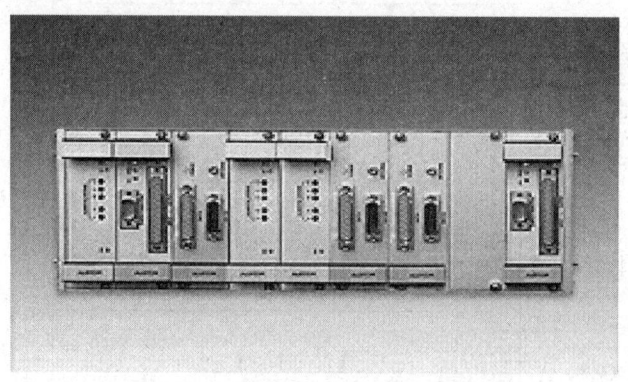

图 10.14 连续信息接收模块 STM

通过 STM 天线接收到轨道上的电气信号后，确定载波之后将解调低频信息，并判断信号码。

STM 具有同时接收多个载频的功能。而且会选择出电平最高的载频并将该载频中调制的低频（VLF）信号解调，判断信号码。STM 将接收的载频的种类、解调后的低频信息发送给 VC，并且能够利用司机的驾驶方向选择 SW 以及来自应答器的线路数据锁定载频。

4）DRU（ATP 车载设备的记录器）

ATP 车载设备配备了内部记录器，主要用于设备状态和故障信息以及各种事件的记录，是记录 ATP 车上装置的动作、状态的单元。作为记录媒体，DRU 采用了 PC 卡，将该 PC 卡取出，即可利用一般的电脑来读出该 PC 卡上的记录内容。

DRU 记录的事件包括司机对 ATP 设备的操作、轨道电路信息、ATP 与机车的信息交换等。维修人员可通过专用电脑或 IC 卡等进行数据下载。

5）RLU 继电器逻辑单元

这是主要由继电器组成的单元，它将来自外部的输入分配给各个系统，并可进行逻辑输出，将来自 2 个系统的输出集中。主要使用了一些可以焊接在印刷板上的小型继电器。

6）ATPCOS 隔离开关

这是有 2 个位置的凸轮式开关，2 个位置是"正常"和"隔离"，有独立的 14 个接点。通常固定在"正常"位置，要将其搬动到"隔离"位置时需旋转开关，该操作内容将被记录到记录装置。

3．ATP 系统外围设备

1）STM 天线

从头车的第一轴起，在左右轨道的正上方各设一台。利用电磁感应接收流经钢轨的信号电流。两个天线所接收到的信号在连接箱处连接，传送到设置在 ATP 主机柜的 STM，STM 对该信号进行选择和解调。

2）BTM 天线

在头车的第一转向架的后方，在左右车体的中心线上设置一台。在特定的场所，有应答器放置在轨道的中心，车辆内设置的 BTM 天线通过地上的应答器的正上方后，BTM 天线就会接收到地上的应答器所发出的高频无线电信号，并通过专用的电缆将该信号传递给设置在 ATP 本体上的 BTM。

3）速度传感器

这是设置在头车的第 2 轴和第 3 轴上，将各轴的转速转变成电信号并加以输出的装置。速度传感器的磁极是与齿轮相对的齿，与直接装在各轴上的检出用齿轮之间有微小的空隙，齿轮的齿通过磁极时，会因磁束的变化而感应出电压。该电压的频率与齿轮的转速同步，该电压会传递到设置在 ATP 本体上的 VC。VC 通过对该频率的计数来了解速度和距离。

4）列控 ATP 车载设备与各动车组列车的接口

（1）制动接口。

① 制动接口单元核对车载安全计算机各系统输出的制动指令，对两套车载安全计算机输出的制动指令进行"或"操作后，作为系统的最终输出。当各系统制动指令输出不相同时，选择输出大制动力的进行输出。

双系统中某一系统故障时，该系统的常用、紧急输出短路，制动接口单元不再核对双系统的输出。此时，正常系统的制动指令输出将作为系统的最终输出。两系统均故障时，则认为系统停机，最终输出紧急制动。

② 动车组与 ATP 车载设备的制动接口包括紧急制动、3 种等级的常用制动和卸载，各种信息均用 1 个接点。

③ 紧急制动采用失电制动方式。

（2）测速传感器。

① 头车及尾车的非动力轴的两端轴头均安装速度传感器，动力轴仅一端安装速度传感器。

② ATP 车载设备单独使用速度传感器，LKJ 可与动车组合用速度传感器。

（3）速度传感器。

日立 ATP 车载设备在两个轴头上安装四个速度传感器（各 3 通道），型号为 AG43。

CSEE ATP 车载设备在两个轴头上，安装两个速度传感器，使用维冈效应速度传感器（各 6 通道）。

LKJ 在两个轴头上，安装两个速度传感器。

动车组制造厂在各轴上均安装速度传感器。

川崎重工/四方厂制造的动车组，ATP 车载设备的速度传感器安装在头车及尾车的第 2、3 轴。

BSP 动车组 ATP 车载设备的速度传感器（AG43）安装在头车及尾车的第 2、3 轴。

ALSTOM/长客厂制造的动车组 ATP 车载设备的速度传感器安装在头车及尾车的第 1、4 轴（安装日立 ATP 车载设备的 5 列动车组，速度传感器型号为 AG43）。

LKJ 的速度传感器安装在 2、3 轴。

（4）各种连续和点式信息感应器的安装。

点式信息接收感应器和轨道电路信息接收感应器安装在车体下部，轨道电路信息接收感应器安装于头车及尾车第 1 轴前方。

第四节 动车组 ATP 车载设备人机交互界面及操作

ATP 车载设备人机交互界面（DMI）按照铁道部确定的界面和司机操作规程进行统一设计。DMI 是列车自动超速防护系统（ATP）的人机交互界面。DMI 设置在司机驾驶台上，DMI 设备的中心位置安装了 LCD 显示屏，周围配置了扬声器及键盘。DMI 显示界面能够以字符、数字及图形等方式同时显示列车运行速度、允许速度、目标速度和目标距离，告知各种列车信息以及 ATP 的状态，揭示驾驶员执行相应的操作。驾驶员能够通过键盘输入，改变 ATP 系统的工作模式和工作状态，输入有关的信息。

一、DMI 设备组成

DMI 主要由显示屏、键盘、扬声器、航空插座，以及电源板、主板、嵌入式 CPU 板组成。

显示屏：用于显示各种图形信息。

键　盘：用于司机进行各种操作或输入数据。

扬声器：声音通道，用于向司机输出语音或声音揭示信息。

航空插座：电源插座用于连接车载 ATP 设备的电源，A 系通信插座用于连接车载 ATP 设备的 VC1 系，B 系通信插座用于连接车载 ATP 设备的 VC2 系。

电源板：将输入电压转换为 DMI 内部各个部分所需的工作电压。

主　板：为 CPU 板提供各种连接通道，包括通信接口、键盘采集接口等。

嵌入式 CPU 板：DMI 的核心计算部分，内部装有嵌入式操作系统。

DMI 的外部构成如图 10.15 所示，其内部结构如图 10.16 所示。

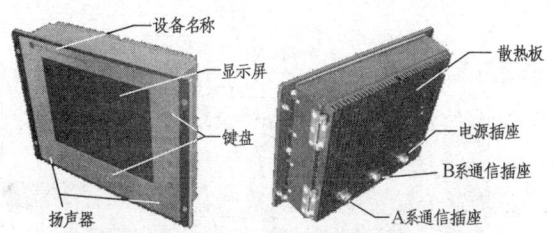

图 10.15　DMI 外部结构图

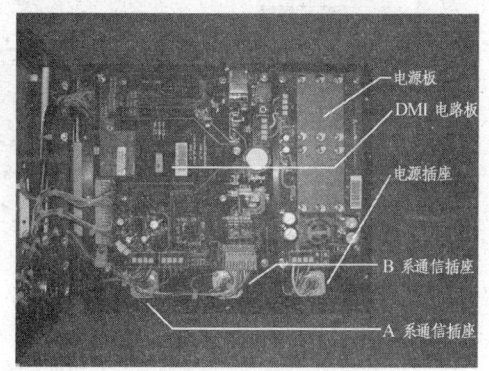

图 10.16　DMI 内部电路板结构图

二、DMI 基本显示界面

车载列控显示单元（DMI）的显示分辨率设为 640×480，在此分辨率下，DMI 的主界面分为如图 10.17 所示的 6 个区域。

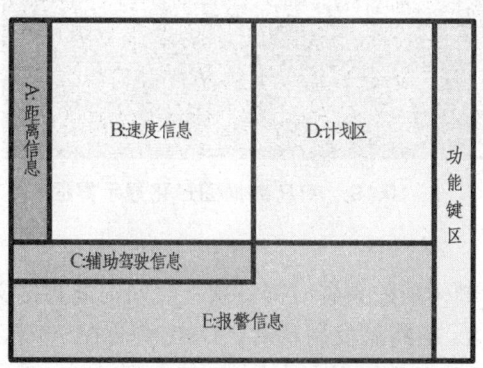

图 10.17　DMI 主界面

　　A 区：警示信息区。
　　B 区：速度信息区。
　　C 区：辅助驾驶信息区。
　　D 区：计划区。
　　E 区：报警信息区。
　　F 区：功能键区。

根据具体功能的不同，DMI 各功能区又被分为不同的小区，图 10.18 描述了 DMI 主界面的详细分区情况。在图 10.18 中，标为红颜色的区域表示没有使用。

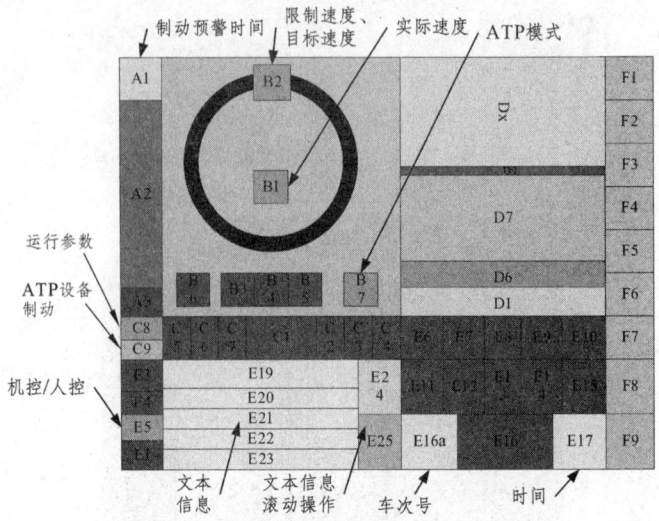

图 10.18 DMI 基础界面显示区域划分

完整的 ATP 数据图形化显示界面如图 10.19 所示。

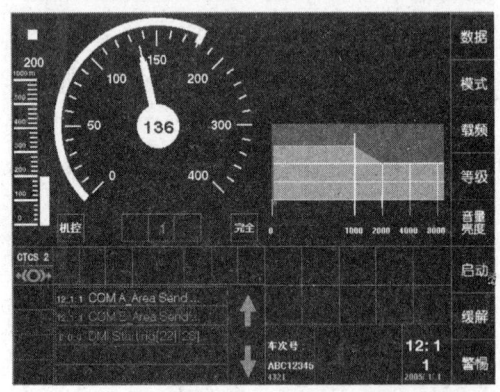

图 10.19 ATP 数据图形化显示界面

1．A 区预警信息

A1 区使用预警标显示制动前的预警时间。预警时间的范围定义在 8 s 以内，即如果车载 ATP 设备判断出列车将在 8 s 内将触发制动时，DMI 将会在 A1 区显示与不同预警时间相对应的不同大小的制动预警标。预警图标大小分为 0%、10%、50%、75%、100% 共五个等级。预警时间越短，预警标越大。当车载 ATP 设备触发制动时，预警标以最大尺寸显示。

另外，在顶棚速度区（Ceiling Speed Monitor，以下简称 CSM 区）和目标速度区（Target Speed Monitor，以下简称 TSM 区）预警标的显示是不同的。在 CSM 区，如果列车速度低于限制速度，预警标不显示；当列车速度大于限制速度，且设备触发制动时间小于 8 s，预警标开始显示，并随触发制动时间的临近由小变大。在 TSM 区，预警标总是显示，当列车速度低于限制速度时，预警标以最小尺寸显示；当列车速度大于限制速度，且设备触发时间小于 8 s 时，预警标随触发制动时间的临近由小变大。

A2 区用于表示目标距离。该区除采用柱状光带显示目标距离外，还在光带正上方用数字标出目标距离。柱状光带使用对数坐标，最大的显示范围是 1 000 m。当目标距离大于 1 000 m

时，柱状光带的高度保持不变，只用数字标出实际目标距离。A2 区仅当列车处于 TSM 区时才有相应的显示，在 CSM 区时并不显示。

2．B 区速度信息

B1 和 B2 区用来显示速度表，内容包括列车当前速度、允许速度、目标速度、最大常用制动（以下简称 SBI）速度、紧急制动（以下简称 EBI）速度。

列车实际运行速度采用双显示备份表示。一种表示方式是采用速度表的表示方法，速度表的指针指向刻度盘的当前速度；另一种表示方式是数字表示的方法，在速度表的中间区（B1 区）以数字的形式表示出当前速度值。

根据不同的情况，在速度表盘上以不同颜色的光带显示目标速度、允许速度、SBI 速度和 EBI 速度。在允许速度处，光带的宽度是正常光带宽度的两倍，形成"钩"状光带。

当列车处于 CSM 区时，如果列车未超速，速度表指针为灰色，目标速度以内用深灰色显示，目标速度到允许速度之间用灰色显示，如图 10.20（a）所示。如果目标速度为 0（停车），则灰色光带从速度表"0"刻度处开始，如图 10.20（b）所示。

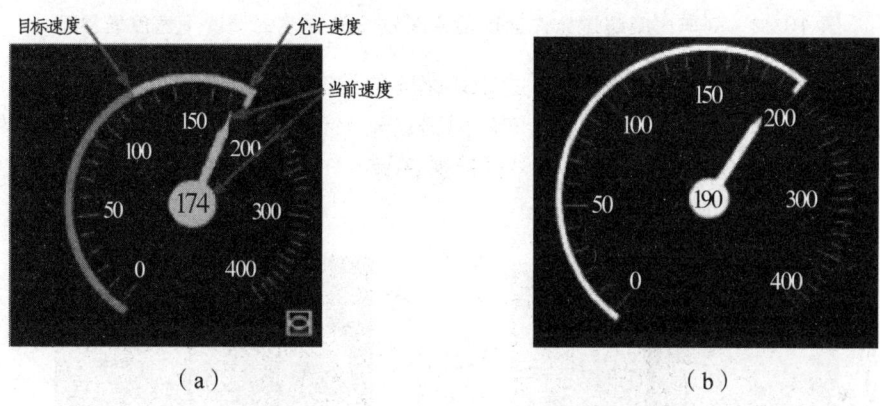

图 10.20　CSM 区未超速情况下速度表显示

当列车处于 TSM 区时，如果列车未超速，速度表指针为黄色，目标速度到允许速度之间用黄色显示，如图 10.21（a）所示。如果目标速度为 0，则黄色光带从速度表"0"刻度处开始，如图 10.21（b）所示。

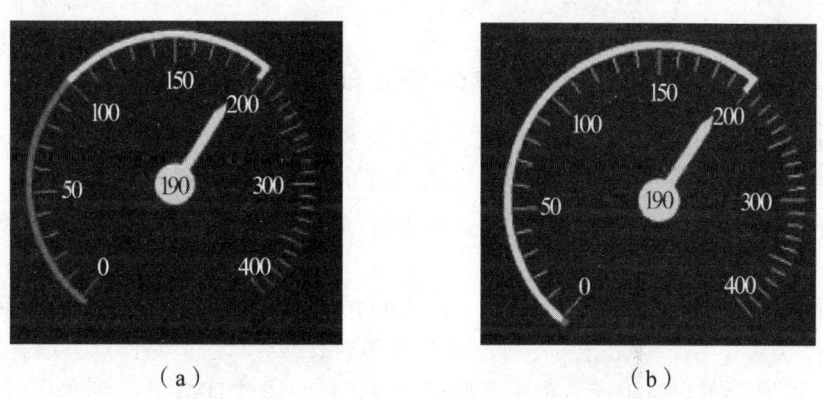

图 10.21　TSM 区未超速情况下速度表显示

在列车速度超过允许速度，但未超过 SBI 速度的情况下，速度表指针为橙色，从允许速度到 SBI 之间光带的宽度为正常光带宽度的两倍，显示颜色也为橙色，同时速度表指针指向列车当前速度，如图 10.22（a）所示。如果目标速度为 0，则黄色光带从速度表"0"刻度处开始，如图 10.22（b）所示。

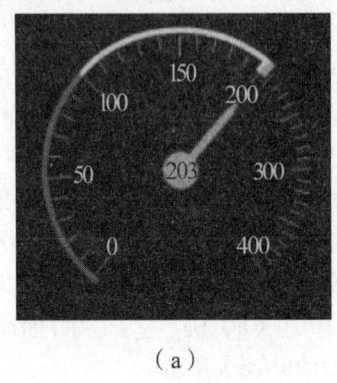
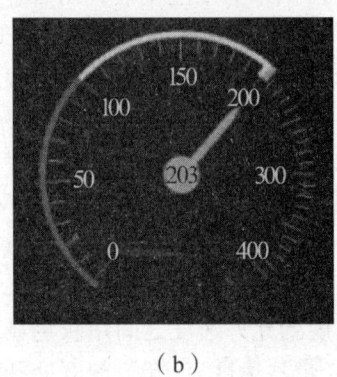

（a） （b）

图 10.22 列车速度超过允许速度但未超过 SBI 速度的情况下速度表显示

在列车速度超过 SBI 速度，但未超过 EBI 速度的情况下，速度表指针为红色，从允许速度到 EBI 之间光带的宽度为正常光带宽度的两倍，显示颜色为红色，同时速度表指针指向列车当前速度，如图 10.23（a）所示。如果目标速度为 0，则黄色光带从速度表"0"刻度处开始，如图 10.23（b）所示。

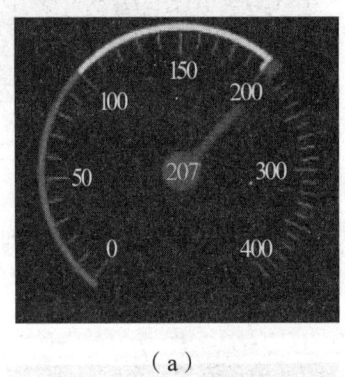
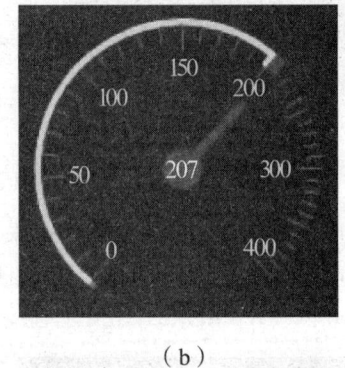

（a） （b）

图 10.23 列车超过 SBI 速度但未超过 EBI 速度的情况下速度表显示

当列车速度超过 EBI 速度后，速度表指针为红色，从允许速度到 EBI 之间光带的宽度为正常光带宽度的两倍，显示颜色为红色，超出 EBI 部分的光带不进行显示，同时速度表指针指向列车当前速度，如图 10.24（a）所示。如果目标速度为 0，则黄色光带从速度表"0"刻度处开始，如图 10.24（b）所示。

B7 区用来显示车载设备的控车模式。车载 ATP 设备的控制模式包括以下几种。

完全监控模式：当车载设备具备列控所需的基本数据（轨道电路信息、应答器信息、列车数据）时，ATP 车载设备生成目标距离模式曲线，并能通过 DMI 显示列车运行速度、允许速度、目标速度和目标距离等，控制列车安全运行。

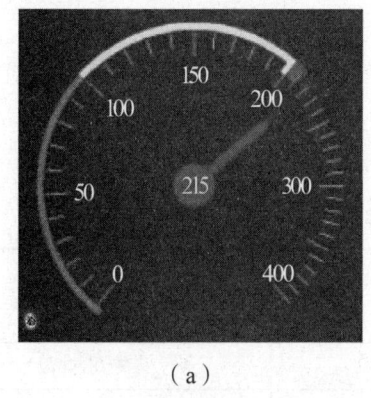 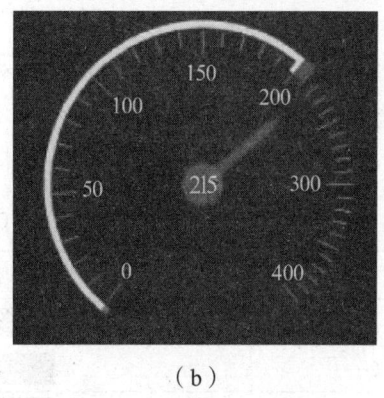

(a)　　　　　　　　　　　　(b)

图 10.24　列车速度超过 EBI 速度的情况下速度表显示

部分监控模式：若 ATP 车载设备接收到轨道电路允许行车信息，但线路数据缺损时，ATP 车载设备产生固定限制速度，控制列车运行。

调车模式：列车进行调车作业时，司机经特殊操作（在 DMI 上按下调车键）后，转为调车模式，ATP 生成调车限制速度，控制列车运行。

目视行车模式：在 ATP 车载设备显示禁止信号时，列车停车后，根据行车管理办法（含调度命令），司机经特殊操作（在 DMI 上按下目视行车键），ATP 生成固定限制速度，列车在 ATP 监控下运行，司机对安全负责。

待机模式：车载 ATP 设备上电后所处的控制模式。在该模式下车载 ATP 设备正常接收轨道电路以及应答器信息，同时无条件输出制动。

引导模式：引导接车，ATP 车载设备接收到接近区段的轨道电路信息（HB 码），形成并保持固定限制速度（20 km/h），控制列车运行。

反向运行模式：当上行列车运行在下行线或下行列车运行在上行线时，车载 ATP 设备所处的控制模式归为完全监控模式。

机车信号模式：当列车运行在 CTCS0/1 级或虽然列车运行在 CTCS2 级，但 ATP 车载设备故障，在由 LKJ 进行控制的 ATP 控制模式下，ATP 车载设备不输出制动。

隔离模式：是 ATP 车载设备故障后保持制动输出时，需要移动、运行列车所采用的模式。

以上各种控制模式采用图标的方式显示在 B7 区，具体的控车模式和显示图标的对应关系见表 10.2。

表 10.2　车载设备的控车模式

序号	模式	图标	备注
1	完全监控 FS	完全	
2	部分监控 PS	部分	
3	调车模式 SH	调车	
4	目视行车 OS	目视	
5	待机模式 SB	待机	
6	引导模式 CO	引导	
7	机车信号（CTCS0/1 级）	LKJ	
8	隔离模式 IS	隔离	

3．C 区辅助驾驶信息

C8 区用于显示列车运行等级。根据 CTCS 划分的等级，分别用 CTCS2、CTCS1、CTCS0 表示不同的运行等级。

C9 区用图标显示设备制动指示，具体图标含义，见表 10.3。

表 10.3　运行等级

序　号	图　标	含　义
1		紧急制动
2		常用制动
3		允许缓解

4．D 区计划信息

当列车运行于 CTCS2 级区段时，D 区以坐标系的形式显示线路的最限制速度曲线（Most Restrictive Speed Profile，以下简称 MRSP，它由线路静态限速曲线与临时限速构成）。坐标系的原点位于 D1 区的左下角，它始终以列车当前所在位置为参考原点，即列车始终位于坐标的原点。该坐标系的横坐标为距离（单位为 m），采用对数坐标，最远显示前方 8 000 m 内的相关信息。坐标系的纵坐标为速度（单位为 km/h），它表示线路的最大允许运行速度。

D6 区以白色短实线标识出 MRSP 的变化点，所谓的 MRSP 的变化点是指相邻的两个不同的 MRSP 的位置坐标的交接点。

D7 区显示列车前方 8 000 m 范围内的 MRSP，为清楚起见，以数字的方式显示速度坐标。

D9 区以黄色实线表示列车前方的第一个起模点（CSM 区与 TSM 区的交接点）。同时，将起模点的指示线向下延长到坐标显示区，以便于司机可以清楚地了解到起模点的具体坐标位置。同时，为了给司机作出明显的揭示，从起模点到下一个 MRSP 以斜线相连接，表示一个降速过程，便于司机驾驶。

D 区的显示示意如图 10.25 所示。

当列车运行于 CTCS0/1 级区段时，按照 CTCS 等级划分原则，将由 LKJ 控车，因此 D 区将用于显示机车信号，机车信号的显示标准符合 TB/T3060 的相应规定，显示方式如图 10.26 所示。

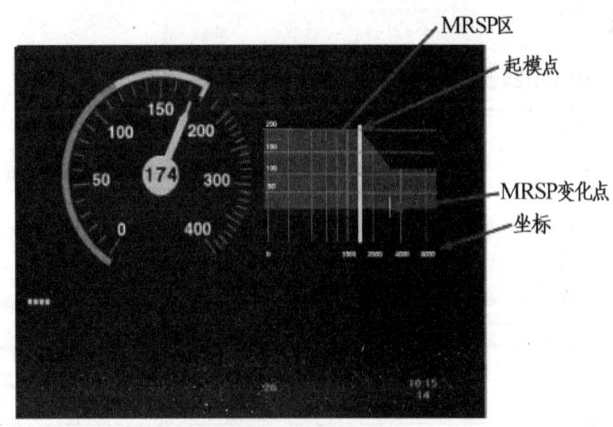

图 10.25　D 区显示示意

图 10.26　机车信号表示

5．E 区报警信息

E 区用来显示机控/人控优先、文本信息、车次号、时间等信息。车载 ATP 设备在运行过程中有机控/人控优先不同的控制状态，这两种优先状态可以通过 ATP 机柜内部的跳线来实现初始化设置，也可以由车载 ATP 设备在运行过程中根据具体情况进行实时的切换。

E5 区以图标方式表示机控优先和人控优先。在机控优先情况下，显示图标"机控"，当车载 ATP 设备揭示司机介入时，E5 区的图标更换为"人控"。人控/机控优先图标如图 10.27 所示。

E19、E20、E21、E22、E23 区用于显示各种文本信息。文本信息采用滚动方式显示，最后收到的信息总是以高亮的方式显示于 E19 区，之前的信息依次下移。司机可以通过功能键中的上、下翻页键查询之前的所有信息。

E16a 区显示当前的列车车次号和司机号。E17 区显示当前时间。

6．F 区功能键信息

F 区功能键信息如图 10.28 所示，对应各个功能键的名称。

图 10.27　机控/人控优先图标　　　图 10.28　功能键名称

7．工作模式和运行等级界面

完全监控模式的显示界面如图 10.29 所示。非完全监控模式的显示界面如图 10.30 所示。机车信号的界面如图 10.31 所示。

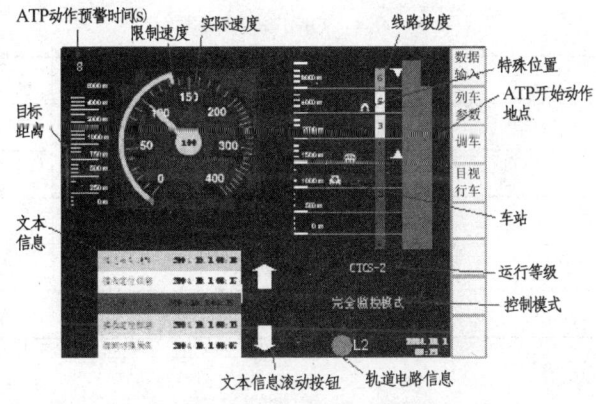

图 10.29　完全监控模式的显示界面

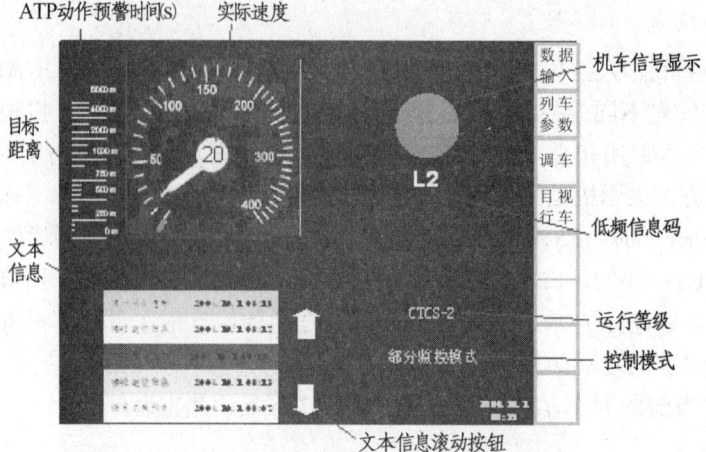

图 10.30　非完全监控模式的显示界面

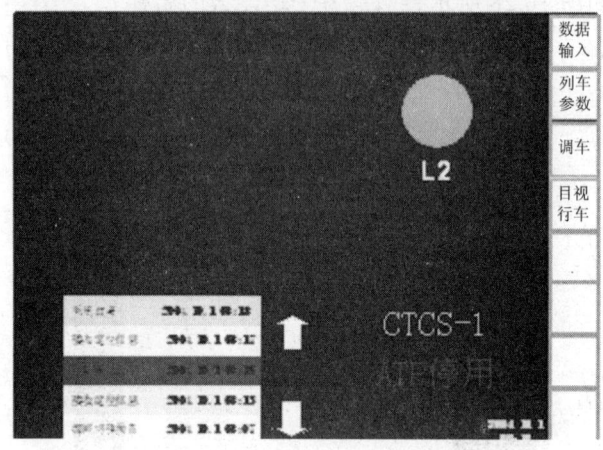

图 10.31　机车信号的显示界面

三、DMI 界面的语音及声音表示

1．DMI 输出的语音种类

DMI 可以通过不同语音给司机提供信息，具体的声音信息见表 10.4。

表 10.4　DMI 语音种类

序　号	语音内容	代　码
1	允许缓解	A0
2	级间切换	A1
3	前方限速	A2
4	减　速	A3
5	目视行车	A4

1）语音 A0"允许缓解"

列车运行速度从超速状态降到缓解速度以下时，车载 ATP 设备将根据超速后实施的制动状态发出"允许缓解"语音揭示。如果仅触发常用制动,则当列车速度低于缓解速度后,车载 ATP 设备就将发出该语音揭示。如果列车触发了紧急制动,则只有当列车停止后,车载 ATP 设备才发出该语音揭示。

2)语音 A1"级间切换"

列车在进行 CTCS 等级切换时,当列车越过切换预告点后,ATP 触发并输出语音 A1"级间切换"两遍;当列车越过切换点后,ATP 触发并输出声音 S4 揭示司机进行确认。

3)语音 3"前方限速"

在列车从 CSM 区进入 TSM 区的前 500 m,车载 ATP 设备会发出一遍"前方限速"的语音揭示,告知司机列车即将进入降速区段,请司机做好必要的准备。

4)语音 4"减速"

当列车位于 TSM 区时,如果列车运行速度超过了报警速度,ATP 设备将触发输出两遍语音"减速"。

5)语音 5"目视行车"

司机按下目视行车键后,当列车运行 150 m 或 50 s 时,ATP 设备输出语音"目视行车",该语音将持续到司机按下警戒键或列车触发制动(200 m 或 60 s)。当司机再次按下警戒键后,重复上述过程。

2. DMI 输出的声音种类

DMI 可以通过不同音调的声音给司机提供信息,具体的声音信息见表 10.5。

表 10.5 DMI 声音种类

序号	声音名称	使用场合	备注
1	S0	目标速度点变化 S5	
		故障发生揭示音 S6	
		新的文字信息揭示 S7	
2	S2	制动预警时的声音	
3	S3	设备制动结束	
4	S4	需要司机应答	当需要司机进行应答时
5	S8	按键音	当显示器的按键备按下时
6	S9	司机介入揭示音	当揭示司机应当介入时

1)声音 S2:制动预警揭示音

当列车进入降速区段后,如果列车运行速度超过报警速度 W 时,车载 ATP 设备将触发报警声 S2。当列车运行速度低于报警速度 W 并持续 2 s 后,车载 ATP 设备解除报警声 S2 的输出。

2)声音 S3:制动结束揭示音

当来自 ATP 的制动指令取消时,启动一次该声音的输出。

3）声音 S4：司机应答揭示音

当 ATP 处于引导模式时，司机应当在 200 m 或 60 s 内按下警惕按钮，否则，ATP 设备将触发制动。为此，需要在 200 m 或 60 s 之内揭示司机按压警惕按钮。在这种情况下，当列车运行 150 m 或 50 s 时，ATP 设备输出声音 S4 揭示司机进行相应操作。

在进行级间切换时，需要司机在切换完成后，按压"警惕"按键进行回应，为此设备在级间切换点触发司机应答揭示音 S4，提醒司机按压"警惕"按键。

4）声音 S0（S5）：目标速度点变化揭示音

按照一次制动模式曲线的要求，列车运行的目标点是随着地面轨道电路信号以及应答器信息的变化而变化的，当列车运行的目标点变化时，车载 ATP 设备将触发目标点变化揭示音 S0（S5）。

5）声音 S0（S6）：故障发生揭示音

当 DMI 检测到自身故障，或者接收到车载 ATP 设备发送至 DMI 故障信息时，DMI 将触发故障发生揭示音 S0（S6）。

6）声音 S0（S7）：文字信息揭示音

当有新的文本信息到来时，DMI 将触发文字信息揭示音 S0（S7）。

7）声音 S8：按键音

当 DMI 面板上的按键被按下时，触发按键音 S8。

8）声音 S9：司机介入揭示音

在机控优先情况下，当列车侧线停车时，ATP 允许司机介入。车载 ATP 设备从接受到停车信号开始，触发司机介入揭示音 S9，揭示司机介入。直到停车后，停止发出该揭示音。

四、DMI 键盘接口

1．键盘布局

DMI 键盘分为固定功能键和可扩展功能键，如图 10.32 所示。固定功能键在屏幕正下方，共有 11 个按键，其中共有 5 个按键为功能复用键，它们分别是：调车/1、目视/2、启动/3、缓解/4、警惕/字母。在数据输入情况下，这些复用键的功能为数字、字母输入。一般情况下，这些复用键的功能为相应按键上方所标的功能。可扩展功能键位于屏幕右侧，共 8 个按键，每个按键的具体功能由软件根据具体情况临时定义。

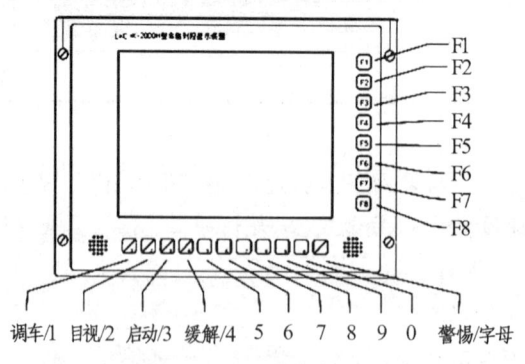

图 10.32 DMI 键盘布局

DMI 的按键根据功能分为输入选择和非输入选择两类按键。

输入选择类包括："0"~"9"数字键、字母键、"↑""↓"方向键，以及"确认""取消""删除""返回"等键。

非输入选择类包括："警惕""缓解""调车""目视""启动""载频""等级""模式""查询""数据""音量""亮度"等键。

以上两类按键如果未在固定功能键区定义，则由软件使用扩展功能键"F1"~"F8"根据具体情况临时定义。

2．功能键使用

"调车"键：在停车状态下，司机按下"调车"键，车载 ATP 设备进入或退出调车模式。

"目视"键：当地面轨道电路为红灯，列车处在停车状态，司机按压"目视"按键后，ATP 设备进入目视模式。

"启动"键：当车载 ATP 设备处于待机模式时，按压"启动"键，ATP 设置将从待机状态转入正常运行状态（通常为部分监控模式）。

"缓解"键：用于缓解车载 ATP 设备的制动。只有当车载 ATP 设备给出缓解揭示后，才可以通过此按键缓解制动。

"警惕"键：如果车载 ATP 设备处于目视行车模式下，司机需每隔一定时间或距离（如 60 s 或者 200 m）按压"警惕"键，以表明司机了解当前车载设备处于目视行车模式下，否则车载 ATP 设备就将输出紧急制动使列车停车。另外，车载 ATP 设备在进行级间转换后，会输出报警揭示，司机需要按压该键，来停止报警揭示的输出。

"数据"键：按压该键后，可以使 DMI 进入基础数据输入界面，如前所述，在此界面下，可以修改司机号、车次号等非安全型数据。

"模式"键：允许司机手动选择 ATP 的控制模式（OS、SH）。

"载频"键：允许司机改变上下行，通过 DMI 告知车载 ATP 设备地面轨道电路信号的载频是上行载频还是下行载频。

"上行"键：按压该键后，将选择轨道电路载频为上行载频。

"下行"键：按压该键后，将选择轨道电路载频为下行载频。

"等级"键：允许司机选择 CTCS 等级（CTCS0/1 级、CTCS2 级）。

"CTCS0/1"键：按压该键后，将选择运行区段为 CTCS0 级或转入 LKJ 控车模式。

"CTCS2"键：按压该键后，将选择运行区段为 CTCS2 级。

"音量亮度"键：用于选择调节 DMI 屏幕亮度、语音音量大小。

"大　音量"键：音量增大。

"小　音量"键：音量减小。

"亮　亮度"键：亮度增加。

"暗　亮度"键：亮度减少。

"查询"键：查询各种参数值，比如司机号或车次，车载 ATP 设备的状态等信息。

"司机号"键：用于选择编辑司机号。

"车次号"键：用于选择编辑车次号。

"确认"键：退出数据输入或功能设定状态并接受刚输入的所有参数。

"取消"键：退出数据输入或功能设定状态但放弃刚输入的所有参数。
"删除"键：数据输入状态时，用于删除当前输入的一个字符。
"返回"键：返回上级界面。
"0"~"9"数字键：数字键包括"0"~"9"共十个数字键，用于输入数字。
"字母"键：数据输入时用于输入英文字母。按压此键后，按键"2"~"9"分别具有字母输入功能。按键与字母输入对应关系见表10.6。

表 10.6　按键与字母输入对应关系表

序　号	键　名	对应输入的字母
1	"2"	A、B、C
2	"3"	D、E、F
3	"4"	G、H、I
4	"5"	J、K、L
5	"6"	M、N、O
6	"7"	P、Q、R、S
7	"8"	T、U、V
8	"9"	W、X、Y、Z

按下一次"字母"键，按键"2"~"9"只具有字母输入功能，输入的字母内容按照表4.5中规定的按键与字母输入的对应关系依次循环。

再次按下"字母"键，按键"2"~"9"同时具有字母、数字输入功能，输入的内容为该按键本身的数字值与表4.5中所规定的字母输入对应关系中的字母。

再次按下"字母"键，按键"2"~"9"只具有数字输入功能。

"↑""↓"方向键：分向上、向下2个键，用于在查询文本信息时进行上、下翻页操作。

"F1"~"F8"可扩展功能键：具体功能显示在DMI屏幕右侧功能键区域，DMI根据实际情况对这些功能键的功能进行定义和更新。

DMI输出的语音种类见表10.7。

表 10.7　DMI 语音种类

序　号	语音内容	代　码
1	允许缓解	A0
2	级间切换	A1
3	前方限速	A2
4	减　速	A3
5	目视行车	A4

五、DMI 工作状态

1. DMI 上电工作

对接通列车电源的情况，分为车库、站内加以说明。

1）车库内电源接通

（1）司机接通列车的电源，将钥匙插入制动手柄，并将手柄从拔出位置旋转到运行位置，这样，MCR 被激活，接通 ATP 装置的电源。接通电源后，ATP 装置就会自动转为 SB 模式，但是接通电源时的初始设定为"CTCS0"，则会转为 CS 模式。

（2）通常由于车库内不敷设 ZPW-2000 轨道电路。司机应按下 DMI 上的调车按键，ATP 装置会转为 SH 模式。

（3）司机在 SH 模式时，以 40 km/h 以下的速度移动列车，运行到铺设 ZPW-2000 轨道电路的场所，并在规定的位置停下。

（4）司机再次按下 DMI 上的调车按键，ATP 装置转为 SB 模式。

（5）司机按下 DMI 上的启动按键，列车转入 PS 模式。

（6）出发，在通过应答器位置确定后，ATP 装置既转为 FS 模式。

2）站内侧线电源接通

（1）司机接通列车的电源，使受电弓上升，将钥匙插入制动器设定器手柄，并将手柄从拔出位置旋转至运行位置，这样，MCR 被激活，接通 ATP 装置的电源，接通电源后，ATP 装置就会自动转为 SB 模式。

（2）因为站内敷设了 ZPW-2000 轨道电路。司机可在 DMI 上按下启动按键，这样，ATP 装置会转为 PS 模式。

（3）在从侧线出发的情况下，会发出 UU 或 UUS，因为未接受 TSR 信息，ATP 装置所发生的 NBP 速度为 50 km/h。

（4）然后在通过出站口应答器组后，位置确定后 ATP 装置即转为 FS 模式。

3）站内正线电源接通

（1）司机接通列车的电源，使受电弓上升，将钥匙插入制动器设定器手柄，并将手柄从出位置旋转至运行位置，这样，MCR 被激活，接通 ATP 装置的电源，接通电源后，ATP 装置就会自动转为 SB 模式。

（2）因为站内敷设 ZPW-2000 轨道电路。司机可在 DMI 上按下启动开关，这样，ATP 装置会转为 PS 模式。

（3）ATP 装置会按照 PS 模式中的各信息码和速度的对应定义，生成一定速度的核对速度图形，监视列车的最高速度，如果超过了该速度，则会自动地输出制动信号。

（4）然后当通过出站应答器组后，列车位置确定，ATP 装置即转为 FS 模式。

DMI 上电后，处于待机状态，如图 10.33 所示。此时 DMI 准备好，将接收并显示 ATP 数据。

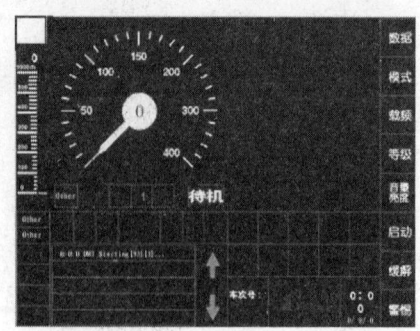
图 10.33　DMI 待机界面

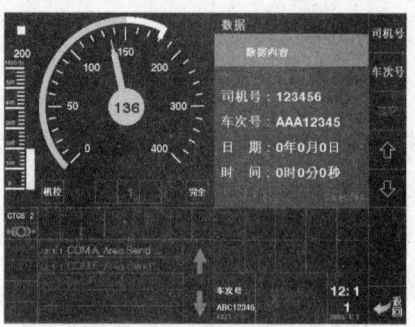
图 10.34　基础数据输入界面

2．基础数据输入

用户在 DMI 主界面按压功能键 F1"数据"按键，进入基础数据输入界面，如图 10.34 所示。

此时，按压功能键 F1"司机号"按键，进入司机号编辑界面，如图 10.35 所示；按压功能键 F2"车次号"按键，进入车次号编辑界面，如图 10.36 所示；按压功能键 F8"返回"按键，返回到 DMI 主界面。

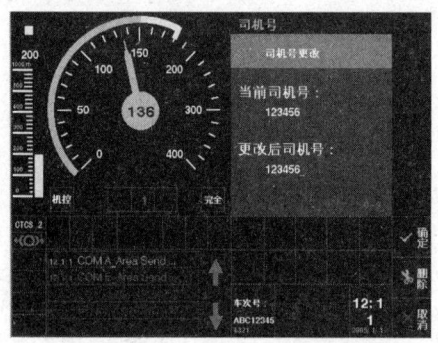
图 10.35　司机号编辑界面

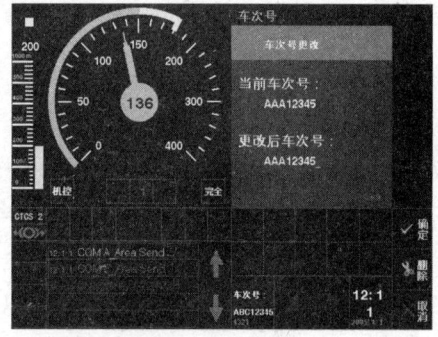
图 10.36　车次号编辑界面

在如上编辑界面下，屏幕下方的数字键和字母键被激活，此时可以进行基础数据的编辑工作。编辑过程中，按压功能键 F7"删除"按键，将删除当前输入的字符；按压功能键 F8"取消"按键，将取消当前的编辑工作，返回到基础数据输入界面。编辑完成后，按压功能键 F6"确定"按键，DMI 接收编辑的数据，并返回基础数据输入界面。

3．调车模式切换

进入调车模式切换界面有两种方法：

（1）在主界面按压功能键 F2"模式"按键，进入模式选择界面，如图 10.37 所示。此时按压功能键 F1"调车"按键，进入调车模式切换界面，如图 10.37 所示。

（2）在主界面下直接按压屏幕下方"调车"按键，进入调车模式切换界面，如图 10.38 所示。

此时，按压功能键 F6"确定"按键，切换到调车模式，并返回主界面。如果按压功能键 F8"取消"按键，则放弃切换操作，返回主界面。

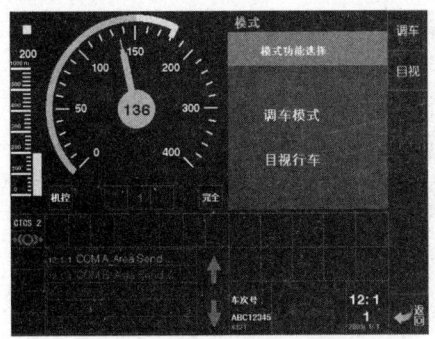 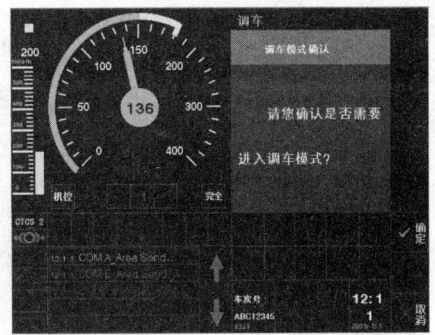

图 10.37　模式选择界面　　　　　图 10.38　调车模式切换界面

退出"调车"模式的操作方法与进入"调车"模式的方法相同，DMI 以及车载 ATP 设备会根据实际情况判断出司机当前的操作是进入还是退出"调车"模式，并据此显示相应的揭示对话框。

4．目视行车模式切换

进入目视行车模式切换界面有两种方法：

（1）在主界面按压功能键 F2"模式"按键，进入模式选择界面，如上图 10.37 所示。然后按压功能键 F2"目视"按键，进入目视行车模式切换界面，如图 10.39 所示。

（2）在主界面下直接按压屏幕下方"目视"按键，进入目视行车模式切换界面，如图 10.39 所示。

此时，按压功能键 F6"确定"按键，切换到目视行车模式，并返回主界面。如果按压功能键 F8"取消"按键，则放弃切换操作，返回主界面。

车载 ATP 设备退出"目视行车"模式，是根据地面轨道电路情况以及应答器信息接收情况自动完成的，不需要司机特别的操作。

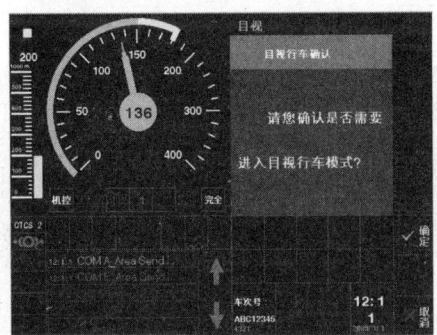

图 10.39　目视行车模式切换界面

5．载频切换

在车载 ATP 设备工作过程中，司机可以通过 DMI 切换上、下行载频。

在主界面下按压功能键 F3"载频"按键，进入载频选择界面，如图 10.40 所示。

此时，按压功能键 F1"上行"按键，进入上行载频切换界面，如图 10.41 所示；按压功能键 F2"下行"按键，进入下行载频切换界面，如图 10.42 所示。

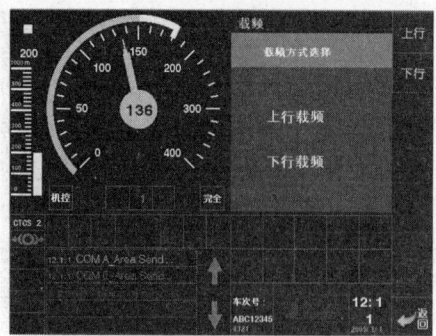

图 10.40 载频选择界面

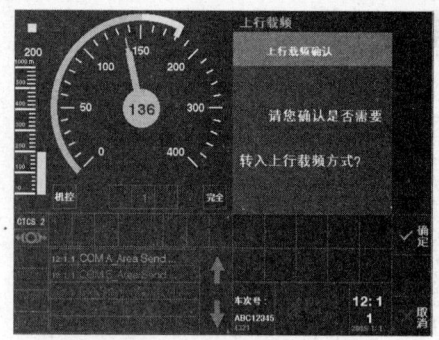

图 10.41 上行载频切换界面

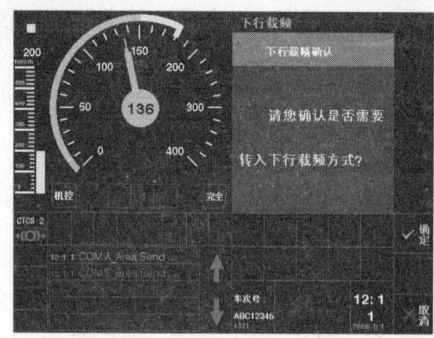

图 10.42 下行载频切换界面

在上述载频切换界面下,按压功能键 F6"确定"按键,切换到选择的载频,并返回主界面。如果按压功能键 F8"取消"按键,则放弃切换操作,返回主界面。

6. 运行等级切换

在车载 ATP 设备工作过程中,司机可以通过 DMI,选择 CTCS 等级。

在主界面下按压功能键 F4"等级"按键,进入运行等级选择界面,如图 10.43 所示。

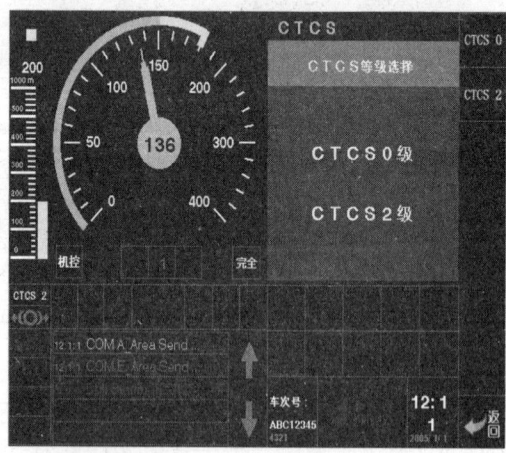

图 10.43 运行等级选择界面

此时,按压功能键 F1"CTCS0"按键,进入 CTCS0 等级切换界面,如图 10.44 所示;按压功能键 F2"CTCS2"按键,进入 CTCS2 等级切换界面,如图 10.45 所示。

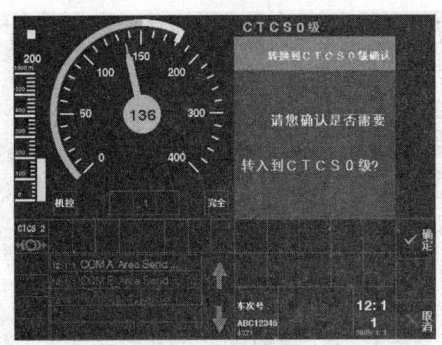
图 10.44 CTCS0 切换界面

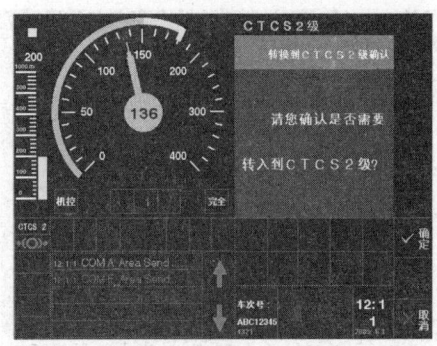
图 10.45 CTCS2 切换界面

在上述切换界面中,按压功能键 F6"确定"按键,车载 ATP 设备将切换相应的运行等级,并返回主界面。

如果此时按压功能键 F8"取消"按键,则放弃切换操作,返回主界面。

7．声音、亮度调节

在主界面下按压功能键 F5"音量亮度"按键,进入声音、亮度调节界面,如图 10.46 所示。

此时,按压功能键 F2"减小"按键,可减小音量;按压功能键 F3"增大"按键,增大音量;界面中绿色喇叭图标右下角的数字表示音量的等级,最大为 40,最小为 0。按压功能键 F4"暗淡"按键,减小显示亮度;按压功能键 F5"明亮"按键,增大显示亮度;界面中亮度表示图标右下角的数字表示亮度调节的等级。

调节结束后,按压功能键 F8"返回"按键,返回主界面。

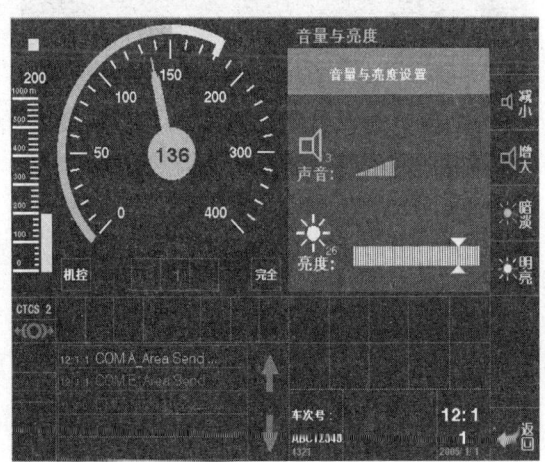
图 10.46 声音、亮度调节界面

8．启 动

如果车载 ATP 设备处在待机模式,此时按压屏幕正下方的"启动"按键,或者在主界面按压屏幕右方的功能键 F6"启动"按键,进入"启动"确认界面,如图 10.47 所示。

此时,按压功能键 F6"确定"按键,进入相应的控制模式,如图 10.48 所示;如果按压功能键 F8"取消"按键,将放弃操作,返回原来状态。

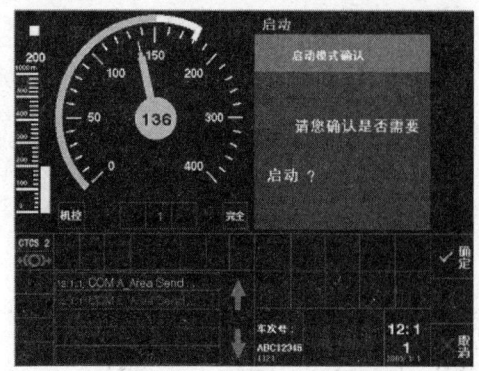 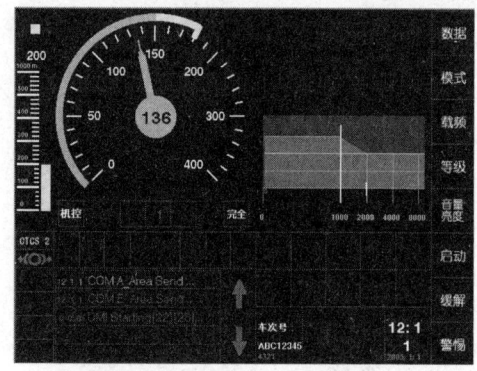

图 10.47 "启动"确认界面　　　　图 10.48 DMI 启动后界面

如果车载 ATP 设备处在待机以外的模式，按压此键无效。

9．缓解制动

在设备触发常用制动后，当速度低于常用制动值时，司机通过缓解制动操作，缓解常用制动；在设备触发紧急制动停车后，司机通过缓解制动操作，缓解紧急制动。按压屏幕下方的"缓解"按键，或者在主界面下按压功能键 F7"缓解"按键，进入缓解制动界面，如图 10.49 所示。

此时，按压功能键 F6"确定"按键，执行缓解制动操作，并返回主界面。如果按压功能键 F8"取消"按键，则放弃缓解制动操作，返回主界面。

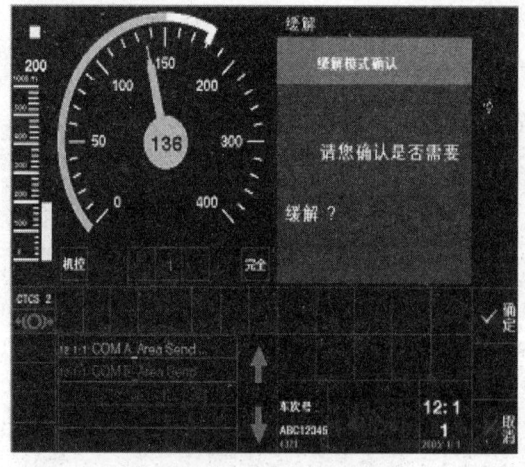

图 10.49　缓解制动界面

10．警　惕

在车载设备处于目视行车模式下，司机需每隔一定时间或距离（如 60 s 或者 200 m）按压"警惕"键，以表明司机了解当前车载设备处于目视行车模式下。在进行级间转换后，司机按压"警惕"键，用来停止报警。

按压"警惕"键有两种方式：

（1）按压屏幕下方的"警惕"键。

（2）在主界面下按压功能键 F8"警惕"键。

11．电源切断

电源切断时，当结束运行后，要将制动设定器从运行位置转为拔出位置，拔出位置位于紧急制动位置的后面。在这一时点，MCR 变为无加压状态，这样，ATP 的电源即被切断。然后司机将钥匙拔出，并在切断车体方的其他电源后，离开驾驶台。

六、DMI 故障表示

DMI 作为车载 ATP 设备与司机交互的界面，很多控制信息都是通过 DMI 告知司机，同样，在设备出现故障后，DMI 将对司机给出一定的揭示。

1．按键失效表示

当 DMI 通过检验判断出按键粘连或失效后，为了尽量减少对设备正常工作带来的干扰，DMI 在文本显示区给出相应的故障揭示文本：显示器故障。

2．通信故障表示

一路通信故障表示：当 DMI 判断出与 ATP 主机 VC 的某一系通信故障后，如果发生故障的是主系，则在文本显示区显示相应的故障揭示并切换至另一备用系，保持正常显示。

如果发生故障的是备用系，则只在文本显示区显示相应的故障揭示。

两路通信故障表示：如果 DMI 在通信过程中判断出与 ATP 的两路通信完全中断，为防止对司机产生误导，DMI 将黑屏并在屏幕中央显示"双系通信故障"。如果在后续的过程中与 ATP 恢复通信则切换到正常的显示界面。

3．ATP 上报故障表示

1）VC 故障表示

如果在通信的过程中，DMI 接收到"VC 故障"的信息，根据通信地址判断出是某一系 VC 后，DMI 将在文本显示区显示相应的揭示文本："安全计算机 # 系故障"（#代表系别，由 DMI 根据通信地址判断）。

如果上报故障的是主系，则 DMI 除了显示相应的文本外，还将切换到备用系。

如果上报故障的只是备用系，则 DMI 只在文本揭示区给出相应的揭示。

如果两路 VC 均上报故障，则 DMI 显示黑屏，并在屏幕中央显示文本"安全计算机双系故障"。

2）STM 故障表示

如果在通信的过程中，DMI 接收到"STM 故障"的信息后，根据通信地址判断出是某一系 STM 后，DMI 将在文本显示区显示相应的揭示文本："STM # 系故障"（#代表系别，由 DMI 根据通信地址判断）。

如果上报故障的是主系，则 DMI 除了显示相应的文本外，还将切换到备用系。

如果上报故障的只是备用系，则 DMI 只在文本揭示区给出相应的揭示。

如果两路 VC 均上报 STM 故障，则 DMI 显示黑屏，并在屏幕中央显示文本"STM 双系故障"。

3）BTM 故障表示

如果在通信的过程中，DMI 接收到"BTM 故障"的信息后，根据通信地址判断出是某一系 BTM 后，如果上报故障的是主系，将切换到备用系。

如果两路 VC 均上报 BTM 故障，则 DMI 显示黑屏，并在屏幕中央显示文本"应答器信息接收故障"。

4）其他故障表示

对于 ATP 上报的其他故障 DMI 将在获得故障代码后在文本显示区显示相应的故障揭示。

第五节 LKJ-2000 型列车运行监控装置的构成及操作

动车组 LKJ-2000 型监控记录装置（简称监控装置）是在铁道部科技司、运输局领导下，株洲电力动车组研究所在 LKJ-2000 型监控记录装置基础上进行升级和改进，满足动车组安全运行要求的新型列车超速防护设备。是计算机在列车防冒、防超技术中的实际应用。监控装置采用车载主机预先存储地面线路数据的控制方式，在运行时根据列车所处位置按顺序调取车载存储线路数据，按动车组信号显示状态并根据列车速度、距前方信号机距离实时计算控制模式曲线。当列车速度超过控制模式限速时，装置实施报警、卸载、常用制动及紧急制动控制，防止列车越过关闭的信号机或超过各种允许速度。

一、监控装置的组成及功能

1. 系统组成

动车组 LKJ-2000 型监控记录装置基本组成由主机箱（双机冗余）、屏幕显示器、事故状态记录器、速度传感器等组成。系统结构框图如图 10.50 所示。

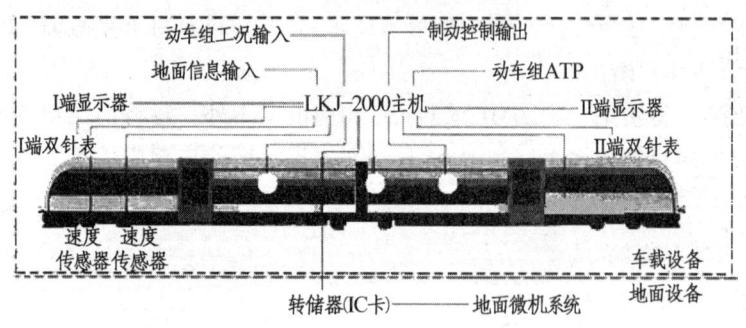

图 10.50 LKJ-2000 系统结构框图

主机箱为系统控制中心，其内部由 A、B 二组完全相同的控制单元组成（左边为 A 组，右边为 B 组），每组有八个插件位置（包括一个预留位置）。各插件位置以机箱中心线为基准对称排列，从中心线开始往左、右，各插件排列顺序依次为：监控记录、地面信息、通信、模拟量输入/出、预留、数字量输入、数字量输入/出、电源。各插件之间采用 VME 标准总线母板连接，机箱采用背板对外出线方式，所有输入输出信号均通过机箱背板连接器引出，在背板内侧装有过压抑制板。主机箱背面装有电源开关、保险，其外形如图 10.51 所示。

第十章 动车组运行安全设备及其操作

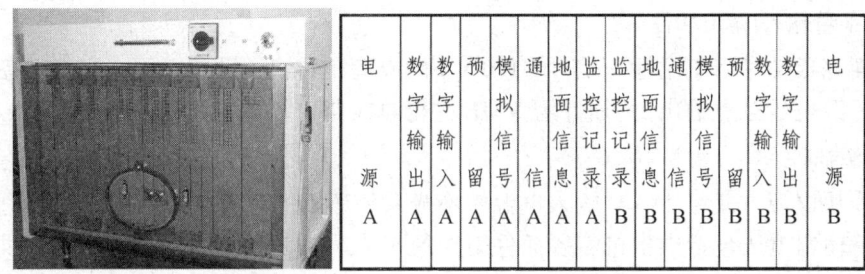

电源A	数字输出A	数字输入A	预留A	模拟信号A	通信信息A	监控记录A	监控记录B	地面信息B	通信信息B	模拟信号B	预留B	数字输入B	数字输出B	电源B

图 10.51 LKJ-2000 主机箱插件

2．各插件的主要功能

1）监控记录插件

监控记录插件作为 2000 型监控装置的主机模块，是系统的核心部件。模块以 32 位微处理器 MC68332 为 CPU，主要完成地面线路数据的存储与调用、运行状态数据的记录与同步、控制模式曲线的计算、实时时钟的产生，并通过双路 CAN 串行总线或 VME 并行总线现实对系统其他模块的控制与管理。其他模块中带 CPU 的模块通过 CAN 网络与主机模块交换数据，而不带 CPU 的模块通过 VME 并行总线与主机模块连接。工作主机与热备主机之间的数据交换是通过同步通信实现的。记录用数据存储器与实时时钟器件采用非易失性存储器件，因而在无需外部电池的情况下可实现数据的长期可靠保存。记录数据的转储可通过 RS232 通信接口完成。

2）地面信息处理插件

从轨道信号感应器上取得地面轨道电路信号，完成轨道电路传输信息的输入，经过电气隔离后进行调整放大，然后经数字信号处理器（DSP）对各种制式的信号进行数字滤波及分析处理。插件产生的过绝缘节信号供监控主机校正距离测量误差，绝缘节信息通过电平方式输出至监控主机，也可通过 CAN 通信网络传输。地面点式信息或轨道电路叠加信息的处理是根据需要以相对独立的专用处理模块来完成的，结构上此模块叠加在地面信息处理插件上。插件与监控主机通过内部 CAN 网络交换数据。

3）通信插件

通信插件提供装置的各种对外串行通信接口，插件与监控主机通过内部 CAN 网络交换数据。

4）模拟量输入/出插件

主要完成模拟输入信号和频率输入信号的调整、隔离、模/数转换及模拟输出信号的数/模转换、隔离及调整输出。模拟输入信号包括：压力信号、电流信号、电压信号以及加速度信号；频率输入信号主要是速度信号；模拟输出信号主要是驱动双针速度表实际速度和限制速度的电流信号，以及驱动双针速度表里程计的电压脉冲信号。所有输入/输出信号全部经过隔离放大器隔离或光电隔离。模拟量输入/输出插件经 VME 并行总线与监控主机连接。

5）数字量输入插件

完成对轨道电路信号点灯条件输入（50 V）的光电隔离与转换，经 VME 并行总线与监控主机连接，供监控主机读取。

6）数字量输入/输出插件

一方面完成动车组工况输入信号（110 V）的隔离与转换，另一方面完成制动控制指令的执行输出（继电器触点输出）。插件经 VME 并行总线与监控主机连接。

7）电源插件

采用模块电源方式将 110 V 输入电源转换成系统所需的各种电源。所有输出电源与输入电源隔离。输出电压包括供主机箱各插件工作的 5 V、+12 V、-12 V 及 24 V；供速度传感器的 15 V 以及供压力传感器的 15 V。除 5 V、+12 V 及 -12 V 共地外，其他各路输出电压互相隔离。

8）母　板

完成各插件的 VME 总线连接及输入/输出信号的连接。母板分左、右两部分，左半部分为 A 机母板；右半部分为 B 机母板。A、B 机母板的上半部分为 VME 总线，采用标准 96 芯连接器；下半部分为信号的输入/输出，采用标准 48 芯连接器。

9）过压抑制板（安装在后盖板上）

外部 110 V 电源及 110 V 电路输入信号经过过压抑制板，输入至数字量输入/输出插件；数字量输入/输出插件的继电器输出信号经过过压抑制板输出至机车 110 V 回路。因而所有与机车 110 V 回路相联的信号均经过过压抑制板的滤波及瞬态过压抑制处理，消除机车 110 V 回路干扰对装置的影响。因此，在安装 2000 型监控装置时，无需在机车上再另外安装过压吸收片。

主机由 A、B 二个相对独立的单元组成，每个单元都自成系统。由于二个单元互为热备，一个单元工作时，另一个单元处于热备状态，一旦工作单元任何一块插件发生故障时，另一个单元中的相同插件将立即投入工作，故障的插件将自动退出工作。工作单元的主机插件有指示灯指示，表示处于工作状态。

3．装置主要功能

1）监控装置的工作原理

首先在地面微机上运用地面开发软件把区间线路参数（如公里标、信号上码点位置、车站位置、线路坡度、线路限速、线路分支等数据）输入、修改、编译变成二进制目标码。用编程器把二进制形式的线路参数写入 EPROM 型存储器中，完成对地面参数的固化工作。然后把写有线路参数的存储器芯片装入车载主机的电路中。在列车运行时，LKJ-2000 型装置的计算机部件不断测定机车速度、机车信号状态，并调出存储器中预先存好的线路参数，计算出列车距前方信号机的距离，再考虑当时地面信号、机车设备状态，实时计算出允许列车运行的最高限制速度（又称模式限制速度），监控列车运行，并及时以显示字符和简明扼要的语音揭示通知乘务员采取措施。当确认列车超速或有可能冒进关闭的信号机，即当列车实际运行速度到达或超过模式限制速度而乘务人员没有采取相应措施时，装置将发出"卸载"、"常用制动"或"紧急制动"等命令，使列车减速甚至停车，确保行车安全。

此外，LKJ-2000 型装置还有另一计算机部件在不停地进行记录工作，把列车运行过程中机车的运行状态、信号机设备状态、乘务人员操作情况准确地及时记录下来。在机车回库后通过便携式转储器把运行数据转录下来，再传递给地面微机进行处理，即可再现列车运行实况，或以各种方式查询、统计，打印出报表或绘出运行图形曲线。

2）监控功能

（1）防止列车越过关闭的地面信号机。

如地面信号是关闭信号，并被动车组准确接收识别，则监控装置会根据线路坡度、列车速度、列车的制动率及与空走时间有关的列车辆数等各项因素进行制动限速计算，形成限速模式曲线。当列车速度接近监控曲线速度值时，装置会发出语音报警；当列车速度等于监控曲线的速度值，装置将启动紧急制动装置强迫列车停车。

（2）防止列车超过线路（或道岔）及动车组的允许速度。

监控装置可根据存储参数识别列车距前方道岔的距离及列车进入该股道的道岔限速（股道编号由乘务员输入）。当列车驶近道岔且列车速度接近设置的过岔速度时，装置会发出语音报警提醒司机制动减速；当列车速度大于设置的过岔速度一定值（由各铁路局定），装置可对列车实施紧急（或常用）制动，迫使停车或使列车按规定的速度通过道岔。

（3）在列车停车情况下，防止列车溜逸。

监控装置实现对机车的防溜控制，是根据列车正常操纵运行和溜逸时列车某些状态条件的变化，通过逻辑分析给出的判定。当列车运行速度降为零，但列车管减压量小于某一确定数值（一般为 80 kPa）时，装置按列车未保压启动防溜控制。

如果列车从停车到再开车，牵引的加载/卸载条件未发生变化，或状态变化但非加载，则当列车运行速度大于 3 km/h，装置按未加载开车启动防溜控制。

（4）可按列车运行揭示要求控制列车不超过临时限速。

监控装置可按照接收到的限速慢行、路票或许可证等非正常运行的行车揭示命令控制列车运行。如在限速运行揭示控制下，监控装置将在限速开始点指定安全距离前发出"注意限速"的语音揭示，通知乘务人员采取措施减速，在整列车安全通过限速地段后，限制速度才升至正常限速值。

3）记录功能

监控装置的记录功能采取的是事件触发方式，当满足触发记录的事件发生时，监控记录插件会自动追加记录。记录用数据存储器采用非易失性存储器件，因而在无需外部电源情况下可实现数据的长期可靠保存。记录数据可通过乘务员的 IC 卡或转储器传输到地面微机并经相应的地面分析处理软件处理后以一定格式的全程记录、图形曲线、司机报单及各种统计报表等形式直观地再现列车运行的全过程；这有利于铁路机务系统管理的现代化、科学化，有利于提高机务管理水平及乘务人员的技术水平。

（1）开、关机时相关参数记录。

当每次开关机时都会记录下日期、时间、动车组编号、装置编号等信息。

（2）乘务员输入参数（或 IC 卡输入）记录。

每当输入新的司机代号或新的车次且动车后，都将形成一个新的运行文件。乘务员输入的数据如车次、本务/补机、起始站号、支线号、侧线股道号、司机代号等也会进行记录。

（3）运行参数记录。

列车运行过程中，监控装置会记录装置投入和退出报警状态、装置投入和退出制动状态、运行到车站中心时的信息、监控数据过分区、司机修改参数、轨道电路的行车信号发生变化、列车行车信号故障、装置降级、动车组工况发生变化、侧线输入操作时列车管压力每变化

20 kPa 或压力降为零、列车运行速度每变化 5 km/h 或速度下降到零、装置限制速度每变化 5 km/h、防溜控制发生报警或制动等事件。以上任一事件发生时监控装置都会自动追加记录，每条记录都包含随同事件同时记录的内容，如有时间（时、分、秒）、地面公里标、距前方信号机距离、前方信号机种类及编号、列车运行速度、装置设置的限制速度、信号显示状态、列车管压力、运行工况信息等。

（4）事故状态记录。

LKJ-2000 型监控装置系统包括列车事故状态记录器，将记录 30 min 以内的最新列车运行状态数据，事故发生后将自动停止记录。并且其记录密度大大高于监控主机数据记录密度，列车走行距离超过 5 m 时，将产生一次相关参数记录。因此在发生严重事故后可提供详细、准确的列车运行状态数据。事故状态记录器还具备抗冲击性能。

二、屏幕显示器

动车组 LKJ-2000 型彩色液晶显示器是新一代列车运行监控记录装置的一种显示操纵设备。除了具有常规数码显示器的输入、查询等功能外，由于使用了大屏幕彩色图形显示，在显示速度、限速、距离等常规的监控内容的同时，还可以实时显示当前位置前方限速、线路纵断面、信号机和车站情况等信息，极为直观、全面地提供了列车运行情况。

1．显示器主界面（见图 10.52）

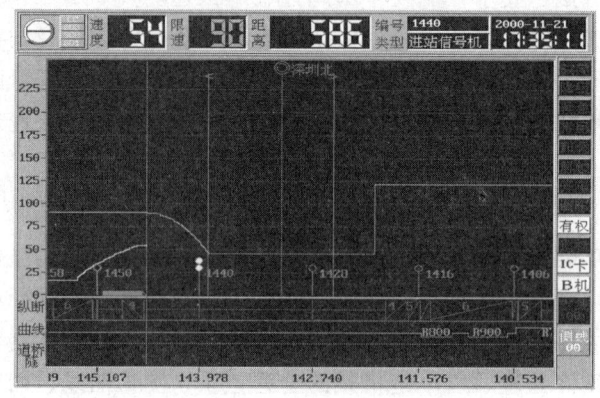

图 10.52　LKJ-2000 型屏幕显示器主界面

2．屏幕显示内容

1）屏幕最上方的数据窗口

信号灯状态显示窗口：显示列车当前的信号状态，有绿灯、绿/黄灯、黄灯、红灯、半黄红半灯、双黄灯、黄 2 灯、白灯 8 种显示。

速度等级显示窗口：从上至下有 LC、SD3、SD2、SD1 四种速度等级标志，亮的部分表示当前所处的速度等级状态。其中 LC 亮表示绿灯信号状态下的最高速度等级，SD1、SD2、SD3 分别表示速度等级 1、速度等级 2、速度等级 3。

速度窗口：显示列车当前的实际运行速度（蓝色数字）。

限速窗口：显示列车当前运行位置的模式限制速度（红色数字）。

距离窗口：显示列车当前运行位置距前方信号机的距离（黄色数字）。

编号窗口：显示前方信号机的编号和类型。运行中过绝缘节校正时显示背景为绿色，过绝缘节不校正时显示背景为红色。

公里窗口：显示列车当前运行位置所对应的公里标。

日期和时间窗口：显示当前的系统日期及时间。

2）屏幕右边的状态窗口

状态窗口用于指示系统状态，自上到下依次为以下几种。

故障：当CAN总线故障时，指示灯点亮。显示"CANA"时表示CAN总线A路有故障；显示"CANB"时表示CAN总线B路有故障；显示"故障"时表示CANA和CANB均故障，此时显示器不能与监控主机进行正常通信。

降级：装置处于降级工作状态时，指示灯点亮。

快速制动：装置施行快速制动时，指示灯点亮。

147：装置施行1、4、7级常用制动时，相应的指示灯点亮。

卸载：装置施行卸载动作时，指示灯点亮。

解锁：解锁成功后，指示灯点亮，4 s后指示灯自动熄灭。

开车：参数有效设定完毕指示灯点亮，按压"开车"键进入监控状态后指示灯熄灭。

调车：装置处于"调车"状态时指示灯点亮，退出"调车"状态时指示灯熄灭。

控制权：指示本端显示器是否有操作权。显示"有权"表示有操作权；显示"无权"表示无操作权。

巡检：按压"巡检"键有效后，指示灯点亮，4 s后指示灯自动熄灭。

IC卡：插入IC卡时指示灯点亮，无IC卡时指示灯熄灭。

A/B机：指示当前工作主机是A机还是B机，显示A表示A机是工作机，B机为备机；显示B表示B机是工作机，A机为备机。

支线：列车运行中，当允许支线输入操作时，指示灯点亮，支线输入有效后，显示所输入的支线号。

侧线：列车运行中，当允许侧线输入操作时，指示灯点亮，侧线输入有效后，显示所输入的侧线号。

入库：进入入库状态显示"入库"，进入出库状态显示"出库"，退出出入库状态时指示灯熄灭。

隔离：其他ATP控制或手动隔离监控装置时，隔离指示灯点亮。

3）速度、限速窗口

屏幕中间的窗口为主窗口，显示范围为5 km。靠左侧1/5处的竖直线将窗口分为两部分，左侧显示列车越过1 km范围内的运行信息，右侧显示列车运行前方4 km范围内的监控模式允许速度、信号机信息、道岔、电分相及线路纵断面状态等信息。

限制速度：以（红色）曲线方式显示当前区段的限制速度和前方4 000 m以内的限制速度情况。

实际速度：以（绿色）曲线方式显示列车当前运行速度和刚走行的速度曲线情况。

信号机位置、编号、信号机的状态：以坐标的方式显示前方4 000 m以内的信号机位置，信号机编号，前方一架信号机的信号状态。

站中心及站名：以坐标（垂直线）的方式显示前方 4 000 m 以内所有站的站中心位置，并用汉字标注对应车站的名称。

列车位置：在整个曲线显示的约五分之一处有一条垂直分隔线（黄色线），表示此处为当前列车位置，下部显示一个列车图标，图标的长度与输入的列车计长成正比。

道岔：以坐标（垂直线加进岔、出岔标记）形式显示进、出站的道岔位置。

线路纵断面、线路曲线、道桥隧：在整个屏幕的下方三个窗口显示运行前方线路纵断面、线路曲线、桥梁、隧道的情况，指导乘务员操纵。

监控数据中在本分区有支线时，在曲线窗口中以文字方式显示各支线号及走行方向。

公里标：屏幕的最下方显示信号机的公里标。

3．操作按键

显示器面板下部为功能按键区，面板操作按键示意图如 10.53 所示。

图 10.53　监控装置面板操作按键示意图

操作按键为带背光薄膜按键，在光线变暗时，按键上的字可自动透光。

按键共 21 个，其中 0～9 共 10 个键为复合键，其他为单功能键。

键上带有数字的键，在监控状态作功能键用，在参数修改状态作数字键用，以下是用于功能键时的定义。

"警惕"键：降级 ZTL 报警时起暂停报警作用；防溜报警及防溜动作后的解除，终止当前语音报警。

"解锁"键：进站（进路）信号机普通引导或特殊站靠标开口操作；与其他键组合进行某些特定操作。

"向前"键：运行过程中，先按压"车位"键 3 s 内再按压"向前"键，调整滞后误差。

"调车"键：按压"调车"键，进入或退出"调车"工作状态。

"车位"键：该键为组合键，调整距离误差时先按压"车位"键，3 s 内再按压"向前"或"向后"键进行车位调整。

"进路号"键：运行中，当支线号或侧线号选择允许灯点亮而支线或侧线输入窗口消失时，按压"进路号"键可进入支线号或侧线号输入操作状态。

"定标"键：线路坐标打点记录或者进站确认解除报警。

"缓解"键：按压该键，进行常用制动后的'缓解'操作。

"向后"键：运行过程中，先按压"车位"键 3 s 内再按压"向后"键，调整超前误差。

"开车"键：按压"开车"键，执行对标开车操作。特定引导时和"解锁"键作为组合键使用。

"自动校正"键：运行过程中，按压"自动校正"键，自动调整滞后或超前误差。

"出入库"键：按压该键，进入或退出出入库状态。

"巡检"键：动车组不进行巡检操作。

"查询"键：按压该键，进入信息查询操作状态。

"转储"键：按压该键，进入文件转储操作状态。运行中此键与数字键组合使用，可解除前发调度命令。

"设定"键：进入或退出参数设定操作。

"确认"键：按压该键，参数设定或修改有效，保存退出；与其他键组合使用进行某些特定操作。

"←""↑""→""↓"键：在参数设定或查询状态，按压这些键，可以改变光标的位置。在输入数字时，"←"键为退格键；需要弹出"非正常行车窗口"时按压"↑"键2 s以上可弹出非正常行车窗口；其他状态按压"←"键或"→"键可以调整语音大小，按压"↑"键或"↓"键可以调整显示器亮度。

三、监控装置控制模式

1．正常监控模式

动车组司机进行有效参数设定，按压"开车"键后监控装置进入正常监控模式。

正常监控模式下，监控装置采用车载主机预先存储地面线路数据顺序调用的方式，结合动车组自动信号显示状态（或前方临时限速）并根据列车运行速度、距前方信号机距离（或前方临时限速位置）实时计算控制模式曲线。当列车速度超过控制模式限速时，监控装置实施报警、卸载、147级常用制动及快速制动控制，防止列车越过关闭的信号机或超过设置的各项允许速度。

2．降级ZTL控制模式

1）进入时机

在下列情况下，监控装置进入降级控制模式

（1）开机后自动进入降级状态。

（2）设定完成未按压"开车"键前。

（3）监控数据终止时。

（4）读监控数据错误时。

（5）退出"动车组信号故障"模式时。

2）控制方式

（1）进行信号。

运行中动车组自动信号为进行信号装置转入降级时，模式按延迟2 000 m后限速60 km/h控制。

2 000 m延迟距离未走完，运行速度便达到60 km/h时实施周期报警，报警方式为4 s间隔，7 s连续报警。按压"警惕"键应答解除报警。2 000 m延迟距离走完后，限速按60 km/h控制。

（2）关闭信号。

运行中动车组自动信号为关闭信号（含白灯）装置转入降级时，模式按延迟800 m后限速20 km/h控制。

800 m 延迟距离未走完时，运行速度超过 5 km/h 时实施周期报警，报警方式为 4 s 间隔，7 s 连续报警。按压"警惕"键应答解除报警。800 m 延迟距离走完后，限速按 20 km/h 控制。

（3）降级状态下动车报警。

降级状态（非调车、出入库）下，如动车组自动信号显示停车信号（含白灯），运行速度超过 5 km/h 时，监控装置实施周期报警，报警方式为 4 s 间隔，7 s 连续报警，司机在 7 s 内未按压"警惕"键进行应答操作时，监控装置实施紧急制动。

3．调车控制模式

按压"调车"键、输入专调车次或在平面调车状态时监控装置自动转入调车控制模式。控制模式最高限制速度为 40 km/h。

限制速度值 – 实际速度值 ≤ 0 km/h 时，语音提示报警。

限制速度值 – 实际速度值 ≤ – 1 km/h 时，解除动车组牵引力。

限速速度值 – 实际速度值 ≤ 0 km/h 时，实施 7 级常用制动控制。

限制速度值 – 实际速度值 ≤ – 5 km/h 时，实施紧急制动控制。

在调车、降级、出库和出站控制模式下，没有 1、4 级常用制动，只有 7 级常用制动控制。

4．非正常行车控制模式

1）走停走控制模式

自动闭塞区段，在分区信号机前动车组自动信号信号显示停车信号（模式曲线在信号机前限速为 0）时，列车在该信号机前停车 2 min 后监控装置自动解除停车控制模式。列车起动后，监控列车以最高不超过 20 km/h 的速度运行到次一信号机，按其显示要求监控列车运行。

2）路票行车模式

路票行车模式下，监控装置解除对列车所在线路的出站（发车进路）信号机和下一站间所有分区通过信号机的停车控制功能，运行至接车站进站信号机前，按其对应的动车组信号显示要求监控列车运行。

路票行车模式下，监控装置按该次列车交路最高允许速度的 80% 自动调整最高限制速度监控列车运行。

3）绿色许可证行车模式

绿色许可证行车模式下，监控装置解除列车在本架信号机的停车控制功能，监控列车最高以不超过 45 km/h 速度运行通过出站道岔。

4）引导行车模式

（1）自动引导。

在进站（接车进路）信号机前，动车组自动信号显示半黄半红闪灯信号，监控装置 SD1、SD3 指示灯闪烁时，监控列车以不超过 20 km/h 的速度通过该信号机。

（2）普通引导。

在进站（接车进路）信号机前，动车组自动信号显示半黄半红灯或白（红）灯，当列车运行速度低于 20 km/h 时，允许司机按压"解锁"键解除停车控制模式；监控列车以不超过 20 km/h 的速度越过进站（接车进路）信号机。

（3）特定引导。

特定引导的进站（接车进路）信号机前，列车运行速度低于 60 km/h 时，允许司机顺序按压"开车""解锁"键解除对该信号机的停车控制功能；监控列车以不超过 60 km/h 的速度通过该进站（接车进路）信号机。

5）地面信号确认

司机确认地面信号机显示绿灯、绿黄灯，动车组信号显示双黄灯，并进行相应操作后，监控装置解除自列车接近的信号机和次一信号机前的动车组信号显白（红）灯的停车控制；动车组信号接收到次一信号机的显示后，按其显示要求监控列车运行。

6）机车信号故障模式

动车组信号故障模式运行时，显示屏显示"机车信号故障"字样，监控装置不再按动车组信号显示监控列车运行，对客运列车按该次列车交路最高允许速度的 80% 监控列车运行。

5．其他控制模式

1）补机控制模式

动车组无补机状态。

2）故障交权模式

当监控主机中 A、B 机同时故障，故障指示灯点亮，显示器发出故障报警时，要求司机在 3 min 内关断主机电源，否则实施快速制动。

3）防溜控制模式

监控装置设有手柄防溜控制模式，此模式只在监控状态下有效，调车和降级模式下取消防了溜控制功能。

当动车组未加载由停车状态动车，速度 ≥3 km/h 或者移动距离 ≥10 m 时，装置连续语音揭示"注意防溜"。如未按键应答或加载，10 s 后实施快速制动控制。

四、乘务员的基本操作

1．开机和设定操作

1）开　机

打开监控装置主机背面的电源开关后，监控装置执行自检功能，主机各面板指示灯进行相应的闪烁，屏幕显示器在刚开机时进入 DOS 启动状态，大约 30 s 后进入正常的显示状态。

监控装置启动完毕后，自动转入降级运行状态，收到相应的色灯后进行相应的语音揭示。正常启动完毕后，如动车组信号显示为关闭信号（如半黄半红灯、红灯或白灯），在速度高于 5 km/h 时，装置将进行 ZTL 报警。

2）参数设定

设定操作在列车运行或停车状态下均可进行。但在出现 ZTL 报警、限速报警、防溜报警时禁止参数设定操作。设定操作分为手动输入和 IC 卡输入两种。

（1）手动输入操作。

① 按压"设定"键，进入参数设定状态，如图 10.54 所示。

② 通过"↑"、"↓"、"←"、"→"键，移动光标到相应位置，按压数字键输入各项参数，按压"确认"键确认输入内容。

③ 对于带有下拉菜单的输入项，按压"↓"键，调出下拉菜单选项，通过"↑"、"↓"键选择所需要的类型，按压"确认"键选定。

④ 所有参数输入、修改完毕后，使光标移到"确定"项，按压"确认"键或直接按压"设定"键，确认修改有效并退出参数设置状态。

⑤ 各项参数正确输入完成后，如输入参数有效，装置"开车"指示灯点亮。并在屏幕上显示始发站的名称和设定信息。

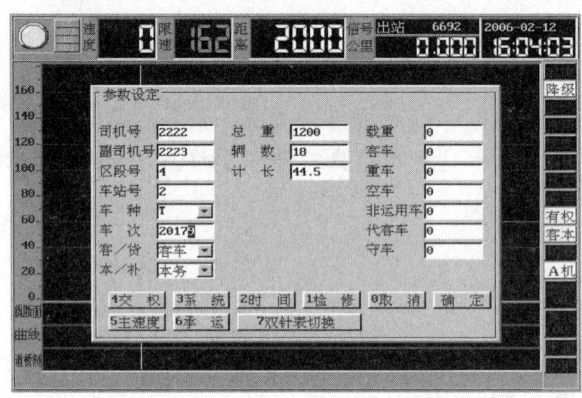

图 10.54　设定参数窗口界面

（2）IC 卡输入操作。

① 将写有参数的 IC 卡，正确插入屏幕显示器 IC 卡座内，显示屏右侧状态窗口的"IC 卡"指示灯点亮，如图 10.55 所示。

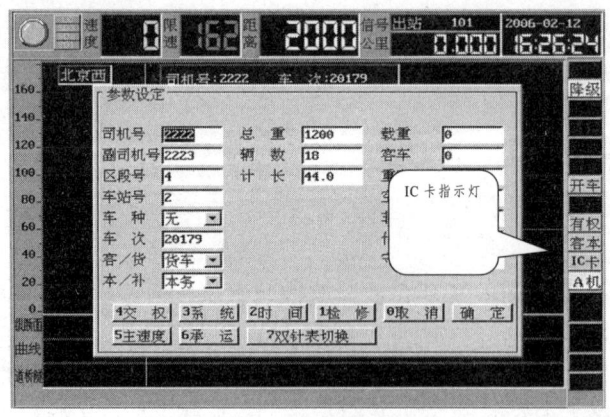

图 10.55　IC 卡参数设定

② 在速度为 0 的情况下按压"设定"键，装置自动读出卡内的设定参数，弹出参数设定对话框，其中的参数为 IC 卡中预先写入的参数。如卡内信息与运行信息不符，可按照上面的手动"参数设定"更改不正确项，确认无误后将光标移到"确定"项，按压"确认"键确认。

③ 设定完毕后，IC 卡通过显示器向监控主机发送揭示信息，弹出信息窗口（见图 10.56），显示输入的揭示条数。

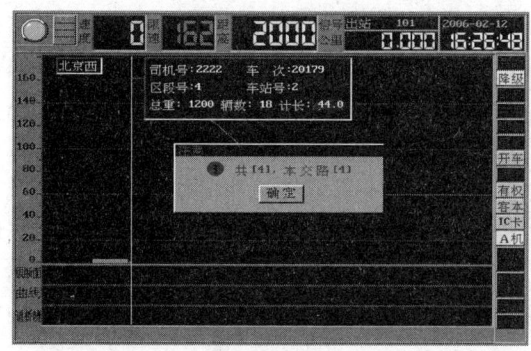

图 10.56　揭示输入条数揭示

④ 按压"确认"键后，显示器弹出窗口，揭示"请查询揭示"。按压"确认"键后，自动调出揭示查询窗口（见图 10.57）。检查确认正确后，按压"0"号键退出查询界面。若 IC 卡内无揭示信息时，则显示空白卡，此时可按压"确认"键进入手动设定状态。

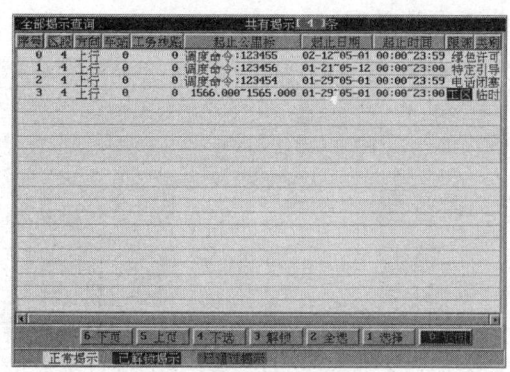

图 10.57　输入揭示查询揭示

3）参数设定操作的注意事项

（1）在输入数字过程中，按压"←"键，可以删除最后输入的一位数字，用以修正某一位的错误输入。

（2）计长输入最后一位为小数位。

（3）设定完成后，监控装置自动进入降级状态。

（4）机车信号显示关闭信号，速度高于 20 km/h 时禁止进行设定操作。

（5）若输入的车站代码在监控数据中不存在或者是终到站，在设定退出时会有"输入无效"的语音揭示。

（6）如果关机时间超过规定的时间（1 min），需要重新进行设定操作。

2．运行中的操作

1）操作权选择

（1）在无权端的显示器上按压"设定"键，进入参数的设定状态。

（2）在参数设定窗口，移动光标到"夺权"项上或直接按压相应的数字键"4"，按压"确认"键，显示器揭示是否进行夺权（见图10.58）。将光标移到"确定"项，按压"确认"键，本端的操作权指示由"无权"变为"有权"。

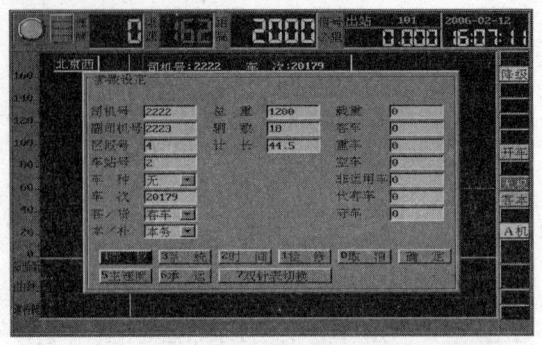

图10.58 夺权指示

"夺权"操作可以在不停车的状态下进行。在停车状态下有权端进入"调车"状态，无权端退出"调车"状态，也可以完成操作权的转换。值得注意的是，动车组不进行夺权操作。

2）查询操作

按压"查询"键，弹出查询选择窗口，可进行信息查询，如图10.59所示。

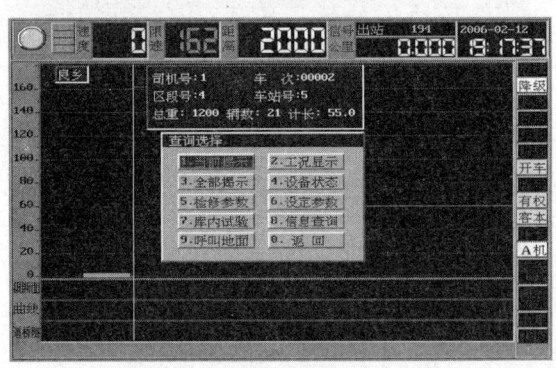

图10.59 查询窗口

（1）设定参数查询。

在"查询选择"窗口里，用方向键（或直接按数字6）选定"设定参数"项，按"确认"键，显示装置当前设定参数，包括司机号、区段号、车站号、车次、总重、计长（3位）、辆数以及编组信息等，按"确认"键返回。

（2）调度命令及揭示信息查询。

在"查询选择"窗口里，用方向键（或直接按数字3）选定"全部揭示"项，按"确认"键，显示全部揭示信息，按"确认"键返回。

若无调度命令及揭示信息，屏幕将显示"禁止查询"，按"确认"键返回。

（3）当前揭示查询。

在"查询选择"窗口里，用方向键（或直接按数字1）选定"当前揭示"项，按"确认"键，可查询列车运行前方4000m内的揭示信息，按"确认"键返回。

（4）工况查询显示。

在"查询选择"窗口里,用方向键(或直接按数字2)选定"工况显示"项,按"确认"键,在屏幕右上角出现动车组工况显示。内容包括工况、过机校正和当前公里标信息。按压"确认"键可消除"工况显示"窗口。

(5)常用制动和快速制动试验。

在"查询选择"窗口里,用方向键(或直接按数字7)选定"库内试验"项,按"确认"键,在屏幕右上角出现动车组工况显示,即可进行常用制动和快速制动试验,如图10.60所示。

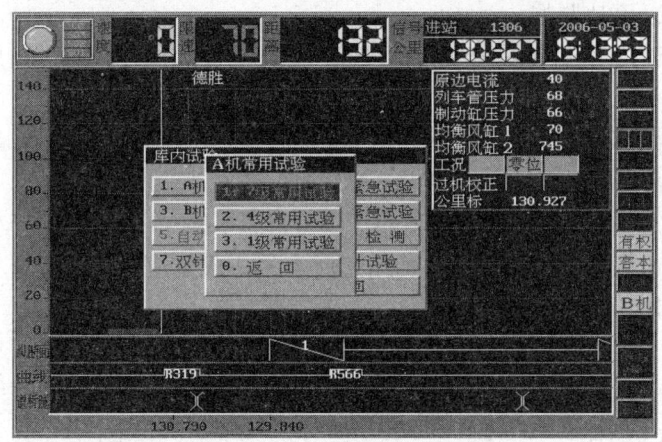

图 10.60　制动机试验操作界面

3)开车对标操作

开车操作需完成出发对标,使装置内存储的监控数据与地面基准点同步。

在显示器"开车"指示灯点亮的前提下,当列车运行至规定的"开车"对标基准点时,按压"开车"键,监控装置进入正常监控状态,显示屏数据窗口显示实际速度、限制速度、距离等相应的数据。按压"开车"键的地点一定要准确,避免产生距离误差,当车次、车站、交路号等参数改变时,需重新开车对标。

"开车"对标点一般为正线出站(发车进路)信号机处或段定的规定地点处。

4)调车操作

司机在操作端按压"调车"键,进入调车状态,显示器的调车指示灯点亮。再次按压"调车"键退出调车状态,指示灯熄灭。调车状态下按照调车限速控制。

5)过机误差校正操作

信号机之间的距离是监控控制的重要依据。

列车运行中,显示器上的"距离"显示区以不断递减的数值显示列车当前位置距前方信号机的距离。列车越过地面信号机时瞬间显示的距离与列车实际位置的误差称为"过机误差"。过机误差有两种:

(1)滞后误差。

列车越过信号机时距离显示仍有余值,经过一段距离后才显示零。这种零显示出现在信号机位置之后的过机误差称为滞后误差。

对滞后误差可以手动调整。

方法一:在地面信号机前按压"车位"键,运行至信号机处按压"向前"键,显示距离余值清零，调出下一架信号机的距离。

方法二：在地面信号机前按压"车位"键，运行至信号机处按压"自动校正"键，显示距离余值清零，调出下一架信号机的距离。

（2）超前误差。

列车距信号机还有一段距离，但距离显示值提前进入零显示。这种零显示出现在信号机之前的过机误差称为超前误差。

对超前误差可以手动调整。

方法一：在地面信号机前按压"车位"键，运行至信号机处按压"向后"键，显示距离余值清零，调出下一架信号机的距离。

方法二：在地面信号机前按压"车位"键，运行至信号机处按压"自动校正"键，显示距离余值清零，调出下一架信号机的距离。

要注意的是，"自动校正"键在误差小于 300 m 时操作有效。在进行车位调整时必须谨慎操作，尤其在高速运行时（如前方有低限速时容易造成超速放风）更应如此。

（3）监控自动校正。

在过信号机处，监控装置根据收到的轨道电路信息判断过绝缘节，进行距离自动校正，校正范围为 100 m。如果自动校正有效，在显示器的"信号机编号"栏亮绿灯（无效亮红灯或黄灯），如图 10.61 所示。

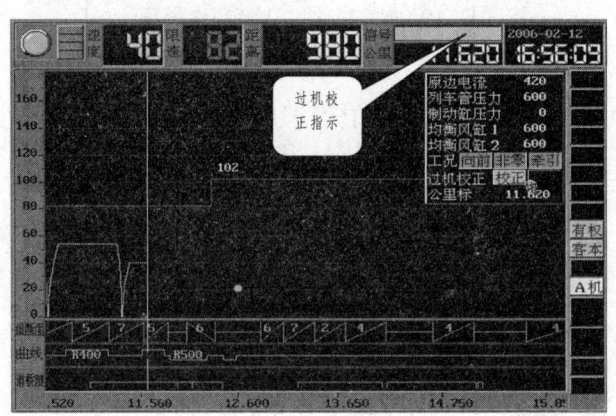

图 10.61　过机自动校正

下列状态下进行车位调整无效：监控装置控制模式启动时；运行速度接近限速报警时；动车组信号双黄灯或黄灯时；限速模式时。

6）侧线、支线操作

（1）侧线选择操作。

① 要求输入侧线号时，"侧线"揭示灯点亮，并语音揭示"请输入侧线股道号"，同时自动弹出侧线输入窗口。

② 司机依据车机联控告知的接车股道，利用数字键输入侧线股道号后，按压"确认"键，输入的股道号码在屏幕右侧"侧线"信息中显示。

③ 如输入窗口消失或需修改"侧线"信息时，在本架信号机距离未走完时，可按压"进路号"键进行再次输入。

（2）支线选择操作。

① 要求输入"支线"号时，"支线"揭示灯点亮，并语音揭示"请输入支线号"，同时自动弹出支线输入窗口。

② 根据列车运行经路，如需转入支线运行时，利用数字键输入支线号并按压"确认"键，输入的支线号在屏幕右侧"支线"信息中显示。

③ 如输入窗口消失或需修改"支线"信息时，在本架信号机距离未走完时，可按压"进路号"键进行再次输入。

对于有些地点，遇动车组信号显示双黄灯时，在监控数据中按自动转支线处理，此时不能进行"支线"选择修改操作。

（3）支线、侧线同时有效的输入。

① 在同一地点，需同时输入支线、侧线时，可按压"进路号"键进入侧线、支线输入状态，显示默认的支线、侧线号，如图10.62所示。

② 利用数字键分别输入支线号、侧线股道号，按压"确认"键即可。

③ 如输入窗口消失或需修改"支线"、"侧线"信息时，在本架信号机距离未走完时，可按压"进路号"键进行再次输入。

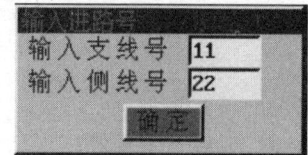

图10.62 支线、侧线同时输入

7）揭示解除操作

列车运行中司机接到调度命令需取消慢行揭示、非正常行车揭示控制时，有两种解除方式。

（1）列车运行中，对于在提示揭示窗口显示的揭示（见图10.63），在满足解除条件时，5 s内顺序按压"转储"键、相应序号，弹出解除揭示输入调度命令号窗口（见图10.64）。

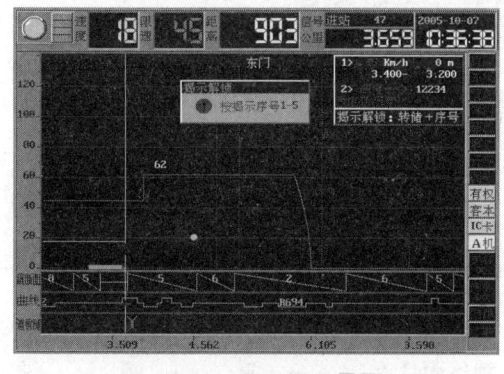

图10.63 提示揭示界面

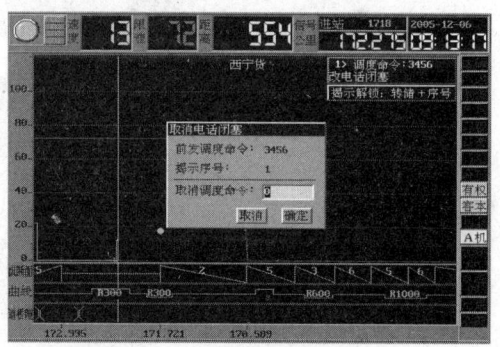

图10.64 解除前发调度命令

输入取消慢行揭示、非正常行车揭示控制的调度命令号，确定后该条揭示被解除，按正常限速、正常模式控制。

（2）停车状态下时，可通过揭示查询界面解除揭示控制。进入揭示查询界面（见图10.65），选中要解除的揭示并选择"解锁"项，按"确认"键后弹出解除揭示输入调度命令窗口（见图10.66），输入取消慢行揭示、非正常行车揭示控制的调度命令号，确定后该条揭示被解除（见图10.67）。

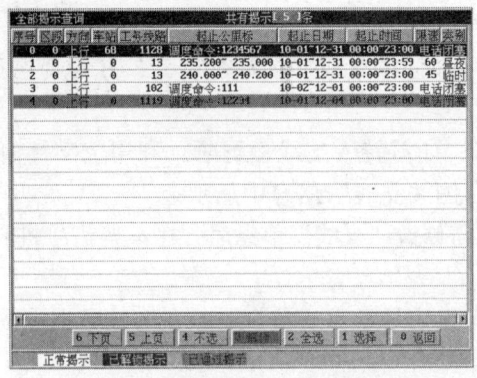

图 10.65　揭示查询界面

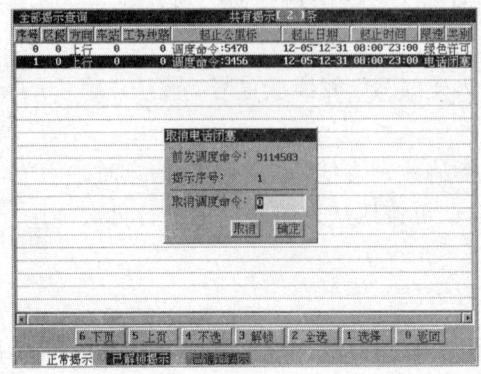

图 10.66　取消调度命令输入界面

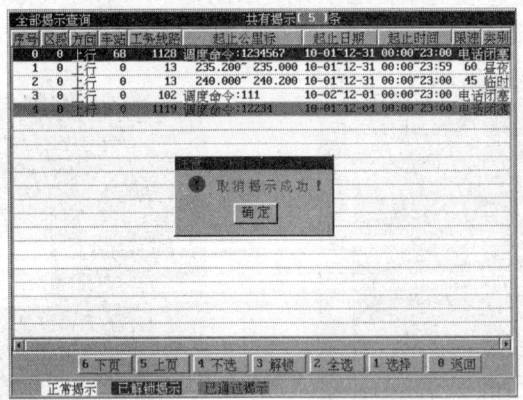

图 10.67　揭示解锁界面

解除揭示时操作必须正确,避免选择错误造成未取消揭示被解除,如未取消揭示因误操作被解除时,需插入 IC 卡重新设定,读入卡内揭示。

8)亮度、音量调整

在正常监控状态下,可以用"↑""↓"方向键调整屏幕亮度,按压"↑"键增加亮度,按压"↓"键减小亮度,共设有 5 级亮度调整。

按压"←""→"键可调整音量大小,按压"←"键减小音量;按压"→"键增大音量。

9）常用制动和卸载缓解以及快速制动后操作

在长大下坡道、停车模式（出口限速为零）以及监控数据中设为特殊站的情况下，监控装置的常用制动功能取消。

列车运行中因某种原因监控装置实施"常用制动"或"卸载"后，当满足缓解条件时，"缓解"指示灯点灯，司机可以根据实际情况，按压"缓解"键，完成常用制动缓解操作。快速制动后，司机不需要进行任何操作，速度为零则监控装置自动缓解。常用制动和快速制动界面如图 10.68 所示。

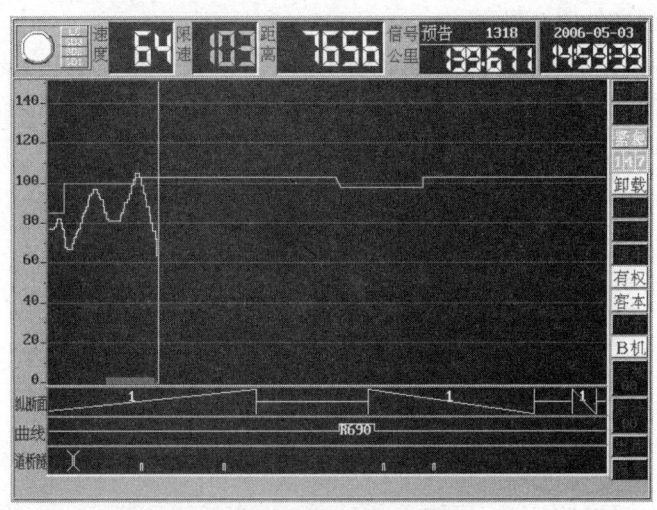

图 10.68　常用制动和快速制动界面

10）IC 卡文件转储

利用 IC 卡进行文件转储操作时，根据转储的范围或多少可以分为选择转储、全部转储、转储所有未转文件 3 种情况。

（1）选择转储。

① 在速度为 0 的情况下按压"转储"键后屏幕进入文件选择状态，如图 10.69 所示。

图 10.69　文件转储选择界面

② 用"↑""↓"方向键移动光标到"选择文件"选项，按压"确认"键，使光标到文件目录区。

③ 用"←""↑""→""↓"方向键移动光标条到需转储文件，按压"确认"键选中该文件。选中后光标条自动移到下一个文件，同时选中的文件变成蓝色。如果想取消已经选中的文件，只需将光标条移到所选文件，再次按压"确认"键即可取消对该文件的选择。在文件目录显示区，绿色的文件是已经转储过的文件，蓝色的是选中的文件。

④ 文件选择完毕，用"←""↑""→""↓"方向键移动光标到"开始转储"选项，按压"确认"键，进行文件转储操作。

⑤ 在转储过程中，会弹出一个指示转储情况的窗口（见图 10.70），上面是当前正在转储的文件序号，下面的两个进度条分别指示整个转储的进度、当前文件进度。按压"确认"键返回文件选择窗口，此时可以选择退出或继续进行下次转储。

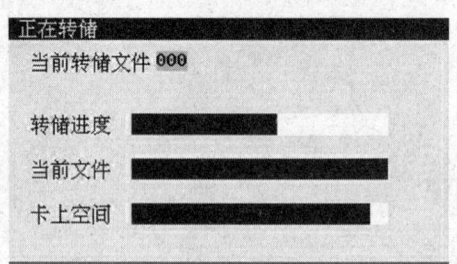

图 10.70 转储情况显示窗口

转储结束后，如果转储成功，自动弹出一窗口，揭示"转储成功"，如图 10.71，否则揭示"转储失败"。

图 10.71 转储成功揭示界面

（2）全部转储。

① 在速度为 0 的情况下按压"转储"键后屏幕进入文件选择状态。

② 用"↑""↓"方向键移动光标到"全部选择"项，按压"确认"键选中全部文件，所有文件目录变成蓝色。

③ 用"←""↑""→""↓"方向键移动光标到"开始转储"项，按压"确认"键，进行文件转储操作。

（3）转储未转文件。
① 在速度为 0 的情况下按压"转储"键后屏幕进入文件选择状态。
② 按压"转储"键，自动开始转储未转文件。
在文件转储操作中，将光标移到"撤销选择"项，按压"确认"键，将撤销全部选择。
11）防溜操作
正常监控模式下，当动车组未加载由停车状态动车，速度 ≥3 km/h 或者移动距离 ≥10 m 时，连续语音揭示"注意防溜"。如未按键应答或加载，10 s 后实施紧急制动控制，如图 10.72 所示。

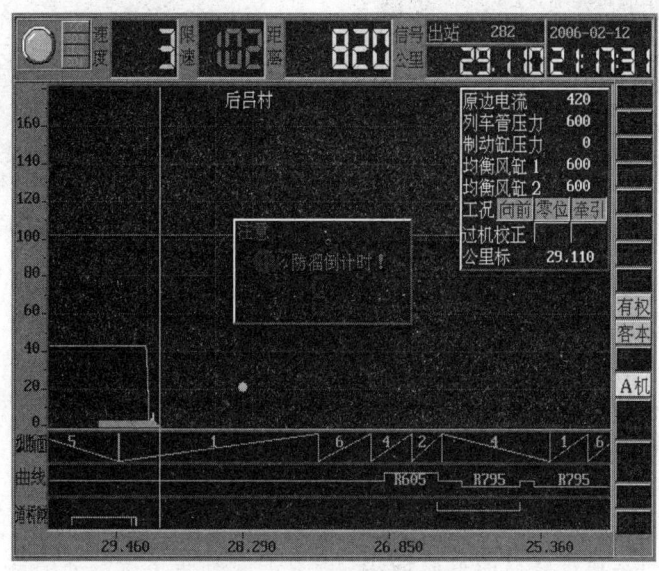

图 10.72　防溜报警界面

12）降级控制操作
列车运行中禁止人为将监控装置置于"降级"状态。当司机输入"车次、车站号、客/货种类"等参数时，监控装置将转入"降级"控制状态。但是当遇下列情况，输入无效：
① 装置已处于报警状态，动车组信号半黄半红灯、速度不为零时。
② 动车组信号为红灯、灭灯，或由黄灯、双黄灯转白灯，速度不低于 20 km/h 时。
如遇下列情况之一，监控装置将处于"降级"控制状态：
① 监控装置关机 60 s 以上再开机。
② 未按"开车"键进行开车对标操作。
③ 未输入参数数据或交路数据走完。
④ 无监控数据。
⑤ 自闭区段连续 120 架、半自闭区段连续 36 架信号机未过机校正。
装置在"降级"状态（"降级"指示灯点亮）下工作时，如果动车组信号为关闭信号（单红灯、半黄半红灯、双黄转白灯、黄转白灯），并且动车组运行速度超过 5 km/h 时，装置发出音响报警。在报警开始 7 s 内按压"警惕"键应答，报警暂停；未及时按压"警惕"键时，装置实施紧急制动。

13）系统故障

运行中当系统 A、B 机都发生故障时，装置将转入故障报警状态（见图 10.73），司机确认监控装置系统故障（显示屏故障标识灯点亮），"蜂鸣器"持续报警，必须在 3 min 内切除监控装置电源或则将主机开关切换到隔离状态（见图 10.74），否则装置实施快速制动。

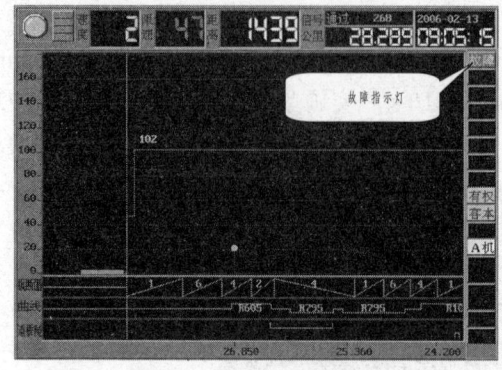

图 10.73 系统故障界面

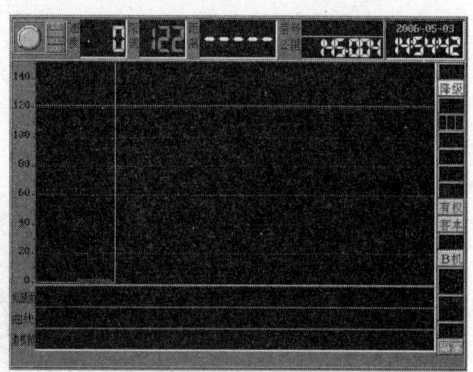

图 10.74 故障隔离界面

小 结

列车运行自动控制系统 ATC（Automatic Train Control）是铁路运输的基础设施，是保证列车运行安全、提高运输效率、实现铁路统一指挥调度的关键技术设备，也是铁路信息化技术的重要技术领域。

列车运行控制系统（简称列控系统）就是对列车运行全过程或一部分作业实现自动控制的系统。其特征为列车通过获取的地面信息和命令控制列车运行，并调整与前行列车之间必须保持的距离。

CRH380A 型动车组列控系统按照 CTCS2 系统标准建设，CTCS2 级面向提速干线和高速新线，地面采用 ZPW-2000A 型轨道电路和点式信息设备完成车地通信，车载设备由 ATP+LKJ-2000 装置组成。

CTCS2 级采用车地一体化设计，适用于各种限速区段，地面可不设通过信号机，机车乘务员凭车载信号行车。实现了行车指挥-联锁-列控一体化、区间-车站一体化、通信-信号一体化和机电一体化。

CTCS2 级采用目标距离控制模式（又称为连续式一次速度控制），采取准移动闭塞方式，立足于国产化的地面设备，车载信号设备已经完成技术引进，功能比较齐全并适合国情。

ATP 车载设备，是将接收到的地面信息作为基础，由车载设备生成速度控制曲线，并经常与实际速度相比较，如果实际速度超过了速度控制曲线，车载设备自动实施制动。

地面信息和 ATP 车载设备的控制状态由置于驾驶台控制桌上的 DMI 来显示。司机在注视前方的同时监视 DMI，通过 DMI 或者前方线路状况来操作牵引手柄和制动手柄，控制列车的加速、减速。同时，司机还根据需要通过按压 DMI 画面上的开关进行确认操作和警戒操作等。

控制方法有 2 个选择模式，即机控优先和人控优先，司机通过设定车载设备内部带有的开关来决定选择，运行中不能变更。另外，在机控优先模式下，根据控制状态有时会暂时地且自动变换为人控优先控制的情况。

动车组 LKJ-2000 型监控记录装置监控装置采用车载主机预先存储地面线路数据的控制方式，在运行时根据列车所处位置按顺序调取车载存储线路数据，按动车组信号显示状态并根据列车速度、距前方信号机距离实时计算控制模式曲线。当列车速度超过控制模式限速时，装置实施报警、卸载、常用制动及紧急制动控制，防止列车越过关闭的信号机或超过各种允许速度。

ATP 车载设备用于 CTCS2 区间，在 CTCS0 区间 LKJ 设备代替 ATP 车载设备实施制动。由哪种制动来控制，是当列车通过区间转换位置的时候，ATP 车载设备自动进行转换的。在发生异常的时候，也可以通过司机操作 DMI 的按键，进行手动转换。

复习思考题

1. 列车运行自动控制系统 ATC 包括哪几个子系统？
2. 列车运行自动控制系统 ATC 的主要功能有哪些？
3. 速度防护系统的组成有哪几部分？
4. 各国铁路对列车运行控制系统发展有哪些共识？
5. CTCS2 系统中的地面设备有哪些？
6. 地面应答器的分类有哪些？应答器可以传输哪些信息？
7. 动车组车载列控系统是由哪些设备组成？其功能是什么？
8. 在不同等级的线路上，动车组 ATP 系统的行车模式如何规定？
9. 动车组 ATP 车载系统的工作模式有哪些？
10. DMI 设备由哪些部分组成？
11. DMI 基本显示界面未划分哪几个区域？
12. 在 ATP 设备触发常用制动后，乘务员如何进行缓解操作？
13. 如何通过 ATP 设备进行载频切换操作？
14. 如何通过 ATP 设备进行调车模式和目视行车模式的切换操作？
15. 在车载 ATP 设备工作过程中，如何进行运行等级的切换操作？
16. 简述动车组 LKJ-2000 型监控记录装置的硬件组成及每个插件的功能。
17. 动车组 LKJ-2000 型监控记录装置的工作原理是什么？
18. 如何进行 LKJ-2000 型装置的操作权切换操作？开车操作？车位调整操作？
19. 如何进行 LKJ-2000 型装置的参数设定操作？
20. 如何进行 LKJ-2000 型装置的揭示解锁操作？

第十一章 铁路行车安全理论及安全规章

发生铁路行车重大事故将造成巨大的社会影响和直接经济损失。世界各国为保障高速铁路的行车安全采取了很多措施,如法国 TGV 高速列车安全控制系统中采用的司机防睡监视器、列车自动控制系统 TVM 和防脱轨系统;日本新干线高速列车采用的列车自动控制系统 ATP、列车集中控制系统 CTC 和无线通信系统。

我国也建立了提速列车的行车安全保障体系,主要由行车人员安全保障体系、设施设备安全保障体系、环境安全报警保障体系和行车安全应急救援体系等部分组成。

铁路机车车辆在运行过程中发生冲突、脱轨、火灾、爆炸等影响铁路正常行车的事故,均为铁路交通事故,分为特别重大事故、重大事故、较大事故和一般事故四个等级。

发生铁路行车事故后应立即按照规定将事故内容进行上报,确定需救援时,应及时派出救援列车赶赴事故现场进行救援工作,采取积极措施,迅速起复机车、车辆,清除线路上的障碍,尽快开通线路,保证迅速恢复通车,把事故的损失和影响减少到最低限度。

铁路事故救援组织和单位应加强救援组织和领导,依靠科技加速救援手段现代化,强化救援队伍培训,全面提高队伍素质。

第一节 高速铁路的行车安全

铁路运输以安全第一,铁路技术装备以可靠性为前提。铁路技术装备一旦发生致命故障(如高速列车车轴断裂、轮箍崩落等)往往会造成重大行车事故,甚至会倾覆列车,造成巨大的社会影响。另外还使线路阻塞、运输中断,给国民经济带来重大影响。

随着我国改革开放和市场经济的实施,经济活动国际化趋势日益增强,尤其是在加入 WTO 以后,铁道产品将面临国际化竞争;国内铁路与公路、航空的竞争也日趋激烈。在这种形势下,铁路发展面临着严峻的挑战,同时也带来了很好的机遇。如何进一步提高铁路的可靠性和安全性,满足市场需求,是我国铁路把握机遇的关键之一。

铁路高速、重载要求提供性能更良好、工作更可靠、运行更安全的铁道技术装备。这是由于高速铁路和重载运输使技术装备承受更恶劣的工作条件,行车事故所造成的影响更为深远,因此要求铁道技术装备更可靠、更安全。

一、高速列车的安全控制与防护

高速列车的安全控制与防护主要取决于信号和列车控制系统、地界安全保障、铁路与公路平交道口、列车制动及其性能,还有运用和维修人员的资格与培训、操作规程及其实施等。其中地界安全保障、铁路与公路平交道口、人员培训和操作规程等问题属于铁路安全工程及公共管理问题，本节只涉及高速列车本身的安全控制与防护问题，只对信号和列车控制系统进行论述。

1. 信号和列车控制系统的功能

1) 确保进路的完整性

在对高速列车发布"运行凭证"以前要确保进路的完整性，即要确保进路无其他列车、车辆和任何障碍物，所经道岔正确定位，没有发布过与之相冲突的运行凭证。在传统术语中将执行此功能的设备称之为联锁系统，通常采用的联锁系统是由导线连接的硬件继电器逻辑线路组成，近代逐渐开始使用软件控制的微机系统。在高速铁路系统中，除非在设备故障后需使高速列车作紧急低速运行，否则不使用手动操作。全部列车的实时位置、当前运行凭证和道岔设置状况等作为主要数据输入到联锁系统的控制微机中。

2) 向操作人员或控制系统传递运行凭证

在联锁系统确保发布安全的运行凭证以后，还要确保这些凭证能够正确地传达给操作人员（车上或地面控制中心的操作员），或传递给列车自动操纵系统（ATO）。在传统铁路上，这是由列车操作人员通过观察地面的信号来完成的。在高速铁路系统中，地面信号只起辅助作用，或由车上司机室内的信号（显示）取代。对于高速铁路系统，操作人员的作用被ATO系统所取代，ATO接受运动凭证，并执行之。在高速列车和某些机车自动信号系统中，还对已显示或接收的信号（指令）提供反馈。

3) 安全速度控制

列车运行无论是自动还是手动控制，其安全速度控制系统都必须确保运行速度不得超过运行凭证所规定的限制。这一功能一般是由列车自动控制系统（ATP）完成的。如今的高速列车都配备了高级的、强制遵守速度限制和列车控制命令的ATP系统，其在列车高速运行时，不能被司机所取代。

总之，为传统铁路和公共交通所研制的联锁系统及其技术要求，已经被高速列车采用。大多数高速铁路系统为安全速度所采取的主要措施是配备高容量的ATP系统，其目的是通过自动化或自动监视司机的行为，使导致高速列车碰撞和脱轨的人为过失降低到最低限度。

2. 点式和连续式ATP系统

ATP系统在信息组成上有所不同，可以间歇或连续地由地面发射机在控制中心和列车之间传递信息。

1) 点式系统

当列车通过地面信号台时，点式系统向列车发送一组数据，数据一般包括线路限速值和某信号区段要求的速度。车载计算机计算出为达到所需的速度所要求的制动力，若司机不执行，则将自动引发制动。点式系统相对比较经济，能与既有信号系统较好的兼容；但由于列车只有在到达下一个信号台时系统才能对变化作出响应，因此不适于高密度运营。

2) 连续式系统

连续式ATP系统能保持轨道和列车之间恒定的通信，并随时将更新后的数据传递到列车上。利用编码轨道电路传递数据的连续式ATP的传统形式，其传递数据的能力相当有限，一般只能传递少量的信息或进行"允许速度"的显示。使用这种编码轨道电路系统的高速铁路有日本新干线、法国的大西洋和巴黎东南 TGV 线路和许多公共交通系统。目前，已有高数据容量的、更为复杂的连续式系统投入运用，如德国的 LZB 系统和法国的 TVM430 等系统。

二、各国高速列车的安全控制系统

1．法国 TGV 高速列车安全控制系统

1）司机防睡监视器

在 TGV 高速列车司机室安装了 VACMA 自动防睡警示器。当列车速度超过 3 km/h 时，自动警示器起作用，司机必须每过几秒钟按压或放松按键。如果司机有睡意，未能按正常操作，则警示器立即提醒他按键，如果他还不按要求行事，VACMA 系统将发出列车紧急制动指令，同时报警信号也无线传输给调度指挥中心，并向乘务员报警，还启动色灯闪烁装置。在列车紧急制动后，必须通过一定的管理程序才能缓解。

2）驾驶记录仪

在司机室装有驾驶记录仪，记录列车的速度、间隔和时间等参数，此装置还起"黑匣子"作用，必要时可重现列车的运行过程。驾驶记录仪还记录司机操作是否遵守信号指令或其他的安全规定、列车的主要运行参数（如牵引、制动等系统的主要参数）等。

另外，列车上还装有速度表，它由 3 个完全独立的、记录列车实际速度的计数器组成，以三取二的方式确定一个有效值，供司机和车上不同设备使用。速度仪能够可靠、准确、实时地指出列车的速度值，指示误差小于 10 km/h。

3）列车自动控制系统 TVM

法国高速铁路采用具有速度控制的 TVM300 或 TVM430 型列车自动控制系统，它是法国高速铁路列车控制系统的核心组成部分。早期使用 TVM300 型，以后改进为 TVM430 型。

TVM300 型列车自动控制系统用于 TGV 巴黎东南和大西洋高速线上，以编码轨道电路实现轨道—列车的通信。列车在每个闭塞始点从编码轨道电路中接收到闭塞终点处的速度限制数据。司机室内显示速度命令，地面没有信号，只有标志板标出每一闭塞的起点。在 TGV 巴黎东南线上闭塞长度为 2.1 km，在大西洋高速线上的闭塞长度为 2.0 km。TGV 北线到英吉利海峡隧道采用了 TVM430 型列车自动控制系统，闭塞长度为 1.5 km。TVM430 系统采用了微机联锁系统，并应用点式发射应答器，经由钢轨进行数字轨道-列车通信。由于更短的闭塞和更大的数据传输量，使列车有更短的时间间隔，更高的线路通过能力。如果需要降低速度，则在下一标志板处，在司机室内显示出允许速度或目标速度。如果超过了这个控制速度，则列车将自动制动。TVM 系统的主要功能为：

（1）在司机室内不间断地显示信号系统允许的速度。

（2）检查列车的实际速度与信号系统的差值，是否在允许速度范围内。

（3）在超出允许速度情况下，实现列车自动停车。

（4）根据其他危险报警（如桥梁塌陷、道路滑坡、洪水泛滥和轴温超限的报警），发出限速或紧急制动指令。

4）火警系统

TGV 高速列车除在设计时考虑结构方面，诸如元件和材料的选择，特别是司机室和旅客车厢以及电线、电缆用材料的选择上，考虑防火问题外，还设置了 TGV 火灾报警系统。

TGV 高速列车火灾敏感区域在动车的电机柜、司机室共用柜、变压器等部位，因此火情监测器安装在这些设备的内部或附近。如果有火情，由于温度升高而使火情监测器的保险管熔化，导致压力下降，火情监测器立即将信号发送到司机室，并指出失火部位。司机在接到报警后，按规定要把列车停下来，然后采用灭火措施，如切断有关电源。除自动灭火外，还可采用人工灭火措施等。

5）防脱轨措施

要及时严格检查基础设施（如线路、道岔、桥隧和路基的状况），除定期计划检修以外，每天清晨开行一列往返的空载列车，以较低的速度开道检查，检查是否有影响安全的异物在夜间落下。除此之外，TGV 高速列车还采取了如下防脱轨的措施：

（1）道路灾情报警系统。

在危险地段，如公路桥梁、岩石护坡和洪水多发区安装了监测仪器，发生险情时会发出事故信号。这些仪器与列车自动控制系统 TVM430 和指挥调度中心联网，必要时向司机发出减速或停车的命令。

（2）转向架不稳定状态的监控。

一般来说，转向架不稳定现象发生较少，即使发生也是短暂的，这可能是减振器磨损的征兆，也可能源于车轮或钢轨的缺欠或损失。转向架不稳定的现象是非常危险的，因为有可能引起列车脱轨等重大事故，因此应该格外关注。

在 TGV 高速列车的转向架上都安装了加速度传感器，用以监测转向架运行的稳定性。一旦发现转向架出现不稳定的状况，则要求司机按照有关规定实行减速，然后再次加速。如果在加速过程中，这种不稳定现象依然存在，则可确认是列车转向架本身的问题，此时司机应始终保持低速行驶。

（3）防滑装置的安全监控。

每辆拖车都有一台防滑装置，负责两个转向架 4 根车轴的情况。当主防滑器出现故障时，拖车控制计算机向备用防滑器发出救援指令，要求其自动替代执行防滑功能，同时发出故障代码。如果防滑装置的两套防滑器（主防滑器和备用防滑器）全部发生故障时，司机将得到一个信号，告知故障防滑器的位置。此时，司机应立即停车，并根据指示排除故障。

（4）轴温监测。

在地面沿线的一定距离，安装轴温监测器，监测所有路过车辆轴箱的温度及其变化。如果发现某一轴箱轴温超过第一级温度允许值，则立即发出预警信号，但不对列车限速。当温度超过第二级温度允许值时，则轴温监测器向调度指挥中心报警，并通过无线传输系统或 TVM430 系统要求列车紧急停车，同时还通知邻近线路上的列车限速。由于地面轴温监测器每隔一定距离便布置一个，有丰富的信息反馈，使得这一监测系统具有很高的可靠性。

（5）动力转向架三爪万向轴故障监测。

三爪万方轴是 TGV 动力转向架中最重要的部件，为了检测万向轴失衡而造成的松动现象，在车辆齿轮箱附近安装了一个传感器，以检测齿轮箱的振动情况。万向轴在失去平衡的情况下，会引起齿轮箱剧烈振动，当振动超过一定幅度时，传感器发出信号，电机柜中的监测装置会启动一个阀门，将列车管排空，引起紧急制动，同时切断电源。司机紧急处理故障后，慢速驾驶列车进入停车处。

三爪万向轴的疲劳断裂故障无法由失衡监测系统发现，必须通过测量同一台转向架两台牵引电机的转速差来确定。当转速差超过允许值时，监测装置发出信号，切断电机柜的电源，并向司机发出信号，司机在停车检查处理后，以 80 km/h 速度回到停车处。

6）旅客和乘务员的安全防护

除动车组结构设计中所采取的安全措施以外，TGV 列车还有如下为旅客和乘务员的安全所采取的防护措施。

（1）旅客信息系统。车厢中安装有旅客信息显示系统，提醒旅客可能发生的危险，并在发生危险时疏导旅客。司机和列车员之间通过对讲系统保持联系，必要时向旅客通报情况，以避免任何恐惧和混乱的发生。

（2）旅客报警系统。旅客在发生意外时可利用专门的报警手柄向司机和列车员报警。报警信号通过有线传输系统传送给司机，事件发生位置则通过数据传输网络传递。根据旅客报警原因，司机执行相应的操作。而列车员通过车厢微机显示器获得报警信号。

（3）车门开关的监控。车门的开关动作是由一个线控开关控制的，列车员通过此开关控制车门的开启和关闭。列车员通过声音信号通知司机室，告知他所负责的车门已关闭。只有在所有车门关闭后，司机才能启动列车，在列车运行中，车门是无法开启的。这是由于车门的开启是由于两组控制器控制的，只有司机在接收到运输管理当局的指令，通知他必须紧急开启某一位置的车门时，司机才能控制开启那扇车门。在车门上安有一个感应传感器，关门遇到障碍时，发出指令可反复开启车门。车门上有开关状况的显示。

2. 日本新干线高速列车的安全控制系统

日本新干线上的安全控制系统由列车自动控制系统 ATP、列车集中控制系统 CTC 和无线通信系统三大部分组成。

1）列车自动控制系统 ATP

在全部新干线上均使用了连续式 ATP 系统，当列车超速时该系统还具有自动取代操作人员的功能。ATP 系统只采用车上信号，没有地面信号。ATP 系统的主要功能有：

（1）列车信号系统。

（2）利用轨道电路的固定闭塞列车定位系统。

（3）安全速度控制，司机室内显示速度限制，若司机不响应，则自动紧急制动。

对于运行速度在 270 km/h 以上的高速列车采用加强 ATC-10 系统，增加了以下几个功能：

（1）双频系统，采用两个信号频率来传输信号、信息，提高了信息量和可靠性。

（2）在最高速度为 270 km/h 时，标准闭塞区间长度为 1.2 km。

（3）地面和车上设备均配备用了三重冗余系统，以提高可靠性。

2）列车集中控制系统 CTC

列车集中控制系统 CTC 集中控制全日本各条线路上列车的运行，由东京控制中心控制，控制大厅的宽大屏幕上显示出各列车的运行状况（列车位置、车次、进路、风速和地震等信息）。CTC 系统从中央控室控制各个车站的联锁系统，并对设备进行监控。该系统还设有大风和地震检测系统，其直接与列车自动控制系统相连，一旦收到报警信息，则即刻停止列车运行。

列车集中控制系统还受到计算机辅助运输控制系统 COMTRAC 的支持。COMTRAC 代替人工进路设定，用来设定列车进路。当列车出现晚点时，协助调度员对列车晚点作出响应，调整列车运行计划，但不执行"安全"功能。COMTRAC 系统与 ATC 系统相连，具备三中取二的冗余功能，以提高可靠性。该系统还具有对极高运输密度的列车进行自动控制和进路设定的功能，并能监视雪、地震和大风的报警系统。

3）无线通信系统

新干线高速列车无线通信系统提供轨道-列车通话和其他电信服务，包括公用电话、传真、电子邮件、旅馆和车票预订等业务。

第二节　中国铁路行车安全体系

在铁路第六次大提速中，主要干线的部分旅客列车时速从 160 km 提高到 200 km，同时将货物列车时速提高到 120 km，并开行双层集装箱列车。第六次大提速与前 5 次提速相比，在提速的幅度、内容和技术上都有质的飞跃，许多关键技术需要进行系统的试验研究解决。如在时速 120 km 的货物列车作用下的轨道结构、道岔、路基、桥梁的安全性；时速 200 km 的旅客列车通过隧道的气动力作用、旅客舒适性；电气化铁路开行双层集装箱列车时 6 330 mm 高度接触网的受流质量；时速 200 km 旅客列车与货物列车交会时的安全性；引进的国外列车运行控制系统对我国客货列车混跑线路的适应性等。因此，建立不同速度客货列车混跑线路的安全保障体系，具有十分重要的意义。

提速列车的行车安全保障体系应当是一个以行车系统人员为核心、管理为中枢、行车设备为基础、环境为条件的，实时监控和开放的"人-机-环境"动态控制体系。该体系主要由行车人员安全保障体系、设施设备安全保障体系、环境安全报警保障体系和行车安全应急救援体系等部分组成，应具有较强的时效性和可操作性。

一、行车人员安全保障体系

铁路行车人员主要是指车、机、工、电、辆等各部门的作业人员，由于人和设备都是行车安全保障体系的基本要素，人通过操纵、控制、监督各项设备，完成行车作业过程，并与环境系统进行信息交流，对各种情况做出决策。因此，行车人员的安全意识是行车安全保障体系发挥作用的前提和基础。

考虑到铁路行车安全具有动态性、反复性、严重性等特点，所以必须加强对行车人员的安全教育和岗位技能培训。通过人身安全教育、事故案例和预防分析，以及对导致事故的各种原因和相互联系的深入分析，使行车人员牢固树立"安全第一"的思想。同时，岗位技能水平、作业标准的执行情况也直接影响行车安全，因此必须加强行车人员的岗位技能培训。

考虑到山区铁路坡度大、曲线多、半径小等自然环境的特性，要加强乘务员的适应性研究，包括出勤适应性检测、驾驶感知疲劳、驾驶行为疲劳、驾驶失衡疲劳、驾驶可靠性、职业适应性等方面。

二、设施设备安全保障体系

设施设备安全保障体系是以铁路行车安全畅通为目标,以设备保安全为指导思路,通过先进的监测控制技术,及时准确地收集各种铁路行车信息,对铁路行车安全的各因素进行全方位监控,并将收集到的监控信息,通过安全可靠性模型处理,进行及时分析反馈,使铁路行车安全真正做到有序可控。在设备自检、互检形成安全监控网络的基础上,建立"机控为主,人控优先"的人机联控安全系统。

按照各监测设备的方位进行设施设备技术群的系统整合,建立包括"地对车、车对地、地对地、车对车"4个相互匹配环节的闭路循环监测子系统,也可以按传统的车、机、工、电、辆等部门进行系统整合。

1. "地对车"监测子系统

包括货物列车超限超偏载检测、红外线轴温监测,车轮踏面擦伤检测等。

2. "车对地"监测子系统

包括轨道动态检测单元(晃车仪)、机车信号记录仪、综合检测车等。

3. "地对地"监测子系统

包括车站微机联锁监测、道岔状态监测、轨道电路监测、牵引供电监测、道口监测、桥梁和隧道监测等。

4. "车对车"监测子系统

包括列车尾部安全装置监测、列车运行记录装置监测、机车轴温监测、机车故障监测、列车运行品质动态监测、旅客列车车载安全监测等。

对于整个行车保障体系的信息源点,要按照均衡性、经济性、针对性、便利性、选择性等原则统筹安排,综合考虑检测布点方案。

三、环境安全报警保障体系

环境安全报警保障体系主要是针对自然环境对行车安全的影响采取必要措施。铁路技术设备运行在全天候的自然环境中,地震、大风、洪水、雪害、雷电、塌方、滑坡等都会对行车安全造成危害。我国铁路目前还未形成完善的自然灾害监测报警系统,对自然灾害的抵御能力较差。因此,要安装环境监测报警设备,以达到在环境变化达到临界状态前报警的目的。该体系主要包括地质信息、气候信息、水文信息等子系统。

1. 地质信息子系统

地质信息子系统针对铁路沿线的地质情况,有针对性地监测地震、泥石流、山体滑坡等地质灾害,及时发布紧急报警信息。

2. 气候信息子系统

气候信息子系统主要对沿线特殊地段的风速和雪害进行监测,当超过安全行车范围时发布紧急报警信息。

3．水文信息子系统

水文信息子系统重点监测汛期易发生特大洪水和暴雨的地段，以便及时发现危及行车安全的汛情。据不完全统计，全国铁路沿线分布有泥石流沟1 386条，大中型滑坡1 000多处，崩塌近万处。20多条铁路干线、60多个车站曾受到地质灾害的威胁，这些灾害主要出现在山区。因此应重点完善山区铁路的环境监测报警系统。可以借鉴国内外先进的环境报警技术，针对山区铁路隧道、桥梁、山体滑坡、落石、泥石流、水害等进行集中监测，确保铁路行车安全。

四、行车安全应急救援体系

行车安全应急救援体系以尽快消除事故影响、迅速恢复线路畅通、最大限度减少事故损失为目的。该系统通过DMIS（调度管理信息系统）、卫星云图、动态图像传输系统和RGIS（铁路地理信息系统）等，及时掌握事故和灾害情况和现场的地形、地貌和设备状况，实施快速救援，减少损失，尽快恢复列车运行。该体系包括行车事故数据库、设备地理信息、事故救援决策支持及行车救援等子系统。

1．行车事故数据库

数据库应存储有近10年来的行车事故信息，包括事故类型、概况、时间、地点、直接作业人员、主要和次要责任者、事故原因、直接经济损失、事故后设备状况、事故后跟踪管理等信息。可以提供事故查询和分析报告，包括事故原因、性质和后果、处理意见、防止措施等内容。

2．设备地理信息子系统

该子系统通过地图与信息结合，全面、直观、准确反映铁路设备的分布及技术特征，为行车事故救援工作提供有效技术手段。子系统可包括铁路局概况图、桥隧概况图、救援列车设备概况图、车站和枢纽示意图等，可用空间导航、地址匹配等定位方式，为用户快速定位显示，为行车事故救援提供决策依据。

3．事故救援决策支持子系统

该子系统将事故现场信息与专家救援经验知识库相链接，能根据事故地点机车车辆脱轨或颠覆状况、线路损坏和救援设备等条件，快速制定出符合现场实际的救援方案，从而克服经验决策的局限性，必要时还能对方案进行解释。此系统内的知识库主要存放事故救援专门知识、线路详及救援力量分布等，通过将输入的原始事故信息与知识库中所存救援方案的前提条件进行匹配得出结论，这也是该子系统建立的关键。

4．行车救援子系统

该子系统包括消防、医疗救护、公安、救援列车、其他救援设备和综合维修基地等信息。其中综合维修基地信息由大型机械化养路段、动车拖车维修、供电接触网维修、工务维修、通讯信号维修等部分组成。行车救援子系统可以充分利用非铁路系统的信息，开展综合性行车救援工作。

第三节 铁路行车事故与救援

一、铁路事故等级及事故的通报

铁路机车车辆在运行过程中发生冲突、脱轨、火灾、爆炸等影响铁路正常行车的事故,包括影响铁路正常行车的相关作业过程中发生的事故;或者铁路机车车辆在运行过程中与行人、机动车、非机动车、牲畜及其他障碍物相撞的事故,均为铁路交通事故,事故分为特别重大事故、重大事故、较大事故和一般事故 4 个等级。

1. 铁路事故等级的划分规定

1) 特别重大事故

有下列情形之一的,为特别重大事故:

(1) 造成 30 人以上死亡。

(2) 造成 100 人以上重伤 (包括急性工业中毒,后同)。

(3) 造成 1 亿元以上直接经济损失。

(4) 繁忙干线客运列车脱轨 18 辆以上并中断铁路行车 48 h 以上。

(5) 繁忙干线货运列车脱轨 60 辆以上并中断铁路行车 48 h 以上。

2) 重大事故

有下列情形之一的,为重大事故:

(1) 造成 10 人以上 30 人以下死亡。

(2) 造成 50 人以上 100 人以下重伤。

(3) 造成 5 000 万元以上 1 亿元以下直接经济损失。

(4) 客运列车脱轨 18 辆以上。

(5) 货运列车脱轨 60 辆以上。

(6) 客运列车脱轨 2 辆以上 18 辆以下,并中断繁忙干线铁路行车 24 h 以上或者中断其他线路铁路行车 48 h 以上。

(7) 货运列车脱轨 6 辆以上 60 辆以下,并中断繁忙干线铁路行车 24 h 以上或者中断其他线路铁路行车 48 h 以上。

3) 较大事故

有下列情形之一的,为较大事故:

(1) 造成 3 人以上 10 人以下死亡。

(2) 造成 10 人以上 50 人以下重伤。

(3) 造成 1 000 万元以上 5 000 万元以下直接经济损失。

(4) 客运列车脱轨 2 辆以上 18 辆以下。

(5) 货运列车脱轨 6 辆以上 60 辆以下。

(6) 中断繁忙干线铁路行车 6 h 以上。

(7) 中断其他线路铁路行车 10 h 以上。

4) 一般事故

一般事故分为:一般 A 类事故、一般 B 类事故、一般 C 类事故、一般 D 类事故。

（1）一般 A 类事故。

有下列情形之一，未构成较大以上事故的，为一般 A 类事故：

A1.造成 2 人死亡。

A2.造成 5 人以上 10 人以下重伤。

A3.造成 500 万元以上 1 000 万元以下直接经济损失。

A4.列车及调车作业中发生冲突、脱轨、火灾、爆炸、相撞，造成下列后果之一的。

A4.1 繁忙干线双线之一线或单线行车中断 3 h 以上 6 h 以下，双线行车中断 2 h 以上 6 h 以下。

A4.2 其他线路双线之一线或单线行车中断 6 h 以上 10 h 以下，双线行车中断 3 h 以上 10 h 以下。

A4.3 客运列车耽误本列 4 h 以上。

A4.4 客运列车脱轨 1 辆。

A4.5 客运列车中途摘车 2 辆以上。

A4.6 客车报废 1 辆或大破 2 辆以上。

A4.7 机车大破 1 台以上。

A4.8 动车组中破 1 辆以上。

A4.9 货运列车脱轨 4 辆以上 6 辆以下。

（2）一般 B 类事故。

有下列情形之一，未构成一般 A 类以上事故的，为一般 B 类事故：

B1.造成 1 人死亡。

B2.造成 5 人以下重伤。

B3.造成 100 万元以上 500 万元以下直接经济损失。

B4.列车及调车作业中发生冲突、脱轨、火灾、爆炸、相撞，造成下列后果之一的。

B4.1 繁忙干线行车中断 1 h 以上。

B4.2 其他线路行车中断 2 h 以上。

B4.3 客运列车耽误本列 1 h 以上。

B4.4 客运列车中途摘车 1 辆。

B4.5 客车大破 1 辆。

B4.6 机车中破 1 台。

B4.7 货运列车脱轨 2 辆以上 4 辆以下。

（3）一般 C 类事故。

有下列情形之一，未构成一般 B 类以上事故的，为一般 C 类事故：

C1.列车冲突。

C2.货运列车脱轨。

C3.列车火灾。

C4.列车爆炸。

C5.列车相撞。

C6.向占用区间发出列车。

C7.向占用线接入列车。

C8.未准备好进路接、发列车。

C9.未办或错办闭塞发出列车。

C10.列车冒进信号或越过警冲标。

C11.机车车辆溜入区间或站内。

C12.列车中机车车辆断轴，车轮崩裂，制动梁、下拉杆、交叉杆等部件脱落。

C13.列车运行中碰撞轻型车辆、小车、施工机械、机具、防护栅栏等设备设施或路料、坍体、落石。

C14.接触网接触线断线、倒杆或塌网。

C15.关闭折角塞门发出列车或运行中关闭折角塞门。

C16.列车运行中刮坏行车设备设施。

C17.列车运行中设备设施、装载货物（包括行包、邮件）、装载加固材料（或装置）超限（含按超限货物办理超过电报批准尺寸的）或坠落。

C18.装载超限货物的车辆按装载普通货物的车辆编入列车。

C19.电力机车、动车组带电进入停电区。

C20.错误向停电区段的接触网供电。

C21.电气化区段攀爬车顶耽误列车。

C22.客运列车分离。

C23.发生冲突、脱轨的机车车辆未按规定检查鉴定编入列车。

C24.无调度命令施工，超范围施工，超范围维修作业。

C25.漏发、错发、漏传、错传调度命令导致列车超速运行。

（4）一般 D 类事故。

有下列情形之一，未构成一般 C 类以上事故的，为一般 D 类事故：

D1.调车冲突。

D2.调车脱轨。

D3.挤道岔。

D4.调车相撞。

D5.错办或未及时办理信号致使列车停车。

D6.错办行车凭证发车或耽误列车。

D7.调车作业碰轧脱轨器、防护信号，或未撤防护信号动车。

D8.货运列车分离。

D9.施工、检修、清扫设备耽误列车。

D10.作业人员违反劳动纪律、作业纪律耽误列车。

D11.滥用紧急制动阀耽误列车。

D12.擅自发车、开车、停车、错办通过或在区间乘降所错误通过。

D13.列车拉铁鞋开车。

D14.漏发、错发、漏传、错传调度命令耽误列车。

D15.错误操纵、使用行车设备耽误列车。

D16.使用轻型车辆、小车及施工机械耽误列车。

D17.应安装列尾装置而未安装发出列车。

D18.行包、邮件装卸作业耽误列车。

D19.电力机车、动车组错误进入无接触网线路。

D20.列车上工作人员往外抛掷物体造成人员伤害或设备损坏。

D21.行车设备故障耽误本列客运列车 1 h 以上，或耽误本列货运列车 2 h 以上；固定设备故障延时影响正常行车 2 h 以上（仅指正线）。

铁路总公司可对影响行车安全的其他情形，列入一般事故。因事故死亡、重伤人数 7 日内发生变化，导致事故等级变化的，相应改变事故等级。

2．行车事故的通报

1）行车事故的报告

事故发生后，事故现场的铁路运输企业工作人员或者其他人员应当立即向邻近铁路车站、列车调度员、公安机关或者相关单位负责人报告。有关单位和人员接到报告后，应立即将事故情况向企业负责人和事故发生地安全监管办安全监察值班人员报告，安全监管办安全监察值班人员按规定向安全监管办负责人报告。

在区间发生事故时，由运转车长（无运转车长时为司机）立即报告铁路局列车调度员；如不可能，则报告最近车站值班员转报铁路列车调度员。在站内或段管线内发生事故时，由站、段长直接报告铁路局调度员。

铁路运输企业列车调度员要认真填写"铁路交通事故（设备故障）概况表"，并分别向事故发生地安全监管办安全监察值班人员、铁路总公司列车调度员报告。

铁路总公司列车调度员接到事故报告后，应及时收取或填写"铁路交通事故（设备故障）概况表"，并立即向值班处长和安全监察司值班人员报告；值班处长、安全监察司值班人员按规定分别向本部门负责人、铁路总公司办公厅报告，由部门负责人向部领导报告。事故涉及其他部门时，由办公厅通知相关部门负责人。

发生特别重大事故、重大事故、较大事故或者有人员伤亡的一般事故，安全监管办应向事故发生地县级以上地方人民政府及其安全生产监督管理部门通报。

发生特别重大事故、重大事故，由铁路总公司办公厅负责向国务院办公厅报告，并通报国家安全生产监督管理总局等有关部门。

2）行车事故报告的内容

事故报告的主要内容应包括以下信息。

（1）事故发生的时间、地点、区间（线名、公里、米）、线路条件、事故相关单位和人员。

（2）发生事故的列车种类、车次、机车型号、部位、牵引辆数、吨数、计长及运行速度。

（3）旅客人数、伤亡人数、性别、年龄以及救助情况，是否涉及境外人员伤亡。

（4）货物品名、装载情况，易燃、易爆等危险货物情况。

（5）机车车辆脱轨辆数、线路设备损坏程度等情况。

（6）对铁路行车的影响情况。

（7）事故原因的初步判断，事故发生后采取的措施及事故控制情况。

（8）应当立即报告的其他情况。

事故报告后，人员伤亡、脱轨辆数、设备损坏等情况发生变化时，应及时补报。

二、行车事故救援与起复

铁路发生行车事故后,首先应该进行应急处理。确定需救援时,再及时派出救援列车赶赴事故现场进行救援工作,采取积极措施,迅速起复机车、车辆,清除线路上的障碍,尽快开通线路,保证迅速恢复通车,把事故的损失和影响减少到最低限度。救援工作如组织指挥得当,可以迅速恢复行车,降低事故等级。因此,事故救援在铁路运输中有着重要的作用。

1. 事故救援工作的管理

1)树立抢通意识,加强救援起复组织

各铁路局、站段要建立健全事故救援领导负责制,制定和完善事故救援工作程序和抢险预案。一旦发生事故需要救援,各级有关领导必须立即赶赴现场,由一名主要领导负责,实行单一指挥。根据事故具体情况,迅速制定切实可行的抢通方案,抓好组织实施,以最短的时间,迅速复旧开通线路。各单位要听从指挥、通力合作,从人员、物资、车辆、生活等方面予以保证。事故救援起复结束后,路局要及时召开救援总结会、讲评救援情况,做到优奖劣罚。

2)依靠科技进步,加速救援手段现代化

各铁路局要积极采用新技术、新设备,提高应急、快速救援能力,以适应事故救援工作的要求。如要加快救援列车专用车辆更换客车改造;救援列车大型吊具全部更换改造为新型带状吊具;轨道车配备轻型合金钢复轨器。同时,要加快救援设备和机具的研制、开发,依靠科技进步向小型化、便捷化发展等。在设备研制开发中,有关部门要密切配合、大力支持,用较快的速度开发出实用、高效的新产品,提高救援能力;要尽快研制配备快速救援机具;要加强救援设备日常的修、管、用,保证设备处于良好状态。

3)强化救援队伍培训,全面提高队伍素质

各单位要认真抓好救援专业队伍的救援队的日常培训,建立培训基地,定期组织培训、教育,提高救援队伍的整体水平,做到"练兵千日,用兵一时"和"招之能来,来之能战,战之能胜"。这是事故救援工作性质所决定的。

4)加强对救援队的领导

按照有关规定,事故救援工作要做到制度落实、组织落实、工具备品落实。对"三落实"的情况要定期进行检查,发现问题要立即整改。

2. 事故救援组织及设备

为及时处理行车事故、起复机车车辆、清除线路故障、保证迅速恢复行车,根据运输生产需要,铁路局应在无救援列车的编组站、区段站和二等站以上车站成立事故救援队,配备简易起复设备和工具。机车、动车、重型轨道车上均应备有复轨器和铁鞋。大型养路机械需配备专门起复装备及铁鞋。铁路总公司、铁路局应急救援指挥中心应配备相应的应急通信设备,确保事故现场的图像、话音及数据在规定的时限内传送至应急救援指挥中心。

《技规》第21条规定:"在铁路总公司指定地点设事故救援列车、电线路修复车、接触网抢修车,并经常处于整备待发状态,其工具备品应保护齐全整洁,作用良好。"

事故救援列车是专为处理机车车辆颠覆、脱轨事故而设,一般都配备有轨道起重机、千斤顶、复轨器等工具以及钢轨、枕木、鱼尾板、道钉等器材,以便及时起复机车车辆,清除线路上的障碍,并修复开通线路,保证迅速恢复行车。为保证事故救援列车能够迅速出动,其固定停放的线路,必须两端均可开入区间。

电线路修复车为修复受自然灾害或其他原因造成损坏的信号、通信线路而设。

接触网检修车是在电气化铁路上因各种原因发生接触网断线、电杆及铁路塔倒伏、瓷瓶破损等不正常情况下,用以进行检修而专门设置的。

为保证尽快恢复设备的使用和列车正常运行,上述三种救援设备在接到救援(出动)命令后,要求在 30 min 以内出动。为此,这些救援设备均应设置在指定地点,并应经常处于整备待发状态。其工具、器材均应保持齐全整洁、作用良好,除执行任务时使用外,日常不准随意动用,执行任务后短缺的工具和器材应及时补齐。

3．事故救援工作流程

1)区间的封锁

列车调度员在接到运转车长、车站值班员的救援请求后,在派出救援列车之前应向事故区间两端车站发布命令封锁区间。由于区间内发生事故,区间已被封锁,不能按正常闭塞手续办理行车,应以列车调度员的命令作为开入封锁区间的凭证。列车调度员发布的救援列车运行命令,应指明救援列车进入封锁区间往返运行的车次、停车地点及其他注意事项等。当列车调度电话不通时,应由接到救援请求的车站值班员根据救援请求办理。此时,救援列车即可凭车站值班员的命令作为开入封锁区间的许可。

2)救援起复工作的安排

事故救援列车到达事故现场后,应由救援列车的主任统一组织指挥事故救援起复工作。救援列车主任应首先安装电话,与列车调度员和最近两端车站保持通话联系,指派人员协助随行医护人员救护伤员,并设法将负伤人员送往附近医院;同时会同现场有关人员彻底了解事故周围地形及机车、车辆、线路损坏程度,决定起复方案。在 15 min 内开始组织起复工作。

3)事故救援方法

救援的目的在于迅速开通线路、恢复通车,尤其是铁路干线和正线、运输繁忙区段,必须以最快的速度、最短的时间,把事故机车、车辆以及破损的线路快速抢修好,并清理好线路,为恢复通车创造条件。事故现场的救援指挥人员应利用事故现场的地形、地物、设备等有利条件,组织多种方法平行作业,争分夺秒,恢复通车。我国铁路职工在长期实践中,创造了许多救援方法,目前仍在普遍采用的有以下几种。

(1)原线复轨开通法。这是在列车运行或调车作业中发生事故,脱轨的机车车辆堵塞正线时,利用复轨器、丁斤顶、轨道起重机,采用拉、吊、顶等方式,使脱轨的机车车辆重新复轨,开通线路,迅速恢复通车的一种普通而常用的方法。机车车辆发生轻微脱线时,可使用复轨器进行起复。常用的复轨器有海参形和人字形两种,海参形复轨器体小轻便,适用于脱线车轮距钢轨较近的起复工作;人字形复轨器适合于脱线车轮距钢轨较远的起复工作。

(2)便线开通法。这是在发生严重的列车颠覆事故时使用的方法。此方法利用事故现场两侧的其他铁路线路和较好的地形,把阻碍行车部分的线路或道岔截断,用拨道或铺设一段短线与其他邻近线路相接,开通线路,恢复通车。

(3)拉翻法。此方法将事故中障碍行车的破损机车、车辆利用机车、起重机、拖拉机、大型拖车等机械拉倒或翻滚，使其离开堵塞正线，开通运行线路，迅速恢复通车。

（4）移车法。移车法有吊移和拉移两种。吊移是用起重机，将车辆吊起离开线路临时放置。拉移是用人力或拖拉机，利用滑杆作用使车辆移动离开线路，迅速恢复通车。

小　结

安全是铁路运输的关键，一旦发生铁路行车重大事故将造成巨大的社会影响和直接经济损失。世界各国为保障高速铁路的行车安全采取了很多措施，如法国 TGV 高速列车安全控制系统中采用的司机防睡监视器、列车自动控制系统 TVM、防脱轨系统；日本新干线高速列车采用的列车自动控制系统 ATP、列车集中控制系统 CTC 和无线通信系统。

我国提速列车的行车安全保障体系主要由行车人员安全保障体系、设施设备安全保障体系、环境安全报警保障体系和行车安全应急救援体系等部分组成。

铁路机车车辆在运行过程中发生冲突、脱轨、火灾、爆炸等影响铁路正常行车的事故，包括影响铁路正常行车的相关作业过程中发生的事故；或者铁路机车车辆在运行过程中与行人、机动车、非机动车、牲畜及其他障碍物相撞的事故，均为铁路交通事故，事故分为特别重大事故、重大事故、较大事故和一般事故 4 个等级。

铁路事故救援组织和单位应加强救援组织和领导，依靠科技进步，加速救援手段现代化，强化救援队伍培训，全面提高队伍素质。

发生铁路行车事故后应立即按照规定将事故内容进行上报，确定需救援时，应及时派出救援列车赶赴事故现场进行救援工作，采取积极措施，迅速起复机车、车辆，清除线路上的障碍，尽快开通线路，保证迅速恢复通车，把事故的损失和影响减少到最低限度。

复习思考题

1. 高速铁路安全行车的重要性如何体现？
2. 简述我国铁路行车安全体系的构成。
3. 法国和日本的高速铁路系统中采用了哪些安全控制方法？
4. 铁路行车事故等级如何规定？
5. 行车事故报告的内容有哪些？
6. 铁路配备的主要救援设备有哪 3 种？各有什么作用？
7. 发生铁路行车事故后如何进行区间封锁？
8. 铁路事故救援的具体方法有哪些？

第十二章　动车组牵引与制动基础

　　动车组的运用要符合其运用条件，主要技术参数为正确运用动车组提供了技术参考和安全限制；动车组牵引力是全部动力车的轮周牵引力，用牵引特性曲线与特性函数来给出不同速度下的牵引力；不同动车组的基本阻力不一样，主要与其编组和结构有关，动车组基本阻力是用单位基本阻力公式给出的试验公式；动车组制动系统是一个综合系统，以动力制动优先，辅助以空气制动。这样，动车组制动特性曲线直接给出了制动减速度曲线，与普通列车的制动特性不同，也无法按照传统制动距离计算方法解算动车组制动距离，要按照新的方法计算，这是动车组制动问题的重点和难点，要掌握其计算方法，为动车组安全运行和有关试验提供相应技术资料和依据。

第一节　动车组运用条件及主要技术参数

　　我国新近投入运营的和谐号 CRH 系列动车组采用动力分散交流传动牵引模式，适应在铁路既有提速干线和客运专线上以不同限速正常运行。

一、动车组运用条件

1．动车组运用的自然环境

（1）气温条件：−25~40 ℃。

（2）相对湿度：95%（月平均最低温度 25 ℃ 时）。

（3）海拔高度：≤1 500 m。

（4）最大风速：一般年份 15 m/s；偶遇 30 m/s。

（5）气候特点：有风、沙、雨、雪天气；偶有盐雾、酸雨、沙尘暴等现象。

2．动车组运行的线路条件

1）200 km/h 速度等级线路区段的线路参数

（1）坡道。

① 区间最大坡度：12‰（困难条件下 20‰）。

② 站段联络线坡度：≤30‰。

（2）最小曲线半径：2 200 m。

（3）缓和曲线：三次抛物线形，缓和曲线超高顺坡率 $0.1V_{max}$，困难条件下 $0.125V_{max}$；夹直线及圆曲线最小长度 $0.7V_{max}$（新建和改建地段），困难条件下 $0.5V_{max}$；既有线保留地段困难条件下为 $0.4V_{max}$，取整为 10 m 的整数倍。

（4）线间距：4.2 m。

（5）到发线有效长度：650 m（困难条件下 520 m）。

（6）最大超高：150 mm。

（7）最大超过允许值：110 mm。

（8）道岔限速。

① 区间道岔直向通过速度：200 km/h。

② 进出站为 18 号可动心轨道岔：导曲线半径为 1 200 m，侧向通过限速 80 km/h。

③ 12 号可动心轨提速道岔：侧向通过速度 50 km/h。

（9）竖曲线半径：15 000 m。

（10）车站站台高度：500~1 200 mm。

（11）车站站台边缘距轨道中心线的距离：1 750 mm。

（12）正线数目：双线。

（13）轨底坡：1/40。

2）既有线线路其他有关参数

（1）坡道：≤30‰。

（2）轨底坡：1/40。

3．列车运用特点

列车为两端均可操纵控制的动车组，可单列运行，也可两列连挂运行。

（1）两列连挂时间：≤3 min。

（2）列车立即折返时间：<16 min。

（3）运行特点：客货混运、适合与既有线列车混运，动车组不通过驼峰，不与货车混编。

（4）救援列车（救援机车）：采用自动空气制动机和 15 号自动车钩。

4．动车组供电系统

（1）额定电压：单相交流 25 kV、50 Hz。

（2）最高电压：31 kV。

（3）最低电压：17.5 kV。

符合我国铁路干线电力牵引交流电压标准；线路设点式信号设备为列车提供过分相位置信号。

5．限　界

符合电力机车限界和客运专线机车车辆限界暂行规定。

6．信　号

闭塞分区长度一般为 1 000~1 200 m。

二、动车组主要技术参数

我国动车组的车辆构成和主要技术参数见表 12.1。

表 12.1 列车单元（8 辆编组）的车辆构成

车 型	CRH1	CRH2	CRH3	CRH5
编组形式	8 辆编组，可两编组连挂运行			
动力配置	2×(2M+1T)+(1M+1T)	4M+4T/6M+2T	4M+4T	(3M+1T)+(2M+2T)
车 种	一等车、二等车、酒吧座车合造车			
传动方式	交直交、三相交流感应电动机、VVVF 逆变器控制方式			
定员 / 人	670	610	601	622
运营速度 /（km/h）	200	200/300	300	200
试验速度 /（km/h）	250	250/330	330	250
列车常用制动空走时间 /s	1.7	2.3	待定	1.5
列车紧急制动空走时间 /s	1.5	1.5	待定	1.5
起动加速度 /（m/s^2）	0.406			
牵引功率 /kW	5 300	4 800/7 200	8 800	5 500
车体形式	不锈钢车体		大型中空型材铝合金车体	
转向架	H 形无摇枕、转臂式定位、空气弹簧			
轴重 /t	≤16	≤14	≤17	≤17（动）/16（拖）
列车长度 /m，质量 /t	214.00，474.0	201.40，408.5	200.67，536.0	211.50，500.0
受流电压制式	AC25kV-50 Hz			
牵引电机功率 /kW	265	300	562	550
制动方式	直通式电空制动+再生制动（带空转滑行控制）			
制动距离	初速 200 km/h，1 800 m			
辅助供电制式	3 相 AC380 V/50 Hz，DC110 V	DC100V、单相 AC100 V、AC220 V、AC400 V	3 相 AC440 V/60 Hz，DC110 V	3 相 AC380 V/50 Hz，DC24 V
列车控制网络系统	车载分布式计算机网络系统			
备 注	T 为拖车、M 为动车、C 为带司机台、K 为带车内小卖部、S 为一等车			

第二节 动车组牵引力及牵引特性

无论是动力分散型还是动力集中型动车组，其牵引力都是由动车产生的，这一点与机车牵引力的产生相似。对 EMU 来说，动车通过受电弓从接触网受流，经过车顶高压设备引入主变压器进行降压，供给牵引变流器；牵引变流器输出三相交流给牵引电动机；牵引电动机通过传动装置驱动轮对旋转，借助于轮对与钢轨之间相互作用力来产生列车的牵引力和制动力，实现动车组的牵引与制动目的。列车牵引计算中，通常用"黏着"来描述列车轮对与钢轨之间相互接触状况，那么列车牵引力与制动力均是通过这种"黏着"而产生的，所以"黏着"是列车牵引计算中一个很重要的基本术语和概念。

动车组的牵引特性曲线是指动车组牵引力与速度之间关系的曲线,是动车组最重要的性能曲线。在计算动车组的牵引与制动有关数据的时候,牵引特性曲线是最重要的原始数据。

一、动车组牵引力的产生与牵引特性

1. 牵引力的定义

牵引力是由动力车动力装置产生的、与列车运行方向相同、驱动列车运行并可由司机根据需要调节的外力。它是由动车动力装置发出的内力(不同类型机车的源动力装置不一样),经传动装置传递,通过轮轨间的黏着而产生的由钢轨反作用于动力车动轮周上的切线力。一列动车组牵引力指的是各个动力车牵引力的总和。

我国《列车牵引规程》(以下简称《牵规》)规定,机车牵引力以轮周牵引力为计算标准,即以轮周牵引力来衡量和表示机车牵引力的大小。动车组牵引力也应参照此规定标准。由于动轮直径的变化会影响轮周牵引力的大小,因此《牵规》规定,机车牵引力按轮箍半磨耗状态计算。不论是设计还是试验资料,所提供的轮周牵引力和机车速度数据,必须换算到轮箍半磨耗状态。机车轮箍半磨耗状态的动轮直径叫做计算动轮直径。

2. 牵引力的产生

以电动车组为例,其牵引力的产生过程为:接触网的高压交流电由机车受电弓引入主变器的原边绕组,再经动轮、钢轨回到牵引变电所,构成回路;动车上的主变压器将高压交流电变为低压交流电,由次(副)边绕组经牵引变流器供给牵引电动机,牵引电动机转轴输出转矩 M_d,并通过传动装置传递给动轮,再通过轮轨间的黏着作用,引起钢轨对动轮的切向反作用力,即动车牵引力。所以,它的实质是电能变为机械能、内力引起外力的过程。如图12.1所示,动车通过轮对将质量 P 压在钢轨上,在轮轨接触点 C,有一个钢轨对车轮的法向反作用力 N。当牵引电动机输出转矩 M_d 时,通过大小齿轮啮合,传递给动轮一个转矩 M。当 M 驱动动轮绕圆心 O 旋转时,受到轮轨接触面间摩擦的阻碍。这时车轮与钢轨间产生作用力与反作用力,M 转化为 F' 和 F'' 力偶,由 F' 作用于钢轨,得到钢轨的反作用力 F(这是一个由钢轨作用于轮对的外力)。F 阻碍了动轮与轨面间的滑动,由内力 F'' 推动动轮以点 C 为瞬时转动中心滚动,并将外力传给轴箱,通过转向架及车体传至车钩牵引列车前进。根据物理学知识可知,只有外力才能使物体重心发生位移,因此,这个切线外力 F 就是列车动轮的轮周牵引力,所有动车各动轮的轮周牵引力之和就是动车组牵引力。

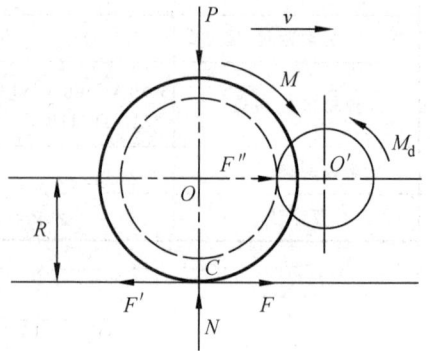

图 12.1 牵引力的形成示意图

从以上分析可知,动车组牵引力是动轮受牵引电机驱动转矩作用而形成的,因为驱动转矩是可以控制的,所以动车组的牵引力可以受司机控制。

3. 黏着牵引力与动车组的黏着

1) 黏着对牵引力的限制

如上所述,调节牵引电机转矩的大小可以改变切向力 F' 的值,只要轮轨间的黏着没被破坏，就可以得到不同的轮轴牵引力。机车所能实现的最大牵引力受黏着条件的限制，动轮不发生空转条件下所实现的最大轮周牵引力，即为列车最大黏着牵引力。若轮周上的切线力大于轮轨间的最大黏着力，动轮就要发生空转。最大黏着牵引力按下式计算

$$F_\mu = P_\mu g \mu_j$$

式中：F_μ 是计算黏着牵引力，单位是 kN；P_μ 是动力车计算黏着质量，单位是 t；μ_j 是计算黏着系数；g 是重力加速度，$g \approx 9.81 \text{ m/s}^2$。

黏着牵引力是牵引力的一个限制值，牵引电机牵引力、原动机牵引力是动车本身所具有的能力，这果两部分牵引力必须很好地配合才能使机车牵引力发挥到最佳状态。对电动车组来说，如果牵引电动机能力过大而超过黏着牵引力，则牵引电动机功率不能充分发挥，动车真正能实现的牵引力是按黏着牵引力限制值得到的黏着牵引力；反之，如果牵引电动机的牵引力小于黏着牵引力，则动车组牵引力受牵引电动机能力的限制，动车组能实现的牵引力为牵引力电动机牵引力。总之，对于在不同条件下机车真正能实现的牵引力为以上两种牵引力的小者。

2）动车组的黏着

列车的黏着质量一经确定后，实际能够得到的最大牵引力就取决于动轮-钢轨间的黏着系数。在列车运行中，黏着系数受很多因素影响，黏着系数和轮轨接触表面状态、几何尺寸、线路质量、动轮直径、运行速度、列车各部件状态等有关。动车组高速运行时，轮轨间的接触条件恶化，黏着系数降低；另一方面，动车组动轮直径比内燃机、电力机车的小，所以，动车组的黏着系数比机车的黏着系数小。

图 12.2 所示为高速动车组使用的黏着系数曲线。由图可以看出，ICE 和 TGV 高速动车组由于采用动力集中的牵引方式，列车轴重大，故黏着系数高于动力分散的日本新干线高速动车组（0 系、100 系、300 系）。

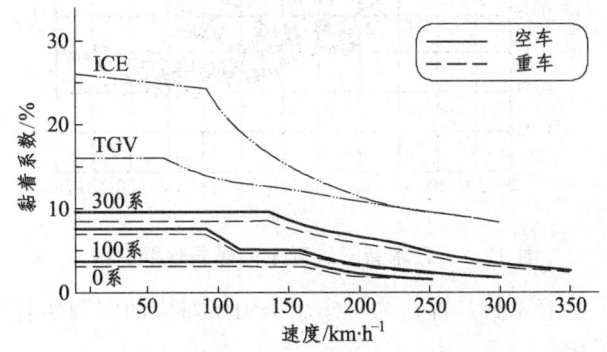

图 12.2　国外高速动车组使用的黏着系数曲线

在《欧洲高速铁路联网高速列车技术条件》中规定，为了保证充分利用黏着，EMU 动车组各速度下的黏着系数不超过表 12.2 中所列值。

表 12.2　EMU 动车组各速度下的黏着系数

速　度	低速度起动时	100 km/h 时	200 km/h 时	300 km/h 时
黏着系数	0.2	0.17	0.13	0.09

一般来说，黏着受轨道状态（污迹、生锈、水、油、雪等）的影响很大，但在同等条件下，都有随着车辆速度增高而下降的倾向，如图12.3所示。所以，轮周牵引力的上限也随着车辆速度的增加而下降。

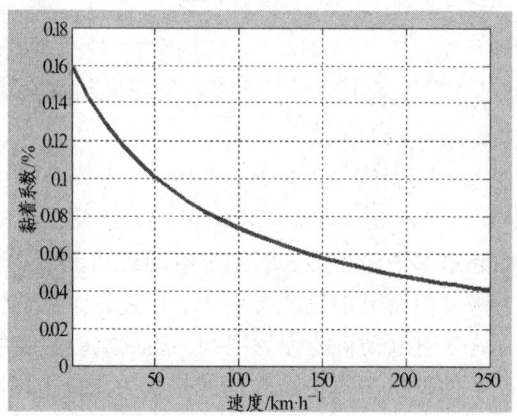

图12.3　高速动车组黏着特性曲线

图12.4中各点表示日本新干线不同的高速列车测得的黏着系数，对应的钢轨是潮湿的（喷水、下雨或下雪）。从图中可以看到，200系列车的黏着系数较高，这是因为装有车轮踏面清扫装置的缘故。由此也可看出牵引力随速度变化的曲线走向及后面将要讲到的制动减速度变化的规律。

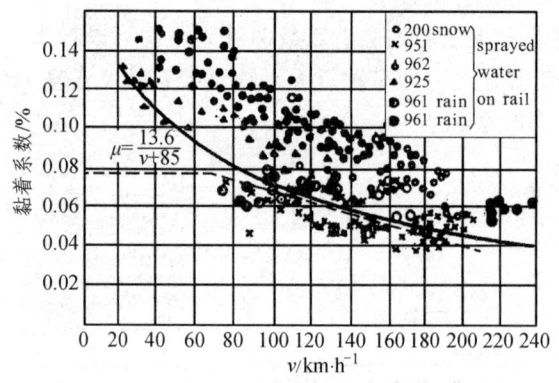

图12.4　日本新干线列车的黏着性能曲线

图中实线即为计算黏着系数，虚线为机车牵引力所对应的实测黏着系数。实测黏着系数无疑应小于计算黏着系数。

4．动车组牵引特性及其特点

对机车而言，机车牵引特性是指机车轮周牵引力 F 与运行速度 v 之间的关系，用函数关系表示为 $F=f(v)$。那么动车组牵引特性也可以表述为动车牵引力 F 与运行速度 v 之间的关系，用函数关系表示为 $F=f(v)$。将牵引电机牵引力和黏着牵引力与速度的关系绘在一张图上，构成牵引特性曲线。牵引特性曲线由专门试验得出。未经试验的，可参考由生产厂家提供的通过理论计算得出的"预期特性"曲线，"预期特性"曲线一般和试验曲线相当接近。图12.5～图12.8是我国部分动车组牵引特性曲线图。

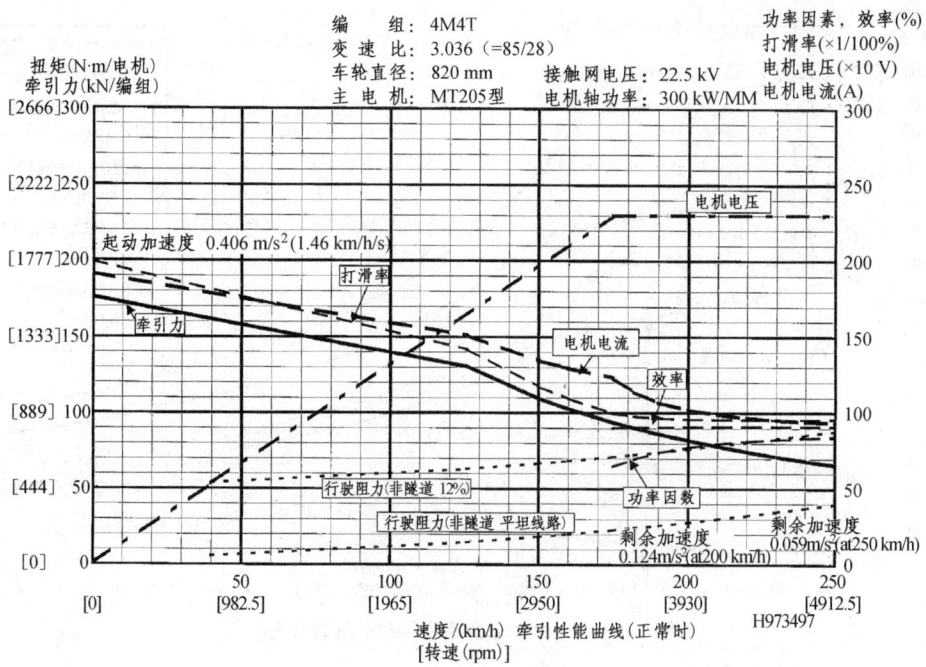

图 12.5　CRH380A 型动车组正常时（200 km/h）的牵引特性曲线

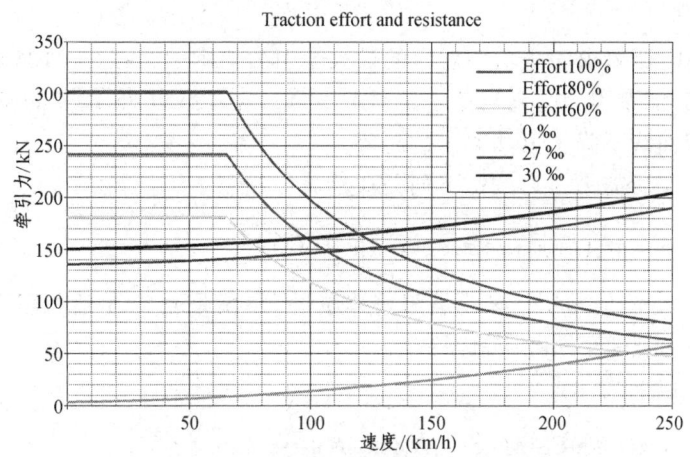

图 12.6　CRH5 型动车组牵引特性曲线

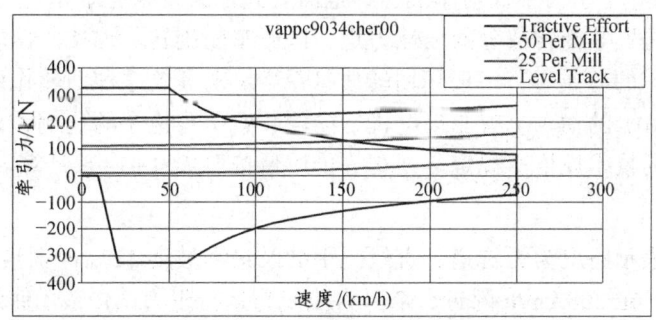

图 12.7　CRH1 型动车组牵引特性曲线

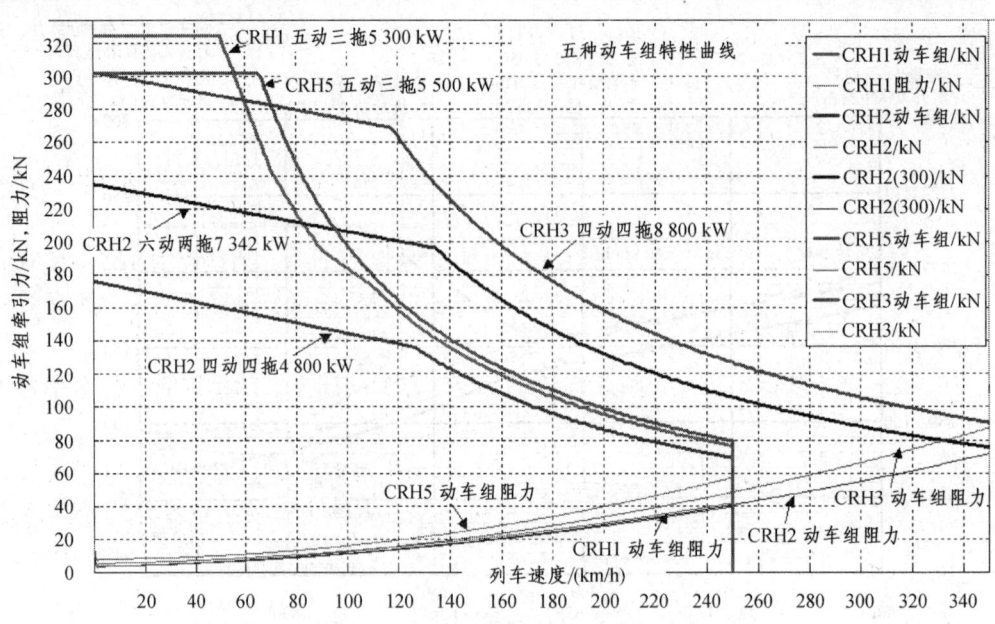

图 12.8 5 种动车组牵引特性曲线比较

从图 12.5 中，可以分析出以下内容。

1）牵引力曲线

牵引力为 EMU 所要求的全功率对应的最大牵引力。牵引力在 0~125 km/h 的速度范围内，以速度 0 km/h 的牵引力为基点按一定斜率下降；在 125 km/h 以上的速度范围内，牵引力与速度关系呈双曲线下降（恒功率）的趋势。

一般来说，列车所需牵引力按照下列公式计算

$$F = M \cdot (1+\gamma) \cdot a + M \cdot g \cdot w \cdot 10^{-3} \text{（kN）}$$

式中：a 是加速度，单位是 m/s^2；M 是编组整体质量，单位是 t；w 是运行阻力，单位是 N/kN，它是速度的函数；γ 是列车回转质量系数。

其中，加速度以下式计算

$$a = (1\,000F - M \cdot g \cdot w)/1\,000M(1+\gamma) \text{（m/s}^2\text{）}$$

在 EMU 加速时，牵引力不仅对车加速，也需要施加力量来克服车轮、车轴、制动盘片、驱动用电机、齿轮装置等旋转部分的惯性力矩，以使车轮旋转、加速。旋转部分消耗的牵引力相当于增加了列车的总质量，一般用回转质量系数 γ 来等效这种回转作用而增加的质量。回转质量系数因 EMU 的动车（有驱动电机、齿轮装置）与拖车的比例（动拖比）不同而不同，一般由动车组的技术规格所规定。列车等价质量按照 $M(1+\gamma)$ 来计算。

2）运行阻力

曲线中的虚线表示路况为无隧道、直线、平坡及最大坡度 12‰ 时对应的运行阻力。

按照实际计算，在 208 km/h 附近，牵引力曲线与运行阻力（12‰）曲线相交，这一点是坡度 12‰ 时路况对应的 EMU 的均衡速度点。

对于平直道，在 250 km/h 点，牵引力超出运行阻力，表明还有继续加速的余量，用剩余

加速度来表示，即 250 km/h 时剩余加速度 0.059 m/s^2，200 km/h 时剩余加速度 0.124 m/s^2。

起动时的加速度要求为 0.406 m/s^2。

3）单点画线表示电动机电压、破折线表示电动机电流

当速度小于 175 km/h 时，电动机电压与速度呈正比增大；速度大于 175 km/h 时，电动机电压为定值。

当速度小于 125 km/h 时，电动机电流与牵引力呈比例下降；在速度为 125～175k m/h 的区间，电动机电流基本上与速度呈反比例，此时，电动机电压与电动机电流之积保持一定值，列车进入恒功率加速区域。

在上述说明中，功率因数、打滑率均暂定为定值，而实际上，功率因数、打滑率均不为定值，所以在高速区域的电流要比上述说明有所增加。

此外，当速度超过 175 km/h 时，如前所述，电动机电压一定。如果暂定功率因数无变化，由于是稳定能量，则电流会按照一定值推移。但是，图中电动机电流是随着速度上升而下降的。

4）运行速度

营业运行速度为 200 km/h，最高试验速度为 250 km/h。

由以上动车组牵引特性曲线可以看出，各种动车组的牵引特性具有以下类似特点：

（1）低速区特性平坦或随速度升高而下降，这样的特性与动车组的黏着特性随速度的变化趋势是相适应的。

（2）牵引力数值与内燃机车、电力机车的牵引力相比小很多；由于中高速动车组大都采用轻量化技术，比普通旅客列车质量小，所以仍然具有较高的起动加速能力（或功率质量比）。

（3）高速区特性为恒功率曲线，牵引力随速度升高而呈双曲线关系下降，这一点与普通内燃、电力机车的恒功牵引特性曲线相似。最高运行速度为 300 km/h 的动车组，其恒功范围起始点多在 100 km/h 以上。

（4）因采用动力分散牵引模式，在正常轨面状态下，起动时及低速范围的牵引力低于黏着限制曲线较多，因此，在动车组的牵引特性曲线图中黏着特性曲线通常不画出来。

（5）在动车组的牵引特性曲线上通常不标注最低持续速度，因为在全功率下，即使在 20‰ 以上甚至接近 30‰ 的坡道上，列车的均衡速度仍然在恒功区以内，牵引电机的散热能力在允许范围内。也就是说，在正线运行时（12‰ 坡道）不会出现全功率、低速持续运行的工况。

二、200 km/h 动车组牵引特性函数

图 12.9 和图 12.10 分别是 200 km/h EMU 牵引特性曲线和各级位牵引力曲线，式（12.1）是最大牵引力的数学表达式，也叫特性控制函数，恒功范围起点在 125 km/h。

$$\left.\begin{array}{l} F = 176 - 0.36v, \quad 0 \leqslant v \leqslant 125 \text{ km/h} \\ F = 16\,250/v, \quad v > 125 \text{ km/h} \end{array}\right\} \quad (12.1)$$

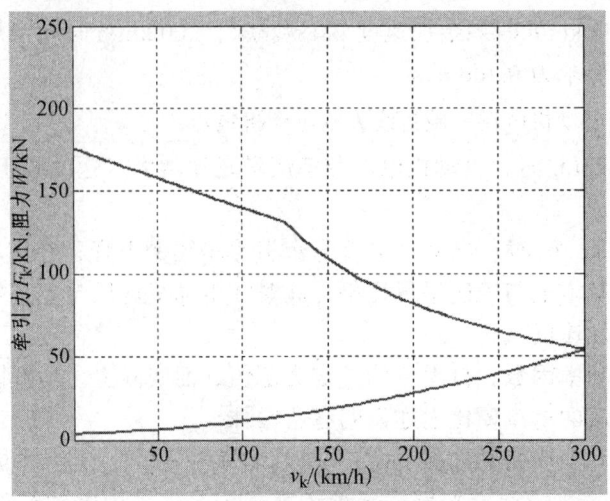

图 12.9　200 km/h EMU 牵引特性曲线

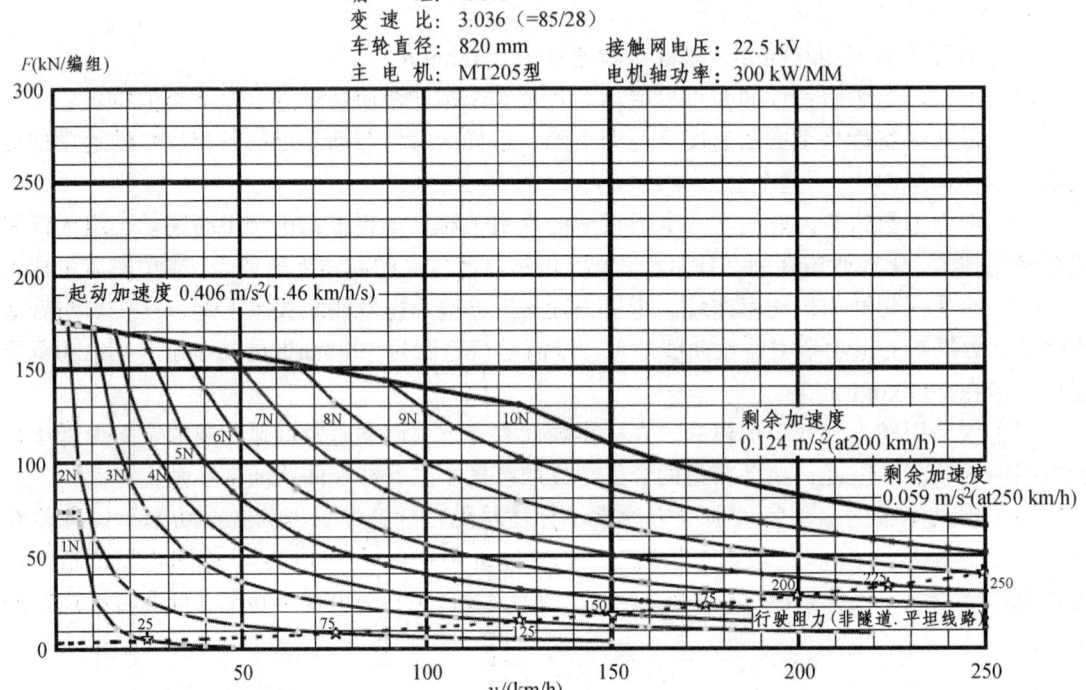

图 12.10　200 km/h EMU 各级位牵引特性曲线

图 12.11 和图 12.12 分别是动车组运行于平直道和 12‰、20‰、30‰ 直坡道上的牵引力与基本运行阻力的相对关系曲线。由图可以看出，列车运行于 12‰ 无隧道的直坡道上的均衡速度在 200 km/h 以上。

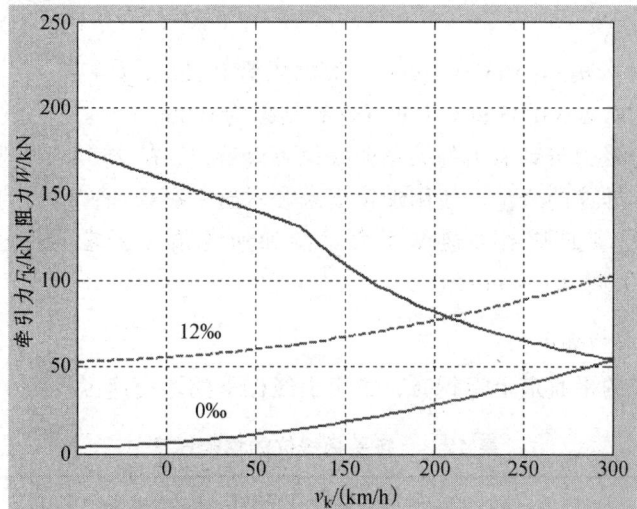

图 12.11　动车组运行于不同坡道上的阻力与牵引力关系

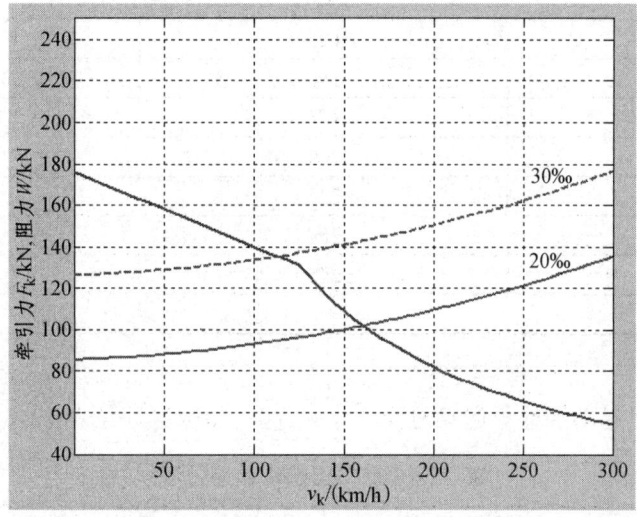

图 12.12　动车组运行于不同坡道上的阻力与牵引力关系

三、动车组的起动加速性能计算

1. 起动加速度

列车在定员载荷、平直道的起动加速度为 0.402 m/s^2。

列车的起动平均加速度如下列所示。

从 0 ~ 40 km/h 连续加速：$S = 165 \text{ m}$，$a = 0.38 \text{ m/s}^2$。

从 0 ~ 80 km/h 连续加速：$S = 713 \text{ m}$，$a = 0.365 \text{ m/s}^2$。

从 0 ~ 120 km/h 连续加速：$S = 1\,757 \text{ m}$，$a = 0.33 \text{ m/s}^2$。

从 0 ~ 160 km/h 连续加速：$S = 3\,651 \text{ m}$，$a = 0.30 \text{ m/s}^2$。

从 0 ~ 200 km/h 连续加速：$S = 7\,286 \text{ m}$，$a = 0.25 \text{ m/s}^2$。

从 0 ~ 250 km/h 连续加速：$S = 17.32 \text{ km}$，$a = 0.184 \text{ m/s}^2$。

2．剩余加速度取值

200 km/h 行驶时：$a > 0.1$ m/s^2（实际计算结果为 0.126 m/s^2）。

250 km/h 行驶时：$a > 0.05$ m/s^2（实际计算结果为 0.060 5 m/s^2）。

从平直道的运行阻力与牵引力的关系曲线也可以看出，在 250 km/h 点，牵引力比运行阻力大，说明还有继续加速的余量。使用加速度来表示这一剩余加速能力的话，就是在加速性能曲线图 12.10 中记录的剩余加速度所表示的加速度值（要求速度达到 250 km/h 时为 0.059 m/s^2，200 km/h 时 0.124 m/s^2）。

3．各手柄级位均衡速度

动车组在无隧道的平直道上运行时，各牵引级位下的均衡速度见表 12.3。

表 12.3　各手柄级位的均衡速度

牵引级位	均衡速度/（km/h）	牵引力-速度特性
1	25	$1/v$
2	75	$1/v$
3	125	$1/v$
4	150	$1/v$
5	175	$1/v$
6	200	$1/v$
7	225	$1/v$
8	250	$1/v$
9	275	$1/v$
10	—	$1/v$

4．起动加速过程

假设在平直道上起动加速、起动时间为 1 s。起动加速过程见表 12.4。

表 12.4　动车组起动加速过程

速度/（km/h）	加速时间/s	行驶距离/m	速度/（km/h）	加速时间/s	行驶距离/m
0	1	0	130	109	2 091
10	8	11	140	120	2 503
20	15	41	150	132	2 987
30	22	91	160	145	3 547
40	30	169	170	160	4 234
50	37	257	180	176	5 011
60	45	379	190	194	5 936
70	53	522	200	214	7 019
80	62	709	210	236	8 272
90	71	922	220	261	9 764
100	80	1 161	230	290	11 576
110	89	1 424	240	323	13 731
120	99	1 743	250	362	16 386

5．不同动拖比编组的起动加速能力对比

在相同电机功率、相同牵引总重量等计算条件下，动车组的平均加速度见表12.5。

表 12.5　不同动拖比编组的平均加速度（m/s²）

加速范围/（km/h）	4M4T		5M3T	
	加速距离	平均加速度	加速距离	平均加速度
0~40	165	0.38	131	0.47
0~80	713	0.365	566	0.45
0~120	1 757	0.33	1 386	0.42
0~160	3 651	0.30	2 849	0.38
0~200	7 286	0.25	5 555	0.33
0~250	17 320	0.184	12 284	0.25

第三节　动车组运行阻力

一、基本阻力的形成

动车组运行时所产生基本阻力中最主要的是零部件之间、车表面与空气之间以及车轮与钢轨之间的摩擦和冲击。归纳起来，基本阻力有以下5种因素：

（1）轴承的摩擦阻力。

（2）车轮的滚动阻力。

（3）轮轨之间的滑动阻力。

（4）冲击振动引起的阻力。

（5）空气阻力。

二、动车组运行阻力特点

1．滚动阻力

实际上车轮和钢轨并非绝对刚体。当车轮以一定的载荷压在钢轨上时，接触面必然产生弹性变形。变形大小取决于车轮、钢轨材质强度及硬度、轨枕种类和铺设密度、道床质量及停车时间的长短。

开始转动时车对接触点后面部分卸载、前面部分增载，但由于其内部的结合力的作用，卸载部分不能立即恢复原形，成为一个跟随波；增载部分却因增长而激起更大的弹性波，成为阻碍列车运动的外力——滚动阻力。由于钢轨材质、硬度、刚度等原因，随着速度的提高，滚动阻力增大。

2．滑动阻力

（1）由于车轮滚动一周中踏面上各点所走的距离不同，轮轨间产生滑动摩擦阻力。

（2）由于同一根轴两个车轮的直径不等，车轮滚动一周将产生相对滑动量，从而产生滑动摩擦阻力。

（3）如果轮对装配不正，在车轮滚动的同时，将产生连续的纵向滑动。而因为轮缘摩擦钢轨，在钢轨的拔动下车轮会不断进行横向滑动。

（4）列车的蛇行运动使轮轨间产生摩擦阻力。车轮的踏面形状虽有保持轮对中心与线路中心一致的作用，但由于线路不平顺和钢轨接缝造成的冲击，轮对常常离开中央位置，使两轮滚动圆不一致，加上运动的惯性作用和冲击的反复作用，轮对总是连续不断地向一侧滑移，引起列车的蛇行运动和接触面的相对滑动。

这些参数的数值都随速度的提高而增大。

3．冲击振动阻力

这种阻力的大小与车辆的结构、速度及线路的质量有关。特别是在车轮踏面擦伤、钢轨接缝过大和速度高时，冲击振动阻力就更大。

4．空气阻力

列车高速运行时，车体与周围空气发生相对运动，使车辆前部的空气压缩，而尾部的空气发生涡流，形成部分真空。同时由于车体的上下左右侧面都要和空气发生摩擦，不平顺的处所也将产生涡流。空气与车体的这些相互作用就形成了阻碍车辆运动的力——空气阻力。

空气阻力的大小，取决于车辆与空气的相对速度、车辆外形、气温等，也与编组数量等因素有关，尤其是与速度的平方成正比。由于其他阻力随速度增长较慢，所以当列车速度超过一定数值后，空气阻力就成为主要阻力。不同速度下空气阻力的比例见表12.6。

表12.6　不同速度下各阻力因素所占比例

各因素百分比＼速度 基本阻力各因素	10	50	100	140~160	300
轴承摩擦、车轮滚动、滑动、冲击和振动	98	85	60	45	5~25
空气阻力	2	15	40	55	75~95

空气阻力用 w_B 表示，计算式为

$$w_B = \frac{1}{2} C_x \rho v^2 A$$

式中：C_x 是空气阻力系数，它取决于列车的外形；ρ 是空气密度；A 是列车最大截面面积；v 是列车与空气的相对速度。

上式表明，空气阻力与阻力系数、空气密度、相对速度的平方及列车最大截面面积成正比。列车头部和列车尾部的形状对空气阻力的影响很大。高速动车组的速度都在 200 km/h 以上，空气阻力是列车运行阻力的主要成分。因此，将动车组头尾部形状以及整个列车都设计成流线型（包括车顶和车下设备）并尽量降低表面粗糙度和列车高度，对减小列车运行阻力具有重大意义。

三、基本阻力中各部分的比例

决定基本阻力的主要因素是列车运行速度的大小。低速时，基本阻力中轴承摩擦阻力和滚动阻力所占比重较大；速度提高后，轮轨间的滑动摩擦、冲击和振动、空气阻力所占的比重也随之逐渐增大；高速时则以空气阻力为主。不同速度下各阻力因素所占比例见表 12.6。

四、基本阻力的计算

从以上分析可知，基本阻力决定于许多因素，它与机车、车辆结构和技术状态、轴重、线路情况、气候条件以及列车运行速度等都有关系。由于这些因素极为复杂，甚至相互矛盾，实际应用中很难用理论公式进行准确计算出基本阻力。通常都是用经过大量试验得出的经验公式来计算，这些公式都用单位阻力的形式表达。在试验时，只对阻力影响较大的因素作必要的控制，包括机车、车辆类型、列车运行速度，其他因素则由公式中的系数予以考虑。机车、车辆运行过程的单位基本阻力的计算公式，一般为速度二次三项式，即

$$w_0 = a + bv + cv^2$$

根据有关技术资料和文献，给出我国目前已投入运用的部分动车组和国外高速动车组的单位基本阻力公式，以供比较和参考。

动车组由动车（相当于机车）和拖车（相当于车辆）组成固定编组，其单位运行基本阻力的计量不分动车和拖车，通过专门试验得出综合试验公式，动车组起动时的基本阻力则另外考虑。我国和谐号动车组、早期动车组和国外其他动车组运行单位基本阻力公式如下。

CRH1 动车组	$w_0 = 1.12 + 0.005\ 42v + 0.000\ 146v^2$
CRH380A 动车组	$w_0 = 0.880 + 0.007\ 44v + 0.000\ 114v^2$
CRH5 动车组	$w_0 = 1.65 + 0.000\ 1v + 0.000\ 179v^2$
先锋号电动车组	$w_0 = 1.65 + 0.000\ 1v + 0.000\ 179v^2$
中原之星号电动车组	$w_0 = 1.28 + 0.001\ 2v + 0.000\ 195v^2$
中华之星号高速电动车组	$w_0 = 1.16 + 0.005\ 34v + 0.000\ 182v^2$
德国 ICE	$w_0 = 1.16 + 0.005\ 34v + 0.000\ 133\ 5v^2$
法国 TGV-A	$w_0 = 0.62 + 0.008\ 2v + 0.000\ 14v^2$
法国 TGV-PSE	$w_0 = 0.97 + 0.010\ 2v + 0.000\ 157v^2$
日本 300 系	$w_0 = 1.289 + 0.004\ 9v + 0.000\ 135v^2$
日本 100 系	$w_0 = 1.272 + 0.001\ 63v + 0.000\ 148v^2$
日本 200 系	$w_0 = 1.174 + 0.015\ 4v + 0.000\ 09v^2$
英国 APT	$w_0 = 2.1 + 0.009\ 8v + 0.000\ 17v^2$
意大利 ETR500	$w_0 = 0.16 + 0.010\ 2v + 0.000\ 113\ 2v^2$

第四节　动车组制动力与制动减速度

一、列车制动力的定义

把由制动装置引起的、与列车运行方向相反的、司机可根据需要控制其大小的外力，称为制动力，用字母 B 表示，单位制动力用小写字母 b 表示。

列车制动力与机车牵引力一样，同是钢轨作用于车轮的外力，所不同的是机车牵引力仅发生在机车的动轮与钢轨间，而列车制动力则发生在全列车具有制动装置的机车、车辆的轮轨之间。

在制动操纵上，列车制动作用按用途可分为常用制动和紧急制动。常用制动是正常情况下调控列车速度或进站停车所施行的制动，其作用较缓和，而且制动力可以调节，通常只用列车制动能力的 20% 至 80%，多数情况下，只用 50% 左右。紧急制动，是紧急情况下为使列车尽快停住而施行的制动，它不仅用上了全部的制动能力，而且作用比较迅猛。

二、制动力产生的方法

产生列车制动力的方法很多，主要可分为摩擦制动、动力制动和高速动车组的制动。

1. 摩擦制动

传统的摩擦制动指的是将空气压力通过机械传动装置传到闸瓦或闸片上，利用闸瓦与车轮踏面或闸片与制动盘的摩擦而产生制动力，分为闸瓦制动和盘型制动两种。电磁轨道制动是另外一种摩擦制动。

1）闸瓦制动

闸瓦制动以压缩空气为动力，通过空气制动机将闸瓦压紧车轮踏面由摩擦产生制动力，是常速机车车辆采用的主要制动方式。

2）盘形制动

盘形制动以压缩空气为动力，通过空气制动机将闸片压紧装在车轴或车轮上的制动盘产生摩擦形成制动力。从而减轻车轮踏面的热负荷，延长车轮使用寿命，保证行车的安全。准高速和高速列车普遍采用这种制动方式，我国新造客车也采用盘形制动。

3）电磁轨道制动

电磁轨道制动也叫磁轨制动，是利用装在转向架的制动电磁铁，通电励磁后，吸压在钢轨上，制动电磁铁在轨面上滑行，通过磨耗板与轨面的滑动摩擦产生制动力。磁轨制动力不受轮轨黏着力的限制，是一种非黏着制动方式。在紧急制动时同时附加此制动可以显著缩短制动距离。据国外实验资料报道，在列车速度为 200～210 km/h 施行紧急制动，同时附加电磁轨道制动比不加此制动时的制动距离要缩短 25%。

2. 动力制动

依靠机车的动力机械通过传动装置产生的制动力。包括电阻制动、再生制动、电磁涡流制动等。

1) 电阻制动

电阻制动是利用电机的可逆性,把牵引电动机变为发电机,将列车的动能转换成电能由制动电阻变成热能,并散逸到大气中去。电磁转矩成为阻碍牵引电机转子运行的动力,从而起到制动作用。我国电力机车和电动车组普遍采用此种制动方式,内燃机车和内燃动车组多数采用。

2) 再生制动

再生制动与电阻制动相似,同样利用电机的可逆性,只不过将牵引电动机作发电机产生的电能通过逆变装置回送给电网。目前,在国外高速动车组、交流传动电力机车已广泛应用,我国部分国产电力机车上已经应用。

3) 电磁涡流制动

电磁涡流制动是利用电磁铁和电磁感应体相对运动,在感应体中产生涡流,将列车的动能转换成电磁涡流并产生热能,达到制动的目的。

根据电磁铁和感应体的形式,电磁涡流制动分为电磁涡流轨道制动(线性电磁涡流制动)和电磁涡流转子制动(盘式电磁涡流制动)。电磁涡流轨道制动是将转向架上的电磁铁落至距轨面 6~7 mm 处,由电磁铁与钢轨间的相对运动在轨头内产生感应涡流,这些涡流在磁场中运动,受到一个与运动方向相反的力的作用,形成制动力。电磁涡流转子制动是在轮轴上安装与盘形制动制动盘类似的金属圆盘,制动时金属盘在电磁铁产生的磁场中旋转,制动盘内产生涡流作用,从而产生电磁力作为制动力,起到制动作用。

闸瓦制动、盘形制动、电阻制动、再生制动、电磁涡流转子制动,都是利用轮轨之间的黏着而转变成制动力,均属于黏着制动,其制动力要受产生制动力的那些车轴的轮轨间黏着力的限制。同一根轴上各种黏着制动力之和不能超过该轴轮轨间的黏着力。

电磁轨道制动和电磁涡流轨道制动不通过轮轨间的黏着起作用,属于非黏着制动,不受轮轨间黏着极限值的限制。其中电磁涡流制动优于电磁轨道制动,因为它没有任何摩擦副。电磁制动目前在国外作为高速列车的辅助制动装置。

3. 高速动车组的制动

列车的动能与列车质量成正比,与列车速度的平方成正比。高速列车速度很高,具有很大的动能。对于同一列车,当最高速度从 100 km/h 提高到 300 km/h 时,列车的动能为原来的 9 倍。高速列车在制动中要把其积聚的动能通过各种制动形式最后转化为热能和电能,并在尽可能短的制动距离内消耗掉,才能使列车停车。高速列车特别重视制动技术,它是保证列车高速安全运行的关键。高速列车的制动单靠一种制动方式是难以完成的,一般是采用传统踏面、盘形制动、动力制动、电磁制动等多种制动方式组合的综合运用。目前,我国在时速为 160 km/h 的准高速列车上,采用了"自动式电气空气制动机",简称为"自动电空"。自动电空完全保留了原自动空气制动机车的减压制动、增压缓解以及列车分离时能自动制动的一切特性。利用装在各车辆上的电磁阀帮助列车管减压或增压,运用"电"比"空气"传播快的原理,弥补空气制动同时性差的缺点,实现了电"助"空气制动。它的最大优点是可在列车尾部加挂两辆未装电空的普通客车,仍能维持列车电空优越性能,有极好的混编性能,检测监视、故障导向安全系统简单。这个特点决定了它是旅客列车不断提高速度的一条必经途径。我国新投入的和谐号动车组均采用"直通式电空制动+再生制动"的方式,国外动车组的制动方式较多,表 12.7 是国外部分高速列车的制动方式。

表 12.7 国外部分高速列车的制动方式

国别		法国				德国				日本	苏联
车型		TGV-PSE		TGV-A		ICE-V		ICE		300系	
最高速度/(km/h)		280		300		300~350		280~300		300	350
车体类型		动力车	拖车	动力车	拖车	动力车	拖车	动力车	拖车	动力车	动力车
制动方式	电阻										√
	再生					√		√		√	√
	盘形	√	√	√	√	√	√	√	√	√	
	踏面	√	√	√	√						
	涡流					√		√		√(拖)	√
	磁轨								√		

如图 12.13 所示是和谐号动车组电空制动配合控制时的制动力变化过程,制动时优先使用黏着特性好的再生制动,根据制动指令,对动力制动力不足的部分用空气制动力来补充,电空制动力的计算控制以一个 M-T 单元为单位进行。

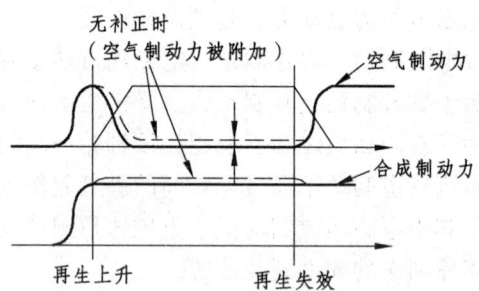

图 12.13 动车组电空制动配合时制动控制

从表 12.7 中可以看出,高速列车动力车的动力制动方式为电阻制动和再生制动,再生制动是目前"交-直-交"传动方式的机车和高速动力车采用的普遍制动方式,从牵引转换到制动方式,不需要主电路的换接,它的优点在于动力车上不需要安装制动电阻和冷却装置。

动力制动特别适用于高速列车。列车在高速行驶时,利用摩擦原理的盘型制动和踏面制动会迅速发热,摩擦系数也随之下降而使制动力降低。而动力制动的制动力与列车速度有关,正好利用列车的高速而产生大的动力制动力。

一般情况下,对动力集中的高速列车,动力车通常采用动力制动和盘形制动(轮盘式),而拖车则采用盘形制动(轴盘式)和踏面制动。这里的踏面制动主要起车轮表面清扫的作用,以提高轮轨间的黏着系数。

高速列车都采用了盘形制动。这是因为踏面制动在过大的制动功率下将导致闸瓦熔化或闸瓦分解,车轮踏面过热剥离。而盘形制动装置可以使用摩擦性能优良的合成材料,摩擦也不在车轮踏面。法国 TGV-PSE 的制动盘制成带散热盘的空心轮状,具有自通风作用,而 TGV-A 则采用实心盘以减小列车阻力。

动车组的制动与一般列车不同，往往是多种制动方法综合作用而产生制动力，对和谐号CRH系列动车组，采用再生电气制动方式和电气指令式空气制动方式联合，其制动根据指令的阶段控制方式分为以下几种。

紧急制动：平时励磁方式（由指令线短路来使紧急制动动作）。

快速制动：平时励磁方式（由环形电路断路来使快速制动动作）。

辅助制动：虽为应对制动控制装置不良时制动，但只对两端的车辆起作用。

耐雪制动：防止降雪时雪块嵌入制动盘和闸瓦间。

三、动车组制动力的计算与制动减速度

CRH系列电动车组的制动系统与机车牵引的列车不同，高速动车组的制动是采用计算机控制综合制动方式，以动力制动为主，空气制动为辅，按照减速度要求给定制动力，已经没有一般列车制动计算中的列车换算制动率、闸片换算摩擦系数的概念。因此，我国长期使用的基于制动力换算法进行列车制动有关问题计算的常规制动计算方法已不再适用。在高速列车和动车组制动中，制动减速度是制动计算的主要参数，这个参数是动车组自身综合制动能力所决定的，是动车组本身的特性，在进行动车组制动力计算时，一般是依据这个参数，根据牛顿定律反算列车制动力。

纯制动力引发的减速度

$$a'_z = \frac{b \cdot g \cdot 10^{-3}}{1+\gamma}$$

阻力（含加算坡道阻力）引发的减速度

$$a''_z = \frac{(w_0 + i_j)g \cdot 10^{-3}}{1+\gamma}$$

列车制动减速度

$$a_z = a'_z + a''_z$$

列车制动力为

$$B = M \cdot a_z \cdot (1+\gamma) - M \cdot g \cdot w \cdot 10^{-3} \quad (\text{kN})$$

式中：a_z是制动减速度，单位是 m/s^2；M是编组整体质量，单位是 t；w是运行阻力，单位是 N/kN，它是速度的函数；γ是列车回转质量系数。

一般情况下，动车组制动减速度值可以通过厂家给定的技术资料，由制动减速度曲线图与数据表得到。

要特别注意，回转质量系数γ值因机车车辆型式（结构）和列车组成而异，对动车组而言，一般参照动车组的技术规格所规定。一般规律是：动力车的γ值大于拖车，机车大于车辆，电力机车大于内燃机车，空货车大于客车，客车大于重货车，盘形制动的机车（动力车）、车辆（拖车）大于闸瓦制动的机车车辆。对确定的列车，γ值原则上应按质量加权平均处理，但通常考虑到列车中动力车（或机车）、拖车所占比例范围，统一简化处理，见表12.8。

表 12.8 动力车（或机车）拖车（或客货车）及动车组（或列车）的 γ 值

类 别	电力机车（或动力车）	内燃机车（或动力车）	客车（或拖车）	重货车	空货车
γ 值	0.15~0.25	0.10~0.15	0.04~0.06	0.03~0.04	0.08~0.10

类 别	旅客列车与重货物列车	空货物列车	动 车 组	
			推挽式（动力集中）	均牵式（动力分散）
γ 值	0.06	0.10	0.06~0.08	0.08~0.11

由表 12.8 可见，推挽式（动力集中）高速动车组的 γ 值可采用与普通列车相当的 0.06。尽管均牵式高速列车比编组辆数相同的推挽式列车具有更多的动力车或动力转向架，仍能保持约 0.1 或稍低的回转质量系数。无论均牵式或推挽式高速列车牵引计算时，回转质量系数都不能忽视，否则将导致 5%~10% 的误差。

在已知制动力与阻力的前提下进行有效制动距离计算时，相关系数已包含 γ 的影响在内，按照传统方法计算不易出错。但在进行减速度计算时则不然，由以上分析可得

$$a_z = \frac{(b + w_0 + i_j)g \cdot 10^{-3}}{1 + \gamma} \quad (\text{m/s}^2)$$

这里的 γ 值容易被忽略，应特别注意。例如，高速列车在平直道（$i_j = 0$）上，初速 350 km/h 紧急复合制动时，已知单位制动力为 89 N/kN，单位基本阻力为 22 N/kN，制动减速度约为 0.99 m/s²（$\gamma = 0.10$）或 1.03 m·s²（$\gamma = 0.06$）。如果忽略 γ 值时，则减速度可达 1.09 m/s²。

还应指出，只有在解算加减速度不为 0 的问题时引入 γ 值才有意义。而在解算加减速度为 0 的某些特殊问题时则不应引入 γ 值，如在求算在大下坡道上为使列车保持等速运行需要多大制动功率时也引入 γ 值则是不对的。

此外，由于高速气动阻力在总阻力中的比重随着速度的提高而上升，250 km/h 以上的高速列车阻力中气动阻力已超过 80%，350 km/h 时列车基本阻力已达紧急制动的四分之一左右，常用制动时基本阻力所占比重更高，所以高速列车制动计算时的列车基本阻力不能小视。

四、再生制动特性曲线

CRH380A 型动车组的再生制动性能曲线如图 12.14 所示。

从图 12.15 中可以得到 CRH380A 型动车组的制动力特性函数

$$\left. \begin{array}{ll} B_d = 44 & (\text{kN}) \quad 0 \leqslant v \leqslant 70 \\ B_d = 44 - 0.06(v - 70) & (\text{kN}) \quad 70 < v \leqslant 200 \end{array} \right\}$$

图中粗实线表示制动力。在常用制动时，在 M 车上由再生制动承担、T 车上由空气制动的盘形制动装置补充，两者达到下列所要求的列车最大减速度。

常用（7级）：70 km/h，0.747 m/s²。
　　　　　　118 km/h，0.619 m/s²。
　　　　　　200 km/h，0.492 m/s²。

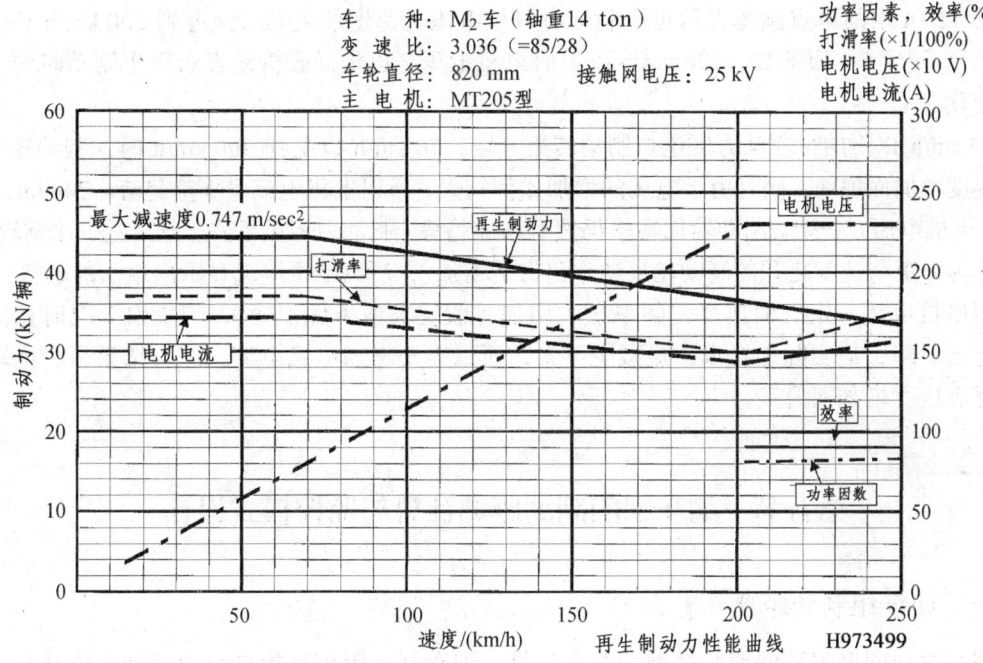

图 12.14 CRH380A 动车组再生制动力特性曲线

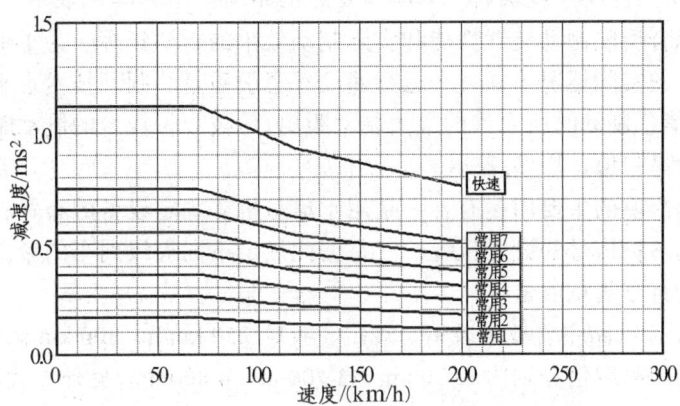

图 12.15 CRH380A 动车组制动减速度曲线

制动力 B（kN）为

$$B = M \cdot a_z \cdot (1+\gamma) - M \cdot g \cdot w \cdot 10^{-3}$$

减速度为制动力与运动阻力之和，制动减速度 a_z 为

$$a_z = \frac{1\,000B + M \cdot g \cdot w}{1\,000M(1+\gamma)} \quad (\text{m/s}^2)$$

由制动特性图看出，所要求的再生制动力在 70 km/h 以下时恒力矩特性、70 km/h 以上则以该点为基点，随着速度增加，再生制动力缓慢下降，但是制动功率，轮周功率是速度（m/s）与制动力（N）的乘积，在 70 km/h 以上随速度的增加有所增加，在最高速度 250 km/h 制动功率最大。

图 12.14 中的单点画线表示再生制动时电机电压与速度的关系。速度到 200 km/h 后，电压频率比（V/f）为常数，200 km/h 以上时电机电压 V 恒定。破折线表示再生制动时的电机电流变化。

70 km/h 以下的恒制动力区电机制动转矩一定；70 km/h 以上到 200 km/h 时，制动轮周功率随速度增加而增加，同时由于电压的增加比例较大，所以电机电流呈下降趋势。200 km/h 以上时，电机电压 V 一定，制动轮周功率仍然有增加趋势（制动力矩虽下降，但其减少比例较小，所以作为力矩与速度之积的制动轮周功率仍有所增加），所以电机电流显示出增加的趋势。

当电机电压一定，而速度（频率 f）增加（假定其他条件不变），与牵引工况时相同，电机电流下降；但实际上要求力矩减少不大，所以需要增加电机电流。综合结果是，电动机电流随着速度增加而升高。

第五节　动车组的制动距离计算与监控模式设计

一、动车组制动距离

列车制动问题解算的核心是制动距离计算。列车制动距离是指自制动开始（移动闸把或监控装置"放风"）到停车（或缓解）列车所走过的距离。用字母 S_z 表示。

制动距离是综合反映制动装置性能和实际制动效果的重要指标。为了保证行车安全，世界各国都根据自己的实际情况（如列车运行速度、牵引质量、制动技术水平和信号、闭塞制式等），规定本国紧急制动时所允许的最大制动距离。《技规》规定的制动距离又叫计算制动距离，也叫制动距离限值，用 S_{zj} 表示。

紧急制动距离限值的主要用途有：一是用于信号机等固定设备的布置；二是据此规定线路封锁施工时移动防护信号的设置位置；三是据此规定不同等级列车的紧急制动限速；四是作为制定有关安全行车规章的依据。

2004 年第 5 版《铁路主要技术政策》规定，我国 250 km/h、300 km/h、350 km/h 高速旅客列车的紧急制动距离限值分别为 2 700 m、3 700 m、4 800 m。另外，我国《时速 200 km 和 300 km 动车组主要技术条件》（铁运函〔2006〕462 号）明确规定了在平直道上施行紧急制动时动车组的制动距离满足下列指标：

制动初速 $v_0 = 300$ km/h 时，$S_{zj} \leqslant 3\,700$ m；

制动初速 $v_0 = 200$ km/h 时，$S_{zj} \leqslant 2\,000$ m；

制动初速 $v_0 = 160$ km/h 时，$S_{zj} \leqslant 1\,400$ m。

在制动计算中，是运用制动力等效原理把复杂的制动过程等效为便于计算的制动空走和有效制动过程，因此，制动距离 S_z 为制动空走距离 S_k 和有效制动距离 S_e 之和，即

$$S_z = S_k + S_e \quad (\text{m})$$

决定空走距离 S_k 的两个因素是制动初速 v_0 和空走时间 t_k。而空走时间 t_k 与列车编组辆数和制动方式（紧急制动或常用制动，以及常用制动的减压量 r）有关。

二、动车组制动距离计算参数

1. 动车组制动减速度特性

CRH系列电动车组采用微机控制的复合制动,以动力制动为主,空气制动为辅,按照减速度要求给定制动力,减速度是制动距离计算的主要参数。据设计资料(制动减速度曲线及数据表),CRH380A型动车组制动方式分为EB紧急制动和7级常用制动,制动减速度特性由3段直线组成,0~70 km/h减速度为一常数,70~118 km/h和118~200 km/h减速度为速度的一次函数。另据文献[2],CRH1型和CRH5型电动车组制动方式分为EB紧急制动和3级常用制动。CRH5型EB紧急制动、CRH1型EB紧急制动和常用制动的减速度不分速度段分别为同一常数,CRH5型常用制动在0~70 km/h、70~118 km/h和118~200 km/h 3个速度段为不同的常数。3种电动车组的制动减速度特性参数一并列入表12.9。

表12.9 CRH系列动车组制动减速度(m/s^2)特性参数

车型	制动级位		速度分段/(km/h)		
			0~70	70~118	118~200
CRH380A	常用制动	1级	0.166 7	$0.207\ 2 - 0.000\ 578\ 7v$	$0.176\ 5 - 0.000\ 318\ 5v$
		2级	0.263 9	$0.328\ 7 - 0.000\ 925\ 9v$	$0.277\ 9 - 0.000\ 495\ 4v$
		3级	0.361 1	$0.450\ 2 - 0.001\ 273\ 1v$	$0.381\ 4 - 0.000\ 690\ 0v$
		4级	0.458 3	$0.575\ 8 - 0.001\ 678\ 2v$	$0.478\ 0 - 0.000\ 849\ 3v$
			0~70	70~118	118~200
CRH380A	常用制动	5级	0.552 8	$0.690\ 5 - 0.001\ 967\ 6v$	$0.579\ 4 - 0.001\ 026\ 2v$
		6级	0.650 0	$0.812\ 0 - 0.002\ 314\ 8v$	$0.682\ 9 - 0.001\ 220\ 8v$
		7级	0.747 2	$0.933\ 6 - 0.002\ 662\ 0v$	$0.784\ 4 - 0.001\ 397\ 7v$
	EB紧急制动		1.122 2	$1.401\ 7 - 0.003\ 993\ 1v$	$1.179\ 0 - 0.002\ 105\ 4v$
CRH5	常用制动	最小	0.38	0.37	0.25
		中等	0.70	0.69	0.57
		最大	1.02	1.01	0.89
	EB紧急制动		0.93		
CRH1	常用制动	最小	0.114		
		中等	0.457		
		最大	0.80		
	EB紧急制动		1.03		

2. CRH系列电动车组动车组制动空走时间

文献[1]给出的CRH系列电动车组制动空走时间t_k见表12.10。

表12.10 CRH系列电动车组制动空走时间

车型	CRH1	CRH380A	CRH5
常用制动空走时间/s	1.7	2.3	1.5
EB紧急制动空走时间/s	1.5	1.5	1.5

3．CRH 系列电动车组动车组单位基本阻力

根据文献[1]提供的资料，CRH 系列电动车组的单位基本阻力换算成统一单位制后，公式按照本章第二节所给计算。

三、制动距离计算与监控装置制动模式曲线设计

1．制动级位和减速度的选择

监控装置的制动模式曲线分为紧急制动和常用制动两种。

紧急制动的模式曲线，用动车组 EB 紧急制动的减速度计算。

常用制动的模式曲线，则要选择一个常用制动级位，这个级位的制动力应大体上等于紧急制动力的 80%。据此原则，CRH380A 型选用第 7 级，CRH5 和 CRH1 型选用最大常用制动。

CRH380A 型常用制动和 EB 紧急制动以及 CRH5 型的常用制动减速度 a 根据速度分段分别按表 12.9 选取。其他不分速度段也按 12.9 选取。

2．制动距离计算

1）制动空走距离

制动空走距离按下式计算

$$S_k = \frac{t_k v_0}{3.6} \quad (\text{m})$$

式中：t_k 是制动空走时间，单位是 s，按表 12.11 取值；v_0 是制动初速度，单位是 km/h。

将表 12.10 的空走时间数据代入上式，可得出 CRH 系列电动车组制动空走距离的简化计算公式见表 12.11。

表 12.11　CRH 系列动车组制动空走距离计算公式

车　型	CRH1	CRH380A	CRH5
常用制动空走距离 / m	$S_k = 0.472 v_0$	$S_k = 0.639 v_0$	$S_k = 0.417 v_0$
EB 紧急制动空走距离 / m	$S_k = 0.417 v_0$	$S_k = 0.417 v_0$	$S_k = 0.417 v_0$

2）有效制动距离计算

由于 CRH 系列电动车组采用微机控制的复合制动，按照预定的减速度给定列车制动力，已经没有常规列车有效制动距离计算公式中的列车换算制动率、闸片换算摩擦系数、常用制动系数的概念，制动减速度成为动车组制动距离计算的主要参数。

有效制动距离 S_e 与减速度的关系式的一般形式是

$$S_e = \sum \frac{v_1^2 - v_2^2}{2a} \quad (\text{m})$$

式中：v_1、v_2 是所取速度间隔的初速和末速，单位是 km/h；a 是所取速度间隔的平均减速度，按平均速度的减速度取值。

上式使用时需要作一些变换，这是因为：

（1）上式中减速度的单位是 m/s^2，速度的单位是 m/s，列车制动距离计算时公式中速度单位应以 km/h 代入。

（2）根据文献[1]第 28 页制动特性数据表的注解"列车制动力可用公式 $B=ma$（原文系 $B=ma^2$，似有误）换算"，可见所给减速度只是列车纯制动力引发的减速度 a'，并不包括基本阻力和坡道阻力引发的减速度 a''。

纯制动力引发的减速度 a' 用下式表达

$$a' = \frac{b \cdot g \cdot 10^{-3}}{1+\gamma}$$

式中：b 是列车单位制动力，单位是 N/kN；g 是重力加速度，$g \approx 9.81 \text{ m/s}^2$；$\gamma$ 是列车回转质量系数。

阻力引发的减速度 a'' 用下式表达

$$a'' = \frac{(w_0 + i_j) \cdot g \cdot 10^{-3}}{1+\gamma}$$

式中：w_0 是列车单位基本阻力，单位是 N/kN；i_j 是制动地段的计算坡度千分数。

回转质量系数是列车回转质量与列车全部质量的比值。其值与列车类别有关，各种列车的回转质量系数按照表 12.8 取值。

CRH 系列动车组属动力分散式，其回转质量系数 γ 值可取 0.10。

当取 $\gamma = 0.10$ 时，纯制动力引发的减速度 a' 为

$$a' = \frac{b \cdot g \cdot 10^{-3}}{1+\gamma} = \frac{b \cdot 9.81 \cdot 10^{-3}}{1+0.10} = 0.008\ 9b$$

式中：b 是列车单位制动力，单位是 N/kN。

阻力引发的减速度 a'' 为

$$a'' = \frac{(w_0 + i_j) \cdot g \cdot 10^{-3}}{1+\gamma} = \frac{(w_0 + i_j) \cdot 9.81 \cdot 10^{-3}}{1+0.10} = 0.008\ 9(w_0 + i_j)$$

式中：0.008 9 是列车回转质量系数 γ 值取 0.10 时的单位阻力的减速度系数。有一种做法是，为了简化计算而把 0.008 9 取为 0.01。这似乎差别不大，对计算结果也无大影响，但仔细推敲会发现，由此反推出回转质量系数 γ 为负值（-0.019），这实际上不存在，在理论上不严谨。

计入阻力引发的减速度并统一单位制，在任意坡道上的有效制动距离基于制动减速度的计算公式为

$$S_e = \frac{1}{2 \times 3.6^2} \sum \frac{v_1^2 - v_2^2}{a' + 0.008\ 9(w_0 + i_j)}$$

$$= 0.038\ 6 \sum \frac{v_1^2 - v_2^2}{a' + 0.008\ 9(w_0 + i_j)} \qquad (12.2)$$

或

$$S_e = \frac{0.038\ 6(v_0^2 - v_m^2)}{a' + 0.008\ 9(w_0 + i_j)} \quad (\text{m}) \tag{12.3}$$

当减速度 a' 按速度分段时，用式（12.2）计算有效制动距离，把每一个速度分段作为一个速度间隔，注意不要跨越速度分段取速度间隔。式中单位基本阻力 w_0 按速度间隔的平均速度取值；速度间隔内减速度 a' 为速度的函数时，也按速度间隔的平均速度取值。

当减速度 a' 不按速度分段，即在整个速度范围内 a' 为一常数时，用式（12.3）计算有效制动距离，从制动初速到制动末速作为一个速度间隔计算。单位基本阻力 w_0 按制动初速和制动末速的平均速度取值。

这样处理不致给计算结果带来大的误差（详见文献[4]156~159页）。

（1）EB 紧急制动的有效制动距离。

CRH380A 型动车组 EB 紧急制动的减速度有速度分段，其有效制动距离计算公式必须按制动初速、末速所在的速度分段分别列出，计算公式见表 12.12。

表 12.12 CRH380A 型动车组 EB 紧急制动有效制动距离计算公式

制动初速 v_0	制动末速 v_m（公式编号）	有效制动距离计算公式
$v_0 > 118$	$v_m \geqslant 118$ （1）	$S_e = 0.038\ 6(v_0^2 - v_m^2)/\{1.179 - 0.001\ 053(v_0 + v_m) + 0.008\ 9[0.88 + 0.003\ 72(v_0 + v_m) + 0.000\ 028\ 5(v_0 + v_m)^2 + i_j]\}$
	$70 \leqslant v_m < 118$ （2）	$S_e = 0.038\ 6(v_0^2 - 13\ 924)/\{1.179 - 0.001\ 053(v_0 + 118) + 0.008\ 9[0.88 + 0.003\ 72(v_0 + 118) + 0.000\ 028\ 5(v_0 + 118)^2 + i_j]\} + 0.038\ 6(13\ 924 - v_m^2)/\{1.401\ 7 - 0.002(118 + v_m) + 0.008\ 9[0.88 + 0.003\ 72(118 + v_m) + 0.000\ 028\ 5(118 + v_m)^2 + i_j]\}$
	$v_m < 70$ （3）	$S_e = 0.038\ 6(v_0^2 - 13\ 924)/\{1.179 - 0.001\ 053(v_0 + 118) + 0.008\ 9[0.88 + 0.003\ 72(v_0 + 118) + 0.000\ 028\ 5(v_0 + 118)^2 + i_j]\} + 348.3/[1.026\ 3 + 0.008\ 9(2.587 + i_j)] + 0.038\ 6(4\ 900 - v_m^2)/\{1.122\ 2 + 0.008\ 9[0.88 + 0.003\ 72(70 + v_m) + 0.000\ 028\ 5(70 + v_m)^2 + i_j]\}$
$70 < v_0 \leqslant 118$	$70 \leqslant v_m < 118$ （4）	$S_e = 0.038\ 6(v_0^2 - v_m^2)/\{1.401\ 7 - 0.2(v_0 + v_m) + 0.008\ 9[0.88 + 0.003\ 72(v_0 + v_m) + 0.000\ 028\ 5(v_0 + v_m)^2 + i_j]\}$
	$v_m < 70$ （5）	$S_e = 0.038\ 6(v_0^2 - 4\ 900)/\{1.401\ 7 - 0.002(v_0 + 70) + 0.008\ 9[0.88 + 0.003\ 72(v_0 + 70) + 0.000\ 028\ 5(v_0 + 70)^2 + i_j]\} + 0.038\ 6(4\ 900 - v_m^2)/\{1.122\ 2 + 0.008\ 9[0.88 + 0.003\ 72(70 + v_m) + 0.000\ 028\ 5(70 + v_m)^2 + i_j]\}$
$v_0 \leqslant 70$	$v_m < 70$ （6）	$S_e = 0.038\ 6(v_0^2 - v_m^2)/\{1.122\ 2 + 0.008\ 9[0.88 + 0.003\ 72(v_0 + v_m) + 0.000\ 028\ 5(v_0 + v_m)^2 + i_j]\}$

表 12.12 各式中对于减速度和基本阻力的速度一次项的系数减半乘以初速加末速之和，

以及基本阻力速度平方项的系数取 1/4 乘以初速加末速之和的平方的写法，都是对平均速度的一种变通的表示方式。公式（3）的中间一行是速度间隔 118~200 km/h 的有效制动距离，因为初速、末速已经指定，所以直接把制动减速度和基本阻力的具体数值写入。

下面表 12.13 和表 12.14 中相应位置也有类似情况。

表 12.13　CRH380A 型动车组常用制动（7 级）有效制动距离计算公式

制动初速 v_0	制动末速 v_m（公式编号）	有效制动距离计算公式
残 $v_0 > 118$	$v_\mathrm{m} \geq 118$ （7）	$S_\mathrm{e} = 0.038\,6(v_0^2 - v_\mathrm{m}^2)/\{0.784\,4 - 0.000\,7(v_0 + v_\mathrm{m}) + 0.008\,9[0.88 + 0.003\,72(v_0 + v_\mathrm{m}) + 0.000\,028\,5(v_0 + v_\mathrm{m})^2 + i_j]\}$
$v_0 > 118$	$70 \leq v_\mathrm{m} < 118$ （8）	$S_\mathrm{e} = 0.038\,6(v_0^2 - 13\,924)/\{0.784\,4 - 0.000\,7(v_0 + 118) + 0.008\,9[0.88 + 0.003\,72(v_0 + 118) + 0.000\,028\,5(v_0 + 118)^2 + i_j]\} + 0.038\,6(13\,924 - v_\mathrm{m}^2)/\{0.933\,6 - 0.001\,331(118 + v_\mathrm{m}) + 0.008\,9[0.88 + 0.003\,72(118 + v_\mathrm{m}) + 0.000\,028\,5(118 + v_\mathrm{m})^2 + i_j]\}$
$v_0 > 118$	$v_\mathrm{m} < 70$ （9）	$S_\mathrm{e} = 0.038\,6(v_0^2 - 13\,924)/\{0.784\,4 - 0.000\,7(v_0 + 118) + 0.008\,9[0.88 + 0.003\,72(v_0 + 118) + 0.000\,028\,5(v_0 + 118)^2 + i_j]\} + 348.3/[0.683\,4 + 0.008\,9(2.587 + i_j)] + 0.038\,6(4\,900 - v_\mathrm{m}^2)/\{0.747\,2 + 0.008\,9[0.88 + 0.003\,72(70 + v_\mathrm{m}) + 0.000\,028\,5(70 + v_\mathrm{m})^2 + i_j]\}$
$70 < v_0 \leq 118$	$70 \leq v_\mathrm{m} < 118$ （10）	$S_\mathrm{e} = 0.038\,6(v_0^2 - v_\mathrm{m}^2)/\{0.933\,6 - 0.001\,331(v_0 + v_\mathrm{m}) + 0.008\,9[0.88 + 0.003\,72(v_0 + v_\mathrm{m}) + 0.000\,028\,5(v_0 + v_\mathrm{m})^2 + i_j]\}$
$70 < v_0 \leq 118$	$v_\mathrm{m} < 70$ （11）	$S_\mathrm{e} = 0.038\,6(v_0^2 - 4\,900)/\{0.933\,6 - 0.001\,331(v_0 + 70) + 0.008\,9[0.88 + 0.003\,72(v_0 + 70) + 0.000\,028\,5(v_0 + 70)^2 + i_j]\} + 0.038\,6(4\,900 - v_\mathrm{m}^2)/\{0.747\,2 + 0.008\,9[0.88 + 0.003\,72(70 + v_\mathrm{m}) + 0.000\,028\,5(70 + v_\mathrm{m})^2 + i_j]\}$
$v_0 \leq 70$	$v_\mathrm{m} < 70$ （12）	$S_\mathrm{e} = 0.038\,6(v_0^2 - v_\mathrm{m}^2)/\{0.747\,2 + 0.008\,9[0.88 + 0.003\,72(v_0 + v_\mathrm{m}) + 0.000\,028\,5(v_0 + v_\mathrm{m})^2 + i_j]\}$

表 12.14　CRH5 型动车组最大常用制动有效制动距离计算公式

制动初速 v_0	制动末速 v_m（公式编号）	有效制动距离计算公式
$v_0 > 118$	$v_\mathrm{m} \geq 118$ （13）	$S_\mathrm{e} = 0.038\,6(v_0^2 - v_\mathrm{m}^2)/\{0.89 + 0.008\,9[1.65 + 0.000\,05(v_0 + v_\mathrm{m}) + 0.000\,044\,7(v_0 + v_\mathrm{m})^2 + i_j]\}$
$v_0 > 118$	$70 \leq v_\mathrm{m} < 118$ （14）	$S_\mathrm{e} = 0.038\,6(v_0^2 - 13\,924)/\{0.89 + 0.008\,9[1.65 + 0.000\,05(v_0 + 118) + 0.000\,044\,7(v_0 + 118)^2 + i_j]\} + 0.038\,6(13\,924 - v_\mathrm{m}^2)/\{1.01 + 0.008\,9[1.65 + 0.000\,05(118 + v_\mathrm{m}) + 0.000\,044\,7(118 + v_\mathrm{m})^2 + i_j]\}$

续表

制动初速 v_0	制动末速 v_m （公式编号）	有效制动距离计算公式
$v_0 > 118$	$v_m < 70$ （23）	$S_e = 0.0386(v_0^2 - 13\,924)/\{0.89 + 0.0089[1.65 + 0.00005(v_0 + 118) + 0.0000447(v_0 + 118)^2 + i_j]\} + 348.3/[1.01 + 0.0089(3.239 + i_j)] + 0.0386(4\,900 - v_m^2)/\{1.02 + 0.0089[1.65 + 0.00005(70 + v_m) + 0.0000447(70 + v_m)^2 + i_j]\}$
$70 < v_0 \leqslant 118$	$70 \leqslant v_m < 118$ （14）	$S_e = 0.0386(v_0^2 - v_m^2)/\{1.01 + 0.0089[1.65 + 0.00005(v_0 + v_m) + 0.0000447(v_0 + v_m)^2 + i_j]\}$
	$v_m < 70$ （16）	$S_e = 0.0386(v_0^2 - 4\,900)/\{1.01 + 0.0089[1.65 + 0.00005(v_0 + 70) + 0.0000447(v_0 + 70)^2 + i_j]\} + 0.0386(4\,900 - v_m^2)/[1.02 + 0.0089[1.65 + 0.00005(70 + v_m) + 0.0000447(70 + v_m)^2 + i_j]]$
$v_0 \leqslant 70$	$v_m < 70$ （17）	$S_e = 0.0386(v_0^2 - v_m^2)/\{1.02 + 0.0089[1.65 + 0.00005(v_0 + v_m) + 0.0000447(v_0 + v_m)^2 + i_j]\}$

CRH5 型电动车组 EB 紧急制动有效制动距离不分速度段按下式计算

$$S_e = 0.0386 \frac{v_0^2 - v_m^2}{0.93 + 0.0089[1.65 + 0.00005(v_0 + v_m) + 0.0000447(v_0 + v_m)^2 + i_j]} \quad (\text{m})$$

CRH1 型电动车组 EB 紧急制动有效制动距离不分速度段按下式计算

$$S_e = 0.0386 \frac{v_0^2 - v_m^2}{1.03 + 0.0089[1.12 + 0.00271(v_0 + v_m) + 0.0000365(v_0 + v_m)^2 + i_j]} \quad (\text{m})$$

（2）常用制动的有效制动距离。

监控装置的常用制动监控方式，CRH380A 型动车组采用第 7 级常用制动，有效制动距离计算公式见表 12.13，CRH5 型电动车组采用最大常用制动，有效制动距离计算公式见表 12.14。如果计算别的级位的常用制动有效制动距离，表 12.13 和表 12.14 中有关减速度的数据要作相应改变。

CRH1 型电动车组监控装置常用制动监控方式采用最大常用制动，其有效制动距离不分速度段按下式计算。

$$S_e = 0.0386 \frac{v_0^2 - v_m^2}{0.80 + 0.0089[1.12 + 0.00271(v_0 + v_m) + 0.0000365(v_0 + v_m)^2 + i_j]} \quad (\text{m})$$

采用的常用制动级位改变时，减速度的数据要作相应改变。

3）制动距离计算

$$S_z = S_k + S_e \quad (\text{m})$$

按上述公式计算的 CRH 系列电动车组在平直道上 EB 紧急制动和最大常用制动停车的制动距离列入表 12.15，供参考。

表 12.15　CRH 系列动车组平直道上停车制动距离计算数据

制动初速 v_0/(km/h)		200	190	180	170	160	150	140	130	120	110	100	90	80	70	60	50	40
EB 紧急制动	CRH 380A	1 716	1 533	1 362	1 202	1 054	917	790	674	568	474	391	317	252	196	148	106	71
	CRH5	1 718	1 554	1 399	1 252	1 131	982	859	745	638	540	450	368	295	229	172	123	82
	CRH1	1 543	1 398	1 261	1 130	1 006	889	779	676	581	492	411	337	270	210	158	113	76
最大常用制动	CRH 380A	2 532	2 265	2 015	1 782	1 564	1 362	1 176	1 004	847	708	584	474	377	290	222	159	107
	CRH5	1 655	1 504	1 349	1 204	1 065	935	811	695	587	496	414	339	282	212	159	114	76
	CRH1	1 960	1 776	1 601	1 435	1 277	1 129	989	858	737	624	520	426	341	266	199	142	95

4）安全保护距离设定

按文献[2]规定，制动模式曲线的安全保护距离取为

$$S_a = A + 0.5v_0 \quad (\text{m})$$

式中：安全距离基本值为 A，站内紧急制动取 20，常用制动取 50；区间紧急制动取 70，常用制动取 100。

5）速度监控模式

监控装置的速度监控模式有两种，即速度分级控制和连续控制。

速度分级控制时，要设置黄灯、绿黄灯等多级限速，每级限速有一段制动模式曲线控制列车速度。

连续控制模式时，以红灯为停车目标，把红灯外方两个或多个闭塞分区长度加起来计算限制速度，列车跨两个或多个闭塞分区用一段制动模式曲线控制列车在红灯前停车。

采用连续控制模式时，黄灯、绿黄灯没有固定的限速，列车过黄灯、绿黄灯的速度要比分级控制时的固定限速值高，运输效率较高，司机操纵环境比较宽松。CRH 型电动车组采用连续控制模式。

四、有关说明

（1）通过对 CRH 系列动车组有关制动距离计算参数的分析研究，提出了一套不同于常规列车制动距离的计算，基于制动减速度的动车组制动距离计算方法和计算公式，以供列车监控装置制动模式曲线设计应用，也可用于其他场合 CRH 系列电动车组制动距离的计算。

（2）由于高速动车组制动距离计算在我国没有正式规范可循，更缺乏理论知识和实践经验，有些问题还需要作进一步探讨研究，主要是：

第一，现有减速度数据中，CRH5 型动车组 EB 紧急制动的减速度不分速度段为 0.93，而最大常用制动的减速度在 118 km/h 以下为 1.01 和 1.02。EB 紧急制动的减速度小于最大常

用制动的减速度，会造成 EB 紧急制动的制动距离比同样速度下最大常用制动的制动距离还长（见表 12.12），这种反常现象对监控装置的速度监控是不利的。抑或 0.93 这个数据原本就不属于 EB 紧急制动，而是属于该动车组备用纯空气紧急制动的。若果真如此，建议补充公布 CRH5 型动车组 EB 紧急制动的减速度数据。

第二，一般认为，现有减速度参数的含义已包括基本阻力引发的减速度，在计算制动距离时不再另加基本阻力引发的减速度（包括本文作者原来也这样认为），但根据文献[1]第 28 页注解的文字可以认为，现有减速度参数的含义并不包括基本阻力引发的减速度。本文按不包括基本阻力引发的减速度处理，计算有效制动距离时，除了表 12.9 所列减速度之外，另加基本阻力和坡道阻力引发的减速度。这样做的结果，是制动距离计算结果与 CRH380A 型电动车组制动距离试验数据更为接近一些。如果最后认定现有减速度参数的含义已包括基本阻力引发的减速度，则将本文所列有效制动距离计算公式中的基本阻力一项去掉即可。

第六节　动车组的牵引功率

一、动车组功率的概念

动车组功率代表动力车作功能力的大小。

（1）动车组轮周功率 N——动车组动力车轮周上所发挥的功率，对应轮周牵引力而言。

（2）动车组标称功率 N_b——动车组牵引电动机输出功率通常就是标称功率，对于一对牵引传动装置，$N \approx (0.97 \sim 0.98)N_b$。

和谐号动车组的标称功率见表 12.1。

二、动车组轮周功率

动车组轮周功率按下式计算

$$N = \frac{Fv}{3.6} \quad (\text{kW})$$

式中：F 是动车组轮周牵引力，单位是 kN；v 是运行速度，单位是 km/h。

根据动车组牵引特性曲线所表示的轮周牵引力与运行速度的关系，很容易通过上式计算某型动车组在各速度下的轮周功率。动车组运行速度高，运行阻力随之增大，必须有足够大的牵引功率来克服增大的阻力，保持高速运行。

三、功率配置

动车组的功率主要与运行的目标速度、列车总重、最高速度时剩余加速度有关。

参照《欧洲高速铁路联网高速列车技术条件》取值如下：

（1）平直道最高速度运行时，应有剩余加速度 0.05 m/s²。

（2）加速过程平均加速度：

0 ~ 40 km/h，0.48 m/s²

0 ~ 120 km/h，0.32 m/s²

0~160 km/h，0.17 m/s²

（3）考虑 15 km/h 的逆风影响。

列车（轮周）功率按平直道最高速度 200 km/h、考虑有 15 km/h 的逆风运行时，仍有剩余的加速度 0.05 m/s²，则

$$N = (M \cdot g \cdot w_0 \cdot 10^{-3} + 1.10 M \cdot a) v_{max} / 3.6 = 2\,748 \quad (kW)$$

牵引电机总功率：$N_d = 2\,748 / 0.95 = 2\,893$ （kW）

实际电机功率：$300 \times 16 = 4\,800$ （kW）

单位列车质量牵引功率：11.74 （kW/t）

（4）功率与列车最大运行速度的关系见表 12.16。

表 12.16 功率与列车最大运行速度的关系（列车质量 400 t）

速度/(km/h)	120	140	160	200	250	300
功率/kW	588	882	1 248	2 689	4 163	6 144

对相同的列车质量，速度增加 1 倍，功率增加到原来的 4~5 倍。

（5）高速动车组的功率质量比见表 12.17。

表 12.17 不同高速动车组的功率质量比

型号	总质量/t	最高速度/(km/h)	定员	总功率/kW	功率质量比/(kW/t)
日本 300 系	740	270	1 021	14 100	19.05
法国 TGV-N	800	350	1 400	14 000	17.50
德国 ICE	820	280	950	9 600	11.70
CRH1	474	250	670	5 300	11.18
CRH380A	408	250	610	4 800	11.76
CRH3	536	330	601	8 800	16.42
CRH5	500	250	622	5 500	11.00

第七节 动车组故障运行能力计算

对电动车组，一般要验算定员载荷、列车部分动力损失情况下的故障运行能力。对 4M4T 编组的动车组，在牵引传动系统采用车控情况下，当动力损失 1/4 时，剩余动力运行就相当于 3M5T 编组。

一、坡道起动能力计算

对于一般编组列车，列车起动时的总全阻力按下式计算

$$W_q = P(w_q' + i_q)g \times 10^{-3} + G(w_q'' + i_q)g \times 10^{-3} \quad (kN)$$

或

$$W_q = [P(w'_q + i_q) + G(w''_q + i_q)]g \times 10^{-3} \quad (kN)$$

式中：P，G 是分别为机车计算质量和牵引质量，单位是 t；i_q 是起动地点（即列车长度范围内）的化简加算坡度千分数；w'_q 是机车单位起动基本阻力，单位是 N/kN；w''_q 是车辆单位起动基本阻力，单位是 N/kN。

但对于动车组，已经没有机车和车辆之分，其起动基本阻力是针对整个动车组的，因此，计算公式变化为下式

$$W_q = M(w_q + i_q)g \times 10^{-3} \quad (kN)$$

以 CRH380A 型动车组为例，按照以上公式，起动基本阻力按 4 N/kN 计算，在无曲线的 12‰ 坡道上起动时，动车组列车起动阻力为

$$W_q = M(w_q + i_q)g \times 10^{-3} = 408.5(4+12) \times 9.81 \times 10^{-3} = 64.12 \quad (kN)$$

由我国《时速 200 km 和 300 km 动车组主要技术条件》（铁运函〔2006〕462 号）文件提供的有关技术数据，CRH380A 型动车组起动牵引力为 175 kN，牵引力损失 1/4，其实际起动牵引力为

$$F_q = 175 \times 0.75 = 131.25 \quad (kN)$$

可以看出起动牵引力 F_q 大于起动阻力 W_q，因此在此坡道上可以起动。

同理，在无曲线的 20‰ 直坡道上起动，列车起动阻力为

$$W_q = 408.5 \times (4+20) \times 9.81 = 96.18 \quad (kN)$$

也能满足起动要求。但在无曲线 30‰ 直坡道上起动时，列车起动阻力为

$$W_q = 408.5 \times (4+30) \times 9.81 = 136.25 \quad (kN)$$

列车无法自行起动。

按照在坡道上起动牵引力与起动阻力相等的原则，通过反算，可以确定列车损失 1/4 时，能在无曲线的坡道上起动的最大坡度千分数的计算公式

$$i_q = \frac{F_q \cdot 10^3}{M \cdot g} - w_q$$

这样，CRH380A 型动车组能在无曲线的坡道上起动的最大坡度千分数为

$$i_q = 131.25 \times 1\,000 / 408.5 \times 9.81 - 4 = 28.8$$

也就是为 28‰ 的坡道（要求黏着系数应在 0.09 以上时）。

对其他型号动车组的起动能力计算方法可以参照 CRH380A 型动车组的计算方法。

二、坡道运行速度

在动力损失 1/4 的情况下，在 20‰ 的直坡道上的均衡速度为 127.4 km/h；在动力损失 1/2 的情况下，在 12‰ 的直坡道上的均衡速度为 128.2 km/h。

这两种情况下的牵引力与运行速度的关系如图 12.16 和图 12.17 所示。

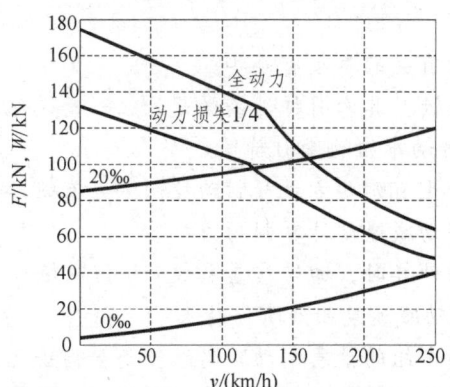

图 12.16　动力损失 1/4 情况下的故障运行能力

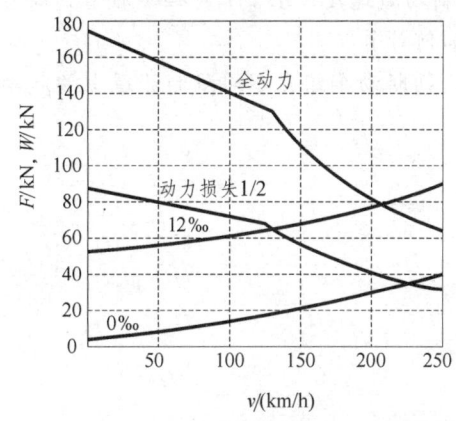

图 12.17　动力损失 1/2 情况下的故障运行能力

小　结

　　本章主要介绍动车组牵引力及牵引特性、动车组阻力、动车组制动力与制动减速度及制动距离计算等内容。动车组的牵引力与机车牵引力一样，是动力车牵引电动机通过传动装置驱动轮对在钢轨上运行，由轮轨黏着关系而产生的外力；通过动车组牵引特性曲线可以方便地查出各速度下动车组的牵引力，动车组的最大牵引力与速度的关系由特性函数决定，在低速范围内，以速度 0 km/h 的牵引力为基点按一定斜率下降，在速度超过一定速度的范围内，牵引力与速度关系呈双曲线下降（恒功率）的趋势；动车组基本阻力不分动车与拖车，是指整个列车的基本阻力，根据有关技术资料还给出了我国前期动车组、和谐号动车组的基本阻力公式，供计算参考；动车组的制动力是动力制动与空气制动综合作用的结果，通常给出的是制动减速度曲线，无法按照传统制动计算方法计算，一般根据制动减速度进行制动距离的有关计算，本章给出了我国和谐号 CRH 各型动车组制动距离的计算公式，为动车组的有关制动计算和试验提供了基本资料。根据动车组牵引力、阻力、制动力等知识可以进行动车组功率及故障起动能力计算和判断。

复习思考题

1. 与动车组牵引与制动有关的参数有哪些?
2. 什么是动车组牵引特性?其牵引特性函数是什么?动车组牵引特性曲线有何特点?
3. 根据图 12.8 比较 5 种动车组的牵引特性。
4. 动车组的制动力的产生有哪些方式?制动控制方式有哪些种?
5. 如何根据动车组的制动减速度计算制动力?
6. 进行有关动车组制动计算时,回转质量系数 γ 如何取值?
7. CRH2 型动车组的制动减速度曲线有何特点?
8. 我国有关规程中对动车组的紧急制动距离限值是如何规定的?
9. 动车组制动距离计算需要哪些主要参数?如何得到(或计算)这些参数?
10. CRH 系列电动车组制动减速度(m/s^2)特性参数有何特点?
11. 动车组的牵引功率如何计算?
12. 如何根据有关计算,判断动车组在不同限制坡道上的起动能力?

附录：电气缩略语中英对照表

序号	缩略语	英文	中文
1	153K	153 line Kontactor line Kontactor	153 线接触器线接触器
2	155R	155 line Relay	155 线继电器
3	156R	156 line Relay	156 线继电器
4	160SAR1，2		
5	30DLR	30 km/h Door Lock Relay	30 km/h 门锁继电器
6	30SR	30 km/h Speed Relay	30 km/h 速度继电器
7	33COR		
8	5DLR	5 km/h Door Lock Relay	5 km/h 门锁继电器
9	5SR	5 km/h Speed Relay	5 km/h 速度继电器
10	A5SR	5 km/h Speed Relay Auxiliary Relay	5 km/h 速度继电器辅助继电器
11	70SR	70 km/h Speed Relay	70 km/h 速度继电器
12	ABHeCN		
13	ACK1	Alternating Current Kontactor 1	交流电接触器 1
14	ACK1R	Alternating Current Kontactor 1 Relay	交流电接触器 1 继电器
15	ACK2	Alternating Current Kontactor 2	交流电接触器 2
16	ACK2R	Alternating Current Kontactor 2 Relay	交流电接触器 2 继电器
17	ACLN	Air CLeaner NFB	滤清器 NFB
18	ACM	Auxiliary Compressor Motor	辅助压缩电机
19	ACMGV	Auxiliary Compressor Motor GoVernor	辅助压缩电机控制器
20	ACMGVR1，2	Auxiliary Compressor Motor GoVernor Relay 1，2	辅助压缩电机控制器继电器 1，2
21	ACMHe	Auxiliary Compressor Motor Heater	辅助压缩电机加热器
22	ACMK	Auxiliary Compressor Motor Kontactor	辅助压缩电机接触器
23	ACMN	Auxiliary Compressor Motor NEB	辅助压缩电机 NEB
24	ACMR1，2	Auxiliary Compressor Motor Relay 1，2	辅助压缩电机继电器 1，2
25	ACMS	Auxiliary Compressor Motor Switch	辅助压缩电机开关
26	ACOCR1，2	Alternating Current Over Current Relay 1，2	交流电过流继电器 1，2

续表

序号	缩略语	英文	中文
27	ACOCRR1，2	Alternating Current Over Current Reserve Relay 1，2	交流电过流预留继电器 1，2
28	ACOSN		
29	ACVN1，2	Alternating Power NFB 1，2	转换电源 NFB 1，2
30	ADCD1，2	Automatic Door Control Device 1，2	自动门控设备 1，2
31	ADCOS11～12、21～22	Automatic Door control device Cut Out Switch 11～12，21～22	自动门控设备切断开关 11～12，21～22，12，21～22
32	ADN1，2	Automatic Door Control Device NFB 1，2	自动门控设备 NFB 1，2
33	AHeK	Auxiliary Heater Kontactor	辅助加热器接触器
34	AHeKN	Auxiliary Heater Kontactor NFB	辅助加热器接触器 NFB
35	AHeS	Auxiliary Heater Switch	辅助加热器开关
36	AHWN	Automatic Hand Washstandbowl NFB	自动洗手盆 NFB
37	AMLpR1～3	Mark Lamp Reserve Relay 1～3	标志灯预留继电器 1～3
38	AmpN1，2	Amplifire NFB 1，2	放大器 NFB 1，2
39	AOCN	Alternating Current Over Current NFB	交流电过流 NFB
40	APCR	Air Pipe Close Relay	空气管路关闭继电器
41	APCS	Air Pipe Close Switch	空气管路关闭开关
42	APCV	Air Pipe Close Valve	空气管路关闭阀
43	APOR	Air Pipe Open Relay	空气管路开启继电器
44	APOV	Air Pipe Open Valve	空气管路开启阀
45	APPS	Air Pipe Pressure Switch	空气管路压力开关
46	APU	Auxiliary Power Unit	辅助电源装置
47	APUCN	Auxiliary Power Unit Control NFB	辅助电源装置控制 NFB
48	APUBMN	Auxiliary Power Unit Blower Motor NFB	辅助电源装置通风机电机 NFB
49	ARf	Auxiliary Rectifier	辅助整流器
50	ARfK	Auxiliary Rectifier Kontactor	辅助整流器接触器
51	ARfKR	Auxiliary Rectifier Kontactor Relay	辅助整流器接触器继电器
52	ARfN2	Auxiliary Rectifier NFB 2	辅助整流器 NFB 2
53	ARfRN	Auxiliary Rectifier Kontactor NFB	辅助整流器接触器 NFB
54	Arr	Arrestor	避雷器
55	ASCN	Active Suspension Control NFB	激活的悬挂控制 NFB
56	ATCBR	ATC Brake Relay	ATC 制动继电器
57	ATCKB1R		

续表

序号	缩略语	英　文	中　文
58	ATCKB4R		
59	ATN	Auxiliary Transformer NFB	辅助变压器 NFB
60	ATPBTMN	ATP BTM unit power NFB	ATP BTM 装置电源 NFB
61	ATPCOR	ATP Cut Out Relay	ATP 切断继电器
62	ATPDMIN	ATP DMI unit power NFB	ATP DMI 装置电源 NFB
63	ATPDRUN	ATP DRU unit power NFB	ATP DRU 装置电源 NFB
64	ATPFN	ATP Fan power NFB	ATP 风扇电源 NFB
65	ATPN1	ATP main power NFB 1	ATP 主电源 NFB 1
66	ATPPK	ATP main Power Kontactor	ATP 主电源接触器
67	ATPSTMN	ATP STM unit power NFB	ATP STM 装置电源 NFB
68	ATPVCN	ATP unit Voltage Controller NFB	ATP 装置电压控制器 NFB
69	ATr	Auxiliary Transformer	辅助变压器
70	B 运非 R	Brake control handle「运转-快速」position Relay	制动控制手柄「运转-快速」定位继电器
71	B1 非 R	Brake control handle「1N-快速」position Relay	制动控制手柄「1N-快速」定位继电器
72	B2 非 R	Brake control handle「2N-快速」position Relay	制动控制手柄「2N-快速」定位继电器
73	B3 非 R	Brake control handle「3N-快速」position Relay	制动控制手柄「3N-快速」定位继电器
74	B4 非 R	Brake control handle「4N-快速」position Relay	制动控制手柄「4N-快速」定位继电器
75	B5 非 R	Brake control handle「5N-快速」position Relay	制动控制手柄「5N-快速」定位继电器
76	B6 非 R	Brake control handle「6N-快速」position Relay	制动控制手柄「6N-快速」定位继电器
77	B7 非 R	Brake control handle「7N-快速」position Relay	制动控制手柄「7N-快速」定位继电器
78	B 非 R	Brake control handle「快速（运-7N）」position Relay	制动控制手柄「快速（运转-7N）」定位继电器
79	B1~3K	Brake control handle「1N-3N」position Kontactor	制动控制手柄「1N-3N」定位接触器
80	B4~5K	Brake control handle「4N-5N」position Kontactor	制动控制手柄「4N-5N」定位接触器
81	B6~7K	Brake control handle「6N-7N」position Kontactor	制动控制手柄「6N-7N」定位接触器

续表

序号	缩略语	英　文	中　文
82	B非K	Brake control handle「非常」position Kontactor	制动控制手柄「非常」定位接触器
83	Bat	Battery	蓄电池
84	BatK1，2	Battery Kontactor 1，2	蓄电池接触器1，2
85	BatK2R	Battery Kontactor 2 Relay	蓄电池接触器2继电器
86	BatKCN	Battery Kontactor Control NFB	蓄电池接触器控制NFB
87	BatKN	Battery Kontactor NFB	蓄电池接触器NFB
88	BatN1，2	Battery NFB 1，2	蓄电池NFB 1，2
89	BatVDN	Battery Voltage Detect NFB	蓄电池电压检测NFB
90	BCCN	Brake Control unit Control NFB	制动控制单元控制NFB
91	BCU	Brake Control Unit	制动控制单元
92	BCUHe	Brake Control Unit Heater	制动控制单元加热器
93	BCUN	Brake Control Unit NFB	制动控制单元 NFB
94	BKK		
95	BKKN		
96	BKKONR		
97	BKKR		
98	BKKR-R		
99	BMK	Blower Motor Kontactor	风机电机接触器
100	BNPFsR		
101	BNR		
102	BNS		
103	BNUBAR		
104	BNUBR		
105	BR1	Brake Relay 1	制动继电器1
106	BTRCN	Brake command Transformation Control unit NFB	制动命令转换控制单元NFB
107	BV	Brake Valve	制动阀
108	BVN	Brake Valve NFB	制动阀NFB
109	BVR	Brake Valve Relay	制动阀继电器
110	BVR1，2	Brake Valve Relay 1，2	制动阀继电器1，2
111	BVTR	Brake Valve Time Limit Relay	制动阀限时继电器
112	BzS	Buzzer Switch	蜂鸣器开关

续表

序号	缩略语	英文	中文
113	CabGS	Cab Ground Switch	司机室接地开关
114	CabHe1, 2	Cab Heater 1, 2	司机室加热器 1, 2
115	CabHeN1, 2	Cab Heater NFB 1, 2	司机室加热器 NFB 1, 2
116	CabHeS1, 2	Cab Heater Switch 1, 2	司机室加热器开关 1, 2
117	CabLp	Cab Lamp	司机室照明灯
118	CabLpN	Cab Lamp NFB	司机室照明灯 NFB
119	CabLpS	Cab Lamp Switch	司机室照明灯开关
120	CabRLpConR	Cab Room Lamp Connector Receptacle	司机室室内照明灯接触器插座
121	CabRrLp	Cab Reserve Lamp	司机室预留灯
122	CabRrLpN1, 2	Cab Reserve Lamp NFB	司机室预留灯 NFB
123	CabTeLp	middle Cab Test Lamp	中间司机室测试灯
124	CabTeS	middle Cab Test Switch	中间司机室测试开关
125	CabUCN		
126	CBCDN		
127	CBCN		
128	CBMN		
129	CBN		
130	CDR1, 2	Current Detect Relay	电流检测继电器
131	CI	Converter Inverter	变流器逆变器
132	CIBM1~3	Converter Inverter Blower Motor 1~3	变流器逆变器风机电机 1~3
133	CIBMN1~3	Converter Inverter Blower Motor NFB 1~3	变流器逆变器风机电机 NFB 1~3
134	CIBMNR	Converter Inverter Blower Motor NFB Relay	变流器逆变器风机电机 NFB 继电器
135	CICN1, 2	Converter Inverter Control NFB 1, 2	变流器逆变器控制 NFB 1, 2
136	CIFR1, 2	Converter Inverter Failer Relay 1, 2	变流器逆变器故障继电器 1, 2
137	CIGRR1, 2	Converter Inverter Ground Relay 1, 2	变流器逆变器接地继电器 1, 2
138	CM	Compressor Motor	压缩机电机
139	CMCN	Compressor Motor Control NFB	压缩机电机控制 NFB
140	CMCOR	Compressor Motor Cut Out Relay	压缩机电机切断继电器
141	CMCOR-R	Compressor Motor Cut Out Relay-Reset	压缩机电机切断继电器-重新设置
142	CMCORR1, 2	Compressor Motor Cut Out Repeat Relay 1, 2	压缩机电机切断重复继电器 1, 2
143	CMGV	Compressor Motor GoVrenor	压缩机电机控制器

续表

序号	缩略语	英文	中文
144	CMK	Compressor Motor Kontactor	压缩机电机接触器
145	CMN	Compressor Motor NFB	压缩机电机 NFB
146	CMSN	Compressor Motor Synchronize NFB	压缩机电机同步 NFB
147	CMV	Compressor Motor Valve	压缩机电机阀
148	CMVTR	Compressor Motor Valve Timer Limit Relay	压缩机电机阀限时继电器
149	CORR	Cut Out Repeat Relay	切断重复继电器
150	COSN	Cut Out Switch NFB	切断开关 NFB
151	COSN1	Cut Out Switch NFB 1	切断开关 NFB 1
152	CrFM	Crew room Fan Motor	乘务员室风扇电机
153	CrFMN	Crew room Fan Motor NFB	乘务员室风扇电机 NFB
154	CrFMS	Crew room Fan Motor Switch	乘务员室风扇电机开关
155	CSR	Constant Speed Relay	恒速继电器
156	CT1	Current Transformer 1	电流变压器 1
157	CT3	Current Transformer 3	电流变压器 3
158	CttCN	Contactor Control NFB	接触器控制 NFB
159	CUHCS	CoUpler Handle Close Switch	车钩手柄关闭开关
160	CUHOS	CoUpler Handle Open Switch	车钩手柄开启开关
161	CVT	Contant Voltage Transformer	恒压变压器
162	DCR	DC power supply Relay	直流电源继电器
163	DICOS1,2	Door Interlock Cut Out Switch 1,2	门互锁切断开关 1,2
164	DIR	Door Interlock Relay	门互锁继电器
165	DIRR11,12	Door Interlock Reserve Relay 11,12	门互锁预留继电器 11,12
166	DIRR21,22	Door Interlock Reserve Relay 21,22	门互锁预留继电器 21,22
167	DIRR31,32	Door Interlock Reserve Relay 31,32	门互锁预留继电器 31,32
168	DIRR41,42	Door Interlock Reserve Relay 41,42	门互锁预留继电器 41,42
169	DIRS	Door Interlock Relay Switch	门互锁继电器开关
170	DLS	Door Lock Switch	门锁开关
171	DMS1~4	Door Micro Switch 1~4	门微型开关 1~4
172	DN	Door NFB	门 NFB
173	DOCHN	DOor CHime NFB	门鸣叫 NFB
174	DPSR 1~4	Door Push Sense Relay 1~4	门按钮传感继电器 1~4
175	DS1~4	Door Switch 1~4	门开关 1~4

续表

序号	缩略语	英 文	中 文
176	DSN	Door Switch NFB	门开关 NFB
177	DV11, 12, 21, 22	Door Magnetic Valve 11, 12, 21, 22	门磁阀 11, 12, 21, 22
178	DV31, 32, 41, 42	Door Magnetic Valve 31, 32, 41, 42	门磁阀 31, 32, 41, 42
179	DVCN1, 2	Door Valve Control NFB 1, 2	门上阀门控制 NFB 1, 2
180	DVCR1, 2	Door magnetic Valve Close Relay 1, 2	门磁阀关闭继电器 1, 2
181	DVN1, 2	Door Valve NFB 1, 2	门阀 NFB 1, 2
182	DVOR1, 2	Door magnetic Valve Open Relay 1, 2	门磁阀开启继电器 1, 2
183	DVR11, 12, 13, 21, 22, 23	Door magnetic Valve Relay 11, 12, 13, 21, 22, 23	门磁阀继电器 11, 12, 13, 21, 22, 23
184	DVS1, 2	Door Magnetic Valve Switch 1, 2	门磁阀开关 1, 2
185	EBR	ATP Emergency Brake Relay	ATP 紧急制动继电器
186	EBz	Emergency Buzzer	紧急蜂鸣器
187	EBzCOS	Emergency Buzzer Cut Out Switch	紧急蜂鸣器切断开关
188	EBzR	Emergency Buzzer Relay	紧急蜂鸣器继电器
189	EBzRR	Emergency Buzzer Reset Relay	紧急蜂鸣器重启继电器
190	EBzRS	Emergency Buzzer Reset Switch	紧急蜂鸣器重启开关
191	EBzS1, 2	Emergency Buzzer Switch 1, 2	紧急蜂鸣器开关 1, 2
192	ECgConR	Electric Changer Contact Relay	电子转换器接触继电器
193	ECgConV	Electric Changer Contact Valve	电子转换器接触阀
194	ECgRIsR	Electric Changer Contact Release Relay	电子转换器接触缓解继电器
195	ECgRIsV	Electric Changer Contact Release Valve	电子转换器接触缓解阀
196	EGCN	Emergency Ground Switch Control NFB	紧急接地开关控制 NFB
197	EGCS1, 2	Emergency Ground Switch Close Switch 1, 2	紧急接地开关关闭转换器 1, 2
198	EGCV	Emergency Ground Switch Close Valve	紧急接地开关关闭阀
199	EGCVN	Emergency Ground Switch Close Valve NFB	紧急接地开关关闭阀 NFB
200	EGOCK	EGS Open and close CocK	EGS 开启和关闭阀
201	EGOS1, 2	Emergency Ground Switch Open Switch 1, 2	紧急接地开关开启开关 1, 2
202	EGOV	Emergency Ground Switch Open Valve	紧急接地开关开启阀
203	EGOVN	Emergency Ground Switch Open ValveNFB	紧急接地开关开启阀 NFB
204	EGS	Emergency Ground Switch	紧急接地开关

续表

序号	缩略语	英　文	中　文
205	EGSHe	Emergency Ground Switch Heater	紧急接地开关加热器
206	EGSR	Emergency Ground Switch Relay	紧急接地开关继电器
207	EL1, 2	Electric Luminescence 1, 2	电子照明 1, 2
208	ELN	Electric Luminescence NFB	电子照明 NFB
209	EVBat	Emergency Ventilation Battery	紧急通风蓄电池
210	EXConR	External Power Source Connector Receptacle	外部电源连接器插座
211	EXR1, 2	External Power Source Relay 1, 2	外部电源继电器 1, 2
212	ExTh	External Thermal	外部热量
213	FDRR		
214	FiCN1~4		
215	FiFR1~3		
216	FiHeN1		
217	FiLvN		
218	FiOS1, 2		
219	FiPB		
220	FiT80R		
221	FiT100R		
222	FrBz	Fire Buzzer	防火蜂鸣器
223	FrBzR	Fire Buzzer Relay	防火蜂鸣器继电器
224	FrBzRS	Fire Buzzer Reset Switch	防火蜂鸣器重启开关
225	FrBzS1, 2	Fire Buzzer Switch 1, 2	防火蜂鸣器开关 1, 2
226	FrLP	Fire Lamp	防火灯
227	FVSN	Flash Valve Sensor NFB	瞬时阀传感器 NFB
228	GB11~14	Ground Brush 11~14	接地刷 11~14
229	GB21~24	Ground Brush 21~24	接地刷 21~24
230	GHe	Glass Heater	玻璃加热器
231	GHeN	Glass Heater NFB	玻璃加热器 NFB
232	GHeTh	Glass Heater Thermal	玻璃加热器热量
233	GR3	Ground Relay 3	接地继电器 3
234	GRR3-1	Ground Reserve Relay 3	接地预留继电器 3
235	GRR3-2	Ground Reserve Relay 3	接地预留继电器 3
236	GRT	Ground Relay Transformer	接地继电器变压器

续表

序号	缩略语	英 文	中 文
237	GS	Ground Switch	接地开关
238	HELPS	HELP Switch	救助开关
239	HGS		
240	HGWR		
241	HLp1~4	Head Lamp 1~4	头灯 1~4
242	HLp1~4HR	Head Lamp 1~4 High lighting Relay	头灯 1~4 远光灯继电器
243	HLp1~4LR	Head Lamp 1~4 Low lighting Relay	头灯 1~4 近光灯继电器
244	HMLpDS	Head Mark Lamp Dimmer Switch	头部标志灯变光开关
245	HMLpN	Head Mark Lamp NFB	头部标志灯 NFB
246	HMLpS	Head Mark Lamp Switch	头部标志灯开关
247	HmRS	Hour meter Reset Switch	小时计重启开关
248	Innet1~2N	Internet service NFB	Internet 运行 NFB
249	IVK1		
250	JAHeK	Junction Auxiliary Heater Kontactor	连接辅助加热器接触器
251	JAHeR	Junction Auxiliary Heater Relay	连接辅助加热器继电器
252	JaN1, 2, 3	Jacket NFB 1, 2, 3	机套 NFB 1, 2, 3
253	JBVR	Junction Battery Relay	连接蓄电池继电器
254	JCMR	Junction Compressor Motor Relay	连接压缩机电机继电器
255	JRrLpK	Junction Reserve Lamp Kontactor	连接预留灯接触器
256	JRrLpR	Junction Reserve Lamp Relay	连接预留灯继电器
257	JTR		
258	KBA1R	Brake「1N」Auxiliary Relay	制动「1N」辅助继电器
259	KBA4R	Brake「4N」Auxiliary Relay	制动「4N」辅助继电器
260	KBMg	Key Box Magnet coil	主控制箱磁性线圈
261	KBMgN	Key Box Magnet coil NFB	主控制箱磁性线圈 NFB
262	KBMgS	Key Box Magnetic coil Switch	主控制箱磁性线圈开关
263	KHCR		
264	KHCS		
265	KHCV		
266	KHOR		
267	KHOS		
268	KHOV		
269	KRR	Kontactor Reserve Relay	接触器预留继电器

续表

序号	缩略语	英文	中文
270	LKJCOR	LKJ Cut Out Relay	LKJ切断继电器
271	LKJN	LKJ NFB	LKJ NFB
272	LKJPK	LKJ Power Kontactor	LKJ电源接触器
273	LvADCD	Lavatory Automatic Door Control Device	盥洗室自动门控设备
274	LvADN	Lavatory Automatic Door NFB	盥洗室自动门NFB
275	LvDCS1,2	Lavatory Automatic Door Close Switch 1,2	盥洗室自动门关闭开关1,2
276	LvDOS1,2	Lavatory Automatic Door Open Switch 1,2	盥洗室自动门开启开关1,2
277	LVHe1~4	Leveling Heater 1~4	调整加热器等级1~4
278	LvLp	Lavatory Lamp	盥洗室灯
279	LvLpN	Lavatory Lamp NFB	盥洗室灯NFB
280	LvLpS1,2	Lavatory Lamp Switch 1,2	盥洗室灯开关1,2
281	MaRConR1	Machine Room Connector Receptacle	设备室接触器插座
282	MaRLp1,2	Machine Room Lamp 1,2	设备室内照明1,2
283	MaRLpN1,2	Machine Room Lamp NFB 1,2	设备室内照明NFB 1,2
284	MC	Master Controller	主控制器
285	MCN1~3	Master Controller NFB 1~3	主控制器NFB 1~3
286	MCPR	Master Controller Powering Relay	主控制器接通继电器
287	MCR	Master Controller Relay	主控制器继电器
288	MCRR	Master Controller Reserve Relay	主控制器预留继电器
289	MC切R	Master Controller「切」position Relay	主控制器「切」定位继电器
290	MDLN		
291	MDLR		
292	MGFR1,2		
293	MLpN	Mark Lamp NFB	标志灯NFB
294	MLpR1,2	Mark Lamp Relay 1,2	标志灯继电器1,2
295	MLpS	Mark Lamp Switch	标志灯开关
296	MMBM1,2	Main Motor Blower Motor 1,2	主电机风机电机1,2
297	MMBMN1,2	Main Motor Blower Motor NFB 1,2	主电机风机电机NFB 1,2
298	MMCOR	Main Motor Cut Out Relay	主电机切断继电器
299	MMCOR-R	Main Motor Cut Out Relay - Reset	主电机切断继电器-重新设置
300	MONN1,2	Monitor Device NFB 1,2	监控器设备NFB 1,2

续表

序号	缩略语	英文	中文
301	MOTN1, 2	MOnitor Terminal device NFB 1, 2	监控器终端设备 NFB 1, 2
302	MRHPS	Main Reservoir High Pressure Switch	主风缸高压开关
303	MRLPS	Main Reservoir Low Pressure Switch	主风缸低压开关
304	MRPSR	Main Reservoir air Pressure switch Select Relay	主风缸空压开关选择继电器
305	MRrAPSR	Main Reservoir Air Pressure Switch Relay	主风缸空压开关继电器
306	MSP1, 2	Monitor Speaker 1, 2	扬声器监控器 1, 2
307	MTBM	Main Transformer Blower Motor	主变压器风机电机
308	MTBMN	Main Transformer Blower Motor NFB	主变压器风机电机 NFB
309	MTCOR	Main Transformer Cut Out Relay	主变压器切断继电器
310	MTCOR-R	Main Transformer Cut Out Relay-Reset	主变压器切断继电器-重新设置
311	MTCORR	Main Transformer Cut Out Reserve Relay	主变压器切断预留继电器
312	MTOFR	Main Transformer Oil Flow Relay	主变压器油流量继电器
313	MTOFRR	Main Transformer Oil Flow Reserve Relay	主变压器油流量预留继电器
314	MTOPM	Main Transformer Oil Pump Motor	主变压器油泵电机
315	MTOPMN	Main Transformer Oil Pump Motor NFB	主变压器油泵电机 NFB
316	MTr	Main Transformer	主变压器
317	MTThR	Main Transformer Thermal Relay	主变压器热动继电器
318	MTThRR	Main Transformer Thermal Reserve Relay	主变压器热动预留继电器
319	MXR	Mix Relay	混合继电器
320	MXRN1, 2	Mix Relay NFB 1, 2	混合继电器 NFB 1, 2
321	NBR	Normal Brake Relay	正常制动继电器
322	NBTR	Normal Brake Timer Limit Relay	正常制动限时继电器
323	NRLpR	NumbeR Lamp Relay	一定数量照明继电器
324	NVR	No Voltage Relay	无电压继电器
325	NVR1N	No Voltage Relay 1 NFB	无电压继电器 1 NFB
326	NVR1VD	No Voltage Relay 1 Voltage Detector	无电压继电器 1 电压检测仪
327	OCTN	Over Current Transformer NFB	过流变压器 NFB
328	PaConR1~4N	PC ConnectoR NFB	PC 接触器 NFB
329	PaIvN	PC Inverter NFB	PC 逆变器 NFB
330	Pan	Pantograph	受电弓

续表

序号	缩略语	英文	中文
331	PanCGS	Pantograph ChanGeover Switch	受电弓转换开关
332	PanCOR	Pantograph Cut Out Relay	受电弓切断继电器
333	PanCOR-R	Pantograph Cut Out Relay - Reset	受电弓切断继电器-重新设置
334	PanDAR	Pantograph Down command Auxiliary Relay	受电弓降弓命令辅助继电器
335	PanDRN	Pantograph Down command Relay NFB	受电弓降弓命令继电器 NFB
336	PanDS	Pantograph Down Switch	受电弓降弓开关
337	PanDWR	Pantograph DoWn Relay	受电弓降弓继电器
338	PanIR	Pantograph Interlock NFB	受电弓互锁 NFB
339	PanN	Pantograph NFB	受电弓 NFB
340	PanUCK	Pantograph Up keep off CocK	受电弓升弓保持阀
341	PanUR	Pantograph Up Relay	受电弓升弓继电器
342	PanUS	Pantograph Up Switch	受电弓升弓开关
343	PanUV	Pantograph Up Valve	受电弓升弓阀
344	PanUVN	Pantograph Up Valve NFB	受电弓升弓阀 NFB
345	PCON	Pressure Cut Out NFB	压力切断 NFB
346	PCOR	ATP Powering Cut Out Relay	ATP 供电切断继电器
347	PCOV	Pressure Cut Out Valve	压力切断阀
348	PDN1		
349	PG1~4	Pulse Generator 1~4	脉冲发生器 1~4
350	PLpCOS1,2	Pilot Lamp Cut Out Switch 1,2	主照明切断开关 1,2
351	PLpN1,2	Pilot Lamp NFB 1,2	主照明 NFB 1,2
352	PR	Powering Relay	供电继电器
353	PS1~4	Pressure Switch 1~4	压力开关 1~4
354	RCAR	牵引 Command Auxiliary Relay	牵引命令辅助继电器
355	RConN	Room Connector NFB	室内接触器 NFB
356	RConR1,2	Room Connector Receptacle 1,2	室内接触器插座 1,2
357	RCS		
358	RLp	Room Lamp	室内照明
359	RLpCAR	Room Lamp Control Auxiliary Relay	室内照明控制辅助继电器
360	RLpConR	Room Lamp Connector Receptacle	室内照明接触器插座
361	RLpK	Room Lamp Kontactor	室内照明接触器
362	RLpN1~3	Room Lamp NFB 1~3	室内照明 NFB 1~3

续表

序号	缩略语	英文	中文
363	ROR		
364	ROS		
365	ROV		
366	RrLp	Reserve Lamp	预留灯
367	RrLpCgK	Reserver Lamp Change Kontactor	预留灯转换接触器
368	RrLpCgN	Reserver Lamp Change NFB	预留灯转换 NFB
369	RrLpCgN2	Reserver Lamp Change NFB 2	预留灯转换 NFB 2
370	RrLpCgR	Reserver Lamp Change Relay	预留灯转换继电器
371	RrLpCgS	Reserver Lamp Change Switch	预留灯转换开关
372	RrLpN	Reserver Lamp NFB	预留灯 NFB
373	RS	Reset Switch	重启开关
374	RSR1	Reset Switch Relay	重启开关继电器
375	SBN1, 2	Sub Brake NFB 1, 2	子制动 NFB 1, 2
376	SBNR	Sub-Brake Relay	子制动继电器
377	SBN1R	Sub-Brake Relay 1	子制动继电器 1
378	SBN1 补接	Sub-Brake NFB 1 补接	子制动 NFB 1 补接
379	SCNCRN1, 2	Section Control MCR NFB 1, 2	部分控制 MCR NFB 1, 2
380	SCN1~3	Section Control NFB 1~3	部分控制 NFB 1~3
381	SCK	Section Control Kontactor	部分控制接触器
382	SCR	Section Control Relay	部分控制继电器
383	SCTR1, 2	Section Control Timer Limit Relay 1, 2	部分控制限时继电器 1, 2
384	SGZR1, 2	Section Gu Zhang Relay 1, 2	部分故障继电器 1, 2
385	SMCR1, 2	Section MCR1, 2	部分 MCR1, 2
386	SVCBCR	Section VCB Close Relay	部分 VCB 关闭继电器
387	SVCBOR	Section VCB Open Relay	部分 VCB 开启继电器
388	SConN1~4	Service Connector NFB 1~5	运行接触器 NFB 1~5
389	SePR	Sensor Power Relay	传感器电源继电器
390	ScPN	Sensor Power NFB	传感器电源 NFB
391	SG	Speed Generator	速度发生器
392	SIV	Static InVerter	静态逆变器
393	SKG1~4	anti-SKid Generator 1~4	防滑发生器 1~4
394	SKN	anti-SKid NFB	防滑 NFB
395	SKVR	anti-SKid Valve Relay	防滑阀继电器

续表

序号	缩略语	英　文	中　文
396	SKVRR	anti-SKid Valve Reserve Relay	防滑阀预留继电器
397	SLR	SLip detect Relay	防滑检测继电器
398	SLRR	SLip detect Reserve Relay	防滑检测预留继电器
399	SP	SPeaker	扬声器
400	SPCOS	Speaker Cut Out Switch	扬声器切断开关
401	SqS	Sequence Switch	顺序开关
402	SRLpN1		
403	SRLpN2		
404	SS1~4	Speed Sensor 1~4	速度传感器 1~4
405	SVCBCR	Section Vacuum Circuit Breaker Close Relay	部分真空电路断路器关闭继电器
406	SVCBOR	Section Vacuum Circuit Breaker Open Relay	部分真空电路断路器开启继电器
407	SVCN		
408	TAX2N	TAX2 NFB	TAX2 NFB
409	TAX2PK	TAX2 Power Kontactor	TAX2 电源接触器
410	TeLp	Test Lamp	测试灯
412	TInFN	Train InFormation device NFB	列车信息设备 NFB
413	ToBz	Toilet Buzzer	卫生间蜂鸣器
414	ToBzR	Toilet Buzzer Relay	卫生间蜂鸣器继电器
415	ToBzS1~3	Toilet Buzzer Switch 1~3	卫生间蜂鸣器开关 1~3
416	ToConN	Toilet Connector Receptacle NFB	卫生间连接器插座 NFB
417	ToConR1,2	Toilet Connector Receptacle 1,2	卫生间连接器插座 1,2
418	ToFM1,2	Toilet Fan Motor 1,2	卫生间风扇电机 1,2
419	ToFMN1,2	Toilet Fan Motor NFB 1,2	卫生间风扇电机 NFB 1,2
420	TSC1N	TSC1 NFB	TSC1 NFB
421	TSC1PK	TSC1 Power Kontactor	TSC1 电源接触器
422	TSHeN	Toilet Seat Heater NFB	卫生间座位加热器 NFB
423	TThRN	Truck (Tyre) Thermal Relay NFB	车辆（轮胎）热动继电器 NFB
424	TThRR	Truck (Tyre) Thermal Reserve Relay	车辆（轮胎）热动预留继电器
425	TWBat	Train Wireless radio Battery	列车无线广播蓄电池
426	TWBatN	Train Wireless radio Battery NFB	列车无线广播蓄电池 NFB
427	TWCN	Train Wireless radio charger Control NFB	列车无线广播充电器控制 NFB

续表

序号	缩略语	英文	中文
428	TWEmCgK	Train Wirelessradio Emergency Change Kontactor	列车无线广播紧急转换接触器
429	TWEmCgS	Train Wireless radio Emergency Charger Switch	列车无线广播紧急充电器开关
430	TWN	Train Wireless radio device control NFB	列车无线广播装置控制 NFB
431	TyClV	Tyre Cleaning Valve	轮胎清洁阀
432	TyClVN	Tyre Cleaning Valve NFB	轮胎清洁阀 NFB
433	UBR	Urgency Brake Relay	紧急制动继电器
434	UBRS	Urgency Brake Reset Switch	紧急制动重启开关
435	UBRSR	Urgency Brake Reset Switch Relay	紧急制动重启开关继电器
436	UBRSWR	Urgency Brake Reset SWitch Relay	紧急制动重启开关继电器
437	UBS1,2	Urgency Brake Switch 1,2	紧急制动开关 1,2
438	UBTR1,2	Urgency Brake Time Limit Relay 1,2	紧急制动限时继电器 1,2
439	UN1		
440	UN2		
441	UN12		
442	UN22		
443	UCN3		
444	UCN11		
445	UCN21		
446	UR0	Unit command Relay	设备命令继电器
447	UVN	Urgency magnet Valve NFB	紧急磁阀 NFB
448	UVR	Urgency magnet Valve Relay	紧急磁阀继电器
449	UVR1,2,3	Urgency magnet Valve Relay 1,2,3	紧急磁阀继电器 1,2,3
450	UVRS	Urgency magnet Valve Relay Short Switch	紧急磁阀继电器短路开关
451	V1	Volt meter 1	电压计 1
452	V3	Volt meter 3	电压计 3
453	V4	Volt meter 4	电压计 4
454	VCB		真空电路断路器
455	VCBARN	Vacuum Circuit Breaker Auxiliary Relay NFB	真空电路断路器辅助继电器 NFB
456	VCBA1R	Vacuum Circuit Breaker Auxiliary Relay	真空电路断路器辅助继电器
457	VCBCOR	Vacuum Circuit Breaker Cut Out Relay	真空电路断路器切断继电器

续表

序号	缩略语	英　文	中　文
458	VCBCOR-R	Vacuum Circuit Breaker Cut Out Relay-Reset	真空电路断路器切断继电器-重启
459	VCBCR1, 2	Vacuum Circuit Breaker Close Relay 1, 2	真空电路断路器关闭继电器1, 2
460	VCBCS	Vacuum Circuit Breaker Close Switch	真空电路断路器关闭开关
461	VCBHe	Vacuum Circuit Breaker Heater	真空电路断路器加热器
462	VCBN	Vacuum Circuit Breaker NFB	真空电路断路器 NFB
463	VCBOAR	Vacuum Circuit Breaker Open Auxiliary Relay	真空电路断路器开启辅助继电器
464	VCBOR1, 2	Vacuum Circuit Breaker Open Relay 1, 2	真空电路断路器开启继电器1, 2
465	VCBOS	Vacuum Circuit Breaker Open Switch	真空电路断路器开启开关
466	VCBRR	Vacuum Circuit Breaker Reserve Relay	真空电路断路器预留继电器
467	VCgS	Volt meter Change Switch	电压计转换开关
468	VDTN	Voltage Detect Transformer NFB	电压检测变压器 NFB
469	VeFM	Ventilating Fan Motor	通风风扇电机
470	VeFMCN1, 2	Ventilating Fan Motor Control NFB 1, 2	通风风扇电机控制 NFB 1, 2
471	VeFMN	Ventilating Fan Motor NFB	通风风扇电机 NFB
472	VN1	Volt meter NFB 1	电压计 NFB 1
473	VN3	Volt meter NFB 3	电压计 NFB 3
474	VN4	Volt meter NFB 4	电压计 NFB 4
475	WaPFS	Water Pump Float Switch	水泵浮动开关
476	WaPHe	Water Pump Heater	水泵加热器
477	WaPHm	Water Pump Hour meter	水泵小时计
478	WaPMV1	Water Pump Magnetic Valve 1	水泵磁阀 1
479	WaPMV2	Water Pump Magnetic Valve 2	水泵磁阀 2
480	WaP	Water Pump	水泵
481	WaPN	Water Pump NFB	水泵 NFB
482	WaPR	Water Pump Control Relay	水泵控制继电器
483	WaPTh	Water Pump Heater Thermostat	水泵加热器恒温器
484	WhDR	Whistle sound Down Relay	鸣笛声下降继电器
485	WhDV	Whistle sound Down Valve	鸣笛声下降阀
486	WHeN1, 2	Water Heater NFB 1, 2	水加热器 NFB 1, 2
487	WLMN	Water Level Meter NFB	水位计 NFB
488	WLMR	Water Level Meter Relay	水位计继电器

续表

序号	缩略语	英 文	中 文
489	WPN	WiPper NFB	雨刮器 NFB
490	WVCN		
491	24V 电源 N	NFB for 24V Power Circuit	24 V 电源断路器
492	前进 R	reverser「前进」position Relay	换向开关「前进」定位继电器
493	后进 R	reverser「后进」position Relay	换向开关「后进」定位继电器
494	牵引指令 R	Traction Injunction Relay	牵引指令继电器
495	恒速 SW	Constant Speed Switch	恒速开关
496	恒速切 SW	Constant Speed Change Switch	恒速切开关
497	SW	Reset Switch	复位开关
498	SW	Turn On Test Switch	启动试验开关
499	SW	Train Test Switch	车上试验开关
500	SW	耐雪 Switch	耐雪开关
501	R	Shift Relay	空挡继电器
502	N	NFB for Radio Rack	收音机机架电源 N
503	别车 EgCR	Coupling Position Relay for Changing of Coupling to Other Car	其他车辆连挂切换合并位置继电器
504	保温试验 SW		
505	水封装置 1He	Heater for Water Encloser	水密封装置 1 加热器
506	計器灯 SW		
507	給湯器 N	NFB for Hot-Water-Supply Machine	开水器断路开关
508	給湯器 ConR	Receptacle for Hot-Water=Supply Machine	开水器插座
509	乘務員室 ConN	NFB for Receptacle of Crew's cabin	乘务员室插座用断路器
510	乘務員室 ConR1,2	Receptacle of Crew's cabin	乘务员室插座 1、2
511	連絡用 SW	Help Switch	联系用开关（残疾人用厕所）
512	LMPN	Locomotive Power supply NFB	机车电源 NFB
513	LvDECS	Lavatory Door	盥洗间门
514	LvDHS	Lavatory Door	盥洗间门

参 考 文 献

[1] 黄问盈，孙中央. 高速列车制动计算中值得关注的问题[J]. 铁道机车车辆，2006（1）.
[2] 孙中央. 列车牵引计算实用教程[M]. 2 版. 北京：中国铁道出版社，2005.
[3] 铁道部运输局. CRH2 型动车组司机手册[M]. 北京：中国铁道出版社，2006.
[4] 张中央. 列车牵引计算[M]. 北京：中国铁道出版社，2006.
[5] 孙中央等. CRH 型电动车组制动距离计算与监控装置制动模式曲线设计[J]. 铁道机车车辆，2007（6）.
[6] 董锡明. 现代高速列车技术[M]. 北京：中国铁道出版社，2006.
[7] 中国铁路总公司. 铁路技术管理规章（高速铁路部分）[J]. 铁道运输与经济，2014.
[8] 高亚举，孙中央. 列车监控装置制动模式曲线设计[J]. 铁道机车车辆，2002（2）.
[9] 佟立本. 高速铁路概论[M]. 4 版. 北京：中国铁道出版社，2012.
[10] 洪从鲁，张洪河. 动车组牵引系统维护与检修[M]. 成都：西南交通大学出版社，2014.
[11] 连义平，郑松富. 高速铁路行车组织方法[M]. 北京：中国铁道出版社，2016.
[12] 洪从鲁，员珍珍. 铁道机车车辆专业英语[M]. 成都：西南交通大学出版社，2016.